U0480122

文明互鉴：中国与世界

译介·阐释·书写：
巴蜀古代文学名人的跨文明传播

卢 婕◎著

四川大学出版社
SICHUAN UNIVERSITY PRESS

图书在版编目（CIP）数据

译介·阐释·书写：巴蜀古代文学名人的跨文明传播 / 卢婕著. -- 成都：四川大学出版社，2025.3
（文明互鉴：中国与世界 / 曹顺庆总主编）
ISBN 978-7-5690-6133-8

Ⅰ.①译… Ⅱ.①卢… Ⅲ.①作家－人物研究－四川－古代 Ⅳ.①K825.6

中国国家版本馆CIP数据核字（2023）第100564号

书　　　名：	译介·阐释·书写：巴蜀古代文学名人的跨文明传播
	Yijie·Chanshi·Shuxie: Bashu Gudai Wenxue Mingren de Kuawenming Chuanbo
著　　者：	卢　婕
丛　书　名：	文明互鉴：中国与世界
总　主　编：	曹顺庆
出 版 人：	侯宏虹
总　策　划：	张宏辉
丛书策划：	张宏辉　欧风偃
选题策划：	张宏辉　毛张琳
责任编辑：	毛张琳
责任校对：	罗永平
装帧设计：	墨创文化
责任印制：	李金兰
出版发行：	四川大学出版社有限责任公司
	地址：成都市一环路南一段24号（610065）
	电话：（028）85408311（发行部）、85400276（总编室）
	电子邮箱：scupress@vip.163.com
	网址：https://press.scu.edu.cn
印前制作：	四川胜翔数码印务设计有限公司
印刷装订：	四川五洲彩印有限责任公司
成品尺寸：	170mm×240mm
印　　张：	19.25
字　　数：	370千字
版　　次：	2025年4月 第1版
印　　次：	2025年4月 第1次印刷
定　　价：	78.00元

本社图书如有印装质量问题，请联系发行部调换

版权所有 ◆ 侵权必究

扫码获取数字资源

四川大学出版社
微信公众号

序一

卢婕的著作《译介·阐释·书写：巴蜀古代文学名人的跨文明传播》以自觉的跨文明比较意识、扎实的史料整理、清晰的逻辑架构和"守护传统、关切现实"的价值导向，被我选入"文明互鉴：中国与世界"丛书系列，由四川大学出版社出版。作为她的导师，我为她在求学治学上取得的新成绩感到由衷的自豪和高兴！

卢婕是我和浙江工商大学蒋承勇教授在四川大学文学与新闻学院联合指导的2015级博士生，主攻比较文学与世界文学的"欧美文学"方向。在三年的博士求学时光里，她对欧美文学有了比较深入和系统的了解，在读期间发表了22篇学术论文，其中A&HCI论文1篇、CSSCI论文8篇，博士学位论文《英语世界的艾米莉·狄金森研究》也获得了答辩评委的一致赞赏。在顺利完成博士学业后，她并没有将自己的研究视角禁锢在西方文学一隅，而是开始弥补自己对中国古典文学认识的欠缺，在我和四川省社会科学院苏宁研究员的联合指导下，她开展了中国古代文艺理论方向的博士后研究工作。在博士后研究生涯中，她继续发扬踏实肯干、求真唯实的精神，出版著作、译著各一本，发表学术论文18篇，其中CSSCI论文3篇。她的博士后出站报告《跨文明视野下的唐代女冠诗人研究》考核成绩为"优秀"，被专家组成员一致认为选题前沿新颖，有较高创新性，研究资料丰富详实，工作量饱满，结论可靠。总的说来，卢婕具有扎实的科研功底，治学严谨，在中外文学研究领域均有系统而扎实的基础。

我主持过教育部重大招标项目"英语世界中国文学的译介与研究"（12JZD016），深入系统地研究中国文学在英语世界的传播和接受。中国文学在世界范围内的传播与接受由来已久，随着国际交流日渐频繁，国外关于我国文学的翻译与研究目前已经取得了相当丰硕的成果，并且从最初的零散状态逐步实现了系统化与全面化，这为探究中国文学外传问题提供了可能性与必要性。由于英语在全世界的广泛使用与影响，考察英语世界中国文学的译介与研究无疑成为开展中国

i

文学外传研究的一个直接有效的切入口。通过长时间的尝试与探索，"英语世界中国文学的译介与研究"这项课题如今已经发展得非常成熟，既有坚实的理论支持，又有大量的研究成果，对学术界贡献巨大。在四川大学读博期间，卢婕参与到了我的这一项目之中，无论在研究方法还是学理阐释方面都受到了一定的影响。在我看来，卢婕撰写的《译介·阐释·书写：巴蜀古代文学名人的跨文明传播》虽是继续沿着"英语世界中国文学的译介与研究"的道路，探索中国文学的海外传播，但是又呈现出了自己独有的特色和明显的开拓性。

首先，不同于以往研究以各种文学或艺术类型（如典籍、诗歌、散文、小说、戏曲、电影等），或者以某一时期、某一位中国作者和作品在英语世界的译介与研究为切入点，卢婕的研究是以巴蜀古代文学家在英语世界的海外传播为切入点，重点探讨了文学的"地方性"与"世界性"之间的关联，证明了以地方性文学为载体来实现文明交流互鉴的可能。她的研究考虑了"四川历史名人文化传承创新工程"的需要，本着传承弘扬四川历史名人精神品格、气质风范，彰显历史名人当代价值，推动中华优秀传统文化传承发展的宗旨，将司马相如、扬雄、陈子昂、李白、杜甫、薛涛、武则天、苏轼等人的海外传播境遇都囊括在内，既有汉赋，也有唐诗，还有宋词，打破了以文体和时代为纲的限制，以"巴蜀"为中心，为读者展现巴蜀古代文学巨大的海外影响力和不容低估的当代价值。当然，这一研究切入点的创新不仅为巴蜀"地方性"文学研究探索了新的路径，还为当下的中国文化建设提供了一些启示。通过研究"地方性"文学对世界文学产生的影响，研究者总结了当代中国文学创作既要重视本土价值和地方特色，还要兼顾世界性的原则。华中师范大学文学院邹建军教授认为，对于比较文学与世界文学学科而言，重新思考地方与世界文学的关系，不仅可以为世界文学如何存在、发展、演变以及其审美规律提供一个地方性的考察视野，而且还可以对世界文学的翻译问题、世界文学研究的新范式、世界文学史书写，乃至在中外文学关系中中国文学如何实现从地方走向世界中心以获取国际话语，具有重要的启发意义。我认为，卢婕对巴蜀古代文学家海外传播境遇的研究是以实际行动回应和支持了邹建军教授关于关注"地方性"与世界文学的形态、演进及审美特性内在关系的倡议。

其次，不局限于以往英语世界中国文学译介与研究课题所研究的海外译者对中国文学的翻译以及海外学者对中国文学的阐释，卢婕的研究视域延伸到了一个新的领域——海外作者对中国文学家的书写。我曾组织了一批熟练掌握中英双语与文化的比较文学学者撰写了"英语世界中国文学的译介与研究"丛书，在充分占有一手文献资料的前提下，从总体上对英语世界中国文学的译介和研究进行爬梳，清晰呈现其大致脉络、主要特征与基本规律，并在跨文明视野中探讨隐藏于其中的理论立场、思想来源、话语权利与意识形态。但是，随着中西文学交流的进一步深入，尤其是在21世纪以来"东学西传"蓬勃发展的现实语境中，不仅海外译者和学者以"译介"和"研究"的方式为中国文学"走出去"做出了很大的贡献，海外的一些文学和文艺创作者在中国文学的国际传播中也发挥了重要作用。卢婕在著作中所探讨的海外作者对巴蜀古代文学家的传记书写、以巴蜀古代文学家为题材的小说和诗歌创作，以及BBC拍摄的杜甫纪录片等，都是中西文明交流互鉴中值得一谈的问题。我很高兴卢婕能够在前人探讨英语世界中国文学译介及研究的基础上，发现中国文学海外传播演进到的新阶段。总的来说，译介、阐释、书写三条路线既各有侧重，又齐头并进，甚而相互纠缠，互为补充。卢婕的研究结论既适用于描述巴蜀古代文学海外传播的规律，也适用于概括整个中国文学海外传播的一般规律。

正如中国文学海外传播研究已经成为中国文学及其研究当中的一个带有交叉学科性质、极具发展前景的新兴领域一样，我相信卢婕所从事的巴蜀古代文学家海外传播研究也将成为"蜀学"中的重要研究向度。四川大学舒大刚教授说，"蜀学"在制度、信仰、经典、学术、核心观念等方面与中原学术形成互补互动，助力了主流学术的发展。因此，当代学人应当继承这一传统，重构儒家经典，重推儒道合治，重阐核心价值，重新探讨新蜀学的学科体系、学术体系、经典体系、信仰体系和话语体系，实现传统文化的创造性转化和创新性发展。我认为，他所说的"重构""重推""重阐""重论"都是当代学者重新发现蜀学价值的重要方法，但是，在运用这些方法时则需要既纵融古今，还要横贯中西。纵融古今，才能在继承蜀学优秀传统的基础上推陈出新；横贯中西，才能以开放的心态，国际性胸怀，为蜀学走出四川，走出中国，走向世界提供经验总结和理论指引。

总而言之，《译介·阐释·书写：巴蜀古代文学名人的跨文明传播》体现出作者对文学的地方性与世界性的双向关切，对巴蜀文学在纵向历史维度的传承与横向维度的中西跨文明传播方面的双重思考，具有重要的史学价值和学术意义。作为卢婕的导师，我目睹了她一步一个脚印的学术之路。回想2015年12月，在博士一年级时，她随我参加了"中国比较文学三十年与国际比较文学新格局"学术研讨会，与会的是来自北京大学、清华大学、复旦大学、中国人民大学、北京师范大学、中山大学等知名高校的专家学者，她在会上分享了自己的一篇课程论文《从"易一名而含三义"看比较文学中国学派三十年发展》。尽管这篇文章还稍显稚嫩，但我能感觉到她作为一名学者锐意进取和勤奋刻苦的品质。在我的建议下，她对这篇文章做了进一步的修改完善，后来成功发表在《深圳大学学报》上。在这之后，卢婕充分发挥自己在科研中的潜力，顺利地完成了博士和博士后的科研训练，出色地完成了博士学位论文和博士后出站报告。2021年8月，她放弃了成都信息工程大学教授职称和外国语学院副院长的职务，调到四川大学外国语学院工作。从入职以来，她便将研究重心放在了巴蜀古代文学家的海外传播上。目前这本《译介·阐释·书写：巴蜀古代文学名人的跨文明传播》正是她最近两年的研究所得。我为她能葆有不忘初心、不负韶华的学术热情感到欣慰，同时也为她能在四川大学的学术氛围中获得更多的滋养感到高兴。"海阔凭鱼跃，天高任鸟飞。"期待她能在学术之路上走得更远，飞得更高！

是为序。

曹顺庆
2023年深秋于成都锦丽园

序二

卢婕的专著《译介·阐释·书写：巴蜀古代文学名人的跨文明传播》被选入"文明互鉴：中国与世界"丛书，即将由四川大学出版社出版，问序于我，我始终不敢应命。一是因为有业师曹顺庆先生精辟深邃、金声玉振的大序在前，专著的要义精蕴已发挥殆尽，玉华才疏学浅，如还勉强聒噪，难免续貂之讥。二是因为自己虽然师从曹先生研习文学数十载，然主要研究领域还是在中国古代文论、文学以及巴蜀文化（文学）方面，对于比较文学研究未深、观览不广，岂敢信口雌黄！但始终还是禁不住师妹的执着与盛情，因为此著毕竟是我主持的"成都大学文明互鉴与'一带一路'研究中心"重大课题研究成果中第一部即将付梓面世的著作。

纵观全书，此著有如下几个特点：

一是论题意义重大。习近平总书记指出："文明因交流而多彩，文明因互鉴而丰富。""文明互鉴"是构建人类命运共同体的人文基础，是增进各国人民友谊的桥梁，是维护世界和平与推动人类社会进步的动力，也是文化自信自强的生动体现。五色不同，交织成章，五音各异，交响成乐，中华文明的内部经验与外部经验都揭示出多元文明互鉴的必要性与必然性。此书紧扣文明交流互鉴的时代重大主题，论述扬雄、司马相如、陈子昂、李白、杜甫、薛涛、武则天、苏轼等巴蜀古代文学名人及其作品在海外被译介、研究以及汲取"他者"经验催生本土创作的情况，正应和了这一时代主题，用著名史学家陈寅恪的话说，这就是"预流"。文学是世界文明对话与互鉴的纽带与桥梁，文学传播是文化凝聚、传承与传播的重要路径，在整个文明体系中占有极其重要的地位和作用。本书聚焦文明互鉴中的文学传播问题，探寻中国文学、巴蜀名家的海外影响，传播中国文学本土经验，参与国家战略话语建构，选题立意高远、意义重大。

二是研究视觉新颖独特。谈到文明互鉴，人们多注意中华文化对形成人类共同价值的贡献，但却很少注意"多元"的中国各地域文化对形成"一体"的中华文化的贡献。如果说,"越是民族的,就越是世界的"是被数千年文明交流互鉴所证明的真理,那么,还应该加一句:"越是地方的,就越是中国的。"就中华文明的形成和发展而言,多元一体说也好,满天星斗说也好,悠久灿烂的中华文明就是由各地域文化互相碰撞、交融、凝结、升华而成的。此论著以"巴蜀古代文学名人的跨文明传播"为题,敏锐抓住了文明与文学的"地方性"与"世界性"问题,试图通过巴蜀古代文学名人及其作品的跨文明传播,一窥巴蜀文学对中国文学及世界文学的贡献,以小切口见大世界,体现了作者独特的研究视觉。就拿巴蜀文化来说,它是从古蜀文明一直传承延续到现在的物质文明与精神文明的总和,是巴蜀民众千百年来的智慧结晶,是中华大地众多地域文化中的奇葩。巴蜀文化历史悠久、自成系统、特色鲜明、成果丰硕、魅力无穷。数千年来,它以其独特的地域特色、丰富的物质人文成果、强烈的创新创造精神、博采众长的兼容并蓄气度以及优雅时尚的蜀风雅韵,焕发出持久的文化吸引力、感染力与美的征服力,闪烁着耀眼的文化光辉。拙作《天府文化概论》就把天府文化(以成都平原为核心区的文化)对中华文明及世界文明的贡献概况为十一个方面,可见其贡献之巨大。

三是译介、研究、创作并重。此书对于巴蜀文学名家及其作品跨文明传播的研究,并不仅仅限于名家名作的译介,还包括对作家作品思想、艺术及相关问题的研究,甚至还延伸到巴蜀名家名作对传入国文学创作的影响,即巴蜀名家名作在传入国"落地生根、开花结果"的情况,亦即曹顺庆教授比较文学变异学理论所谓三种变异形态中的"结构变异":"指在跨文明交流或比较阐释中,不同国家、不同文明的文学或文论进行双向适应性改造,继而生成文学文论的变异体,这种变异体逐渐融入到本国文学文论的整体知识体系结构中,并对后来的文学文论发展形态产生一定的影响和制约。"(曹顺庆、王超等著《比较文学变异学》第54页,商务印书馆,2021)这种延长传播链条,熔译介、阐释、书写为一炉的综合研究,可看作对中国作家作品的双重影响研究(第一次是把中国作品译介到西方异质文化圈,第二次是研究译介作品在移入文化中的影响、演变、衍生情况)。此种追根究底的研究显然更困难、更费力,当然也更深刻,更值得推崇。

当然，此论著也还存在一些不足，题目为"巴蜀古代文学名人的跨文明传播"，但仅论述了八个作家，仍然有所遗漏。像后蜀的花蕊夫人（《宫词》百首的作者），明清时的杨慎、张问陶、李调元等作家，海外都有一些零星的研究（主要是日本和韩国），如能专设一章"其他作家"，把这些海外虽有研究但资料不多、难于单独成章的"巴蜀古代文学名人"作一综述，就更可一窥巴蜀文学名家海外研究之全貌。如此方不至给人造成元明清三朝600多年中没有一个巴蜀作家及其作品在海外发生丝毫影响的错觉。此外，巴蜀地区早在公元前4世纪就与海外有了文化交流（参看拙作《天府文化海外交流互鉴论略》，载《中外文化与文论》第54期），其中宋代圆悟克勤禅师的《碧岩录》就传到了日本。而圆悟克勤又以写"艳诗"悟道著名，如他的"小艳诗"："金鸭香消锦绣帷，笙歌丛里醉扶归。少年一段风流事，只许佳人独自知。"就是艺术性很高的文学作品，亦早已随其宗风传到东瀛。论及巴蜀名作的海外传播，这是不可遗漏的绝好例子。但瑕不掩瑜，正如曹先生前序所言，此论著具有"自觉的跨文明比较意识、扎实的史料整理、清晰的逻辑架构和'守护传统、关切现实'的价值导向"，洵为研究巴蜀文学海外传播的精心之作。虽论述或有不周不妥，观点或有可商可议，要皆为会心之言、独得之见耳！

是为序。

杨玉华
2023年仲冬吉旦于濯锦江畔之澡雪斋

前　言

从时空的维度来考察中国文学，王国维提出"凡一代有一代之文学"之说。以今人之眼光回顾中国文学发展之历程，楚之骚、汉之赋、六代之骈文、唐之诗、宋之词、元之曲、明清之小说都是中华文化在特定时期凝结而成的灿烂篇章。然而，当我们将对空间的考察范围缩小到"巴蜀"这个特定的地域时，不少学者发现巴蜀文学呈现明显的"三盛两衰"之特点。所谓"三盛"是指巴蜀地区在汉代、唐代和宋代涌现了众多全国知名的文学家；所谓"两衰"则是指巴蜀文坛在魏晋和元代稍显清冷沉寂。

巴蜀地区偏居西南一隅，古人曾一度认为巴蜀乃蛮夷之地。但是，古代巴蜀作家却在汉赋、唐诗、宋词领域谱写下不朽的篇章，在全国乃至世界文坛独领风骚。在汉代，扬雄和司马相如以赋闻名全国；在唐代，除了陈子昂、李白和杜甫这样的诗歌创作翘楚，还有武则天、薛涛这样的女性文学家的杰出代表；在宋代，苏轼不仅诗文俱佳，还开创了一代词风。曹丕言："盖文章，经国之大业，不朽之盛事。年寿有时而尽，荣乐止乎其身，二者必至之常期，未若文章之无穷。是以古之作者，寄身于翰墨，见意于篇籍，不假良史之辞，不托飞驰之势，而声名自传于后。"司马相如、扬雄、李白、杜甫、薛涛、武则天和苏轼等巴蜀古代文学名人充分证明了曹丕所坚信的文学超越时间维度的限制，赋予作品长久的"来世生命"的可能。正是受到曹丕《论文》的影响，学者们在研究巴蜀古代文学名人时，常常从"史"的维度进行历时研究。比如，谭兴国《蜀中文章冠天下：巴蜀文学史稿》（四川人民出版社，2001年）、杨世明《巴蜀文学史》（巴蜀书社，2003年）、邓经武《大盆地生命的记忆——巴蜀文化与文学》（电子科技大学出版社，2005年）都是如此。2019年，"四川历史名人丛书"编委会组织出版了与四川历史名人相关的"文献系列""研究系列""传记系列""历史小说""普及读物"等著作，目的是"传承巴蜀文脉，让历史名人'活'起来"。编委会所强调的仍然是上述巴蜀古代文学名人具备的连接历史和当代的"枢纽"意义。然而，本书要探讨的则是巴蜀古代文学名人超越有形的空间维度和无形的文化心理维度的可能。尤其是在当代，随着科学技术的发展，在地理上处于东西两个半球，在精神世界上存在中西两种文化分野的人们在文学领域的交流、碰撞、融合日益密切，大量海外译者、学者和作者将目光投向了巴蜀古代文学名人，他们分别以译介、跨文明阐释和跨文明书写的方式帮助这些文学名人远渡重洋，在西方文明中大放异彩。如若曹丕有知，他定会补正自己的《论文》之说，以更加热情洋溢之言辞来盛赞文章之盛事！

目　录

第一章　扬雄篇　1
第一节　中外扬雄研究概观　3
　　一、花开海内　香飘海外　4
　　二、知己知彼　求同存异　9
　　三、以文促建　整合包装　14
第二节　中外扬雄汉赋阐释之异　18
　　一、扬雄之思想：醇儒还是非儒　19
　　二、扬雄之创作：模仿还是超越　21
　　三、扬雄之赋论：知人论世还是文本细读　24

第二章　司马相如篇　31
第一节　中外司马相如文学史地位之思考　33
　　一、中西学界司马相如辞赋批评的观点分野　34
　　二、中西学界司马相如辞赋批评之方法论分歧　45
第二节　以典故为载体的司马相如跨文明传播　54
　　一、赞扬司马相如文采的典故　54
　　二、传诵司马相如爱情故事的典故　57

第三章　陈子昂篇　63
第一节　海外汉学界对陈子昂诗歌的译介和阐释　65
　　一、宇文所安对陈子昂诗歌的译介和阐释　67
　　二、陈蒂姆对陈子昂《感遇》组诗的阐释　80
第二节　跨文明书写对陈子昂的形象塑造　86
　　一、林语堂笔下的陈子昂　86
　　二、比尔·波特笔下的陈子昂　87

i

第四章　李白篇　91

第一节　酒香诗意飘天涯：李白酒诗的海外译介　93
　　一、蜻蜓点水：阿瑟·韦利对李白酒诗的译介　94
　　二、投石问路：伯顿·华兹生对李白酒诗的译介　95
　　三、涵泳优游：宇文所安对李白酒诗的译介　99
　　四、仰皇风而悦化：比尔·波特对李白酒诗的译介　103
第二节　跨文明阐释下的李白道教诗歌　108
　　一、学科交融：柯睿对李白道教诗歌的跨文明阐释　109
　　二、译释结合：方葆珍对李白道教诗歌的跨文明阐释　114

第五章　杜甫篇　121

第一节　翻译忠实与阐释变异间的张力：宇文所安对杜甫酒诗的传播　123
　　一、翻译的忠实性：宇文所安传播杜甫酒诗之原则　124
　　二、阐释的变异性：宇文所安传播杜甫酒诗之策略　130
第二节　双向阐释：BBC 纪录片对杜甫的跨文明传播　135
　　一、文化传承：无问西东　136
　　二、对话释惑：和而不同　138

第六章　薛涛篇　143

第一节　薛涛诗歌英译概观　145
　　一、薛涛诗歌译篇选择之异　149
　　二、薛涛诗歌翻译策略之异　157
第二节　以薛涛为题材的跨文明书写　165
　　一、跨文明传记《芳水井》　165
　　二、跨文明小说《请君试问东流水》　176
　　三、跨文明游记《寻人不遇》　180

第七章　武则天篇 *185*

第一节　海外多元武则天形象的塑造与传播 *188*
　　一、作为"女人"的武则天形象 *189*
　　二、作为"政治家"的武则天形象 *192*
　　三、作为"思想家"的武则天形象 *197*
　　四、作为"文学家"的武则天形象 *199*
第二节　武则天跨文明传记的叙述干预 *209*
　　一、跨文明传记的类型 *210*
　　二、跨文明传记中的叙述干预 *212*

第八章　苏轼篇 *221*

第一节　苏轼及其诗词的跨文明传播 *223*
　　一、苏轼词作的英译概观 *223*
　　二、苏轼诗词的跨文明阐释 *229*
第二节　跨文明传记中的苏轼形象 *234*
　　一、林语堂笔下的苏轼形象 *235*
　　二、贺巧治笔下的苏轼形象 *244*

余　论 *253*

参考文献 *265*

后记：译介、阐释、书写的综合体——跨文明传记 *277*

致　谢 *292*

第一章

扬雄篇

扬雄（前53年—18年），字子云，蜀郡成都（今四川成都郫都区）人。青少年在成都师事道家学者严君平等，好深湛之思，喜辞赋，著《反离骚》等，四十岁后以赋知名被征召入京为给事黄门郎，王莽时以资历转为大夫。扬雄的汉赋与司马相如齐名，位列汉赋四大家之一。他潜心经学著述，以经莫大于《周易》，传莫大于《论语》，仿著《太玄》《法言》。《太玄》以方州部家四重三分而成81首，构建了以天文历法为基础，以"玄"为最高范畴，以阴阳五行为骨架的独特哲学体系。《法言》极力推尊孔子为圣人，崇奉五经，以圣人之道为判定是非的标准，效孟子辟杨墨，对汉代申韩诸子进行激烈批判；阐扬礼义仁孝等伦常，提出"善恶混"的人性学说。扬雄因此在汉代就获得了"西道孔子"的极高赞誉。所著《方言》保存西汉各地方言，为研究古代方言必不可少的重要文献。他在经学、哲学、文学、语言文字学等方面的贡献在整个中国文化史上都堪称一流。当西汉末年谶纬神学泛滥之际，他维护了孔子与五经的正统地位，发展丰富了经学的时代内容；并在哲学、文学、语言文字学上创立了至今依然光彩夺目的成就。扬雄才高行洁的高尚人品与丰厚的文化贡献，对当代中国梦的实现具有积极的历史文化意义。

扬雄在四川的历史遗迹有：成都郫都区友爱镇子云村扬雄墓（衣冠冢）、子云桥、墨池等；绵阳子云亭。

国际儒联理事、四川师范大学政教学院教授黄开国用一句话总结了扬雄的成就：中国文化史上的一座丰碑，蜀文化史上第一位具有全国性历史影响、百科全书式的文化巨星，最有代表性的人物。[1]

---

[1] 吴梦琳，余如波. 首批四川历史名人 为何这10位入选［N］. 四川日报，2017-07-12.

2017年7月4日，四川历史名人文化传承创新工程领导小组召开第一次会议，对首批四川历史名人复选名单进行了审议，最终确定大禹、李冰、落下闳、扬雄、诸葛亮、武则天、李白、杜甫、苏轼、杨慎为首批四川历史名人。扬雄作为首批四川历史文化名人之一，对四川的社会和经济具有不容小觑的影响。在利用扬雄的名人效应促进四川文化和经济建设之时，需要注重本土学者和海外汉学界对扬雄研究的视界融合和扬雄效应与文化旅游的相互促进作用。

第一节
中外扬雄研究概观

从2016年12月起，四川省组织成立了四川历史名人专题调研组，分赴全省21个市（州）开展调研，详细了解四川历史名人整体概况以及遗址遗迹等情况。2017年7月4日，四川历史名人文化传承创新工程领导小组召开第一次会议，对首批四川历史名人复选名单进行了审议，最终确定大禹、李冰、落下闳、扬雄、诸葛亮、武则天、李白、杜甫、苏轼、杨慎为首批四川历史名人。扬雄因其在文学、哲学、经学、美学、语言学等多个领域的突出贡献，以及他所倡导的人与自然和谐相处的生存智慧、身处逆境却安之若素的乐观豁达和博学深思、明辨笃行的学术追求对后世产生的深远而持续的影响而当之无愧地入选为首批四川历史名人。然而，作为四川文化界的历史名人，扬雄研究承担的新使命是"增强川人的历史记忆、文化记忆、精神记忆，延续中华优秀传统文化的巴蜀脉络，推动中华优秀传统文化传承创新，提升人民群众文化素养,增强四川文化软实力、影响力、竞争力"①。因此,如何打好扬雄这张历史文化名人牌为当下的文化和经济建设服务是我们目前亟须思考的新课题。从文化建设而言,本文从扬雄对中外学术界的影响力谈起,探讨如何以扬雄为研究对象搭建中西学术桥梁、增进中外文化交流;从经济建设而言,本节探讨如何将扬雄的名人效应与四川旅游经济结合而形成互促共建良性发展态势的路径。

一、花开海内　香飘海外

扬雄这位从巴蜀走出去的文化巨人,不仅对我国的多个文化思想领域产生了重要影响,还对广大的英语世界的学者,尤其是美国汉学界产生了不容低估的影响。近几十年来的扬雄研究呈现出一种"花开海内,香飘海外"的趋势。

(一)花开海内:国内学界的扬雄研究

扬雄是我国西汉后期著名的文学家、哲学家、经学家和语言学家,他流传于后世的赋、散文和学术专著对我国历代学者产生了重要影响。其中,他的赋作以《解嘲》《反离骚》《广骚》《酒箴》《甘泉赋》《河东赋》《逐贫赋》《畔牢愁》为代表;散文以《太玄》《法言》《训纂篇》为代表;语言学著作是《方言》。《三字经》云:"五子者,有荀扬,文中子,及老庄",把他列为"五子"之一。南朝梁代著名文论家刘勰在《文心雕龙》中更是将他的文学成就位列于司马相如之上,将二人并称为"扬马"。唐代除了韩愈和柳宗元极其推崇扬雄,杜甫在《奉赠韦左丞丈廿二韵》中言:"读书破万卷,下笔如有神。赋料扬雄敌,诗看子建亲。"刘禹锡则在《陋室铭》中言"南阳诸葛庐,西蜀子云亭",把扬雄与"智圣"诸葛孔明相提并论。扬雄在中国传统文化之中的重要地位可见一斑。"文化大革命"期间,作为讲究"形式主义"的宫廷文学的代表人物,扬雄遭到史无前例的批判。随着改革开放,我国的文艺思想得以"解冻"和"复苏",扬雄研究也在国内学界再次迎来了百花齐放的春天。

由于扬雄著述甚丰,思想超前,成果丰硕且多样。从 20 世纪 80 年代以来,国内涌现了 40 多本从生平、思想、文学、语言学、考订以及书法等角度研究扬雄的成就、局限和影响的专著。从生平研究来看,远山和张仕芳的

---

① 吴梦琳,余如波. 首批四川历史名人　为何这 10 位入选 [N]. 四川日报,2017-07-12.

《扬雄外传》（中国社会出版社，2014 年）以及王青的《扬雄传》（天地出版社，2020 年）是其中翘楚。这一类型的研究多从西汉的时代背景以及扬雄的生平经历入手，对扬雄的学术传承、人生态度以及政治态度进行了详细介绍。而对扬雄思想的研究则主要分为哲学和美学两个板块。前者主要从道家和儒家思想入手，主要著作包括黄开国《一位玄静的儒学伦理大师扬雄思想初探》（巴蜀书社，1989 年）、陈福滨《扬雄》（东大图书公司，1993 年）、张强《宇宙的寂寞——扬雄传》（东方出版社，2001 年）、郭君铭《扬雄〈法言〉思想研究》（巴蜀书社，2006 年）、郑万耕《扬雄及其太玄》（北京师范大学出版社，2009 年）、解丽霞《扬雄与汉代经学》（广东人民出版社，2011 年）、纪国泰《"西道孔子"——扬雄》（巴蜀书社，2012 年）等。后者主要从扬雄在文学及书法等艺术领域的批评入手，代表性著作是万志全《扬雄美学思想研究》（中国社会科学出版社，2008 年）。扬雄的文学成就一直是扬雄研究的重要组成部分，国内学者主要从文学创作与作品风格入手研究扬雄在中国文学史的独特地位与重大影响。从文学创作入手的研究包括沈东青《扬雄：从模拟到创新的典范》（幼师文化事业公司，1993 年）和魏鹏举《疏离体制化的书写——扬雄写作的文化诗学研究》（汕头大学出版社，2007 年）。从作品风格入手的研究以万光治《蜀中汉赋三大家》（巴蜀书社，2004 年）为代表，他用"博雅深沉"高度总结了扬雄所作汉赋的特点。从语言学角度解读扬雄思想是近年来颇有成效的研究视角：《方言》作为中国历史上最早的语言学专著，是探索扬雄的语言学观点的最好途径。1992 年刘君惠等《扬雄〈方言〉研究》、2003 年李恕豪《扬雄〈方言〉与方言地理学研究》、2011 年王彩琴《扬雄〈方言〉用字研究》、2011 年王智群《〈方言〉与扬雄词汇学》等著作都分析了《方言》呈现出的扬雄独特的语言观。2011 年路广《〈法言〉〈扬雄集〉词类研究》独辟蹊径，以扬雄的《法言》为语料库进行词类研究，为扬雄的语言学研究开拓了一条新思路。除此之外，对扬雄的书法研究是我国学者独有的研究角度，国内现有的代表性成果是 2010 年龙开胜书《龙开胜书法字帖五种汉扬雄解难》。最后，作为扬雄研究中最基础和传统的考订与校注研究也取得了新的突破。郑文、林贞爱、张震泽等对扬雄的多本著作进行了整理、校注、笺注。他们为中外现代扬雄研究提供了非常重要的保障。

除了对扬雄研究的专著，国内学术期刊对扬雄研究的成果也蔚为大观。截至 2023 年 10 月，以"扬雄"为主题词在中国知网检索到的学术期刊论文多达 3236 篇。国内学术期刊所发表的扬雄研究成果主要有三大特点。（1）影响大：60 余篇相关论文发表在包括《文学评论》《文学遗产》《社会科学战线》《四川师范大学学报》《西南民族大学学报》《山东大学学报》《文史哲》《河北大学学报》《西北大学学报》《贵州社会科学》等国内权威学术期刊。（2）历史久：1905 年《国粹学报》发表的《书扬雄传后》距今已有一百多年历史。（3）发展曲折：国内学界对扬雄的研究经历了半个多世纪的沉默和断裂（1905—1977 年仅有 8 篇论文发表），然后在 1977—2010 年稳定发展（共有 654 篇相关研究成果）。目前国内扬雄研究处于繁荣与飞跃阶段：从 2010 年至今发表的相关论文数量超过总量的二分之一。

从 21 世纪初至今，国内还有 55 篇博硕士论文分别从中国古代文学、汉语言文字学、中国哲学、文艺学、中国古典文献学、语言学及应用语言学、中国古代史、历史文献学以及政治学理论的角度研究扬雄。其中，1999 年杨福泉以《扬雄研究》获得浙江大学博士学位；2001 年石晓宁以《扬雄的明哲保身思想、文学创作和文论中的若干问题》获复旦大学博士学位；2005 年郭君铭以《扬雄〈法言〉思想研究》获北京师范大学博士学位；2006 年解丽霞以《扬雄与汉代经学》获中山大学博士学位；2006 年马莲以《〈扬雄集〉词汇研究》获华东师范大学博士学位；2006 年万志全以《扬雄美学思想研究》获山东师范大学博士学位；2007 年王智群以《〈方言〉与扬雄词汇学思想研究》获华东师范大学博士学位；2015 年汪文学以《扬雄论——兼论扬雄学术和文学对六朝的影响》获得广西师范大学博士学位。上述青年学者不约而同地将扬雄作为自己的博士论文研究对象，进行系统和严肃的科学论证。这一现象有力地证明了扬雄在文学、哲学、美学和语言学等各个领域的重要价值。扬雄研究在本土虽然几经沉浮，但终究因其本身的重要价值吸引了国内众多人文学者的研究兴趣，结出丰硕的果实。

（二）香飘海外：海外汉学界的扬雄研究

扬雄在文学、哲学和语言学方面的成就还引起了广大海外学者的研究兴趣。以英语世界扬雄研究的发展为例，20 世纪中期英国汉学家、中国诗歌翻译先驱阿瑟·韦利（Arthur Waley）就翻译了扬雄的《逐贫赋》（Driving away Poverty），这是西方学者第一次关注到扬雄在中国古典文学中不可忽视的影响。随后，西方扬雄研究的重点基地转移到了美国：1971 年华兹生（Burton Watson）的《汉魏六朝赋选》（*Chinese Rhymed Prose: Poems in the Fu Form from the Han and Six Dynasty Periods*）和海陶玮（James Robert Hightower）的

《中国文学论题》（*Topics in Chinese Literature*）介绍和研究了扬雄在中国赋学史的地位。同年，梯莫特乌斯·波柯拉（Timoteus Pokora）发表《桓谭和扬雄论司马相如：散见于历史与传统中的一些评价》（Huan T'an and Yang Hsiung on Ssu-ma Hsiang-ju: Some Desultory Remarks on History and Tradition），介绍了扬雄的文学价值观和审美观。1984 年柯蔚南（Weldon South Coblin）发表了《扬雄的韵母系统》（*The Finals of Yang Xiong's Language*），这是西方第一次关注扬雄的语言学著作《方言》。1986 年倪豪士（William Nienhauser）出版的《印第安纳传统中国文学指南》（*The Indiana Companion to Traditional Chinese Literature*）收录何沛雄（Ho, Kenneth Pui-Hung）著《扬雄》（Yang Hsiung），这是海外较早对扬雄生平进行研究的成果。

美国扬雄研究的权威人士是华盛顿大学亚洲语言文学系资深教授、世界著名汉学家、美国人文科学院院士康达维（David R. Knechtges）。康教授是西方的赋学研究集大成者。他早在 1968 年就以《扬雄辞赋与汉代修辞研究》（*Yang Shyong, the Fuh, and Hann Rhetoric*）获得华盛顿大学博士学位。在之后的学术生涯中，康达维教授对扬雄和汉赋的研究持续了近半个多世纪，是西方汉学界当之无愧的对扬雄研究最为深入和成果最多的人。继博士学位论文后，康达维教授于 1968 年出版了《两种汉赋研究》（*Two Studies on the Han Fu*）。1976 年他发表的《汉代狂想曲：扬雄赋研究》（*The Han Rhapsody: a Study of the Fu of Yang Hsiung*）引发了格雷厄姆（William T. Graham）、毕少夫（Friedrich Alexander Bischoff）、波柯拉、桑德斯（Tao Tao Sanders）等许多西方同行的评议，对于西方汉学界的扬雄研究来说具有里程碑意义。1982 年他出版的《扬雄的汉书本传》（*The Han Shu Biography of Yang Xiong 53 B. C. —A. D. 18*）引发了白安妮（Anne M. Birrell）等学者发表文章回应，进一步加深了西方汉学界对扬雄的了解。2002 年他出版的《汉代宫廷文学与文化之探微：康达维自选集》（*Studies of Han Dynasty Court Literature and Culture*）于 2013 年由苏瑞隆翻译，在中外学界都产生巨大影响，为比较文学学者进行汉赋以及扬雄的循环影响研究提供了可能。除了以上对扬雄作品的文学价值以及思想价值进行细致而精深探讨的专著，他发表的大量学术论文以及翻译的中国赋学研究成果也涉及对扬雄叙事、描述、修辞、影响以及翻译策略的研究。其中主要包括：1972 年发表论文《扬雄〈羽猎赋〉中的叙事、描写与修辞：汉赋的形式与功能研究》（Narration, Description, and Rhetoric in Yang Shyong's Yeu-lieh fuh: An Essay in Form and Function in the Hann Fuh）、1974 年发表书评《华兹生的〈中国辞赋〉》(Chinese Rhyme-Prose, Burton Watson, trans.)、1978年发表论文《掀开酱瓿：对扬雄〈剧秦美新〉的文学剖析》(Uncovering the Sauce Jar: A Literary Interpretation of Yang Hsiung's Chü Ch'in mei Hsin)、1980年发表《刘歆、扬雄关于〈方言〉的往来书信》(The Liu Hsin/Yang Hsiung Correspondence on the Fangyen)、1983年发表《汉赋的可靠性》(Authenticity in the Han Fu)、1985年发表《赋中描写性复音词的翻译问题》(Problems of Translating Descriptive Binomes in the Fu)、1988年发表《论赋体的源流》(On the Origins of the Fu Form)、1995年发表《翻译辞赋的问题》(Problems of Translating the Fu)。他于1997年翻译出版龚克昌所著的《汉赋研究》(*Studies of the Han Fu*)，把中国的汉赋研究成果介绍到西方，产生巨大影响，引起英国伦敦亚非学院教授傅熊（Bernhard Fuehrer）等学者的回应。

在阿瑟·韦利等汉学家把扬雄研究的希望之种撒播下去之后，又经过康达维等人的浇灌与精心培育，扬雄研究逐渐在西方学术界开花结果。扬雄，这位中国西汉的蜀中名人以其不朽的文学作品和深邃思想突破了时间与空间的双重阻隔，生动地印证了中国文人自古以来对文章"经国之大业，不朽之盛事"的人生追求。

20世纪末至21世纪初，英语世界的扬雄研究呈现出新的特点。首先，线上古籍文献检索系统"中国哲学书电子化计划"（Chinese Text Project）收入杰弗里的·S. 布洛克（Jeffrey S. Bullock）翻译的《扬子法言》（*Yangzi Fayan*），网络传播的高效便捷对于扬雄的哲学思想的海外传播起到了推波助澜的作用。其次，这一阶段的扬雄研究不仅成果丰硕，而且研究视角多样。英语世界的扬雄研究以专著、期刊论文和学位论文等多种形式集中探讨了扬雄在中国文学史上的地位和影响。比如，1993年美国加州大学教授戴梅可（Michael Nylan）发表的《扬雄著〈太玄经〉》（The Canon of Supreme Mystery, by Yang Hsiung）是这一时期影响力仅次于康达维教授著述的重要成果，引发了昆·莎拉（Queen Sarah）、威拉德·J. 彼得森（Willard J. Peterson）、何莫邪（Christoph Harbsmeier）、J. 迈克·法玛尔（J. Michael Farmer）、齐思敏（Mark Csikszentmihalyi）等西方汉学家的关注和回应。除此之外，1995年任博克（Brook Ziporyn）发表的《扬雄〈太玄经〉的时空顺序》（Spatio-Temporal Order in Yang Xiong's Taixuan Jing）、2003年柯马丁（Martin Kern）在《哈佛亚洲研究学刊》（*Harvard Journal of Asiatic Studies*）发表的《西汉美学与赋的起源》（Western Han Aesthetics and the Genesis of the Fu）、2005年吴茂源（Ng,

Eric Mau-yuen）发表的《扬雄赋的描述性研究》（A Study of the Descriptives in the "Fu" of Yang Xiong）、2014 年侯道儒（Douglas Skonicki）发表的《北宋知识分子对扬雄〈太玄经〉的解读》（Northern Song Intellectual Discourse on Yang Xiong's Taixuan Jing）都是这一时期的重要成果。再次，对扬雄的传记研究也得到进一步推广。2001 年的《古代世界百科全书》（Encyclopedia of the Ancient World）和 2010 年的《大英百科全书传记》（Britannica Biographies）都收入介绍扬雄生平的传记。最后，西方青年学者以扬雄为研究对象撰写博士学位论文，他们的研究成果具有系统性、学院化的特点，为扬雄作品和思想在海外的传播取得突破性进展做出贡献，其中代表有：1983 年获得乔治城大学（Georgetown University）博士学位的迈克尔·基思·巴内特（Michael Keith Barnett）著《汉代哲学家扬雄：混乱时代求统一》（The Han Philosopher Yang Xiong: An Appeal for Unity in an Age of Disorder）、2001 年获得夏威夷大学（University of Hawaii）博士学位的安德鲁·理查德·科尔文（Andrew Richard Colvin）著《扬雄〈法言〉中的连贯性模式》（Patterns of Coherence in the "Fa yan" of Yang Xiong）和 2010 年获得华盛顿大学（University of Washington）博士学位的康达维教授的弟子马克·杰拉尔德·皮特纳（Mark Gerald Pitner）所著的《中国汉赋中体现的地理：扬雄及其接受》（Embodied Geographies of Han Dynasty China: Yang Xiong and his Reception）。

中美两国学界对扬雄研究的学术热情持续高涨，说明了四川历史文化名人对全国乃至世界产生的深远影响。充分利用好扬雄这张四川历史文化名片，对于提高四川文化软实力、国际影响力和竞争力意义非凡。因此，我们必须要了解中外学界对扬雄的不同研究视角和观点。

二、知己知彼 求同存异

由于中美之间文化、社会背景、研究范式和思维习惯的差别，美国学者以"他者"的眼光研究扬雄汉赋时，得出的结论有诸多有别于中国学者之处。要打好扬雄这张名人牌，我们务必要以兼收并蓄的心态去了解海外汉学界对扬雄的不同解读，求同存异，在"和而不同"的指导思想之下，达成"各美其美，美人之美，美美与共，天下大同"的理想。

（一）海外学者对扬雄思想的理解

中国学者对于扬雄存在着"醇儒""非儒""变儒"之争，而美国学者却几乎毫无异议地认为扬雄思想是中国儒家思想的典范，是"醇儒"。康达维认为《法言》是扬雄对儒家传统的捍卫和辩护。扬雄在《法言》中极力推尊孔子为圣人，崇奉五经，以圣人之道为判定是非的标准，阐扬礼义仁孝等伦常，因此，他"是一位保守的儒家"①。这一观点与国内学界认同扬雄为"西道孔子"的观点是一致的。对于国内认为扬雄乃"变儒"或"非儒"的一些评价，康达维以西方学者的立场提出了不同的看法。在对扬雄汉赋的介绍中，他首先介绍了《反离骚》，把它列为扬雄的众赋之首。他评价道："尽管贾谊也曾对屈原未能'远浊世而自藏'微表异议，但是扬雄才是公开明确地赋诗反对屈原自杀的第一人。"② 他以刘勰《文心雕龙·哀吊》之"扬雄吊屈，思积功寡，意深文略，故辞韵沈膇"③ 为论据，说明中国不将《反离骚》视为杰出的文学作品不是因为其在文学性和思想性上的欠缺，而是因为中国儒家思想推崇的是像屈原那样的以死明志、忠君爱国的道德楷模。然而在他看来，《反离骚》的重要性甚至超过了《河东赋》《羽猎赋》《甘泉赋》《长杨赋》，因为，它"清楚地发出对屈原自杀的'儒家式'的反对之声"④。他分析道："在整个汉代，屈原被奉为儒家美德的典范，他的自杀也被认为是完全正义合理。但是这与宣扬当时代与环境不利于实施个人理想抱负，或者没能遇到贤明君主时，君子最好不要参与政治生活的传统的儒家教条相悖。而扬雄一生中大部分时间都在倡导这样的儒家原则，尽管在王莽的治狱使者前往天禄阁时他在仓促之间做出了投阁的决定。"⑤ 由以上论述可见，康达维一方面承认屈原舍生取义的自杀之举符合中国儒家正统思想，但是扬雄在《反离骚》中所提倡的"君子得时则大行，不得时则龙蛇"的思想却暗合了孟子的"达则兼济天下，穷则独善其身"的理念。因此，他显然是不赞同中国学者以《反离骚》之辞而否定扬雄为"醇儒"的。美国滑石大学（Slippery Rock University）的科尔文在对扬雄的哲学思想的定位问题上与康达维如出一辙。他指出，"屈原把自杀看成是乱世中政治失败后的唯一选择，而儒家在政治抱负不能实现之后仍选

---

① 康达维，龚克昌.《汉赋讲稿》英译本序 [J]. 文史哲，1998 (6)：53-60.
② David Richard Knechtges. Yang Shyong, The Fhu, and Han Rhetoric [D]. University of Washington, 1968：306-315.
③ 刘勰. 文心雕龙 [M]. 哈尔滨：黑龙江人民出版社，2004：65.
④ David Richard Knechtges. Yang Shyong, The Fhu, and Han Rhetoric [D]. University of Washington, 1968：306-315.
⑤ David Richard Knechtges. Yang Shyong, The Fhu, and Han Rhetoric [D]. University of Washington, 1968：306-315.

择继续旅行、教育和写作以完成自己的理想"①。他认为《反离骚》不仅不能证明扬雄背叛了儒家思想，反而是扬雄彻底遵循了儒家思想的明证。以此推之，无论是扬雄的《反离骚》《剧秦美新》，还是扬雄投阁，这些在中国部份学者眼中有违儒家传统信念的作品和行为"污点"，在康达维和科尔文等美国学者眼中却都是符合儒家教义的。究其根源，乃西方人文传统中根深蒂固的"生命意识""个体精神""人本思想"的影响。因此在对中国儒家思想的接受中，他们选择性地接受孟子"穷则独善其身，达则兼济天下"的观念。西方汉学家对儒家思想的解读是经由美国思维和西方文化模子过滤之后的东方哲学，并非中国儒家思想的全貌和原貌，因此，他们不会产生如国内学界"醇儒""非儒""变儒"的分歧。

由此可见，要开拓海外的扬雄研究和传播，我们需要采取三个步骤。第一，怀着开放的心态，做到知己知彼、求同存异，尽量了解海外的研究状况，吸引更多的海外学者对扬雄进行深入的研究；第二，在了解到海外扬雄研究的兴趣点、不足点甚至盲点的前提下，有针对性地推出我们自己的研究成果，弥补和纠正海外汉学界的一些偏差；第三，以国际研究会和研究中心等形式为扬雄在国内和海外的传播搭建平台，促成中西合璧、视界融合，形成对扬雄文化价值的普适性认同。2017 年 11 月 11—13 日，由四川省社会科学界联合会、四川省人民政府文史研究馆、西华大学、四川省扬雄研究会、中共郫都区委、郫都区人民政府联合主办，中共郫都区委宣传部、西华大学人文学院、西华大学地方文化资源保护与开发研究中心承办，西华大学四川省人民政府文史研究馆蜀学研究中心、成都文史研究馆、中华孔子学会·蜀学研究会协办的"纪念扬雄诞辰 2070 周年暨四川省扬雄研究会第一届学术会议"在四川成都举行。会议共包括了"扬雄生平与著述研究""扬雄文学研究""扬雄哲学研究""扬雄语言学研究""扬雄经学研究""扬雄史学研究""扬雄与文化中国研究""有关扬雄接受与传播研究""扬雄与地方文化研究""有关扬雄的其他研究"等十个议题。国内 60 余所高等院校、科研院所、出版机构、学术期刊的专家学者和四川省扬雄研究会会员参加会议，群贤毕至，少长咸集，共襄盛举。11 月 11 日上午，大会宣布"四川省扬雄研究会"正式成立。《中国社会科学报》报道："（扬雄）研究会的成立，学术会议的举办，将为成都市传承

---

① Andrew Colvin. Yang Xiong (53 B. C. E. —18 C. E.) [EB/OL]. http://www.iep.utm.edu/yangxion, 2017 - 3 - 2.

历史文脉，推动天府文化创造性转化、创新性发展，弘扬中华优秀传统文化提供强大动能。"① "扬雄"这张历史文化名人牌对四川文化界的影响已然初见成效，我们期待着在新的历史机遇中，扬雄影响不仅走出四川，更能作为中华优秀文化的代表走向世界。

（二）海外学者对扬雄作品的兴趣

中国学者在介绍扬雄汉赋时往往将其分为"大赋"和"小赋"，重点推崇其"四大赋"——《河东赋》《羽猎赋》《甘泉赋》《长杨赋》，因为它们集中体现了赋作为"一代之文学"所具有的恢宏大气、夸饰铺排等特点。而对于像《解嘲》《解难》《逐贫赋》《太玄赋》等侧重于抒写个人心志、托物言志、咏物抒情、针砭时弊的"小赋"，中国学者的研究兴趣则相对较小。然而，美国学者对扬雄作品的分类则别具一格。美国的辞赋研究专家康达维将扬雄的作品分为"描述性"（descriptive）、"修辞－描述性"（rhetorical-descriptive）和"修辞性"（rhetorical）三类。他认为以娱乐而不是以讽谏为目的的《蜀都赋》（Fuh on the Shuu Captial）就是典型的"描述性"作品，因为作者关注的是语言的雕琢，不进行道德示范；《甘泉赋》（Gan-chyuan Fuh）、《河东赋》（Herdong Fuh）和《羽猎赋》（Yeu-lieh Fuh）则是属于"修辞－描述性"作品，因为作者对地点或事件的描述是流于表面的，以间接的方式进行道德劝谏；而《法言》《长杨赋》《解嘲》则是"修辞性"作品，因为它们以道德劝谏为目的，作者在乎的是伦理道德示范而不是语辞的铺排。康达维认为除了《蜀都赋》，扬雄的作品都不同程度地具有"修辞性"的特点。需要注意的是，康达维所说的"修辞性"不是指比喻、拟人或排比等增强言辞或文句效果的具体手段，而是源自被视为演讲学源头的亚里士多德的《修辞学》，所指的是劝说的艺术。同时他还说道："事实上，尽管扬雄的主要兴趣在于修辞性的道德示范，但是对于西方读者而言，也许大家更感兴趣的是他的赋中的描述性特征。"② 他用阿瑟·韦利将赋这种文体描述成通过"对韵律和语言的完全的感官沉醉"（a purely sensuous intoxication of rhythms and language）来达成效果的

---

① 曾江，赵徐州，王方. 将扬雄研究推向新高度：纪念扬雄诞辰 2070 周年暨四川省扬雄研究会第一届学术会议在成都市郫都区举行 [N]. 中国社会科学报，2017－11－14.

② David Richard Knechtges. Yang Shyong, The Fhu, and Han Rhetoric [D]. University of Washington, 1968: 379－380.

"文字魔法"(word magic)为例,来佐证西方读者对于扬雄赋的惊叹。笔者认为,扬雄《蜀都赋》以及一些抒情小赋能够引起西方读者的关注,而在中国享有盛名的大赋却在海外遇冷的原因有三。首先,西式思维和表达本身更直接和外露,不像中式思维和表达那么婉转和含蓄。加之西方读者对于中国文学传统了解不够深入,因此他们难以了解中国的春秋笔法,难以了解"婉而成章""微言大义"等曲从义训、以示大顺的写作传统,难以认同扬雄用笔曲折而意含褒贬、"婉言谲谏"以进行道德劝谏的写作方法。其次,西方读者往往受到扬雄自身"悔赋"之言的影响。康达维分析《法言》中体现的扬雄文学观时引用了赋乃"童子雕虫篆刻"的论断,这段话体现了扬雄对诗歌的两种看法:其一,诗歌是教化的工具,主要用于劝说;其二,诗歌是一个审美对象,主要关注对语言富有艺术性的运用。扬雄看重的是文学的劝导作用,因此他晚年放弃了赋这种过于强调语言的装饰性的创作。除了《法言》,康达维还在扬雄的晚期诗赋中寻找他悔赋的蛛丝马迹。比如,在分析《羽猎赋》时,他指出这篇赋是叙事、描写与修辞的混合体,另带有一些魔幻与奇妙色彩。扬雄巧妙地创作了这首赋,将劝说的意图隐藏于叙述和描写之后,但是这么一来,赋原有的修辞性效果大大削弱了。正因为如此,扬雄到了晚年否定赋是一种有效的道德劝诫的方法。[1] 从康达维的分析来看,扬雄意识到赋尤其是大赋这种文学体裁最后对于道德劝诫的效果只不过是"劝百讽一",因此他及时地放弃这种文学创作活动而转向其他类型的研究,这不啻为明智之举。正是受到了扬雄"悔赋"之说的影响,西方学者对于扬雄大赋的研究兴趣比起国内同行黯淡许多。最后,中西方文类学之差异也导致中西学界关注热点不同。陆机在《文赋》中言:"赋体物而浏亮。"刘勰在《文心雕龙·诠赋》中言:"'赋'者,铺也,铺采摛文,体物写志也。"白居易在《赋赋》中言:"雅音浏亮,必先体物以成章。"从以上文论来看,中国文学传统中的赋是一种状物写景的文类。而在西方文学传统中,与这种文体最为接近的应该是"颂"(ode)。英国浪漫主义时期雪莱(Percy Byshe Shelley)和济慈(John Keats)都曾创作了优秀的颂歌。比如,雪莱的《西风颂》(Ode to West Wind)是以气势雄阔、奇丽宏伟的语言描写西风摧枯拉朽的破坏力;济慈的《希腊古瓮颂》(Ode on a Grecian Urn)则笔触细腻、语言华美,生动再现了器物的色彩、形状和它带来

---

[1] 康达维. 康达维自选集:汉代宫廷文学与文化之探微[M]. 苏瑞隆, 译. 上海:上海译文出版社, 2013: 89-97.

的感官享受，表达"美即是真，真即是美"的艺术理想，是英语文学颂歌中的翘楚。《西风颂》《希腊古瓮颂》尽管风格迥异，却都有一个明显的相同点：这两首颂歌都是以"体物"为特点，借着"体物"以抒发诗人自我的情感和理想。从这方面而言，扬雄的《蜀都赋》非常接近于英语文学中的"颂"的传统。扬雄通过介绍"蜀都"这一客观对象的特殊地理位置、得天独厚的优越条件、丰富的物产资源，呈现了古代蜀都的经济状况和城市面貌，抒发了自己热爱故乡的赤子之情。《蜀都赋》与英语文学中的一些著名颂歌在文类和创作技巧方面的相似性，是它更能引发西方读者共鸣的重要原因。康达维指出，"《蜀都赋》描绘的是成都这座被认为当时中国最美丽和繁荣的城市之一的华丽盛景。它是中国文学史中第一篇对城市的颂歌（the first panegyric of a city in Chinese literature）……然而，对城市的颂歌在中世纪的欧洲文学中却相当普遍。一些修辞手册中甚至建立了一些对这类城市赞歌的具体规则"[①]。康达维的论述更进一步说明了《蜀都赋》之所以在英语世界受到好评，很大程度上受到了西方读者对其本土文学传统的接受惯性的影响。

三、以文促建　整合包装

除了以扬雄促进海内外的文化交流，或许最能直接从扬雄这张历史文化名人牌中获益的当属四川扬雄相关遗址的旅游经济了。文化对社会经济的推动力量不容小觑，文化名人对旅游产业发展的宣传和支撑更是不容忽视。历史文化名人是塑造地方旅游品牌的重要元素。历史文化名人可以使旅游区的形象更为具体、更富有内涵，是提升旅游品牌附加值和竞争力的不竭源泉。因此，充分利用扬雄的名人效应，利用旅游区的平台，打造文化旅游品牌是扬雄这张名片服务于地方经济的有效途径。笔者认为要以扬雄名片拉动旅游经济需要注意两点：第一，以文促建，推动扬雄作品与当地旅游产品的结合；第二，整合包装，以"扬马"共宣四川旅游文化。

（一）以文促建：推动扬雄作品与当地旅游产品的结合

"儒者凌夷此道穷，千秋止有一扬雄。"2017年5月23日下午，扬雄故里成都市郫都区友爱镇举办了四川历史名人文化传承创新工程扬雄名篇诵读大

---

① David Richard Knechtges. Yang Shyong, The Fhu, and Han Rhetoric [D]. University of Washington, 1968：316.

会。通过此次大会，历史文化名人扬雄走出历史、融入当代，走出书斋、面向社会，走出四川、走向世界，成为新一代四川人内心深处的"活"的记忆。此次扬雄名篇诵读大会不仅仅达到了"以文化塑形象、以文化增魅力、以文化聚合力"的目的，从旅游经济上来看，它也为郫都区作为扬雄故里的旅游经济的发展做好了进一步的宣传。郫都区作为古蜀国望帝和丛帝两代蜀王的都城"杜鹃城"遗址所在地，其传统名片为"鹃城"，旅游热点是望丛祠。而此次打出的"扬雄故里"的新名片，必定可以为其旅游经济增加新的卖点和商机。

扬雄的赋作多以城市、宫廷、园囿等为描写对象，生动地再现了汉代的市井文化、民俗风情、皇家园林和古代娱乐。因此，除了做好现有的扬雄遗迹的保护和宣传，以游客参与体验为特点的文化主题公园的创建必能再现扬雄赋中的风物景观和古蜀都的繁华胜景。集历史文化旅游、民俗风情旅游、休闲度假旅游、趣味娱乐旅游和生态环境旅游于一体的主题文化公园既能突出旅游园区的观赏性、娱乐性、参与性、趣味性，更能以"扬雄"的文化价值增加旅游园区的知识性和教育性。21世纪以来，我国主题公园行业正处于成长阶段，如果将文化产品与旅游经济相结合，招商引资建设扬雄笔下的《蜀都赋》《河东赋》《羽猎赋》《甘泉赋》《长杨赋》等相关的主题公园，一方面可以推动四川民众对巴蜀文化的历史传承，增强对本土文化的自信，宣传推广四川民俗风情、特色美食、巴蜀文化；另一方面能够促进当地文化、旅游和商业的结合，将"扬雄"相关的旅游产业建设为我省旅游产业的新兴增长点，使之成为实现四川旅游产业持续增长的一大支撑和动力。

（二）整合包装：以"扬马"共宣巴蜀旅游文化

徐希平在一次采访说中说道："中华文化源远流长，包含十分丰富的内容，是中华各民族地域文化在长期历史发展过程中不断互动融合而形成的。中华名人文化是中华优秀文化的结晶，同时对中华文化产生深远的影响。李白、杜甫既是'四川历史名人文化传承创新工程'推出的首批四川历史名人，又是具有国际影响力的文化名人，为中华文化的弘扬发展与海外传播作出十分重大的贡献，堪称中华文化的杰出代表和融合互动的光辉典范。"[①] 作为四川杜

[①] 曾江，廖苏予. 弘扬巴蜀历史名人精神——访四川杜甫研究中心首席专家徐希平[N]. 中国社会科学报，2020-12-25.

甫研究中心首席专家，徐希平在推广杜甫时，总是连同推广李白的影响力，让二者相得益彰，因为"李杜"已经成为一个历史悠久的组合品牌，这个组合的社会和经济效应远远大于李白或杜甫作为单独的文化品牌所能产生的效应。事实上，在巴蜀文学历史上，扬雄总是与司马相如齐名，他们是一对比"李杜"历史更为悠久的文化名人组合。所谓"歇马独来寻故事，文章两汉愧扬雄"，李白有诗云："朝忆相如台，夜梦子云亭。"扬雄与司马相如的名字紧密相连，不仅仅是因为二者同为汉赋大家，更是因为扬雄经历过从对司马相如的极度仰慕和模仿到晚年时期对司马相如进行批判和贬抑的变化。就连海外学者在论及二人时，也是在比较中论述。比如，陆威仪（Mark Edward Lewis）在"哈佛中国史"丛书的秦汉卷《早期中华帝国：秦与汉》（*The Early Chinese Empires: Qin and Han*）中评论司马相和扬雄的诗赋："在扬雄年轻时，他曾经在所写的诗赋里采用了司马相如的风格和主题。然而，后来他抛弃了这种形式的诗歌，因为它缺少一种道德严肃性，而且其梦幻般的人物形象和浪漫语言不符合儒家的写作理念，儒家认为，写作应该语言平实，直接表达情节和角色。"① 柯马丁（Martin Kern）在《剑桥中国文学史》中论述西汉时期"赋"这一文学类型时也以司马相如和扬雄来论证其形式之灵活和主题之广泛。② 因此，同为蜀中名人，又在文学上有着如此紧密的联系，将此二人进行整合包装，以"扬马"之名共同促进巴蜀旅游文化市场的繁荣会比单独利用其中一人之名更为有效。

  2017年9月27日晚"琴台文产 汉赋论坛"在四川成都文化公园北门外广场举行隆重的启动仪式。在与司马相如相关的历史遗迹琴台路不仅上演了舞台剧《凤求凰》，还吟诵了汉赋《子虚赋》《甘泉赋》《洞箫赋》《琴台赋》。以文化为根本，文商旅相融合的"文化＋"产业整合模式对于提升旅游品牌的作用毋庸讳言，而名人效应的整合和叠加必定更能对旅游经济的促进带来事半功倍的效果。巴蜀地区现存的与扬雄关系最为直接的遗址有成都郫都区友爱镇子云村的扬雄墓（衣冠冢）、子云桥、墨池和绵阳的子云亭；与其有间接关联的还有与他合称为"扬马"的司马相如的一些遗迹，如成都的琴台故径和驷马桥，邛崃市临邛镇里仁街文君井，蓬安的长卿祠、相如故宅、洗笔池、卓

---

① 陆威仪. 早期中华帝国：秦与汉［M］. 王兴亮，译. 北京：中信出版社，2016：221－222.
② 孙康宜，宇文所安. 剑桥中国文学史 上卷［M］. 北京：生活·读书·新知三联书店，2013：121.

剑水、琴台、相如里、文君里等。要以扬雄拉动文化旅游经济，注重扬雄和司马相如两位名人的资源整合是不应忽略的关键问题。

扬雄才高行洁的高尚人品与丰厚的文化贡献，都是优秀传统文化遗产的精神财富，对中国梦的实现具有积极的历史文化意义。他在巴蜀众多的历史名人中脱颖而出，成为首批确认的四川历史名人之一。要利用好扬雄的名人效应完成"六个一批"（建立一批学术研究中心，创建一批文化传习基地，策划一批品牌文化活动，创作一批文艺精品力作，打造一批主题旅游线路，研发一批优秀文创产品）的重点任务，从文化建设而言，不仅需要推动国内学界对扬雄的研究，还需要了解西方汉学界对他的研究成果，促成中西视界融合和文化交流；从经济建设而言，还需要注意扬雄的名人效应与巴蜀地区文化旅游经济的结合，以及扬雄与司马相如名人效应整合为巴蜀地区旅游经济带来更大活力的可能。

扬雄作为一代汉赋大家，其文学成就吸引了众多海外汉学家的关注。然而，由于时代背景、文化模子和诗学传统的不同，海外汉学家与中国学者在对扬雄汉赋中的儒家思想、扬雄汉赋创作中的模仿手法以及扬雄赋论中的"悔赋"言论等问题上呈现出明显的差异。充分认识海外汉学界对扬雄的研究视角、范式和观点，有利于国内学界以扬雄汉赋为桥梁促进中西文明的交流与互鉴，在平等对话的基础上助推中国文化的海外传播。

第二节
中外扬雄汉赋阐释之异

当代著名辞赋研究专家龚克昌认为："汉赋或许没有唐诗、宋词、元曲、明清小说那么辉煌……但她真实地表现了大汉帝国的气势，描绘了大汉帝国的精神风貌，她是我国古代文学自觉时代的起点，她为我国古代文学的发展繁荣积累了宝贵经验，创造了丰富多彩的艺术表现手法。"[1] 赋在中国文学史中具有不容低估的重要地位，作为汉赋大家的扬雄引起了中外学界的广泛关注。但是，由于中西文化传统的巨大差异、二者研究扬雄的时代和社会背景的不同以及研究范式和思维习惯的差别，海外汉学家以"他者"的眼光研究扬雄汉赋时得出的结论与国内学者的研究结论呈现出明显的差异。中外扬雄汉赋的研究呈现出"根干丽土而同性，臭味晞阳而异品"[2] 的局面。本节从中外学者对扬雄汉赋的研究视角和观点的差异性分析出发，探讨西方文化模子和诗学传统对中国古典文学海外传播的重要影响以及扬雄作为中西文明

---

[1] 龚克昌. 中国辞赋研究 [M]. 济南：山东大学出版社，2010：36.
[2] 周振甫. 文心雕龙今译 [M]. 北京：中华书局，2015：231.

交流与互鉴之桥的重要性。

一、扬雄之思想：醇儒还是非儒

中外学者就扬雄汉赋的文学性和思想性认识分歧最大的是对其《反离骚》的认识。中国学者在介绍扬雄汉赋时往往重点推崇《河东赋》《羽猎赋》《甘泉赋》《长杨赋》，认为它们洋溢着昂扬乐观的情调，表现出扬雄对农民生产生活的关注，反对帝王过分奢侈，歌颂祖国统一，表现对强盛的追求和理想。而对于《反离骚》，中国学者往往给予负面评价。宋代朱熹认为"雄固为屈原之罪人，而此文乃《离骚》之谗贼矣"[1]。清代刘熙载认为"班固以屈原为露才扬己，意本扬雄《反离骚》"[2]。龚克昌认为"《反离骚》体现了扬雄性格的软弱和思想上潜伏的'清静无为'的劣根子。《反离骚》中扬雄所言'君子得时则大行，不得时则龙蛇。遇不遇，命也，何必湛身哉？'更是体现出扬雄的思想境界和斗争精神不可与屈原同日而语"[3]。中国学者对《反离骚》的批评并不以其文学价值而主要以其对屈原的态度为依据。历史上虽另有部分学者，如胡应麟和李贽等意欲为《反离骚》正言，也主要是从证明扬雄对《离骚》之反，乃是"爱原"之心，没有肯定其文学价值。中国学者在评价《反离骚》时，无不是受到儒家思想影响，以孔子"知其不可为而为之"的入世原则作为最高准则。这一思想在中国传统文人心中根深蒂固，因此扬雄《反离骚》中对屈原"何必湛身哉？"的诘问自然会被视为消极避祸和苟且偷生而备受批评。

美国的辞赋研究专家康达维对《反离骚》的态度却与众多中国学者迥异。在其1968年的博士学位论文中，他对扬雄的主要作品进行了完备的介绍和中肯的评论。在向西方世界介绍扬雄的汉赋时，他首先介绍了《反离骚》，然后才按创作年代的顺序介绍了《蜀都赋》和中国学者看重的"四大赋"。在介绍《反离骚》时，他援引了《汉书·扬雄传》对扬雄创作《反离骚》的动机的说明，但是对于扬雄"摭离骚文而反之"这一行为，他评价道："尽管贾谊也曾对屈原未能'远浊世而自藏'微表异意，但是扬雄才是公开明确地赋诗反

---

[1] 朱熹. 楚辞集注 [M]. 上海：上海古籍出版社，1979：237.
[2] 刘熙载. 艺概 [M]. 上海：上海古籍出版社，1978：88.
[3] 龚克昌. 中国辞赋研究 [M]. 济南：山东大学出版社，2010：358.

对屈原自杀的第一人。"① 他以刘勰之言为论据说明《反离骚》在中国从来没有被视为杰出的文学作品②。但是，他却认为"扬雄此诗的重要性主要依赖于其清楚发出对屈原自杀的'儒家式'的反对之声"③。在康达维看来，扬雄这篇在中国学者眼中严重违背儒家信念的作品却成了扬雄乃是坚定的儒家思想倡导者的明证。

相较于康达维，巴尼特·迈克尔（Barnet Michael）则以更直接的方式赞美了扬雄的个体精神。他认为："扬雄珍视社会哲学家的职责——以解释人如何最好地适应有机整体为己任。他的有机主义概念并不严格地把人看作如动物一般被僵化在固定的生存或行为模式中的生命。相反，由于人拥有理性，人可以按照那些超越次人类（subhuman）的单调拘谨的生活理念和原则行事；人可以分析，然后掌握有机整体中的复杂性，通过其对整体的理解而提高其生存和成就的几率。"④ 从他的评价可以看出，西方把个体主义（individualism）与有机主义（organism）置于二元对立的思想体系中，而扬雄尽管看重社会和国家的有机整体性，却并不否定个人理性的价值，甚至认为个人理性的能动发挥有利于其个体生命意义和事业理想的实现，突破了二元对立的思维范式。在迈克尔看来，这是一种伟大的东方智慧。然而，扬雄在《反离骚》中体现的这种高扬个体精神的思想，千百年来却被许多中国学者斥为"明哲保身"的软弱与不作为。中美学者对《反离骚》的评价可谓是南辕北辙。事实上，由于扬雄思想的复杂多元性，中国历代学者在对其的评价上曾陷入"醇儒""变儒"与"非儒"之争中，美国学者对扬雄作品的独特解读或许可以作为我们理性地看待扬雄思想的"他山之石"。

中国学者由于受到儒家思想传统影响而贬抑《反离骚》，海外学者却以儒家思想和东方智慧为名赞誉之。《反离骚》在中西文化中的不同境遇展示了经由西方文化模式的形塑之后，中国古典文化海外传播中的变异现象。中美扬雄研究探异的尝试正好印证了叶维廉的观点："比较诗学的差异性研究是要给文

---

① David Richard Knechtges. Yang Shyong, The Fhu, and Han Rhetoric [D]. University of Washington, 1968: 306-307.
② 《文心雕龙·哀吊》云："扬雄吊屈，思积功寡，意深文略，故辞韵沈膇。"
③ David Richard Knechtges. Yang Shyong, The Fhu, and Han Rhetoric [D]. University of Washington, 1968: 314.
④ Barnet Michael. Han Philosopher Yang Xiong: An Appeal for Unity in an Age of Discord [D]. Georgetown University, 1983: 174.

化交流的规则提供依据。"①

二、扬雄之创作：模仿还是超越

扬雄的"四大赋"在题材的摄取、情节的安排、语言的运用上，几乎无不受到司马相如《子虚赋》和《上林赋》的影响。刘勰还认为《剧秦美新》中"诡言遁辞"和"兼包神怪"的特点也是"影写长卿"②。此外，学界还认为《反离骚》和《太玄赋》是对《离骚》的仿拟；《解嘲》和《解难》在实质上是对东方朔的《答客难》的模仿。因此，在论及扬雄基于模仿而进行的文学创作时，国内学者多持否定态度，认为模仿是妨碍扬雄作品创造性和作品生命力的一大弊病。

然而尼古拉斯·莫罗·威廉（Nicholas Morrow Williams）在其博士学位论文《文字的锦绣：模仿诗歌与六朝诗学》（The Brocade of Words: Imitation Poetry and Poetics in the Six Dynasties）的摘要中提出："写作必然涉及对早期样式的创造性模仿，甚至是对于成就最为显著的一些作家而言也是如此。从维吉尔到莎士比亚，从扬雄到李白莫不如是。"③可见，他眼中扬雄对前辈赋家的模仿是"创造性"的，扬雄的文学地位可与西方的维吉尔和莎士比亚，以及中国的李白相提并论。在后文的论述中，威廉提到扬雄以模仿司马相如而开始其诗赋创作生涯，他以班固关于扬雄的评论为论据，证明扬雄实乃文学模仿之大师，而班固的评价开启了东方学者对扬雄模仿技艺的共识——模仿是扬雄文学创作中开创性的一体两面④。威廉以沈冬青《扬雄：从模拟到创新的典范》、陈恩维《试论扬雄赋的模拟与转型》以及日本学者谷口洋（Taniguchi Hiroshi）《扬雄"口吃"与模拟前人》（该文收录在《二十一世纪汉魏六朝文学新视角：康达维教授花甲纪念论文集》）为例，证明在中国学者眼中，"扬雄的模仿只是其创作历程中走向原创性之前的一个阶段"⑤。笔者认为这一结

---

① 叶维廉. 寻求跨中西文化的共同文学规律［M］. 北京：北京大学出版社，1986：22.
② 周振甫. 文心雕龙今译［M］. 北京：中华书局，2015：200.
③ Nicholas Morrow Williams. The Brocade of Words: Imitation Poetry and Poetics in the Six Dynasties［D］. University of Washington，2010：abstract.
④ 班固认为："（雄）实好古而乐道，其意欲求文章成名于后世……赋莫深于《离骚》，反而广之；辞莫丽于相如，作四赋。皆斟酌其本，相与放依而驰骋云。"参见班固：《汉书·扬雄传》，北京：中华书局，1962 年，第 3575 页.
⑤ Nicholas Morrow Williams. The Brocade of Words: Imitation Poetry and Poetics in the Six Dynasties［D］. University of Washington，2010：43.

论还有待商榷，因为以上三位学者的观点均是在20世纪末至21世纪初才提出。威廉忽略或者故意遮蔽了一个事实——从汉代以来到20世纪80年代，中国学界对扬雄"复古主义"的模仿之举是抑甚于扬、贬大于褒的。比如，清代唐晏就认为："子云为学，最工于拟……计其一生所为，无往非拟。而问子云之所自立者，无有也。"①

威廉认为扬雄不仅将模仿前人作品作为一种文学锻炼或才思的炫耀，还按自己的需求对过去的一些文学样式进行变形。他所有的作品都与其模仿对象有明显的差异，其中差别最为显著的是《反离骚》。尽管它是对《离骚》的模仿，但它同时是一首"翻案诗"（palinode），是对《离骚》的思想主旨的反驳。另外，他还认为《反离骚》并非独一无二的模仿之作，而只是中国汉代模仿传统和哀悼屈原的文学中的一部分。从贾谊的《吊屈原赋》到王逸在《楚辞章句》中增入的《九思》，汉代的文学模仿传统已经根植于中国文化和思想深处，扬雄只不过是其最为形象化的代表而已。汉代是儒家思想发展的巅峰时期之一，扬雄之类的学者看重对圣人智慧的维持与传扬。这样的文学背景自然有利于文学模仿，扬雄恰好将之发挥到了极致。因此，对扬雄创作中的模仿行为的评价应该回归其所处的历史背景中，而不应以当代的文学观念审视之。威廉从新历史主义的立场出发要求还原历史，全面而客观地理解历史人物的行为选择。他的观点对于重论扬雄在中国赋学的地位极有启发意义。

威廉反对王隐以"屋下架屋"来批评扬雄对前人的模仿。他引用《释名》对"文"的定义来批驳"屋下架屋"之说②。他说："以锦绣来比喻作文非常贴切，因为它可以延展扩张：你必须以丝线不断编织图案，才能编织出一段没有预设之限制的、越来越大的锦绣。"③ 可见，在他眼中，扬雄通过模仿前人而创作的汉赋是一张可无限延展的锦绣，而不是屋下架屋的赘余。模仿在他眼中不但不是"毛病"，还是文学发展的必由之路。扬雄汉赋中的模仿痕迹丝毫不妨碍他与维吉尔、莎士比亚和李白等伟大文学家同列。在其博士学位论文的开篇，威廉用29页的篇幅介绍了西方对"模仿"的看法。他首先引用了莎士比亚十四行诗中的句子诗意地证明西方文艺复兴以来对"陈"与"新"的辩

---

① 唐晏. 两汉三国学案 [M]. 北京：中华书局，1986：665.
② 刘熙《释名》载："文者，汇集众彩以成锦绣；汇集众字以成辞义，如文绣然也。"
③ Nicholas Morrow Williams. The Brocade of Words：Imitation Poetry and Poetics in the Six Dynasties [D]. University of Washington，2010：48.

证认识①。接着他将"模仿"追溯到更久远的古希腊时期。柏拉图认为艺术是对现实的模仿，苏格拉底则认为我们对物质世界的认识是不全面的，是容易引起误解的，就像洞壁上的影子。与这些摇曳的形象相比，真实就像让人目盲的强光。因此，艺术是对模仿的模仿，与理想的形式有着两倍距离。亚里士多德认为艺术就是模仿的产物，文艺的共同特征就在于模仿，差别不过在于模仿所用的媒介不同，所取的对象不同，所采用的方式不同而已。亚里士多德在《诗学》中提出的关于模仿的观点甚至被总结为"摹仿说"，对西方文学产生了深远影响。后世学者将其概括为：文艺起源于模仿，文艺是模仿的产物，模仿是文艺的特征。因此，在西方学者看来，艺术与模仿具有先天的重要联系，文学作为艺术的表现分支，本身就是对现实的模仿。文学中的模仿理所当然是具有合法性的，是无可厚非的。在西方诗学传统的影响下，威廉不仅不认为扬雄之模仿为弊病，反而觉得这是一种了不起的才华。威廉以西方的模仿传统力证扬雄文学模仿的合理性，他认为"模仿"对于扬雄的汉赋创作而言是功大于过的。

然而，长期以来，中国学者则认为扬雄基于模仿的汉赋创作方式是弊大于利的。21世纪以后，侯立兵在《汉魏六朝赋多维研究》中指出，西汉后期至东汉时模拟之风昌盛，这虽然与文学的经学化不无关系，然而文学演进还有其自身的规律性。首先，"魏晋南北朝社会的变迁不能彻底改变文学观念对传统重视，尤其是对前人经典作品的尊重，所以，赋作的模拟风气时有消涨，但是作为创作惯性并不能也没有止步"②。事实上，既然扬雄提倡文学创作的"原道、征圣、宗经"审美原则，他身体力行也就不足为怪了。其次，"在模拟典范中超越前人，同时也超越自我，从而在创作中获得满足感和价值感，这就是赋作模拟现象频繁发生的不竭心理动因"③。在侯立兵看来，崇经尚古的社会环境和炫学逞才的心理动机导致了扬雄的"模仿"之举。但是，值得注意的是，扬雄绝不只是一位前人眼中的"模拟大师"，他的开创性精神和超越性可以在多篇赋作中找到印证。其一，比起司马相如，扬雄的四大赋讽谏之意更为明白直率，也突破了司马相如大赋的体制。其二，与东方朔相比，扬雄对现实的批评更为深刻，情绪更为愤慨。其三，扬雄对赋做出了独有的开拓。扬雄的

---

① 威廉引用了莎士比亚十四行诗（74）中的诗句："推陈出新是我的无上的诀窍，我把开支过的，不断重新开支：因为，正如太阳天天新天天旧，我的爱把说过的事絮絮不休。"
② 侯立兵. 汉魏六朝赋多维研究［M］. 北京：人民出版社，2007：96.
③ 侯立兵. 汉魏六朝赋多维研究［M］. 北京：人民出版社，2007：97.

《逐贫赋》把"贫"拟人化，以诙谐的笔调描写"贫"如影相随，而自己从希望摆脱它到逐渐认识到"贫"为自己带来种种好处。这篇小赋选题别致、构思新奇，因此得到钱锺书先生的高度评价①。其四，扬雄的《蜀都赋》还是我国都城赋的先声。从这些赋作来看，扬雄不仅只是简单模仿屈原、司马相如和东方朔等人，他在赋作的传统体式、题材等方面都有所突破。

从中外学者对扬雄赋作中出现的模仿行为的解读来看，海外汉学的论证基础是中西文学的模仿传统，对扬雄的模仿大加赞叹；中国学者对扬雄善模仿的评价则经历了先抑后扬的过程。人们普遍认为扬雄模仿前人的原因主要在于崇经尚古的社会环境和炫学逞才的心理动机。

三、扬雄之赋论：知人论世还是文本细读

中国学界通常将扬雄的文学创作分为前后两个时期。扬雄在《法言》中认为赋的功能是"讽乎！讽则已；不已，吾恐不免于劝也"②。《汉书·扬雄传》记载扬雄认为汉赋"劝而不止"，"又颇似俳优淳于髡、优孟之徒，非法度所存……于是辍不复为"③。中国学者对于扬雄"悔赋"的言论多是从赋学与经学之间的对立来分析。冯良方认为从扬雄一生的著述来看，"他的前半生主要是赋家，后半生主要是经学家"④。扬雄"悔赋"这一汉代文学史上的大事件正好印证了西汉后期赋学的式微与经学的昌盛。解丽霞在《扬雄与汉代经学》中总结扬雄辍赋的三个理由：一是赋"劝而不止"的功能丧失；二是"颇似俳优淳于髡、优孟之徒"的角色危机；三是"辞人之赋""诗人之赋""孔门经典"的法度不同⑤。总的来说，中国学者更倾向于将扬雄悔赋的行为放置在西汉末年宏大的社会和文学背景中，得出的结论是扬雄在社会和文学发展潮流中受到外力的影响，不得不放弃汉赋而转向《太玄》和《法言》等被刘歆担心"恐后人用覆酱瓿也"的著述。中国学者的研究范式是一种韦勒克（René Wellek）所言的"外部研究"。

西方学者更倾向于采用文本细读的方式，在文本的封闭领域之内体会扬雄

---

① 钱锺书认为："后世祖构稠叠，强颜自慰，借端骂世，韩愈《送穷》、柳宗元《乞巧》、孙樵《逐痁鬼》出乎其类。"参见钱锺书《管锥编》（第三册），北京：中华书局，1986，第961~962页。
② 扬雄. 法言［M］. 韩敬，译注，北京：中华书局，2012：30.
③ 班固. 汉书［M］. 北京：中华书局，1962：3575.
④ 冯良方. 汉赋与经学［M］. 北京：中国社会科学出版社，2004：70.
⑤ 解丽霞. 扬雄与汉代经学［M］. 广州：广东人民出版社，2011：15.

思想和态度转变的细微征兆。在《慢读的艺术：将语文学运用于中国古典文学读本研究》（The Art of Reading Slowly: Applying Philology to the Study of Classical Chinese Literary Texts）中，康达维引用了尼采的一段名言："语文学是一门让人尊敬的艺术，要求其崇拜者最重要的是：走到一边，闲下来，静下来和慢下来。"① 马银琴撰文指出，康达维所说的"慢"，是学术积累必需且真实的过程，是他博学审问、取精用宏的学术探索在时间轴上的表现形态②。在与康达维的学术往来中，龚克昌曾无不惊叹地说："大陆很多学者给人家写序，很少详细读人家原著，大都浮光掠影地翻一翻，或倚老卖老地海阔天空地说一通。康教授却不然，他给拙作英译写序，不仅把拙作与大陆、港、台有关著作的特点作了对比，而且对译作的文章逐篇进行评述。这需要他花费多少精力去阅读原著以及相关著述！"③ 由此可见，康教授的"慢"除了不急功近利的治学心态，还包括一种"慢工出细活"的研究方法。作为成长于20世纪中期的西方文学研究者，康达维接受了大量"新批评"所提倡的"文本细读"的学术训练。这些早期的训练对他日后的汉赋研究产生了深远的影响。他对扬雄悔赋行为的分析更多地来源于对扬雄留下的文本资料的考证和钻研，而不是以社会因素和时代背景为基础的由外而内的推测。

　　康达维认为扬雄晚年的兴趣从文学转向哲学，但是对哲学的兴趣并没有阻碍他继续深入对文学，尤其是对赋的思考。他发现扬雄是一位保守的儒者，其文学观点见于《太玄》和《法言》。因此，康达维主要通过这两部作品分析扬雄悔赋的原因。首先，在对扬雄《太玄》中关于"文"的四笔符号（tetragram）的阐释中，康达维引用了扬雄的重要观点："阴敛其质，阳散其文，文质班班，万物粲然。"④ 然后，他逐一对扬雄从"初一"到"上九"等关于文质关系的论证进行翻译和解读，最后总结道：尽管扬雄认为"文"与"质"应该达到完美和谐，但实际上他倾向于"质"重于"文"，这就如同祭祀时穿的服装，它们不仅是复杂的工艺品，还在仪式中具有某种功能。另外，康达维还分析了《法言》中的类似思想。他引用扬雄与他人的一段关于"文

---

① Friederich Nietzsche, Daybreak: Thoughts on the Prejudices of Morality [M]. ed. Maudmarie Clark and Brian Leiter, trans. R. J. Hollingdale, Cambridge: Cambridge University Press, 1997: 5.
② 马银琴. 博学审问、取精用弘——美国汉学家康达维教授的辞赋翻译与研究 [J]. 福建师范大学学报（哲学社会科学版），2014（3）：119 - 120.
③ 康达维，龚克昌.《汉赋讲稿》英译本序 [J]. 文史哲，1998（6）：54 - 62.
④ 郑万耕. 太玄校释 [M]. 北京：中华书局，2014：139.

是质非"的对话,来证明扬雄的文学观是以"质"为文学核心的。《法言》记载有人问扬雄:"有人焉,自云姓孔而字仲尼,入其门,升其堂,伏其几,袭其裳,可谓仲尼乎?"而扬雄答道:"其文是也,其质非也。"① 康达维认为扬雄借这个例子说明了语言在形式上的精美和复杂结果只能导致意义的迷乱,因此它需要有一定的规范并受到某些限制,为形式而形式的追求是不能容忍的。而对于扬雄在《法言》中关于赋乃"童子雕虫篆刻"的论断,康达维则提出这段话体现了扬雄对诗歌的两种看法②。其一,诗歌是教化的工具,主要用于劝说;其二,诗歌是一个审美对象,主要关注对语言富有艺术性的运用。扬雄在劝说性和修辞性的选择中偏向前者,因此他晚年放弃了赋的创作。除了《太玄》和《法言》,康达维还在扬雄的晚期诗赋中寻找他悔赋的蛛丝马迹。比如,在分析《羽猎赋》时,他指出这篇赋是叙事、描写与修辞的混合体,另带有一些魔幻与奇妙色彩,扬雄巧妙地创作了这篇赋,将劝说的意图隐藏于叙述和描写之后,这么一来,赋原来所具有的修辞性效果大大削弱了。正因为如此,扬雄到了晚年才否定赋是一种有效的道德劝诫的方法③。从以上论述来看,康达维对扬雄悔赋的动机的探索几乎全部是以扬雄流传的文字资料为唯一依据。笔者认为,康达维的研究方法一方面受到他早期接受的"新批评"教育的影响,另一方面则出于无奈。作为一位海外汉学家,他在面对中美客观存在的巨大文化差异时采取了权宜之计。

除康达维之外,1983 年美国的华裔汉学家、西雅图华盛顿大学亚洲语言文学系的中文教授施友忠(Shih,Vincent Yu-chung)在其专著《文心雕龙:中国文学中的思想与形式研究》(The Literary Mind and the Carving of Dragons: A Study of Thought and Pattern in Chinese Literature)的序言中也探讨了对扬雄悔赋的认识。他认为,早期扬雄对赋的纯粹的美(sheer beauty)与单纯的愉悦(pure delight)的欣赏表明扬雄意识到不可界定的直觉(intuition)或者视界(vision)是所有艺术的来源④。后来扬雄对辞赋的态度的改变主要是由于其"好古"的古典主义批评立场。任增强在对施友忠的研究进行再研究后得出结

---

① 扬雄. 法言[M]. 韩敬,译注,北京:中华书局,2012:45.
② 此处康达维所论及的诗歌是包括了赋在内的广义的韵文。
③ 康达维. 康达维自选集:汉代宫廷文学与文化之探微[M]. 苏瑞隆,译. 上海:上海译文出版社,2013:89-97.
④ Vincent Yu-chung Shih. The Literary Mind and the Carving of Dragons: A Study of Thought and Pattern in Chinese Literature[M]. Hong Kong: Chinese University Press,1983:xix.

论：施友忠主要使用"文本细读"的方法进行汉赋批评思想研究，他通过细读扬雄辞赋找到了大量扬雄尊儒复古的证据，然后以比较诗学的视角将扬雄与西方的斯卡利杰（J. J. Scaliger）、约翰逊（Samuel Johnson）与蒲柏（Alexander Pope）进行求同，认为他们都成功地通过吸入经典而使古典意识及与之产生的古典文学趣味在后代人思想中得以强化[①]。

20世纪50年代美国新批评的代表人物理查兹（I. A. Richards）提出一个流行一时的假说。他认为"诗不过是一种透明的媒介，通过它我们就可以观察诗人的种种心理过程：阅读仅仅是我们在自己心中重新创造出作者的精神状态"[②]。事实上，这样的批评方法是把一切文学归结于一种隐蔽的自传，文学是间接地了解作者的途径。从以上分析来看，康达维和施友忠对扬雄悔赋的分析无疑遵循了美国流行的新批评的研究范式，他们将《太玄》《法言》《羽猎赋》以及扬雄留下的其他文字资料当作了解扬雄思想变化的最可靠途径，在深度介入这些文本之际，探索扬雄关于文与质的关系、赋修辞性与劝说性的对立关系的思考。他们以韦勒克所提倡的"内部研究"的研究范式找出了扬雄悔赋的心理动机。

与美国学者青睐的"纯文本"的"文本细读"研究方式不同的是，中国学者受到孟子"知人论世"的文学研究传统影响，倾向于经由"作者介绍"和"时代背景分析"而演绎出"中心思想"和"主题"。因此中国学者多以西汉的赋学与经学发展走势、扬雄在仕途和治学中的跌宕命运为重要依据，结合相关文献资料探寻其悔赋的原因。中国学者通过"考年论人、考时论事"的方法分析扬雄的为人和心态，文史结合，力求从宏大的历史背景与具体的人物命运中剖析扬雄文学观念的转变。不过，值得注意的是，早期的美国学者多从文本内部探寻扬雄悔赋的原因，21世纪之后，由于中美文化交流活动的密切开展，中国学者研究扬雄的多维方法对美国学者产生了积极影响。2003年普林斯顿大学的柯马丁教授在《西汉美学与赋之起源》（Western Han Aesthetics and the Genesis of the Fu）一文中将扬雄悔赋的言行进行了时代语境的还原。柯马丁认为西汉末年中国政治文化领域出现了一场深刻的思想转型。在这一社会思潮大背景中，作为节制与适度的古典主义文化的重要倡导者、汉

---

① 任增强. 美国汉学界的汉赋批评思想研究 [J]. 东吴学术，2011（4）：144-147。

② Terry Eagleton. Literary Theory: An Introduction [M]. Beijing: Foreign Language Teaching and Research Press, 2004: 40.

武帝奢华铺张美学的反驳者，扬雄对汉赋的批评并非一种疏离和无偏见的行为，而是在利益驱使下所采取的一种话语方式。因此，"现有的关于汉赋的评价即便不是对赋的完全扭曲，也严重损害了赋的声誉"①。易言之，扬雄是出于服务当时统治者的目的对赋进行了再阐释，并使后代批评家对汉赋产生负面认识。2010 年，柯马丁又在《剑桥中国文学史》中重申了以上观点，认为扬雄对赋的批评"属于一个更大的、保守的文化重整思潮的组成部分，到西汉末年，这一文化批评最终全面否定了武帝时期的宫廷文学、音乐与礼仪表征"②。柯马丁的研究方法从细读扬雄赋论的相关文本入手，然后结合中国学者常用的"还原语境"的研究方法，揭示了扬雄悔赋言辞所体现的真实用意以及西汉末年的时代精神。2007 年，美国犹他州大学吴伏生发表论文《汉代的铺陈大赋：一个皇家支持下的产物与皇家的批评者》（Han Epideictic Rhapsody：A Product and Critique of Imperial Patronage）。他也借鉴了"还原语境"的研究方法，指出汉大赋的铺张扬厉的风格是赋家对君主以倡优蓄之的一种反抗。而扬雄晚年的悔赋言辞主要是由于他没有像枚乘和司马相如一样认识到辞赋的巨大魅力可以令君主惘然若失，使赋家能昂然面对君主的权威③。从以上分析可知，中西两种研究扬雄赋论的方法各有长短。如若两种研究模式能互取所长实现交流与互鉴，则中美扬雄赋论研究将有可能取得更大的突破。

上文比较了中外学者对扬雄汉赋的文学性和思想性、扬雄的文学模仿以及扬雄"悔赋"等热点问题的不同看法。信息技术的飞速发展和国际文学交流活动的蓬勃开展使得文学能以更方便、快捷的方式实现更大跨度的传播。在这样的现实语境之下，以"探异"的模式进行比较文学的平行研究就显得尤其重要。平行比较本是比较文学美国学派偏爱的研究范式。美国学派的平行研究以"同质性"为研究基础，以摆脱法国学派影响研究所导致的美国学界在世界比较文学研究中"失语"的窘境为目的。易言之，美国文学与欧洲文学之间的"间性"导致了美国学派以平行比较的研究范式彰显自己的话语权。中国文学和西方文学之间存在更为明显和巨大的"间性"，因此，中国的比较文

---

① Kern Martin. Western Han Aesthetics and the Genesis of the Fu [J]. Harvard Journal of Asiatic Studies，2003（11）：338.

② Kang-I Sun Chang & Stephen Owen. The Cambridge History of Chinese Literature [M]. Cambridge University Press，2010：96.

③ Wu Fusheng. Han Epideictic Rhapsody：A Product and Critique of Imperial Patronage [J]. Monumentu Serica，2007（55）：23 – 59.

学研究可以借鉴美国学派的平行比较来达成提升本国文化影响力的目的。更为重要的是,中国的比较文学研究并没有满足于在方法论上的"洋为中用",而是对平行比较的研究范式进行了创新:一改美国学派以"同质性"为平行研究的基础,中国比较文学研究者创造性地以"异质性"和"变异性"作为平行比较研究范式的基础。曹顺庆教授在《比较文学变异学》(*The Variation Theory of Comparative Literature*)一书中从跨语言、跨文化、跨文明三个层面论述了"异质性"和"变异性"对于当今处于"全球化"与"本土化"、"普遍性"与"特殊性"的撕扯和焦虑中的比较文学研究的意义:中西文学产生于不同的文明,因此,其文学原则、文论话语和言说方式都具有根本性的差异。但是,通过交流与对话,双方可达到互释互证、互补互通之目的[1]。正是在这样一种以"异质性"和"变异性"为基础的比较文学平行研究范式实践中,笔者发现:中外文学研究者成长于不同的文明,文化模式和诗学传统的差异性导致中外学者关于扬雄之思想是"醇儒"还是"非儒"、扬雄之创作动机是源于模仿还是超越前人、扬雄之赋论应该通过知人论世还是文本细读去探索等问题的看法呈现出巨大的差别。中国作为扬雄研究的故国与发源地,一代代学者扪毛辨骨的研究硕果自然值得海外汉学家虔心求教,而海外汉学家独辟蹊径的见解、博学审问和取精用宏的研究方法也有诸多值得中国学者借鉴之处。无论中外学者在扬雄汉赋研究上存在多么巨大的分歧,对于中国的古典文学研究和海外汉学研究而言,中外扬雄汉赋研究的思想交汇和融合贯通都是双方打开新局面、取得新成果的必经之途。习近平总书记指出:"文明交流互鉴是人类文明进步和世界和平发展的重要动力。人类始终在不同民族、不同文化的相遇相知中向前发展。"[2] 扬雄汉赋正是中西文明交流与互鉴之桥,通过比较中外学者在扬雄汉赋研究中呈现的不同研究范式、视角和结论,中外扬雄汉赋研究有望实现"和而不同,美美与共"的理想。

---

[1] Cao Shunqing. The Variation Theory of Comparative Literature [M]. Heidelberg: Springer, 2013: 238.

[2] 习近平向太湖世界文化论坛第五届年会致贺信:文明因交流而多彩,文明因互鉴而丰富 [EB/OL]. http://www.xinhuanet.com/politics/leaders/2018-10/18/c_1123577442.htm, 2018-10-19.

第二章

司马相如篇

司马相如（约前179年—前118年），字长卿，生于西汉巴郡安汉县（今四川省南充市蓬安县），长于蜀郡成都（今四川省成都市）。汉景帝时为武骑常侍，因病免，客游于梁。梁孝王死后，相如归蜀，得临邛（今成都邛崃市）富商卓王孙之女卓文君。汉武帝读到其居梁时所作《子虚赋》，大为赞赏，因得召见，任为郎。曾拜中郎将奉使西南，后转任孝文园令，晚年免官闲居而卒。司马相如是汉大赋的奠基者和蜀学的开创者，也是通《尔雅》、著《凡将篇》的训诂学家，还是一位古蜀历史学家和博物学家，是巴蜀文化的杰出代表。司马相如被誉为"辞赋之宗"，历代备受推崇。其《子虚赋》《上林赋》《谕巴蜀檄》《难蜀父老》《谏猎疏》《封禅文》等，皆为传世名篇。作为卓越的政治家，其奉使西南，注意妥善处理朝廷与西南少数民族的关系，解决社会治理和经济贸易等问题，是"万代推功"的拓边功臣，西南丝绸之路的开拓者。其一生的传奇经历和做"非常之事"、建"非常之功"，为后辈巴蜀学人的事业进取和人生追求树立了榜样，正如《汉书·地理志》所言"司马相如游宦京师诸侯，以文辞显于世，乡党慕循其迹"，"相如为之师"。司马相如的学养和写作，具有鲜明的巴蜀文化特征。他在蜀中学业养成，精通经书、史籍、子学，又能以儒学为本，融汇诸家之学，勉力推进文化学术的发展进步，影响至于全国及海外。司马相如具有读书人可贵的淑世情怀，故能仁民爱物。其文章体现了春秋大义、家国情怀和中华大一统思想。

司马相如在四川的历史遗存有：成都市驷马桥、琴台路、文君井等遗址或纪念地。南充市蓬安县正倾力进行"相如故城"的修复建设，已恢复文明门、紫气门、蓬州州署、琴台及玉环书院，正加紧重建司马相如祠堂。

四川师范大学教授李大明用一句话总结了他的成就：一代赋圣、文宗，文脉绵赓，沾溉百世。[1]

---

[1] 吴梦琳，吴晓玲. 第二批四川历史名人出炉 他们开创多个"第一"[N]. 四川日报，2020-06-08.

因为"文质彬彬"和"知人论世"的批评传统，国内学界对司马相如其人其作的评价一直以来众说纷纭，毁誉参半，司马相如在中国文学史上的地位也难以被锚定。然而，西方汉学家以"他者"视野，运用"意图谬误"理论，结合文本"细读"和"远读"的方法，提出了与国内学界不同的观点。首先，在他们看来，中国学界关于司马相如的"文质之争"在实质上是"文儒之争"，因此，尽管司马相如赋作中的内容和写作意图与儒家思想无关，但这不能否定其文学审美价值、想象力和创造性，不能成为低估司马相如文学史地位的合理理由；其次，在他们看来，中国学界以"知人论世"的方法对司马相如进行的伦理批评实际上陷入了"意图谬误"的陷阱。文学文本远比作者和语境更能揭示作品的艺术性和思想性，因此，司马相如的文学史地位不应因其本人的道德瑕疵或者作品中的伦理问题受到影响。总的来说，在"世界文学"理念观照下，对司马相如文学史地位的认识需要以其在"民族文学"和"世界文学"双轴的位置来确定他在"文学经典"这一坐标系中的定位。海外汉学家的观点可以成为我们认识司马相如在中国文学史，甚至世界文学史地位的他山之石。

第一节
中外司马相如文学史地位之思考

赋是我国文学史上不容忽视的重要文体，作为"赋圣"的司马相如自然会引发文学批评家的广泛关注。但是，古往今来，中国学者对司马相如在我国文学史上的地位却一直争论不休，看法不一。扬雄、班固、刘勰、李白、杜甫都曾大力推崇司马相如作赋的成就。扬雄感叹司马相如赋"不似从人间来,其神化所至耶?"① 班固评司马相如"蔚为词宗,赋颂之首。"② 刘勰在《文心雕龙·风骨》中说:"相如赋仙,气号凌云,蔚为辞宗,乃其风力遒也。"③ 李白和杜甫也分别写下"扬马激颓波,开流荡无垠"④ 和"相如才调逸,银汉会双星"⑤ 等诗句来传扬他的美名。除了古代文人,现当代推崇司马相如赋学成就的学者也不乏其人。鲁迅曾说,"武帝时文人,赋莫若司马相如,文莫若司马迁"⑥,把司马相如与司马迁作为汉武帝时期文学和史学的巅峰人物。李大明总结司马相如的成就道:"一代赋圣、文宗,文脉绵亘,沾溉百世。"⑦ 刘跃进评价司马相如的辞赋是"体制宏伟,尤长夸饰,组织严密而音调富有变化,奠定了汉大赋的基本格局"⑧。但是,尽管有以上学者极力推崇司马相如的文学成就,他在中国文学史上的"经典"地位却并不确定。一方面,扬雄、司马迁、班固、刘勰在褒扬司马相如辞赋的同时,也直陈其大量弊病;另一方面,还有苏轼、魏庆之、方孝孺等人因否定司马相如人格而贬低其辞赋的价值。

总的来说,由于中国文学批评家对司马相如及其赋作的评论大相径庭,甚至是同一评论家对他的评价也充满矛盾,因此,司马相如在中国文学史上的地位难以锚定。本文采用跨文明视野分析海外汉学家对司马相如的研究成果,以期引发国内学界对司马相如文学史地位的再思考。

一、中西学界司马相如辞赋批评的观点分野

中国本土文学批评家以"文质彬彬"的标准衡量司马相如辞赋,多认为其作品是"文胜于质"。然而,西方汉学家一方面认同中国学界对司马相如赋作的"文"的评价,还挖掘其"文"中彰显的想象力和创新性;另一方面又否定中国学界对司马相如赋作的"质"的批判,认为中国学界只以儒家文学

---

① 扬雄. 答桓谭书 [C] //林贞爱校注. 扬雄集校注. 成都:四川大学出版社,2001:316.
② 班固. 汉书 [M]. 北京:中华书局,1962:4255.
③ 刘勰著、范文澜注. 文心雕龙注 [M]. 北京:人民文学出版社,1958:513.
④ 李白. 大雅久不作(古风其一)[C]. 安旗等笺注. 李白全集编年笺注. 北京:中华书局,2015:885.
⑤ 杜甫. 奉酬薛十二丈判官见赠 [C]. 萧涤非主编. 杜甫全集校注. 北京:人民文学出版社,2014:4787.
⑥ 鲁迅. 汉文学史纲要 [M]. 北京:人民文学出版社,1958:50.
⑦ 吴梦琳、吴晓玲. 第二批四川历史名人出炉 他们开创多个"第一" [N]. 四川日报. 2020年6月8日,第5版.
⑧ 刘跃进. 司马相如创作的时代意义 [J]. 海南大学学报,2020 (9):1-10.

观评价司马相如赋作的"质"缺乏客观性。在他们眼中，司马相如赋作是"文"与"质"和谐统一的典范，司马相如在中国文学史上的地位不应受到质疑。

（一）国内学者司马相如辞赋批评："文质之争"

"质胜文则野，文胜质则史。文质彬彬，然后君子"[①]。孔子对君子人格养成的论述常被借用来讨论优秀文学作品的生成标准。在进行文学批评时，"文"指文学形式，"质"则指文学内容。优秀的文学作品往往应该在形式和内容二者中做到平衡和谐，亦即"文质彬彬"。自古以来，中国文学批评家关于司马相如赋作争论得最激烈的问题便是"文"与"质"的关系问题。

大量中国文学批评家认为司马相如的赋作是"文胜于质"的。这种观点最早出现在扬雄的赋论中。作为与司马相如齐名，并且早期乐于模仿司马相如的汉赋大家扬雄，在晚年否定了司马相如所开创的大赋的价值，认为大赋是"童子雕虫篆刻"[②]。在此之后，班固说司马相如赋是"虚辞滥说"[③]。王充则认为其赋"文丽而务巨，言眇而趋深，然而不能处定是非，辩然否之实"[④]。在王充看来，司马相如的赋作虽文如锦绣，但却无益于明辨是非真伪，不过是徒有其表罢了。刘勰进一步巩固了人们对扬雄赋论的认可。他在《文心雕龙·物色》篇肯定了扬雄关于"诗人之赋丽以则，辞人之赋丽以淫"[⑤]的论断，说道："及长卿之徒，诡势瑰声，模山范水，字必鱼贯，所谓诗人丽则而约言，辞人丽淫而繁句也。"[⑥] 在《才略》篇中，刘勰更是直言支持扬雄的观点："相如好书，师范屈宋，洞入夸艳，致名辞宗；然覆取精意，理不胜辞，故扬子以为文丽用寡者长卿，诚哉是言也！"[⑦] 方孝孺《答王秀才》在比较汉代文学家成就之时也说："汉儒之文，有益于世，得圣人之意者，惟董仲舒、贾谊。攻浮靡绮丽之辞，不根据于道理者，莫陋于司马相如。"[⑧] 在扬雄、王

[①] 何晏集解、邢昺疏. 论语注疏 [C]. //阮元校刻. 十三经注疏. 北京：中华书局，1980：2479.
[②] 扬雄撰、李轨等注. 宋本扬子法言 [M]. 北京：国家图书馆出版社，2019：52.
[③] 班固. 汉书 [M]. 北京：中华书局，1962：2609.
[④] 王充. 论衡 [M]. 上海：上海人民出版社，1974：420.
[⑤] 扬雄撰、李轨等注. 宋本扬子法言 [M]. 北京：国家图书馆出版社，2019：54.
[⑥] 刘勰著、范文澜注. 文心雕龙注 [M]. 北京：人民文学出版社，1958：694.
[⑦] 刘勰著、范文澜注. 文心雕龙注 [M]. 北京：人民文学出版社，1958：698.
[⑧] 方孝孺. 逊志斋集 [M]. 徐光大校点. 宁波：宁波出版社，2000：357.

充、刘勰、方孝孺看来，司马相如的赋作过于关注词语的华丽和句式的繁复等形式技巧，忽视了"意"和"理"等内容的表达，没有做到艺术形式和思想内容的有机结合，没有达到文学艺术要衔华佩实、文质彬彬的至高境界。直到近现代，大量中国学者仍是沿袭了扬雄"文是质非"和刘勰"理侈而辞溢"①的评价，否定司马相如赋作的思想价值。比如，马积高认为，汉人对文章概念的提出及其认识对汉赋创作产生了两方面的影响："一是赋作者力求在有一定的讽谕意义，在言志的基础上把赋写得美些，有文彩些，这是积极的；二是他们所认识的美，主要局限在文字的华丽上，这又往往走到邪路上去，因而是消极的。"② 在他看来，汉赋中的美与刺之间的紧张未能纾解，辞藻的过度铺排没有增强，反倒是削弱了部分篇章的思想价值。司马相如的赋作虽然也希望能像《诗经》一样起到"以风刺上"的目的，但是其赋作尽管做到了"主文而谲谏，言之者无罪"，却显然没有达到"闻之者足以戒"③ 的效果。宋玉的《高唐赋》《神女赋》已经出现"不免于劝"的弊端，枚乘的《七发》有所发展，而司马相如的《子虚赋》《上林赋》，则更加突出地体现了"美"与"刺"即"文"与"质"的矛盾。又如，姜书阁认为，司马相如的汉赋"只务赋文之闳丽"，"不出于情志"④ 他所言的"闳丽"属于形式技巧层面，而"情志"则属于思想内容层面，因而该评论在一定程度上也批判了司马相如赋作重文轻质的缺憾。另外，尽管龚克昌高度赞扬司马相如赋作的浪漫主义特色和华丽文辞，但他也明确地指出了其缺点：反映的生活面较窄、较浅；形式比较呆板，有的公式化；取材也比较芜杂，给人以堆砌材料之感，遣词造句也有艰深堆砌之嫌⑤。从他的论述来看，司马相如在形式上的过度追求，不仅使得其赋作在思想性上打了折扣，而且在审美性上也显得过犹不及。

郭绍虞曾经指出，儒家的文学观最重要者有两点：一是尚文，一是尚用。孔子本人希望二者能折中调剂，恰到好处，但后儒却各执一说，互趋极端，尤其是尚用轻文，重道轻艺，因此，他甚至说，"论其影响所及，则非惟不足助

---

① 刘勰著、范文澜注. 文心雕龙注 [M]. 北京：人民文学出版社，1958：506.
② 马积高. 赋史 [M]. 上海：上海古籍出版社，1987：136.
③ 毛亨传、郑玄笺、孔颖达正义. 毛诗正义 [C]. //阮元校刻. 十三经注疏. 北京：中华书局，1980：271.
④ 姜书阁. 汉赋通义 [M]. 济南：齐鲁书社，1989：288、290.
⑤ 龚克昌. 汉赋研究 [M]. 济南：山东文艺出版社，1990：367.

文学之发展，有时且足摧残文学之生命"①。易言之，尽管孔子推崇文质并重，但后儒却走上了重质轻文的极端，这一点在国内的司马相如辞赋评论上体现得尤其明显。钱穆就曾说："赋后来变成皇室的消遣文学，作为供奉之用，即成为御用的、帮闲的文学，如司马相如作的赋，便是这一类作品。"他指出，扬雄反对和看不起赋的原因是"孔门并不重视帮闲的、御用的文学"②。

不过，在中国批评家对司马相如赋作的文质之争中，也有一些学者认为司马相如赋作的华丽文采和主题表达相得益彰。因其赋作"文质彬彬"，司马相如理应在中国文学经典的殿堂中稳占一席之地。比如，司马迁在《史记》中的《司马相如列传》和《太史公自序》中论及司马相如时分别说过："相如虽多虚辞滥说，然其要归引之节俭，此与《诗》之风谏何异。""《子虚》之事，《大人》赋说，靡丽多夸，然其指风谏，归于无为。"③ 在他看来，司马相如写作的目的是要劝谏君主节俭和无为而治，其文辞的浮夸并没有弱化主题的表达，也没有妨碍作者达成写作意图。明代王世贞把司马相如与屈原相提并论："屈氏之《骚》，骚之圣也；长卿之赋，赋之圣也。一以风，一以颂，造体极玄，故自作者，毋轻优劣。"④ 在他看来，司马相如赋作在"造体"（形式）上极尽玄妙，在内容上也并不贫弱。前人总是诟病其形式大于内容，厚屈原而薄相如的原因是因为他们将司马相如赋作的创作目的等同于屈原辞赋的创作目的，然而，如果认识到司马相如作赋不是讽谏君王，而是颂赞国家之大一统和君王的文治武功，那么，他的"造体"就可以被看成能很好服务于"颂"的内容的。从司马迁和王世贞的论述来看，他们为司马相如正名的方式都是通过对其赋作的"质"或"用"进行别样解读，回避或消解他人采用"文质彬彬"的标准来质疑司马相如文学和思想价值。

（二）西方汉学家司马相如辞赋批评："文儒之争"

无论是推崇还是贬抑，中国文学批评家关于司马相如文学史地位的讨论都是以孔子提出的"文质彬彬"标准为基础。不同时代、不同流派的学者就司马相如赋作中的文质关系争鸣不断。这一文学现象也引发了西方汉学家的关注，他们以"他者"的眼光观察中国学界对司马相如赋作的"文质之争"。

---

① 郭绍虞. 中国文学批评史 [M]. 北京：商务印书馆，2010：22-25.
② 钱穆. 中国文学史 [M]. 成都：天地出版社，2023：66-67.
③ 司马迁. 史记 [M]. 北京：中华书局，1982：3698、3997.
④ 王世贞著、罗仲鼎校注. 艺苑卮言校注 [M]. 北京：人民文学出版社，2021：76.

1. 西方汉学家对司马相如辞赋之"文"的新发掘

1923 年，阿瑟·韦利在《古今诗赋》（The Temple and Other Poems）中只节译了《子虚赋》部分内容。他解释了自己没有将司马相如赋作完全翻译为英文的原因："我想凡是读过司马相如赋的人，一定不会责怪我未能将他的赋完全翻译出来，世界上没有任何作家的笔下能写出这样滔滔不绝的富丽辞藻……他能与文字语言嬉戏，正如海豚能与海洋嬉戏一般，像这般富丽的辞藻是不能形容的，更遑论翻译了。"① 由此可见，韦利非常清楚司马相如赋作文采斐然、华丽至极的特点。

1971 年，华兹生在其著作中说，和很多早期的天才艺术创作者一样，司马相如对他的赋作形式并不加以约束，也不考虑他的作品是遵守还是偏离了早先作家们确立下的既有模式，司马相如的作品尤其能够通过节奏和语言令人着迷，汉武帝在读完他的一首赋作时宣称他觉得飘飘有凌云之气，这一点也不足为奇②。从华兹生的论述来看，他十分欣赏司马相如赋作形式自由以及节奏和语言令人着迷（bewitching）的特点。

1981 年，美国最著名的汉赋研究者康达维在《司马相如的〈长门赋〉》中向西方读者介绍了司马相如在中国的文学声誉，他说："司马相如赋家之名声主要建立在《子虚》、《上林》二赋之上。此二赋均以精雕细琢的技巧，美辞丽藻的堆砌来描绘汉朝天子及齐楚诸侯共同拥有、供其校猎的苑囿。"③ 除此之外，他还在为龚克昌《汉赋讲稿》英译本所作的序言中，表达了赋体文学曾在中国被贬低为空洞的形式主义和无谓的冗繁辞藻的惋惜④。尤其是当他发现扬雄和司马相如的赋作也因为夸张和缺乏真实性的描写而受人诟病后，他不禁辩护道："尽管赋家如扬雄、司马相如等，在描写上缺乏真实性是不争的事实，但也不可因为他们的作品多是虚构的，就仓促地将之贬为劣等。其实，

---

① Waley, Arthur. The Temple and Other Poems [M]. New York: George Allen & Unwin Ltd, 1923: 43-44.

② Watson, Burton. Chinese Rhyme-prose: Poems in the Fu Form from the Han and Six Dynasty Periods [M]. New York: Columbia University Press, 1971: 1-2.

③ 原文参见 David R. Knechtges. Ssu-ma Hsiang-ju's "Tall Gate Rhapsody" [J]. Harvard Journal of Asiatic Studies 41. 1 (June 1981): 47-64。译文参见康达维. 康达维自选集: 汉代宫廷文选与文化之探微 [M]. 苏瑞隆译, 上海: 上海译文出版社, 2013: 4.

④ 康达维. 龚教授《汉赋讲稿》英译本序 [C]. //苏瑞隆、龚航译. 学者论赋——龚克昌教授治赋五十周年纪念文集. 济南: 齐鲁书社, 2010: 50-51.

正是他们作品中奇幻、丰富的想像力，方使得他们的赋作非常具有吸引力。"①在他看来，因汉赋而闻名的"扬马"二人均是汉代的文学翘楚，后人对此二人的贬低是站不住脚的。

2001年，康纳瑞（Christopher Leigh Connery）在论及康达维将"赋"称为"epideictic rhapsody"（辞藻华美的狂想曲）时指出，"赋的主要美学原则是完整性和穷尽性，而并非具体性或精准性"②。在他看来，司马相如《上林赋》中"铺采摘文"，列出二十余种植物名称的写法是完全符合赋的美学特征的。而且他还提出，司马相如的赋突破了以楚辞为圭臬的传统，打破了汉赋写作以"序""正文""乱"构成的三段式文章结构，并不严格遵循中国传统的文学形式。因此，判断一首汉赋是否出类拔萃的评价标准，"并非以是否遵循形式规范为准，而是通过整体效果和具体某一精彩段落而进行判断的"③。

从韦利到华兹生，再到康达维以及康纳瑞，总的来说，西方汉学家对司马相如辞赋的"文"的认识与中国文学批评家看法差别不大，但是，值得注意的是，西方汉学家除了承认司马相如辞赋辞藻华丽和铺排夸张等特点之外，还通过挖掘司马相如作品中丰富的想象力以及形式的自由来突显其在中国文学史上的重要地位，解释司马迁把他作为"原型式"作家（"prototypical" writer）为他立传的原因。易言之，司马相如赋作的"文"是确认无疑的，只不过在西方汉学家看来，司马相如的文学史地位不能仅仅奠定在其华美的辞藻和铺排夸张等修辞特点的基础上，更应奠定在其赋作无与伦比的想象力与他对汉赋形式的开拓之功上。因为，在西方汉学家看来，司马相如赋作的铺排特点无非就是中国早期诗歌平行句式的延续。比如，傅汉思（Hans H. Frankel）就认为，

---

① 原文参见 Narration, description, and rhetoric in Yang Shyong's Yeu‐lieh fu: An essay in form and function in the Hann fuh [J]. Transition and Permanence: Chinese History and Culture, A Festschrift in Honor of Dr. Hsiao Kung‐ch'üan. David Buxbaum and Fredrick W. Mote, eds. Hong Kong: Cathay Press, 1972. 译文参见康达维. 康达维自选集：汉代宫廷文选与文化之探微 [M]. 苏瑞隆译，上海：上海译文出版社，2013：83.

② 原文参见 Connery, Christopher Leigh. Sao, Fu, Paralleled Prose, and Related Genres [J]. The Columbia History of Chinese Literature, Mair, Victor H. eds. New York: Columbia University Press, 2001: 231. 译文参见梅维恒. 哥伦比亚中国文学史 [M]. 马小悟、张治、刘文楠译. 北京：新星出版社，2016：250.

③ 原文参见 Connery, Christopher Leigh. Sao, Fu, Paralleled Prose, and Related Genres [J]. The Columbia History of Chinese Literature, Mair, Victor H. eds. New York: Columbia University Press, 2001: 231. 译文参见梅维恒. 哥伦比亚中国文学史 [M]. 马小悟、张治、刘文楠译. 北京：新星出版社，2016：252.

司马相如在《上林赋》写皇帝"游于六艺之囿，驰骛乎仁义之涂，览观《春秋》之林"，其句式就是把二元的平行发展为三元的平行。而三元平行的诗句除了在散曲中较为常见之外，在其他的中国诗歌体式中并非普遍①。笔者认为，傅汉思之所以不甚看重司马相如赋作"铺采摛文"的特点，其主要原因在于西方的文学艺术创作者承受着巨大的"影响的焦虑"。布鲁姆（Harold Bloom）曾把那些在文学史中留名的作家称为"强者"。他认为，"所谓的诗人中的强者，就是以坚忍不拔的毅力向威名显赫的前代巨擘进行至死方休的挑战的诗坛主将们"，"一部诗的历史就是诗人中的强者为了廓清自己的想象空间而相互'误读'对方的诗的历史"②。由此可见，在西方文化语境中，作者的文学史地位主要是由其想象空间和创新性来决定的。在西方汉学家看来，依据西方的诗学传统，即便抛去司马相如赋作"铺采摛文"的特点，他丰富的想象力和对汉大赋体式的开拓也足以令他成为"诗人中的强者"，在中国文学史中稳占一席之地。

2. 西方汉学家对司马相如辞赋之"质"的新理解

关于中国学界对司马相如赋作的"质"的批判，西方汉学家提出了一个值得国内学界深思的看法，即在一些西方汉学家眼中，中国学者关于司马相如的争鸣从本质上来说其实是"文儒之争"而非"文质之争"。在他们看来，无论司马相如赋作是旨在劝谏君主节俭或无为而治，或是歌颂大一统的中央集权，中国学者都无法反驳其作品中"质"的存在，大家争论的焦点其实并非司马相如赋作中的"质"存在与否，或"文"与"质"孰轻孰重，而是其"文"与"质"是否符合儒家文学观。

1967年，霍克思（David Hawkes）在论文《女神的求索》（"The Quest of the Goddess"）中探讨了中国文学从楚辞向汉赋过渡的问题。他认为，司马相如的《上林赋》和《大人赋》与楚辞中的《湘君》都以巫术性的巡游作为重要题材，写的都是帝王在众多神灵与灵物的护卫下的巡游，显示和证明了巫术法力③。施寒微（Helwig Schmidt-Glintzer）认为，由于汉人相信巫术，相信

---

① 傅汉思. 梅花与宫闱佳丽 [M]. 王蓓译, 北京：生活·读书·新知三联书店, 2010：320 - 321.

② 哈罗德·布鲁姆. 影响的焦虑：一种诗歌理论 [M]. 徐文博译, 北京：中国人民大学出版社, 2019：3.

③ Hawkes, David. The Quest of the Goddess [C]. // ed. Cyril Birch, Studies in Chinese Literary Genres, Berkeley and Los Angeles：University of California Press, 1974：65 - 66.

语言不仅可以对听众施加魔力，还常常直接对宇宙或宇宙的元素施加影响，因此，"赋虽然也具有娱乐和描述事物的功能，但它同时也在很长一段时间内被赋予召神之责"①。司马相如见汉武帝"好仙道"，于是就上奏了《大人赋》，赋中极言仙人遨游四海之盛况，但最后却劝谏汉武帝求仙不足为喜。司马迁对此记载道："相如既奏《大人之颂》，天子大说，飘飘有凌云之气，似游天地之间意。"② 由此看来，司马相如此赋的本意虽是劝退皇帝求道慕仙，但在实际效果上，却因赋作瑰丽的想象、华美的语言、娴熟的修辞，仿佛使他具有了驱驰灵娲、河伯、风伯、火神、雨师的能力，令皇帝感到如身临仙界，对仙道兴趣更浓。邢昺在《论语注疏》中对"子不语怪力乱神"的疏义是"记夫子为教，不道无益之事"，其中的"神"就是"鬼神之事"③。由此可见，儒家并不推崇神仙，而更注重祖先崇拜。《礼记》中"尊祖敬宗"的思想不仅被用来进行道德教育，还被用来维系宗法系统，推广到君臣之义，用作社会治理。而司马相如的《大人赋》尽管文辞华美，但其"质"却是关于"与真人乎相求""部署众神""使五帝先导""目睹西王母"等内容。扬雄在《法言》中虽说"如孔氏之门用赋也，则贾谊升堂、相如入室矣"，但他又讲道："或曰：'有人焉，自云姓孔而字仲尼。入其门，升其堂，伏其几，袭其裳，则可谓仲尼乎？'曰：'其文是也，其质非也。'"④ 扬雄从早年以司马相如为偶像到后期对其开创的大赋传统嗤之以鼻，继而从文学转向经学，原因之一就是他逐渐认识到赋中的"质"在很大程度上是对儒家思想的阳奉阴违，因此只能是"壮夫不为"的"童子雕虫篆刻"之技。以儒家的文艺观来看，司马相如的赋作是典型的"文是质非"，因而在儒家文艺观在中国具有绝对话语权的时代，其文学史地位自然会受到质疑和挑战。扬雄从早年推崇而后转为批判司马相如，其态度转变与后世儒家文艺观话语权力影响力变强是有紧密关联的。

在不受到儒家文艺观影响的海外汉学家来看，"质"的内涵显然要大于而非等同于"儒家思想"。从柏拉图、亚里士多德到西塞罗和朗基弩斯发轫，西方古代文论也注重文质关系。西塞罗指出："任何人对他不知道的事情都不可

---

① 施寒微. 德国人写的中国文学史［M］. 顾牧、李春秋，译. 郑州：河南文艺出版社，2022：117－118.
② 司马迁. 史记［M］. 北京：中华书局，1982：3678.
③ 何晏集解、邢昺疏. 论语注疏［C］.//阮元校刻. 十三经注疏. 北京：中华书局，1980：2483.
④ 扬雄撰、李轨等注. 宋本扬子法言［M］. 北京：国家图书馆出版社，2019：55，61－62.

能善于言说；甚至有人尽管对事情非常通晓，但他不善于对语言进行组织和加工，他仍不可能对他所通晓的事情很好地言说。"① 在他看来，形式对于内容的传达至关重要。朗基弩斯说："精巧词汇的使用反映的正是思想的光芒。"② 他认为美的文词和形式本身即有意味。在深受西方诗学传统影响的汉学家们看来，首先，内容与形式几乎同等重要，甚至因为形式本身就是有意味的，他们更加看重"文"对"质"的表达，而不是一味重质轻文。其次，由于"文质彬彬"最先被孔子提出，中国学界在很大程度上将"质"等同于符合儒家思想的写作内容和目的，但脱离了儒家思想影响的海外汉学家们却认为文学的"质"并不只是包括儒家所推崇的观念，还有更丰富的思想，因此，对司马相如赋作的"质"的批判不是纯粹的文学审美批评，而是受到其他外部因素影响的结果。鉴于以上两点原因，海外汉学家大多认为，中国学界对司马相如赋作"文是质非"的指责，其实并非"文质之争"，而是"文儒之争"。

2007年，卜松山（Karl-Heinz Pohl）在《中国的美学和文学理论——从传统到现代》（*Ästhetik und Literaturtheorie in China: von der Tradition bis zur Moderne*）中分析了扬雄关于"辞"与"事"的关系的论述。他认为，扬雄所言的"事胜辞则伉，事[辞]胜事则赋，事辞称则经"③，让人联想起孔子关于文质关系的论述。在他看来，扬雄悔赋，或者扬雄对司马相如的批判，在实质上是用儒家道德的"质"（内容）来驳斥语言，即形式之美④。

刘勰在《文心雕龙·哀吊》篇中写道，桓谭对司马相如的评价是"及相如之吊二世，全为赋体，桓谭以为其言恻怆，读者叹息"⑤。1971年，鲍格洛（Timoteus Pokora）通过将这段评价与扬雄《答桓谭书》以及桓谭《新论》结合起来考察后，得到两点发现：一是桓谭评价文学和音乐的标准是作品是否能令读者和听者伤怀；二是桓谭对司马相如的评价深受扬雄的影响⑥。在此以后，柯马丁（Martin Kern）以扬雄赋论为起点，分析了中国后世对司马相如文

---

① 西塞罗. 论演说家[M]. 王焕生, 译. 北京: 中国政法大学出版社, 2003: 49.
② Longinus. Longinus On the Sublime [M]. trans. H. L. Havell, London: Macmillan and co., 1890: 57.
③ 扬雄撰、李轨等注. 宋本扬子法言[M]. 北京: 国家图书馆出版社, 2019: 58.
④ 卜松山. 中国的美学和文学理论——从传统到现代[M]. 向开译, 上海: 华东师范大学出版社, 2010: 76.
⑤ 刘勰著、范文澜注. 文心雕龙注[M]. 北京: 人民文学出版社, 1958: 241.
⑥ Pokora, Timoteus. Huan T'an and Yang Hsiung on Ssu-ma Hsiang-ju: Some Desultory Remarks on History and Tradition [J]. Journal of the American Oriental Society, 1971, Vol. 91, No. 3: 431-438.

学史地位的认识。他认为，中国学界对汉赋的批判并不公允，"现有的西汉赋史及其评价，即使不是完全扭曲的，也可能是相当程度上受到其他因素影响的妥协的结果"①。他在文中虽未明言"其他因素"究竟为何物，但却指出扬雄在充满意识形态争论和变革的西汉后五十年时期提出对以司马相如为首的汉大赋的批判，实际上并不单是文学问题的论争，作为在文化巨变时期投身帝国文化批评及变革的重要人物，扬雄的立场很难客观中立。事实上，柯马丁对扬雄悔赋言论的质疑，涉及到了汉代儒家思想对于赋体文学的影响这一要害问题。在国内也有学者注意到了这一问题。比如，钱穆认为："汉武之殁，学术随世运而变，而儒术遂一枝独秀。辞赋家言，其在诸王国，则为纵横煽动；其转而至中央，则为浮夸颂扬。社会中衰，人心已倦，而辞赋铺张，乃不复为时好所趋。"② 在他看来，独尊儒术的时代风气压缩了不符合儒家文学观的大赋的生存空间。"人心已倦"不仅指统治阶级对赋的重视大不如前，还包括普通读者的审美疲劳以及随之而来辞赋家们对作赋热情的消退。又如，李绪武认为："作为一种新的文学体式，赋之所以能够自由地在文学史上一度大骋其势，与儒家伦理哲学体系创立伊始，思想文化环境相对宽松有很大关系。"③ 在他看来，司马相如在汉初开创的大赋那种铺采摛文的唯美倾向，还没有受到儒家重理性实用的文学观的钳制，因而可以发展为一代之文学。柯马丁的观点，实际上是对钱穆和李绪武等人的观点的延续，只不过由于他以海外汉学家的身份，以更为直接和猛烈的批判的方式，质疑了肇始于扬雄的中国汉赋批评。在他看来，扬雄在反思司马相如开创的汉大赋传统时所说的那些"悔赋"言论，为的是紧随时代学术发展大势，因而，扬雄弃赋从经，批评创作大赋者"颇似俳优"的观点并不客观，而是被独尊儒术的时代风气所左右。柯马丁通过分析扬雄对司马相如从仰慕到批判的态度转变，说明扬雄关注的焦点并非司马相如赋作是否具备文学性和思想性，而是其文学性和思想性是否符合儒家思想规范。由于中国学界对司马相如赋作的批评肇始于扬雄，后世的批评家在很大程度上都受到了扬雄观点的影响，柯马丁采用沿波讨源的方式，论证扬雄关于司马相如的批判在本质上是"文儒之争"而非"文质之争"，以此来说明司马相如文学声誉的起伏，乃至赋体文学的兴起和式微，都与儒家思想影响力的强弱

---

① 柯马丁. 表演与阐释：早期中国诗学研究 [M]. 郭西安编，北京：生活·读书·新知三联书店，2023：141.
② 钱穆. 秦汉史 [M]. 北京：九州出版社，2015：222.
③ 李绪武. 赋体文学的创作与批判 [J]. 临沂师专学报，1991（1）：24-25.

息息相关。

3. "文儒之争"视野下的司马相如文学史地位

西方汉学界将中国学界就司马相如赋作的争论归结为"文儒之争",主要有两个原因。首先,在研究视角上,他们是以"他者"的眼光,站在庐山之外看庐山,打破了大部分中国学者以儒家文艺观为正统典范的思维定式。国内学者往往因自身的思维定式而对儒家文学观对作家文学史地位的影响习而不察,但汉学家们置身局外却有可能探骊得珠。其次,在研究方法上,他们除了以传统的文本细读(close reading)方式对汉赋进行语言文学研究之外,还采用了"远读"(distant reading)的研究方法。弗兰科·莫莱蒂(FrancoMoretti)认为:"距离是一个知识的条件,它允许你关注的单位比文本更小或更大:技巧、主题、修辞或文类和体系。"① "远读"研究方法的优势是通过鸟瞰式的宏观视野,可以让文学呈现出"更长的历史、更大的空间和更深的形态"②。"细读"固然是文学研究的重要基本功,而"远读"则可以"避免大多数文学文本在文学的屠宰场中被遗忘"③。因此,就需要开放和宏观历史观的文学史研究而言,"远读"甚至比"细读"更为重要。由于西方汉学家采用"细读"与"远读"结合的方式,拒绝从儒家文学观的"文质之争",而更多地从"文儒之争"的角度来研究司马相如的赋作,他们对司马相如在中国文学史上的定位是中国秦汉时期名副其实的文学大家。

陆威仪在"哈佛中国史"系列丛书中介绍秦汉时期的中国文学时说:"在西汉的大多数时间里,诗赋被视为朝廷最重要的作品,司马相如被认为是最伟大的作家——诗人眼中的典范。然而,随着儒家经学地位的上升,其艺术风格中的很多方面都被抛弃了,一种以扬雄(前53—18年)为代表的流行趋势开始出现。"他不仅肯定了司马相如赋作作为文学经典的地位,还分析出由司马相如开创的大赋文学形式被抛弃的原因是"其梦幻般的人物形象和浪漫语言不符合儒家的写作理念"④。宇文所安在《剑桥中国文学史》中认为,"赋的发展,是汉武帝新的宫廷文化的组成部分;而扬雄、刘歆对赋的批评,则属于

---

① Moretti, Franco. Conjectures on World Literature [J]. New Left Review, 2000 (2): 57.
② Moretti, Franco. History of the Novel, Theory of the Novel [J]. Novel, 2010 (1): 1.
③ 都岚岚. 论莫莱蒂的远读及其影响 [J]. 中国比较文学, 2020 (3): 191.
④ 陆威仪. 早期中华帝国 秦与汉 [M]. 王兴亮, 译. 北京: 中信出版集团, 2016: 221-222.

一个更大的、保守的文化重整思潮的组成部分"①。在他看来，司马相如的那些感官性极强的赋作，与当时的一些活泼的音乐、装饰富丽堂皇的郊祀坛一样，都是"现代派"的艺术，只是到了西汉后期，由于复古的、保守的思潮占据上风，包括司马相如大赋在内的汉武帝整个宫廷文化都遭到了全面否定。桑禀华（Sabina Knight）认为："虽然在相信文如其人的评论者看来，偏好华丽的赋是可笑的雕虫小技，但是赋在整个中古阶段（直至9世纪）都是最受人尊崇的韵文形式。"② 尽管她在《中国文学》中对司马相如其人其作只字未提，但她对扬雄悔赋的否定，从侧面肯定了司马相如及其开拓的汉大赋在中国文学史上的重要地位。

二、 中西学界司马相如辞赋批评之方法论分歧

大部分西方汉学家不仅以英美"新批评"的文本细读研究方法发掘司马相如赋作的审美价值，还以"意图谬误"理论否定中国学界因"知人论世"研究方法引发的关于司马相如其人其作的伦理批判。在西方汉学界，司马相如的文学史地位并不因其本人的道德瑕疵或者作品中的伦理问题受到影响，他的文学"经典"地位只与其作品的巨大审美价值和创造性相关。

（一） 国内学者的"知人论世"批评传统

《孟子》云："颂其诗，读其书，不知其人，可乎？是以论其世也。"③ 刘明今认为"知人论世"的传统文学批评方法就是"要结合作者的立身、为人、处世来理解作品"④。由此来看，中国传统文学批评在很多时候是将文学文本批评与对作者的伦理批评合二为一。在此传统影响下，扬雄不仅批评司马相如赋作"丽以淫"，还在《解嘲》中说："司马长卿窃訾于卓氏，东方朔割炙于细君。仆诚不能与此数公者并，故默然独守吾《太玄》。"⑤ 他将司马相如"窃赀于卓氏"作为道德污点，进一步贬低其赋作的价值。同理，刘勰在《文心雕龙·物色》中不仅批评司马相如赋作"丽淫而繁句"，还在《程器》中说

---

① 孙康宜、宇文所安. 剑桥中国文学史［M］. 刘倩等, 译. 北京：生活·读书·新知三联书店, 2013：127.
② 桑禀华. 中国文学［M］. 李永毅译, 南京：译林出版社, 2016：33.
③ 赵岐注、孙奭疏. 孟子注疏［C］//阮元校刻. 十三经注疏. 北京：中华书局, 1980：2746.
④ 刘明今. 中国古代文学理论体系：方法论［M］. 上海：复旦大学出版社, 2000：374.
⑤ 班固. 汉书［M］. 北京：中华书局, 1962：3573.

"略观文士之疵：相如窃妻而受金"①。除此之外，班固在《典引》中说："司马相如污行无节，但有浮华之词，不周于用。"② 颜之推说，"司马长卿，窃赀无操"③。刘知幾在《史通·序传》中说："而相如自序，乃记其客游临邛，窃妻卓氏，以《春秋》所讳，持为美谈。"④ 魏天应在《论学绳尺》中说："司马相如、王褒皆蜀产也，'雍容闲雅'者，不足覆窃赀之丑。"⑤ 魏庆之说："司马相如之文，能侈而不能约，能谄而不能谅。其《上林》、《子虚》之作，既以夸丽而不得入于《楚词》；《大人》之于《远游》，其渔猎又泰甚，然亦终归于谀也。"⑥ 他们都通过贬低作者人品，揭露其道德瑕疵，来否定其人其作的价值，认为司马相如"窃妻"、"窃赀"、"谄媚"，实为人所不齿。

究其根源，中国儒家推崇"发乎情，止乎礼"和"安贫乐道"等思想，但司马相如不仅在没有"父母之命，媒妁之言"的情况下与卓文君私订终身，还在卓王孙那里获取了大笔财产，显然走向了儒家"君子"人格的反面。在中国文学史上享有崇高声誉的宋代大文豪苏轼在评价司马相如时，更是从司马相如人品出发，继而判断其文章价值，然后再回到否定其人品，最后形成牢不可破的"闭合型"评价。他在《司马相如之谄死而不已》中评论司马相如"窃妻"道："司马相如归临邛，令王吉谬为恭敬，日往朝相如，相如称病，使使谢吉。及卓氏为具，相如又称病不往。吉自往迎相如。观吉意，欲与相如为率钱之会耳。而相如遂窃妻以逃，大可笑。其《谕蜀父老》，云以讽天子。以今观之，不独不能讽，殆几于劝矣。"⑦ 除此之外，他还在《朧仙帖》中批评其"谄事武帝"："司马相如谄事武帝，开西南夷之隙，及病且死，犹草《封禅书》，此所谓死而不已者耶？列仙之隐居山泽间，形容甚臞，此殆得'四果'人也。而相如鄙之，作《大人赋》，不过欲以侈言广武帝意耳。夫所谓大人者，相如孺子，何足以知之！若贾生《鸟赋》，真大人者也。"⑧ 从他的批评逻辑来看，司马相如私德有亏——其文难免立意不高——《谕蜀父老》

---

① 刘勰著、范文澜注. 文心雕龙注［M］. 北京：人民文学出版社，1958：694、719.
② 萧统. 文选［M］. 北京：中华书局，1977：682.
③ 颜之推. 颜氏家训［M］. 济南：山东友谊出版社，1989：102.
④ 刘知幾撰、浦起龙通释. 史通通释［M］. 上海：上海古籍出版社，2015：234.
⑤ 魏天应. 论学绳尺［C］. //《四库提要著录丛书》集部第141册. 北京：北京出版社，201：332.
⑥ 魏庆之. 诗人玉屑［M］. 王仲闻校勘，北京：中华书局，1959：271.
⑦ 苏轼. 苏轼全集［M］. 傅成、穆俦点校，上海：上海古籍出版社，2000：2065.
⑧ 苏轼. 东坡志林［M］. 王松龄点校，北京：中华书局，1981：45.

和《封禅书》等文印证其乃小人之实。"人品－作品－人品"的闭合使得其评价显得无懈可击。

（二）西方汉学家的"文本细读"批评传统

阎纯德在为《汉学视域——中西比较诗学要籍六讲》作序时曾说，"汉学是国学的有血有灵魂的'影子'"①。事实上，早期的海外汉学很大程度地受到国学的影响，形枉影曲，形直影正。经过不断的积淀，海外汉学家们才开始在中国文化研究中加入自己文化的思维和智慧，使"影子"变得有血有灵魂。西方学者对于中国汉赋批评方法论的态度便体现了汉学的这样一个发展过程。

1. 20世纪初：西方汉学家对"知人论世"的沿用

1901年，翟理斯（Herbert Allen Giles）在英语世界的第一部《中国文学史》（*A History of Chinese Literature*）中介绍司马相如时说："曾与年轻寡妇私奔的好色之徒司马相如，以辞赋名重，被召往朝廷，皇帝亲授官职。"②翟理斯为司马相如扣上了"lothario"（轻狂浪子/好色之徒）的帽子，在他这本书中，司马相如只被一笔带过，并未受到重视。然而，纵观西方的文学传统，歌德、大仲马、卢梭、亨利·米勒等西方作家的私生活虽备受争议，但世人很少因他们不羁的婚恋观而贬低其作品的价值。除此之外，西方文学作品中表现出的婚恋观也与中国传统婚恋观有着巨大差别。比如，在古希腊神话中，阿佛洛狄忒本是战神阿瑞斯的妻子，她却与凡间的美男子阿多尼斯私会，然而，当阿多尼斯死后，宙斯却怜悯阿佛洛狄忒的悲伤，答应阿多尼斯每年可以只在阴间待上半年，剩下半年时间在阳间陪伴阿佛洛狄忒。又如，在《荷马史诗》中，海伦（斯巴达国王墨涅拉奥斯的妻子）与帕里斯（特洛伊王子）私奔，但普里阿摩斯（特洛伊国王）却说："在我看来，你没有过错，／只应归咎于神，是他们给我引起／阿开奥斯人来打这场可泣的战争。"③而格劳顿（F. J. Groten）更是主张海伦能关爱他人，悔恨过往，因而值得同情④。另外，中世纪的"破晓歌"主要吟咏骑士与已婚贵妇人共度良宵后在黎明时分别离的痛苦，但骑士与贵妇人的爱情却被认为是"超越封建婚姻关系的一种爱情理想，

---

① 吴伏生.《汉学视域——中西比较诗学要籍六讲》，北京：学苑出版社，2016：Ⅲ.
② Giles, Herbert A. A History of Chinese Literature [M]. New York：D. Appleton and Company, 1901：97.
③ 荷马. 荷马史诗·伊利亚特 [M]. 罗念生、王焕生译，北京：人民文学出版社，1994：75.
④ F. J. Groten, Homer's Helen [J]. Greece & Rome, no. 1, April 1968：38－39.

具有相当重要的进步意义"①；在文艺复兴时期，《十日谈》中身为阿索侯爵情人的寡妇与青年男子私会，作者不仅没有对之进行道德的拷问，甚至在很多时候赞扬了他们的智慧和勇敢，以抨击宗教的腐朽和禁欲主义的愚昧②。在19世纪，福楼拜《包法利夫人》中的艾玛与托尔斯泰笔下的安娜·卡列尼娜虽然背叛了婚姻，最后落得自杀殒命，但却都得到了作者的同情③。从以上的例子来看，在西方文学传统中，人们鲜少因为作品中主人公婚恋观的不道德而全盘否定作者的人品。因此，无论是从作者人品出发来评价作品，还是从作品出发评价作者人品，都不是西方诗学的主流。翟理斯对司马相如的评价，不是沿袭了西方文学批评传统，而是受到中国古代知识分子解读司马相如"琴挑文君"事件的影响，把司马相如的行为看作是违背公序良俗的大逆不道之行径，进而低估了其作品对中国文学的影响。

2. 20世纪中期以后：西方汉学家以"文本细读"替代"知人论世"

在20世纪初，翟理斯全盘接受了中国学者以传统的"知人论世"文学批评方法对司马相如的批评，但在20世纪中期，汉学家们在司马相如研究领域逐渐出现了一些新的进路，或隐或显地反对和瓦解以"知人论世"的批评方法去研究司马相如，开始重估司马相如在中国文学史的地位。

1950年，美国汉学家海陶玮的《中国文学论题》（*Topics in Chinese Literature*）是美国第一部中国文学史。海陶玮向西方读者介绍道，赋是一种大规模的描写性诗歌；它最早的意义应该是"诵读"，这种文体之所以被称为"赋"，不仅在于其铺陈的特点，而且在其诵读的功用；汉赋的基本写作主题和结构模式就是由司马相如以《子虚赋》和《上林赋》建立起来的④。海陶玮在论著中并没谈及司马相如个人的道德问题，只言及他对赋体文学的开拓之功，无声地反对了将作者、文本、语境在阐释中循环互证的"知人论世"传统。

1997年，在指导阿塞林（Mark LaurentAsselin）撰写博士学位论文《一个意义重大的季节：朝代末世文学——蔡邕及其同代人》（"*A Significant*

---

① 吴笛. "破晓歌"的历史变迁与现代变异[J]. 外国文学研究，2012（5）：24.
② 何洁芳. 人性的救赎：《十日谈》的情欲故事与反叛思想[J]. 小说评论，2013（S1）：121.
③ 汪火焰、田传茂. 镜子与影子——略论福楼拜和他的《包法利夫人》[J]. 外国文学研究，2001（1）：72-77.
④ Hightower, James Robert, Topics in Chinese Literature：Outlines and Bibliographies [M]. Cambridge：Harvard University Press，1965：27.

Season"：*Literature in a Time of Endings Cai Yong and a Few Contemporaries*）时，康达维指出，司马相如《美人赋》描述了美人试图引诱帅气男子，结果主人公拒绝了她的美意；而在蔡邕的《青衣赋》中，主人公却没能战胜自己的性冲动，但蔡邕的这篇赋让我们既惊讶又欢喜①。由此可见，在司马相如和蔡邕的对比中，康达维不再将作者本人或者作品主人公的道德水平高低作为评论作品优劣的标准，很大程度上回避了"知人论世"中作者（人）和语境（世）对文本阐释的影响。

2003 年，在论及《天子游猎赋》中的修辞与教化的关系时，柯马丁提出，无论是扬雄认为此赋的目的是讽谏天子，还是龚克昌认为此赋的目的是抨击诸王的穷奢极欲，以提高天子的地位都不够准确，因为如果司马相如要投天子所好，他还有其他更不费力，更少含糊，也更有效的方法，因此，"纯粹的政治教化解读将难以涵盖《天子游猎赋》中创造性的艺术奇观，这种奇观有其自身的价值和意义"，他更看重的是司马相如赋作中的"艺术奇观"而不是"政治教化"，易言之，他更重视的是文学本身的审美愉悦功能而不是其伦理价值，他解释道："我认为，如果不考虑自我指涉的语言艺术这种主导性因素，以及与之相关的娱乐和快感效果，不可能成功（自圆其说）地分析作品。"②从他的论述来看，比起海陶玮和康达维，他更加明确地与"知人论世"的中国文学批评传统划清界限，采用了更加注重文本内部审美性的英美"新批评"研究模式。

1919 年，"新批评"的先驱艾略特（T. S. Eliot）率先在《传统与个人才能》（"Tradition and the Individual Talent"）一文中对"作家中心论"发难③。1946 年，维姆萨特（W. K. Wimsatt）与比尔兹利（M. C. Beardsley）提出"意图谬误"（intentional fallacy）一说，认为以作者的意图来解读文本的意义既不可行也不足取④。1949 年，韦勒克（René Wellek）和沃伦（Austin Warren）在《文学理论》（*Theory of Literature*）一书中指出："一件艺术品的

---

① 参见王慧. 美国汉学家康达维的辞赋翻译与研究 [D]. 湖北大学博士学位论文，2016：150.

② Martin, Kern. Western Han Aesthetics and the Genesis of the Fu [M]. Harvard Journal of Asiatic Studies, 63. 2, 2003：422, 423.

③ 艾略特. 传统与个人才能：艾略特文集·论文 [C]. 卞之琳、李赋宁等译，上海：上海译文出版社，2012：8.

④ William K. Wimsatt, Monroe C. Beardsley. The Intentional Fallacy [J]. Sewanee Review 54, no. 3 (1946)：468 - 488.

全部意义，是不能仅仅以其作者和作者的同代人的看法来界定的。它是一个累积过程的结果，亦即历代的无数读者对此作品批评过程的结果。"① 由于"新批评"专注于文本内部研究的理念在 20 世纪的西方文学研究中影响深远，海外汉学家在研究中国文学时便也愈发质疑中国传统的"知人论世"研究方法，开始以自己的"文本细读"方式去发掘司马相如赋作本身的美学艺术和技巧。因此，当西方的汉赋研究演进到 21 世纪时，柯马丁对《天子游猎赋》的评价是："通过无穷无尽的列举和排山倒海的音节，赋的修辞语法营造出的是一连串令人晕眩的感官印象，而非某种具体命题的信息。《天子游猎赋》的基本原则是在语言的层面模仿、重现皇家文化的强盛和壮丽。"②（注：Martin Kern,"Western Han Aesthetics and the Genesis of the Fu," 420.） 他的评价已经完全抛弃了对司马相如其人和其创作时代的探究。值得注意的是，除了探讨司马相如赋作的文学审美价值之外，柯马丁还通过对《史记·司马相如列传》的文本细读，分析其文本的矛盾叙述和离奇情节，指出："仅以单一的传统假定为基础，坚持某个文本的完整性和可靠性，这种做法本身是没有生产力的。这种单一假定实际上成了一种公然的意识形态，将受到一系列多样而且彼此独立的文献资料的挑战。《史记·司马相如列传》正是如此。"言外之意，中国传统文论"知人论世"所提倡的"论世"（返回作者创作的时代语境）会因为历史文献的真伪难辨而失去意义。如果《史记》中关于司马相如的记载本身并不完整和可靠，那么以此为依据的一切"知人论世"之说便很可能"谬以千里"了。

宇文所安也不赞同以"知人论世"的方法探讨诗歌意义。他在回忆编辑《剑桥中国文学史》遇到的问题时就说过："我们无法直接接触到文学的过去。我们与它的接触经过了前人的中介。当我们开始检视文学史中的历史，我们常常会看到前人留下的痕迹。"他指出，由于历史知识本身具有不确定性，但大量的文学史研究者却在本来没有确定性的情况下强求确定性，作出想当然的判断，这一点使得文学阐释困难重重，"我们一旦对以前认为是确定的东西表示怀疑并把它们置于不确定的领域，这个文本就会变得十分难读。一首诗可以一

---

① 勒内·韦勒克、奥斯汀·沃伦. 文学理论 [M]. 刘象愚等译. 杭州：浙江人民出版社，2017：30.

② Martin, Kern. Western Han Aesthetics and the Genesis of the Fu [J]. Harvard Journal of Asiatic Studies 63. 2, 2003：316.

字未变,但是我们对它的感觉却不一样了"①。从他的分析来看,当一部文学作品被放置于不同的阐释背景中,读者对它的解读肯定有所不同,但阐释背景(经由前人中介加工的历史知识)本身的不确定性将会最终瓦解标准的文学文本解读和文学史叙事。从这个层面来看,通过"知人论世"来解读文学文本意义的方法本身,将会受到历史知识不确定性的挑战。

3. 21 世纪以来:西方汉学家对"知人论世"和"文本细读"的再思考

面对西方汉学界以"意图谬误"之名不断质疑"知人论世"在中国古典文学批评中的价值的倾向,同样提倡"文本细读"的华裔汉学家孙康宜(Kang-I Chang)和叶嘉莹(Chia-ying Yeh)却提出了不同的看法。2008年,在一次访谈中,孙康宜在回答关于"意图谬误"的看法时说:"我在研究中,总是努力捕捉作者各种不同的声音,尽管文学里的声音是非常难以捕捉的,有时远,有时近;有时是作者本人真实的声音,有时是寄托的声音。"②她以自己的研究实践委婉地否定了西方汉学界以"意图谬误"对"知人论世"的否定。2018年,叶嘉莹在《中西方关于形象与情意之关系的理论》一文中则更明确地说:"也有些西方批评理论对中国古典诗歌是并不完全适用的,就像西方诗论中的'作者原意谬论'(Intentional Fallacy)的观点就是我们所不能接受的。"③她的理由主要建立在中西方传统文学体裁的差异上。在她看来,西方诗歌包括史诗和戏剧,西方作者所表现的本来就不一定是作者自己的感受和情感,但在中国诗歌传统中,诗人不仅以抒情言志为主,而且他们的作品也就是他们的思想感情、人格品质的流露,因此,用"知人论世"来探讨西方诗歌或许不可行,但用以研究中国古代文学则是无可厚非的。

除了华裔汉学家,非华裔美国学者桑禀华也反思了西方汉学研究以"意图谬误"批评"知人论世"的缺憾。在 2012 年《中国文学》 (*Chinese Literature*) 一书中,她指出:"中国学者惯于用作者生平来解释作品,又反过来用作品来重构作者的生平。这种传记研究法虽然看似循环论证,却突出了文学的现实意义。现代评论家或许会指责此类求助于'意图谬误'的不羁路数,

---

① 宇文所安. 史中有史(上)从编辑《剑桥中国文学史》谈起[J]. 读书,2008(5):27-28,25.

② 宁一中、段江丽. 跨越中西文学的边界——孙康宜教授访谈录(下)[J]. 文艺研究》,2008(10):68.

③ 叶嘉莹. 叶嘉莹说诗讲稿[M]. 北京:中华书局,2018:39-40.

然而将作品的主人公当作诗人自己的阅读习惯也表明，中国的文学传统敏锐地意识到，诗歌是一种类似戏剧的事件，是主人公对特定情境做出的回应。"①由此看来，在西方汉学界的中国古典文学研究方法上，注重作者和语境的"知人论世"研究方法与注重文本的"新批评"研究方法并无优劣之分，只有特色之别。具体到西方汉学家对司马相如赋作的研究而言，两种方法各有侧重，各有发现，但是，如果西方汉学家出于要摆脱国学的制约，不满足于"影子"的地位而故作惊人之语，以西方文论强制阐释司马相如赋作的思想内涵和审美价值的话，则会将海外汉学研究引入歧路，走向极端。

美国比较文学学者大卫·丹穆若什（David Damrosch）立足于全球化语境指出，世界文学不是一个无边无际、让人无从把握的经典系列，而是一种"流通和阅读的模式"，在他看来，文学作品要"从原有的语言和文化流通进入到更宽广的世界之中"才能成为世界文学②。易言之，能得到世界公认的文学经典的生成需要依靠多语言的翻译出版和多元文化背景下的批评阐释。随着全球文化交流的日益频繁和深入，作者或作品在文学史的"经典"地位并非只取决于其在本民族文学内部的影响力和口碑，还取决于其在世界多元文明交流中的异国影响力，因此，在全球化语境下，那些"影响力超出本土的文学作品"自然更加具备成为世界文学经典的潜能。在全球人文学者对"世界文学"的深入讨论中，作家和作品在他国语境中的接受境遇愈来愈被看作是衡量其是否有资格进入文学"经典"殿堂的准入条件。

在新的"世界文学"理念观照下，"民族文学经典"与"世界文学经典"并非总是重合。在通常情况下，作者与作品是在成为了"民族文学经典"之后，再朝着"世界文学经典"攀升，但是，在某些特殊的情形下，有些在本土争议很大，或者位于经典边缘的作者和作品，在海外却得到一致推崇，得以从边缘走向中心，甚至成为"世界文学经典"，然后，其世界性声誉又倒过来反哺其本土声誉，补救性地确立其作为"民族文学经典"的地位。比如，《一千零一夜》在被转换为欧洲语言，产生了世界性影响，成为"世界文学经典"后才得到本民族更高的认同，成为阿拉伯的"民族文学经典"；同样地，美国小说家爱伦坡因为得到法国象征主义者的极力推崇，才赢得了更多美国本土评

---

① 桑禀华. 中国文学［M］. 李永毅，译. 南京：译林出版社，2016：31 - 32.
② Damrosch, David. What is World Literature? ［M］. Princeton：Princeton University Press，2003：4 - 5.

论家的赞誉；中国唐代诗人寒山因为成为 20 世纪美国"垮掉一代"的文化偶像，才引发了更多本土学者的关注。

如果说作者作品在本民族的文学声誉是纵轴，在海外的文学声誉是横轴，那么，在全球化时代，任何作者作品都需要依赖于其在双轴的交点来获得在"文学经典"这一坐标系的准确定位。如前所述，司马相如在中国文学批评传统这一纵轴上的位置并不确定，但是，如果将其置于"世界文学"理念的观照之下，通过研究海外汉学家对他的评价可知，他在横轴上的位置却非常明晰。本文通过研究司马相如的海外传播和影响，旨在以其在海外获得的文学声誉引发中国本土学者对其在本土文学史上地位的再思考，希望司马相如在海外稳固的文学声誉可以弥补其在本土文学声誉的不确定性；希望中国本土学者可以通过纵横两个向度的考量，进一步锚定其作为文学"经典"的地位。

司马相如的冠世文采和婚恋故事被后人反复传诵，萧统、李白、杜甫、薛涛、鱼玄机等人创作的古典诗歌都大量运用了与司马相如有关的典故。由于西方学界对中国文学，尤其是古典诗歌的浓厚兴趣，司马相如的生平事迹也以典故为载体，通过古典诗歌的译介而流传到了西方世界。

第二节
以典故为载体的司马相如跨文明传播

司马相如被班固和刘勰称为"辞宗"，被林文轩、王应麟、王世贞等称为"赋圣"。除此之外，鲍照的《蜀四贤咏》、嵇康的《圣贤高士傅传·司马相如》、常景的《司马相如赞》、祖孙登的《赋得司马相如诗》也都将他作为巴蜀地区的文化名人反复吟诵。事实上，作为巴蜀地区颇具代表性的古代文学人物，他的冠世文采和婚恋爱情都成为后世文人反复书写的典故。除了以学术研究的方式传播司马相如，由于西方学界对于中国文学，尤其是古典文学的浓厚兴趣，司马相如的生平事迹也以典故翻译和阐释的方式流传到了西方。

一、赞扬司马相如文采的典故

在中国的古代文学家中，李白和杜甫是倍受西方汉学界推崇的对象。由于司马相如恰好是李白和杜甫都非常仰慕的前辈文学家，李杜频繁地在诗歌中提及司马相如，赞扬他的"逸才"。因此，随着李白和杜甫诗歌在海外的传播，司马相如的美名也远播海外。

（一）李白诗歌中的司马相如典故

李白在多篇作品中都盛赞了司马相如的文采。从 2010 至

2015 年，墨菲（James R. Murphy）出版了首部英译李白诗歌全集《墨菲的李白》(Murphy's Li Tai Bo)。2021 年，国内学者赵彦春翻译的《李白诗歌全集英译》出版，这是国内的第一本李白诗歌英译全集。① 伴随着中外两种李白英译全集的面世，原本一些没有受到充分关注的李白诗歌也被译介到英语世界，其中就包括一些赞扬司马相如文采的诗句。下文以赵彦春的英译李白诗歌为例，分析司马相如的文学才华是如何借着李白诗歌中的典故而实现跨文明传播的。

李白在《白头吟二首》中比较详细地讲述了陈阿娇失宠，最后凭借司马相如的《长门赋》才重获汉武帝恩宠，以及司马相如移情茂陵女，卓文君以《白头吟》感动他而使他回心转意的历史典故。其中的诗句"相如作赋得黄金，丈夫好新多异心。"被译为"She would spend plenty of gold on a verse. / Having sold a verse, Ssuma gained much gold; / One's fond of the new and tired of the old!"

由于崇拜司马相如在作赋方面的天赋，李白将司马相如作为自己赶超的目标。他在《赠张相镐》中写道："十五观奇书，作赋凌相如。"另外，他还在《淮南卧病书怀寄蜀中赵微君蕤》和《古风五十九首·其一》中分别以"朝忆相如台，夜梦子云宅"和"扬马激颓波，开流荡无垠"表达他对司马相如和扬雄的敬意。赵彦春将之分别译为："At fifteen I read a great book; / For my prose Ssuma had to look." "At dawn Ssuma's Mound's gilt to gleam; / At night Tsuyun's house haunts my dream." 和 "Yang and Ssuma stood up to change, / And would spread vigor without bound." 哈金在其英语传记《通天之路：李白传》(The Banished Immortal：A Life of Li Bai) 中也介绍了李白夸耀自己作赋的才华，并提及他对司马相如的崇拜之情。他介绍道："司马相如是个文人，后入朝做官，被认为是中国最伟大的赋作者之一……年轻时，李白把司马相如看作自己的偶像——司马相如也来自四川，在仕途和文学上都颇有成就。"②

《华阳国志·蜀志》记载："城北十里有升仙桥，有送客观。司马相如初入长安，题市门曰：'不乘赤车驷马，不过汝下也。'"因此，在《赠从弟南平太守之遥》中，李白用诗句"汉家天子驰驷马，赤车蜀道迎相如"来赞叹司马相如的壮志。在《自汉阳病酒归寄王明府》中，李白写道："圣主还听子虚

---

① 赵彦春. 李白诗歌全集英译 [M]. 上海：上海大学出版社，2021.
② 哈金. 通天之路：李白传 [M]. 汤秋妍，译. 北京：北京十月文艺出版社，2020：13-14.

赋，相如却与论文章。"他一方面借司马相如为汉武帝写《子虚赋》以讽谏的故事，庆幸皇上还能纳谏，赦免天下刑徒之罪；另一方面，也以司马相如自况，表明自己来日仍要歌吟啸傲的愿望。赵彦春将之分别译为："Suddenly, His Majesty sends His men /To fetch me like welcoming Ssuma then." 和 "The Lord must want to hear Prose of the Void; /I'd discuss the gist of arts I've enjoyed."

《史记·司马相如列传》记载："相如既病免，家居茂陵。天子曰：'司马相如病甚，可往从悉取其书；若不然，后失之矣。'使所忠往，而相如已死，家无书。问其妻，对曰：'长卿固未尝有书也。时时著书，人又取去，即空居。长卿未死时，为一卷书，曰有使者来求书，奏之。无他书。'其遗札书言封禅事，奏所忠。忠奏其书，天子异之。"因此，在《宣城哭蒋微君华》中，李白写下"安得相如草，空余封禅文"的诗句，用司马相如遗留封禅文一事来惋惜蒋氏怀才不遇而死。赵彦春将之译为："Where can we Hsiang's manuscript gain? /His *Worshiping Verse* rests in vain!"

赵彦春的李白诗歌英译全集以英汉双语对照的形式呈现了李白存世的 1052 首诗歌。在内容上，译者尽量全面地将诗歌的典故内涵以故事的形态呈现出来。在音韵上，译者倡导"以诗译诗、以韵译韵"的翻译理念，让读者可尽享李白诗歌之美。由于译者注重在内容和音韵两个维度忠实于李白诗歌的原文，李白诗歌原文中关于司马相如的典故也得以保存下来，比较完整地走进西方读者的视界。

（二）杜甫诗歌中的司马相如典故

2016 年，宇文所安出版了首部杜甫诗歌英文全译本《杜甫全集》（*The Poetry of Du Fu*）。在这本在海外汉学界具有重大影响力的译文集中，他翻译了杜甫赞美司马相如文采的诗句（表 2-1）。

表 2-1 《杜甫全集》译文节选

相如逸才亲涤器，子云识字终投阁。	Xiangru had unworldly talent, yet washed dishes with his own hands; Ziyun knew his characters, but at last he jumped from the tower.
献纳开东观，君王问长卿。	For presenting petitions they opened the Eastern Lodge, and our lord and ruler asked about Changqing.
长卿多病久，子夏索居频。	Sima Xiangru has long been very sick, Zixia often lives in isolation.

续表2-1

悠然想扬马， 继起名嵬兀。	Far off I envisage Yang Xiong and Sima Xiangru, appearing in succession, their fame rising high.
草玄吾岂敢， 赋或似相如。	How would I dare try to draft *the Great Mystery*? but my fu may be like those of Sima Xiangru.
公生扬马后， 名与日月悬。	He was born after Yang Xiong and Sima Xiangru, but his fame hangs with the sun and the moon.
相如才调逸， 银汉会双星。	Sima Xiangru's style of talent is untrammeled, in the Silver River, two stars meet.
我多长卿病， 日夕思朝廷。	I suffer greatly the illness of Sima Xiangru, day and night I think on the court.
多病马卿无日起， 穷途阮籍几时醒。	Sima Xiangru is very sick, he never gets up, Ruan Ji at the end of his road, when will he sober up?
长卿消渴再， 公干沉绵屡。	Sima Xiangru has bouts of diabetes again, Liu Zhen is debilitated often.
白头授简焉能赋， 愧似相如为大夫。	Being given a slip, white-haired, how can I compose? I am ashamed to be compared to Sima Xiangru in being a Grand Master.
视我扬马间， 白首不相弃。	He looked on me as one with Yang Xiong and Sima Xiangru, he has not abandoned me even in white-haired old age.
乾坤几反覆， 扬马宜同时。	Since then how often have Heaven and Earth turned upside-down? yet he is fit to be of the same time as Yang Xiong and Sima Xiangru.
长卿久病渴， 武帝元同时。	Sima Xiangru had long been sick with diabetes, he was, in fact, of the same times as Emperor Wu.
不达长卿病， 从来原宪贫。	Not succeeding, Changqing is ill, ever has Yuanxian been poor.
剧孟七国畏， 马卿四赋良。	The Seven Domains were in awe of Ju Meng, Sima Xiangru's four fu were good.

值得注意的是，无论杜甫原文是用"司马""相如"，还是"长卿"来指称司马相如，宇文所安都以注释的方式补充说明了典故所指的对象是汉代著名文学家司马相如，这避免了中国古人的姓、名、字、号在译为英文专有名词后引起的混乱。总的说来，宇文所安对杜甫诗歌的翻译在一定程度上提升了司马相如在西方世界的知名度和美誉度。

二、传诵司马相如爱情故事的典故

司马相如除了以自己的文采光耀寰宇，他和卓文君的传奇爱情故事也广为流传,甚至以典故的形式不断地被中国文人反复传诵。

1898 年,翟里斯在《古今诗选》(Chinese Poetry in English Verse)中翻译了杜甫的《琴台》一诗。因为知道这首诗主要是吟咏司马相如以一首《凤求凰》琴挑卓文君,然后二人在琴台当垆卖酒的往事,翟里斯直接将诗题意译为"SSU-MA HSIANG-JU"(《司马相如》),以便让更多的西方读者知道中国汉代的这位"赋圣"以及他的传奇爱情故事。

> SSU-MA HSIANG-JU
> 'Twas here, from sickness sore oppressed,
> He found relief on Wen-chün's breast;
> 'Twas here the vulgar tavern lay
> On mountain cloud-capped night and day.
> And still mid flowers and leaves I trace
> Her fluttering robe, her tender face;
> But ah! The phoenix calls in vain,
> Such mate shall not be seen again.①

梁简文帝萧纲的《蜀国弦歌篇十韵》被收录在《玉台新咏》之中。1986 年,白安妮在《玉台新咏:中国爱情诗集》(New Songs from a Jade Terrace: An Anthology of Chinese Love Poetry)中翻译了这首乐府诗。其中的名句"江妃纳重聘,卓女受将雏"也被译介到英语世界②。2004 年,柯睿(Paul W. Kroll)在《蜀道:从张载到李白》(The Road to Shu, from Zhang Zai to Li Bai)一文中阐释了这一组对偶诗句。他说:"卓文君这位年轻的成都孀妇与司马相如(前179—前117)私奔的事情广为人知。对卓文君和司马相如浪漫往事的提及合乎逻辑地引出了音乐的场景,因为司马相如正是凭借抚琴的方法赢得了卓文君的芳心;毕竟眼前这首诗是一首弦乐歌词。"③

商拓认为司马相如是杜甫继承、借鉴和学习的重要文学家之一。"杜甫对

---

① 翟里斯. 古诗今译 [M]. 朱爱清,鲍杰,译. 郑州:中州古籍出版社,2021:99-100.
② Anne Birrell. New Songs from a Jade Terrace: An Anthology of Chinese Love Poetry [M]. Harmondsworth: Penguin, 1986: 188.
③ Paul W. Kroll. The Road to Shu, from Zhang Zai to Li Bai [J]. Early Medieval China, 2004 (10-11): 227-254.

司马相如不受礼法约束、思想自由解放、文思敏捷的'逸才'十分欣赏，由此，作了《琴台》一诗，对司马相如与卓文君的真挚爱情进行了颂扬。"[1]《琴台》诗是这样传诵司马相如与卓文君的爱情故事的："茂陵多病后，尚爱卓文君。酒肆人间世，琴台日暮云。野花留宝靥，蔓草见罗裙。归凤求凰意，寥寥不复闻。"2016年，宇文所安在《杜甫全集》中也译介了《琴台》一诗：

THE ZITHER TERRACE

After great sickness at Maoling,

he still loved Zhuo Wenjun.

Their tavern was in the mortal world,

the Zither Terrace, among sunset clouds.

Wildflowers still keep her sweet beauty-marks,

the ground-vines show her gossamer skirts.

His purport—the homeward phoenix seeking its mate—

is no longer heard in the vast silence.[2]

唐代女诗人薛涛在《续嘉陵驿诗献武相国》写道："蜀门西更上青天，强为公歌蜀国弦。卓氏长卿称士女，锦江玉垒献山川。"她赞美巴蜀地区的男女百姓都像卓文君和司马相如一样才华卓著，巴蜀地区的山川都像濯锦江和玉垒山一样如锦似绣。吉纳维芙·魏莎（Genevieve Wimsatt）在《芳水井：洪度生平与诗歌》（*A Well of Fragrant Waters: A Sketch of the Life and Writings of Hung Tu*）中翻译了这首诗：

A CONTINUATION OF CHAI LING-I'S POEM, OFFERED UP TO MINISTER WU

At Shu's West Gate the night-watch beat goes up to heaven!

Constrained, for the High Lord, is played this song of Shu:

Cho Shih and Ch'ang Ch'ing were together long renowned,

---

[1] 商拓. 试论杜甫与司马相如[J]. 杜甫研究学刊, 2015(4): 53-58.

[2] Stephen Owen. The Poetry of Du Fu (volume3, book 10) [M]. Boston/Berlin: Walter de Gruyter Inc., 2016: 15.

The Damask Stream, the Jade Redoubt, adorn the view.

除了将司马相如的字"长卿"以拼音"Ch'ang Ch'ing"在诗歌译文中保留，她还评论道："洪度用到了卓文君和司马相如这一对古代情侣的典故，但她的诗句还是暴露出这首诗歌的主题确实太受限制的问题。"尽管魏莎认为《续嘉陵驿诗献武相国》作为应制之作，题材受限，不能算是薛涛诗歌中的上乘之作，但是她还是指明了这首诗中运用了关于司马相如和卓文君爱情故事的典故。

鱼玄机是晚唐时期一位才貌双全但却命运多舛的女冠诗人，《全唐诗》共收录其五十首诗歌。鱼玄机在《左名场自泽州至京，使人传语》和《和人》两首诗中都运用了司马相如和卓文君私奔的爱情典故。原文如下：

左名场自泽州至京，使人传语

闲居作赋几年愁，王屋山前是旧游。
诗咏东西千嶂乱，马随南北一泉流。
曾陪雨夜同欢席，别后花时独上楼。
忽喜扣门传语至，为怜邻巷小房幽。
相如琴罢朱弦断，双燕巢分白露秋。
莫倦蓬门时一访，每春忙在曲江头。

和人

茫茫九陌无知己，暮去朝来典绣衣。
宝匣镜昏蝉鬓乱，博山炉暖麝烟微。
多情公子春留句，少思文君昼掩扉。
莫惜羊车频列载，柳丝梅绽正芳菲。

吉纳维芙·魏莎在《买残牡丹》（*Selling Wilted Peonies*）中翻译了鱼玄机的49首诗歌。[①] 以上两首诗的译文如下：

TSAO MING-CH'ANG ARRIVES AT THE CAPITAL FROM TZU CHOU AND SENDS A MESSAGE TO YÜHSUAN-CHI

[①] Genevieve Wimsatt. Selling Wilted Peonies [M]. New York: Columbia University Press, 1936.

SHE ANSWERS WITH THIS POEM

How many years of sadness does Empty Living embrace?
Near Wang Wu Peak was our old wandering place,
There we wrote songs of east and west and the thousand disordered mountains;
The horses followed north or south, and ever gushed the fountains;
Once, on a rainy night, we were glad in the feasting place;
We parted. Later, in Flower Time, alone in the empty tower,
I was startled again by joy! At the gate your messenger tapped!
Take not—in the neighboring street is a low, inconspicuous bower...
Hsiang-ju played the lute, but the red string snapped;
Paired swallow seek different nests when falls White Dew is shed;
Oh, do not weary of this thatched gate, but the way sometime retrace,
Spring after spring I am zealous at the Ch'u River Head.

HARMONIZING WITH ANOTHER

In the wide zone of the Nine Streets I am unknown.
Night comes... day goes... I pawn my embroidered dresses...
Dusty mirror and toilet case... disheveled cricket-black tresses...
The Broad Mount stove is warm, the reek of herbs but sight.
The Ardent Gallant in spring composed addresses,
Young and wise Wên-chun shut the doors in daylight hours.
Never spare the ram-drawn coach, but return and here alight,
Silken the willows wave, sweet are the lush plum flowers.

除了翻译，魏莎还两次评论了诗中关于司马相如的典故：首先，对于《左名场自泽州至京，使人传语》中的典故，她分析道："在这些诗句里，鱼玄机用到了《闲居赋》潘岳的典故。潘岳是一个备受女性青睐的美男子，经常被迷恋他的女子所围观而引起骚乱。鱼玄机接着又用到了司马相如和卓文君的典故。这个典故在她的另一首诗中也有用到。胆大妄为的司马相如挑逗年轻寡妇卓文君并与其私奔的行为曾经一度撼动了公元前2世纪的社交界。"其次，对于《和人》中的典故，她指出鱼玄机"还熟悉司马相如的故事。他和卓文君私奔，在经济困难时当垆卖酒。的确，她对古典文学的了解相当广博，只是她对生活的了解却远远不够"。

从以上例子来看，由于司马相如与卓文君的爱情故事是中国文人反复传诵的典故，他们在封建社会时期惊世骇俗的自由恋爱几乎成为后世共有的集体记忆。伴随着西方学者对书写了他们爱情故事的诗歌的译介，他们的自由精神和传奇的爱情故事更是成为全人类的精神财富，鼓舞人们大胆追求美好的爱情，用心经营自己的婚姻。

刘勰在《文心雕龙·事类》里诠释了"用典"："事类者，盖文章之外，据事以类义，援古以证今者也。"① 上文中所列举的萧纲、李白、杜甫、薛涛、鱼玄机等诗人皆饱学而才富。他们在运用司马相如的典故时都做到了"表里相资""用旧合机""用人若己"。而中外学者在翻译与司马相如相关的典故时大都采用了直译加注的方式，尽力对文学跨文明传播中因"文化过滤"而引起的典故信息的变形、增值或减损做出补偿。

总而言之，中国古典诗歌中的那些赞扬司马相如的文采和传唱其传奇爱情故事的典故是助推司马相如在海外传播的重要载体。在推动中华优秀文化"走出去"的战略背景之下，本土学者在译介这些典故时有必要采用厚重翻译，尽可能全面地展现古代巴蜀文学名人的风采。

---

① 周振甫. 文心雕龙今译［M］. 北京：中华书局，2015：339.

第三章

陈子昂篇

陈子昂（661—702），字伯玉，梓州射洪（今遂宁射洪市）人。唐代著名文学家、诗人、诗歌理论家，初唐诗文革新人物之一。唐睿宗文明元年（684）考取进士，任麟台正字，后升任右拾遗，直言敢谏，后世称"陈拾遗"。陈子昂进一步发展了"初唐四杰"所追求的充实、刚健的诗风，肃清了齐梁诗歌中绮靡纤弱的习气。其诗文革新举措为唐诗的健康发展做好了铺垫，是唐诗发展的理论基础和依据，也是唐诗变革的风向标。陈子昂提倡"风雅"之音，使唐诗的创作风格贴近社会生活实际，奠定了唐诗的壮阔景象，其散文革新也开风气之先。代表作有《感遇》诗38首和《蓟丘览古赠卢居士藏用》《登泽州城北楼宴》《登幽州台歌》《观荆玉篇》《喜马参军相遇醉歌》《度荆门望楚》《晚次乐乡县》《送魏大从军》等。陈子昂在唐代文学史上具有重要地位，对张九龄、李白、杜甫产生了深远影响。

陈子昂在四川的历史遗迹有：遂宁射洪市陈子昂古读书台、陈子昂墓等。

西南交通大学特聘教授何开四用一句话总结了他的成就：风骨嶙峋，文坛雄杰。[①]

[①] 吴梦琳，吴晓玲. 第二批四川历史名人出炉 他们开创多个"第一"[N]. 四川日报，2020-06-08.

中外学界在对陈子昂的认识上存在非常明显的认知差。在巴蜀古代文学的发展史中,陈子昂被本土学者看作上承"扬马"、下启"李杜"的关键人物。遗憾的是,对于这样一个关键人物,目前海外汉学界的关注还不充分。从译介来看,目前海外汉学家还没有出版对陈子昂作品的专门译本,陈子昂作品的译文还只是散见在一些中国古代文学选集中。从阐释来看,1993年何文汇(Richard M. W. Ho)的《唐诗创新者陈子昂》(*Ch'en Tzu ang: Innovator in T'ang Poetry*)讨论了诗人的政治观点、诗学观点和唐代文人对诗人的评价。

第一节
海外汉学界对陈子昂诗歌的译介和阐释

1993年香港中文大学出版社出版了何文汇的英语著作《唐诗创新者陈子昂》,该著作是作者根据其1975年伦敦大学亚非学院(SOAS, University of London)的博士学位论文"Ch'en Tzu-ang (A. D. 661—702), Innovator in T'ang poetry"改写而成,算得上是英语世界对陈子昂较为系统研究的学术著作。全书分两部分,第一部分叙述陈子昂的生平和所处时代,第二部分分析陈子昂的诗学和作品。作为在英国求学的中国学子,为了向英语世界传播陈子昂的文学和政治思想,何文汇在其博士学位论文的第一部分首先论述武则天的统治,为异质文化的研究者提供必要的社会、历史、文化背景知识。然后,作者结合时代背景,分析了许多陈子昂所关切的社会政治事件在诗歌中的体现,勾勒出陈子昂的生活和事业发展脉络。最后,作者以其对诗人政治和哲学思想的评价结束了第一部分的研究。论文的第二部分首先介绍了唐前和初唐时期诗歌创作的大环境,然后再详细考察陈子昂的诗学理念。其次,论文着重分析了诗人享有盛名的《感遇》诗，以及一些其他与《感遇》诗歌具有类似性的诗歌。再次，为了让英语世界的学者形成对陈子昂诗学造诣的系统的、完整的印象，论文还分析了陈子昂的一些常规性诗歌以及他在诗歌创作中使用的句法和声调技巧。最后，第二部分以大量的唐代文人对陈子昂的称颂之言收尾，作者结合历史，分析了陈子昂获得崇高文学地位的种种社会因素。

在《世界性的帝国：唐朝》(China's Cosmopolitan Empire： The Tang Dynasty)一书中，陆威仪指出："7 世纪后半叶的诗人，特别是那些在宫廷圈子之外的，由于可以尝试更多的个人表达方式，发展出了一种较为简朴、更加直接、有道德严肃性的诗歌语言。陈子昂（661－702），被誉为盛唐风格先驱的伟大'出世'诗人，将其对当代世界的否定发展为主要的诗歌主题，并且以一种被称为'复古'的新风格来表达。"① 陆威仪认为宋之问和张九龄等唐代著名诗人都深受陈子昂诗风的影响，这一观点代表了大部分海外汉学家对陈子昂的看法，而这种看法的形成很大程度上是受到中国本土学界以及像何文汇这样以英语著述研究陈子昂的学者的影响。除了陆威仪，华裔作家哈金在《通天之路：李白传》中提及了陈子昂对李白的影响。他在传记中介绍道："陈子昂（六五九年—七〇〇年），比李白早一代，也来自四川，就因为诗才见识深得武则天（六二四年—七〇五年）欣赏而赐官右拾遗。陈的诗句也是脍炙人口，比如'感时思报国，拔剑起蒿莱'，'达兼济天下，穷独善其时'。有抱负的年轻人会从中受到鼓舞和启发，李白的世界观就深受其影响。"② 除了陈子昂对李白世界观的影响，他在文中还强调陈子昂的作品对李白诗歌创作的影响。他认为陈子昂的诗歌简明有力、直截了当，有一种异常高拔的风骨，诗意宏大而隽永。这些诗歌让李白非常感动，深有共鸣。更重要的是，陈子昂提倡建安时期充满激情、悲怆和质朴美的诗风，反对过去五百年那些过于羸弱萎靡的诗风，这一点也对李白诗歌创作产生了巨大的影响。"陈子昂和李白一样，都强调文学的内在精神而不是技术规则。"③ 尽管陆威仪的中国历史著作和哈金对李白的异语传记书写都给西方读者留下了陈子昂是对唐代诗歌影响深远的先驱者的印象，但是他们关于陈子昂的着墨都不多，因此，这一印象还算不得深刻。

除了何文汇、陆威仪、哈金，海外当然还有一些从事中国古典文学研究的

---

① 陆威仪. 世界性的帝国：唐朝[M]. 张晓东，冯世明，译. 北京：中信出版社，2016：225.
② 哈金. 通天之路：李白传[M]. 汤秋妍，译. 北京：北京十月文艺出版社，2020：14－15.
③ 哈金. 通天之路：李白传[M]. 汤秋妍，译. 北京：北京十月文艺出版社，2020：47.

专家曾涉足陈子昂研究。比如，1901 年，翟里斯在《中国文学史》(*A History of Chinese Literature*) 中介绍了"子昂碎琴"的典故以及他写下《复仇议》讨论在徐庆元替父报仇事件的事迹，另外他还翻译了《感遇诗三十八首·其十九》①。2007 年，德国汉学家卜松山（Karl‑Heinz Pohl）在《中国的美学和文学理论——从传统到现代》(*Ästhetik und Literaturtheorie in China: von der Tradition bis zur Moderne*) 中论及唐代从儒家基本理论引申出来的实用或教育性的文学观的复兴时，他指出这一复兴的序幕早在陈子昂等人提纲挈领的表述中就已拉开。他向德国读者介绍到："陈子昂认为，六朝时期的文风——其影响一直波及到唐代初期的所谓宫体诗——太过华丽，主张'复古'，即回复古体，也就是汉、魏时期的文风。因此，陈子昂被很多后世文人与批评家奉为中国诗歌的复兴者。"②但总的说来，海外对陈子昂的研究还风气不炽。不过，尽管目前海外对陈子昂的研究成果还不算丰硕，宇文所安和陈蒂姆（Tim W. Chan）的研究却另辟蹊径，不乏新见。他们在陈子昂研究的路径和结论上与中国本土学界都有所不同，可以成为国内本土陈子昂研究者攻玉的"他山之石"。

一、宇文所安对陈子昂诗歌的译介和阐释

杜甫在《陈拾遗故宅》中写道："公生扬马后，名与日月悬。"他把陈子昂与扬雄和司马相如并列。韩愈在《荐士》中写道："国朝盛文章，子昂始高蹈。"他认为正是因为自蜀中入长安的陈子昂高举革新大旗，力倡汉魏风骨、风雅兴寄，才奠定了盛唐之音。王永波在《从时空维度看巴蜀文学》一文中将唐代作为巴蜀文学继汉代以来的第二个高峰。他认为在唐代之前，南朝诗歌创作兴盛，但蜀中却无一知名作家。然而，到了唐代，"陈子昂在唐诗发展史上的贡献如日月高悬，彪炳千秋"③。陈子昂在中国本土评论家心中享有崇高的地位，宇文所安不仅在《剑桥中国文学史》中论述了陈子昂诗学观④，还在《初唐诗》(*The Poetry Of the Early T'ang*) 中用两个章节译介和阐释了陈子昂的代表性诗歌⑤。在《初唐诗》的第一章里，他译介了十余篇陈子昂的代表

---

① Giles, Herbert. A History of Chinese Literature [M]. London: William Heinemann, 1901: 105.
② 卜松山. 中国的美学和文学理论——从传统到现代 [M]. 向开, 译. 上海: 华东师范大学出版社, 2010: 165.
③ 王永波. 从时空维度看巴蜀文学 [N]. 光明日报, 2019-03-11.
④ Kang-I Sun Chang & Stephen Owen. The Cambridge History of Chinese Literature [M]. Cambridge University Press, 2010: 303.
⑤ Stephen Owen. The Poetry Of the Early T'ang [M]. New Haven and London: Yale University, 1977: 151-224.

作,并将这些诗歌与陈子昂的生平结合,分析了其诗风的形成原因。在第二章里,他重点译介和分析了《感遇》组诗,阐明了陈子昂革新宫廷诗的理念和方式。2001年陈蒂姆发表的《陈子昂〈感遇〉:诗歌文类的形成问题》(The "Ganyu" of Cheng Ziang: Questions on the Formation of Poetic Genre)[①]一文专门讨论了《感遇》组诗。下文仅以《剑桥中国文学史》中的"唐朝文化"一章和《初唐诗》的第一章来呈现宇文所安译介和阐释陈子昂诗歌的方法和特点。

(一) 宇文所安对陈子昂诗歌的译介

表3-1　宇文所安译诗

中文	译文
白帝城怀古 日落沧江晚, 停桡问土风。 城临巴子国, 台没汉王宫。 荒服仍周甸, 深山尚禹功。 岩悬青壁断, 地险碧流通。 古木生云际, 孤帆出雾中。 川途去无限, 客思坐何穷。	MEDITATION ON THE PAST AT WHITE EMPEROR CITY The sun sinks—evening on the blue river I rest my oars to ask of local customs. These walls look out on the land of Pa. While into the terraces sink the palaces of the King of Han. A wild region—still in Chou's domain, Deep in its mountains remain the deeds of YU. Peaks hang, their green cliffs broken off, Terrain perilous. the ernerald stream goes through. Ancient trees rise at the edge of the clouds, Homeward sails emerge in the fog. My river road goes off without end— This wanderer's longing now seems endless too.
度荆门望楚 遥遥去巫峡, 望望下章台。 巴国山川尽, 荆门烟雾开。 城分苍野外, 树断白云隈。 今日狂歌客, 谁知入楚来。	CROSSING CHING-MEN, GAZING TOWARD CH'U I have left the Wu Gorges far behind, Ever gazing, descend to Chang-hua Terrace. Gone are the mountains and streams of Pa, And Ching-men appears amid parting mist and fog. A city wall wedges in beyond the azure plain, Trees break off in the folds of white clouds. Today a madly singing wanderer— Who knows he is coming into Ch'u?

---

① Tim W. Chan. The "Ganyu" of Cheng Ziang: Questions on the Formation of Poetic Genre [J]. T'oung Pao, 2001 (87): 14-42.

续表3－1

中文	译文
岘山怀古 秣马临荒甸， 登高览旧都。 犹悲堕泪碣， 尚想卧龙图。 城邑遥分楚， 山川半入吴。 丘陵徒自出， 贤圣几凋枯！ 野树苍烟断， 津楼晚气孤。 谁知万里客， 怀古正踌蹰。	MEDITATION ON THE PAST AT HSIEN MOUNTAIN I graze my horse above the wild domain, Climb a high spot to view an ancient capital. Still there is grief for the "monument of tears," And 1 can yet imagine the Resting Dragon's diagram. Far away the city demarcates Ch'u territory, The mountains and rivers are half into Wu. In vain do burial mounds come out before me— How many saints and sages have rotted away? A tree in the wilderness breaks off in the blue gray mist, A building at a ford, alone in the evening air. Who knows of this wanderer from a thousand miles away? Irresolute and faltering now, in meditation on things past?
晚次乐乡县 故乡杳无际， 日暮且孤征。 川原迷旧国， 道路入边城。 野戍荒烟断， 深山古木平。 如何此时恨， 嗷嗷夜猿鸣。	STAYING IN LO-HSIANG COUNTY FOR THE EVENING My homeland is infinitely far— Here, setting sun and a solitary journey. Streams and plains hide my former country, A road moves out toward frontier walls. A fortress in the wilds, moor mists break it off. Deep in the mountains, ancient trees level. What is it like, the grief of this moment? Screeching shrilly, gibbons cry by night.
落地西还别 魏四懔 转蓬方不定， 落羽自惊弦。 山水一为别， 欢娱复几年。 离亭暗风雨， 征路入云烟。 还因北山迳， 归守东陂田。	RETURNING WEST AFTER FAILING: PARTING FROM WEI LIN The tumbleweed that rolls, not now at rest; Plummeting wings shudder when the bowstring whirs. Once I leave these mountains and rivers, How many years before our joy here returns? The parting pavilion, dark with wind and rain, The road I must travel leads into clouds and mist. To return I shall follow the footpaths of North Mountain, Home to care for the fields of Eastslope.

续表 3-1

中文	译文
修竹篇	THE LONG BAMBOO
龙种生南岳，	The dragon bamboo grows on the Southern peak,
孤翠郁亭亭。	Where it stands azure and alone, tall, dense with leaves;
峰岭上崇崒，	Peak and precipice tower above it,
烟雨下微冥。	While beneath is the murky dark of mist and rain.
夜闻鼯鼠叫，	At night it hears the screech of flying squirrels,
昼聆泉壑声。	By day gives ear to the voice of valley streams.
春风正淡荡，	No sooner has spring wind swept and shaken it,
白露已清泠。	Than it feels the chill of autumn's white dew.
哀响激金奏，	It resounds mournfully, wind-stirred to tap rhythm,
密色滋玉英。	Colors dense, blossoms of marble moist.
岁寒霜雪苦，	In the cold of the year when frost and snow are harsh,
含彩独青青。	It alone is green, retaining its splendor.
岂不厌凝冽，	It does indeed hate the biting ice,
羞比春木荣。	And is shamed beside spring plants in their glory;
春木有荣歇，	Yet the glory of spring plants will sometimes fade,
此节无凋零。	While in its steadfastness it is never stripped bare.
始愿与金石，	It had only wanted to be strong as metal or stone,
终古保坚贞。	Preserving hard purity for all time,
不意伶伦子，	And had not expected the flutemaster Ling Lun,
吹之学凤鸣。	Would blow on it, imitating the phoenix's call.
遂偶云和瑟，	Then it was paired with a zither from Yün-ho Mountain,
张乐奏天庭。	An orchestra performing in the courtyard of Heaven,
妙曲方千变，	Wondrous tunes in a thousand variations,
箫韶亦九成。	The ancient Hsiao-shao played nine times.
信蒙雕斫美，	Truly it has been made lovely by the carving
常愿事仙灵。	And has always wanted to serve the immortals.
驱驰翠虬驾，	The blue dragon carriage went galloping onward,
伊郁紫鸾笙。	Repressed emotion from the purple phoenix sheng.
结交嬴台女，	The maid of Ying's Terrace joined her lover,
吟弄升天行。	And they played on it as they mounted the heavens.
携手登白日，	Hand in hand they climbed to the bright sun,
远游戏赤城。	Wandered afar, sporting by Red Wall,
低昂玄鹤舞，	High, then low, the black cranes dance,
断续彩云生。	Stopping, continuing, bright clouds appear.
永随众仙逝，	Forever following the troops of immortals away,
三山游玉京。	On the Three Mountains, to visit the Capital of Jade.

续表3-1

中文	译文
入峭峡安居溪伐木溪源幽邃林岭相映有奇致焉 肃徒歌伐木， 骛楫漾轻舟。 靡迤随回水， 潺湲溯浅流。 烟沙分两岸， 露岛夹双洲。 古树连云密， 交峰入浪浮。 岩潭相映媚， 溪谷屡环周。 路迥光逾逼， 山深兴转幽。 麋鼯寒思晚， 猿鸟暮声秋。 誓息兰台策， 将从桂树游。 因书谢亲爱， 千岁觅蓬丘。	ENTERING CH'IAO GORGE AND AN-CHU CREBK: THE SOURCE OF WOOD-CHOPPING CREEK WAS HIDDEN FAR AWAY, FORESTS AND PEAKS BRIGHTENED ONE ANOTHER —A WONDROUS EXPERIENCE I whistled to companions, sang "Chopping Wood," Oars raced the skiff bouncing the ripples. On a long, winding course I followed the waters, Splashing through current, upstream in the shallows. Misty sands split the two shores, Dew-drenched isles flanked by pairs of shoals, Dense forests of ancient trees reaching the clouds, And floating peaks, criss-crossed, fallen upon the waters. Cliff and pool cast lovely light upon each other, Stream-filled valleys circle round and round. The road is far, light presses urgently on me, The mountains deep, my mood still more withdrawn. Evening-chill brooding of deer and squirrels; Autumn-sunset sounds of gibbons and birds. I vow to give up my plans in the Royal Library, Go travelling in the hermit land of cassia. Thus I write to take leave of friends and loved ones, For a thousand years I'll search for Fairy Hill.
度峡口山赠乔补阙知之王二无竞 峡口大漠南， 横绝界中国。 丛石何纷纠， 赤山复翕赩。 远望多众容， 逼之无异色。 崔崒乍孤断， 逶迤屡回直。 信关胡马冲， 亦距汉边塞。 岂依河山险， 将顺休明德。 物壮诚有衰， 势雄良易极。 逦迤忽而尽， 泱漭平不息。	CROSSIN GORGE-MOUTH MOUNTA IN: TO THE REMINDER CH'IAO CHIH-CHIH AND WANG WU-CHING Gorge-mouth, south of the Great Desert, Stretches sharply before me: a border for our Middle Land. First chaotic masses of ragged stone, Then small mountains that swell with blazinglight. Seen from afar, it teems with many faces, Up close, its appearance is unvaried. Half craggy heights where lone peaks loom broken, A circuitous path, twisting, then going straight. It locks us indeed against the attack of Tartar horses, Blocks also the gateways to the Chinese frontier. But we do not rely on a fastness of mountains and rivers, Rather we bring compliance by the glory of Imperial Virtue. When things are most forceful, they surely decline, Forms mighty as these easily reach their limit. The continuous winding is suddenly gone, There are vast stretches, level without end.

续表 3-1

中文	译文
之子黄金躯， 如何此荒域。 云台盛多士， 待君丹墀侧。	You gentlemen, with bodies as of gold, How are you here in this wild uncivilized region? By the Cloud Terrace there are many officers, They await you beside the Royal Courtyard.
登幽州台歌① 前不见古人， 后不见来者。 念天地之悠悠， 独怆然而涕下！	SONG ON YU-CHOU TERRACE I look back—I do not see the ancients; I look ahead—can't see the generations to come. I brood on the endlessness of Heaven and Earth, And tears stream down—I stand alone.
轩辕台 北登蓟丘望， 求古轩辕台。 应龙已不见， 牧马空黄埃。 尚想广成子， 遗迹白云隈。	THE YELLOW EMPEROR'S TERRACE To the North I climbed Chi Hill for the view, Seeking the past on the Yellow Emperor's Terrace. His winged dragon is nowhere to be seen, Where horses were pastured, now only brown dust. Yet still I imagine Kuang-ch'eng-tzu, Who has left his traces in the folds of white clouds.
燕昭王 南登碣石馆， 遥望黄金台。 丘陵尽乔木， 昭王安在哉？ 霸图今已矣， 驱马复归来。	KING CHAO OF YEN To the South I climbed to the Lodge of Chieh Rock And gazed afar to the Terrace of Gold. The tomb mounds are grown over with tall trees, But King Chao—where is he now! His plans to be hegemon are finished now— I drive my horse back down again.
登蓟丘楼送贾兵曹入都 东山宿昔意， 北征非我心。 孤负平生愿， 感涕下沾襟。 暮登蓟楼上， 永望燕山岑。 辽海方漫漫，	CLIMBING THE TOWER ON CHI HILL: SENDING OFF OFFICER CHIA ON HIS WAY TO THE CAPITAL Eastern mountains have been my abiding desire, A campaign north was not to my heart. Alone, back turned on the wish of my life, Stirred now to tears which soak my robes; At sunset I climb atop Chi Tower, Gaze ever at the peaks of Yen's mountains. The Sea of Liao floods far and wide,

---

① 弗莱彻（W. J. B. Fletcher）也翻译过陈子昂的《登幽州台歌》。参见 W. J. B. 弗莱彻《英译唐诗精选》，北京：中国画报出版社，2019 年，第 244 页。译文如下：None of the ancients before me I see. And no one is following on after me. From Heaven and from Earth how far distant am I, As lonely I sit here and mournfully cry!

续表3-1

中文	译文
胡沙飞且深。 峨眉杳如梦， 仙子曷由寻。 击剑起叹息， 白日忽西沉。 闻君洛阳使， 因子寄南音。	While Tartar sands fly deep and thick. O-mei Mountain, far and faint as a dream, How shall I search the immortals there? I strike my sword, rise, and sigh, And the bright sun sinks suddenly westward. I hear you are being sent to Lo-yang, By you I will send word southward.
登泽州城北楼宴 平生倦游者， 观化久无穷。 复来登此国， 临望与君同。 坐见秦兵垒， 遥闻赵将雄。 武安君何在， 长平事已空。 且歌玄云曲， 御酒舞薰风。 勿使青衿子， 嗟尔白头翁。	CLIMBING THE NORTH TOWER ON THE WALL OF TSE-CHOU FOR A BANQUET For most of my life, weary of travels, Long observing the endlessness of Change, Then coming here, climbing this city, And looking down, together with you. Just now I see the forts of the troops of Ch'in, And have heard remotely of the Chao general's valor: Where now is the army of Lord Wu-an? The events at Ch'ang-p'ing have turned to nothingness. Sing for a while the song "Black Clouds." Wine on your lips, dance "Fragrant Wind." Do not let the students in their blue robes Sigh for you, white-haired old men!
卧疾家园 世上无名子， 人间岁月赊。 纵横策已弃， 寂寞道为家。 卧病谁能问， 闲居空物华。 犹忆灵台友， 栖真隐太霞。 还丹奔日御， 却老饵云芽。 宁知白社客， 不厌青门瓜。	LYING SICK IN MY HOME GARDEN In this world, the Master Without Fame, Among mortals my years and months grow longer. 1 have cast from me all my plans and strategies, In perfect stillness the Way is my home. As I lie sick, no one comes to call on me, I dwell in peace, the year flowers in vain. I still remember my friends of the Spirit Terrace, As I lodge in Purity, hermit in great roseate clouds. Refine the cinnabar, let the sun-carriage speed on, Return to youth, swallow the "sprouts of cloud." Who would have guessed thatthe guest at White Temple, Would never weary of Green Gate's melons.

1. 对"音美"的舍弃

中国传统诗学对文学的分类基本上遵循着"有韵为诗，无韵为文"的标准。在英语中，"诗"对应为"verse"，而"文"则对应为"prose"。若要保留陈子昂作品的诗体特征，译者就需采用"韵译"的方式来保留其音乐性。所谓的"韵译"就是采用以诗译诗的方法，使得被英译之后的中国诗歌在英语文化背景中仍然保持诗歌在音韵上的重要特征。宇文所安并没采用这种"韵译"法。比如，《度荆门望楚》的首联、颔联和尾联的末字"台""开""来"押"ai"韵。然而，在译文中的第二、四、八诗行尾字"terrace""fog"和"Ch'u"却完全不押韵。

另外，对于汉语诗歌中常见的双声叠韵现象，宇文所安也并没有在译文中加以体现。比如，"谁知万里客，怀古正踌躇"中的"踌躇"是中国古典诗歌常见的双声字，但宇文所安仅仅将之译为"Irresolute and faltering"，用同义反复的修辞来表达，虽然意义上忠实原文，但音韵美感丧失殆尽。又如，"遥遥去巫峡，望望下章台"被译为"I have left the Wu Gorges far behind, /Ever gazing, descend to Chang-hua Terrace."叠字"瑶瑶"与"望望"只是被译为"far"和"gazing"。相较于康达维在翻译汉赋时尽力以英语中的"头韵"（alliteration）和"重复"（repetition）来再现原文的音美而言，宇文所安并没有特别刻意地保留陈子昂诗歌中的音韵之美。吕叔湘将汉诗原文与保留汉诗音韵特点的英文译文进行比较后发现，把汉诗翻译为英文的格律诗存在三个弊端："一曰趁韵……二曰颠倒词语以求协律……三曰增删及更易原诗意义。"①宇文所安的译介是将意美排在第一位，形美次之，最后才考虑音美。在三者不能兼顾之时，他最先舍弃的是"音美"。

2. 对"形美"的还原

许渊冲在《翻译的标准》中提出以意美、音美、形美作为诗歌翻译的标准。传统汉学家在翻译中国古典诗歌时往往在意美上用力最勤，而忽略音美和形美。然而，宇文所安的译介除了重视意美，与其他汉学家不同的是，他还非常重视形式美。

苏珊·巴斯内特（Susan Bassnett）和安德烈·勒菲弗尔（Andre Lefevere）提出了"文化资本"（cultural capital）的概念，认为对构成一个民族文化资本的作品应足够重视，不要随意把它和自己的文化进行类比，导致该文本的本土化（acculturation）。翻译文化资本的时候要尽量保持该文化的特点②。陈子昂的诗歌主要在两方面体现了中国古典诗歌的"文化资本"：一是形式，二是音

---

① 吕叔湘. 中诗英译比录 [M]. 北京：商务印书馆，2002：13.
② 巴斯内特，勒菲弗尔. 文化构建：文学翻译论集 [M]. 上海：上海外语教育出版社，2001.

韵。在形式上，他的诗歌主要是五言，且多有对偶，呈现出中国古典诗歌形式整齐、对仗工整的特点。从音韵上来看，他的诗歌多是偶行押尾韵，间或有双声叠韵，体现出中国古典诗歌的音乐性。在国际翻译研究朝着文化研究转向的背景之下，有学者甚至撰文指出，在汉诗英译中的韵译是文化存真，而散体译诗则是文化殖民[1]。为了实现"文化存真"的目的，宇文所安在译介陈子昂的诗歌时尽量再现了其诗歌形式的特点。但是，美中不足的是，在形、音、意三美难以兼顾的时候，他往往舍弃了对"音美"的追求。

就形式而言，宇文所安不仅以五音步来再现原文的"五言"特点，还以词性和结构的对应来体现原文中的"对偶句"句式。

以《白帝城怀古》为例，原文是五言诗，而宇文所安将之以"五音步"（pentameter）来体现。

> The sun /sinks—e/vening on/ the blue /river
> I rest /my oars /to ask/ of local/ customs.
> These wall/s look/ out on/ the land /of Pa.
> While into/ the terraces/ sink the/ palaces of the/ King of Han.
> A wi/ld re/gion－still /in Chou's domain，
> Deep in/ its moun/tains re/main the /deeds of Yu.
> Peaks hang，/ their g/reen cliff/s bro/ken off，
> Terrain/ perilous. / the erne/rald stream/ goes through.
> Ancient/ trees ri/se at the/ edge of /the clouds，
> Homewar/d sail/s emer/ge in /the fog.
> My ri/ver road/ goes o/ff with/out end－
> This wand/erer's/ longing now/ seems en/dless too.

英语诗歌中重读与非重读音节的特殊性组合叫作音步（foot）。宇文所安以五次轻重度的顿挫来体现原诗每行五言的特点。

对于原文中的对偶句，宇文所安尽量以英文的"antithesis"（对照修辞）加以还原。比如，"古木生云际，孤帆出雾中"被译为"Ancient trees rise at

---

[1] 邵斌. 从发明到发现——中诗韵译与文化存真［J］. 天津外国语大学学报，2006（4）：21-24.

the edge of the clouds, / Homeward sails emerge in the fog."我们可以看出其中词性和结构上的呼应。

古木	生	云际，
主语	谓语动词	地点状语
Ancient trees	rise	at the edge of the clouds,
主语	谓语动词	地点状语
孤帆	出	雾中。
主语	谓语动词	地点状语
Homeward sails	emerge	in the fog.
主语	谓语动词	地点状语

（二）宇文所安对陈子昂诗歌的阐释

在《剑桥中国文学史》中，宇文所安将陈子昂看作武则天统治后期最杰出的中国作家，并从以下几个方面分析陈子昂文学声誉的确立。首先，陈子昂的一些诗歌在内容上显然是对时政的批评性回应，在风格上避免了宫廷诗的平仄和谐和高雅的修辞层次，暗示了道德判断和个人关怀。而这恰好是后人对武后时期中国文学的主流选择——"武后一朝最为后世所欣赏的作家往往不是那些出色的文学官臣，而是仕途失意者，或者是那些以批评女主统治自诩的人。"[1] 那些赞美武则天和确认其合法性的文学侍臣的作品明显缺乏真情实感，而陈子昂虽然也毫无愧色地为武则天唱过赞歌，甚至对武周朝的建立进行歌颂，但他更为人铭记的作品则是那些"暗示了诗人对朝廷的原则性批评"的作品。[2] 其次，从陈子昂的诗学理念来看，《修竹篇》诗序倡导以个人兴寄的朴素诗歌来复兴文学，这恰好是很多人共同的价值观，但陈子昂不仅用强烈的论争口吻来表达这一理想，而且在自己的诸多诗歌创作中体现这一价值观。这是他的诗学理念能对后人产生较大影响的原因。最后，从外部因素来看，宇文所安认为卢藏用的《陈子昂别传》也极大地助力了陈子昂文学声

---

[1] Kang-I Sun Chang & Stephen Owen. The Cambridge History of Chinese Literature [M]. Cambridge University Press, 2010: 294.

[2] Kang-I Sun Chang & Stephen Owen. The Cambridge History of Chinese Literature [M]. Cambridge University Press, 2010: 304.

誉的确立。因为，当陈子昂在世时，他不过是众多受到科举考试和官场前程吸引而来到京城的新人之一。在当时宫廷文学价值观的语境里，他的诗歌只算得上合格。尽管陈子昂的少数作品表达了一种不满足感以及变革时代文风的愿望，但真正使他名声大噪的是卢藏用为陈子昂写的传记，其在传记中将陈子昂塑造为一个直言敢谏的儒家英雄。中国人坚信"文如其人""人如其文"，作者的道德操守和其文学品格总是被看作一体两面、不可分割。有了"儒家英雄"这一身份，陈子昂的文章和文风当然更易于被接受和发扬。

在《初唐诗》中，宇文所安在译介和阐释陈子昂诗歌时，既按照诗歌的主题进行了分类，又参考了陈子昂创作诗歌的年代以便呈现出陈子昂诗风形成的过程。宇文所安将《白帝城怀古》《度荆门望楚》《岘山怀古》以及《晚次乐乡县》都归入陈子昂青年时代的作品，认为这四首诗都是典型的"旅游诗"。这些诗"描写了这位年轻的西部人第一次进入中国中心区域（虽然仅在南方边缘）的旅程"①。在宇文所安看来，这四首诗中提及的"白帝城""巴""周甸"和"禹功"覆盖之地区等空间描写特别具有深意。四川曾经是汉代著名赋家司马相如和扬雄的故乡，陈子昂自称"蜀人"，这说明他有鲜明的地方意识，也说明他有可能受到京城的文学团体的排挤。因此，陈子昂会自然而然地转向对立诗论和复古理论而与宫廷诗抗争。除此之外，从风格来看，作为陈子昂的早期作品，这四首诗从一开始呈现出一种与宫廷诗截然不同的"直率"的风格。宇文所安认为，陈子昂的早期作品之所以能呈现出这种直率的风格，是因为他充分学习传统诗歌，但又尚未接受宫廷诗的规范。通过将陈子昂与王勃、卢照邻、骆宾王、上官仪等人比较，宇文所安彰显了陈子昂诗歌"更多地与情绪相关，而不是与技巧相关"这一特点。总的说来，陈子昂早期诗歌为读者展现了两种可能：一是陈子昂诗风的形成与其远离京畿之地的故乡文学传统相关；二是陈子昂诗风的形成与其较少接受宫廷诗的"规训"相关。

除了"旅游诗"，宇文所安还介绍了陈子昂有关隐逸题材的诗歌。中国的隐逸诗歌一直以来是海外汉学家的研究热点。早在 18 世纪，钱德明（Joseph-Marie Amiot）就向西方读者介绍了陶渊明的高士形象。其后，翟里斯（Herbert Allen Giles）、德庇时（John Francis Davis）、郭实腊（Karl Friedrich August Gützlaff）等人相继向西方世界介绍了陶渊明作为隐逸诗人之宗的作品

---

① 宇文所安. 初唐诗 [M]. 贾晋华, 译. 北京：生活·读书·新知三联书店，2004：125.

和生平。到了 21 世纪，宇文所安的妻子田晓菲（Xiaofei Owen）还在 2005 年出版了《尘几录——陶渊明与手抄本文化研究》(*The Record of a Dusty Table：Tao Yuanming & Manuscript Culture*)一书。该书试图通过对晋代文学语境的重建和对文字来源与意义的详细考察来解读陶渊明其人其诗。除了陶渊明，寒山和王维的隐逸诗也受到了西方世界的追捧，美国"垮掉的一代"更是将陶渊明、寒山、王维等隐逸诗人视为精神偶像。在这种汉学研究热潮之中，宇文所安特地选译了陈子昂的《落地西还别魏四憚》《修竹篇》《入峭峡安居溪伐木溪源幽邃林岭相映有奇致焉》。在阐释《落地西还别魏四憚》的主题与形式时，宇文所安别出心裁地提出："此诗明显地运用律诗的音调对仗格式，但五、七、八句严重失调，即使在不太严格的初唐律诗中，也是不允许的。三部式在诗中只略露痕迹：第三联是可以接受的描写对句，位置正确，但从属的第二联却不正确。第一联的隐喻是出格的，而最后一联的反应则是一个全新主题的开始。这种形式十分接近初唐的原始律诗，有意识地违反了格律。形式上的违犯格律与隐士的反对求仕相应。"① 从他的论述来看，陈子昂明明具备写出朴素平白而结构音律完美的律诗，却偏偏要打破"完美"，通过"破格"来使其诗歌的形式与"隐逸"的主题呼应，因为形式上的破格与隐士的反对求仕具有某种隐蔽的类比关系。在阐释《修竹篇》时，他将陈子昂对"竹"的隐喻与唐太宗和虞世南的隐喻对比。他认为陈子昂诗歌中的"竹"象征特定个人的正直品德，而唐太宗和虞世南的"竹"则是泛泛地象征正直品德。此二者的区别在于：在宫廷诗的传统里，事物只不过是作为修辞练习的建筑材料，事物的寓意通常从属于它在眼前的呈现。陈子昂的《修竹篇》显然打破了这一传统，他诗歌中的"竹"不是为了应付"眼前"的社交的需要，而是开发出一种"兴寄"观念——在"竹"这一对象物身上发现并表达一种深刻的含义，因此，从咏物典故发展而成的《修竹篇》具有了关于陈子昂本人的明显的自传寓意。在阐释《入峭峡安居溪伐木溪源幽邃林岭相映有奇致焉》时，宇文所安将之与严谨呆板的上官体对比，以彰显这首隐逸诗的生气。他认为虽然这首诗的叙述顺序和形式都与同时代的诗人并无二致（按次序安排对句，以三部式来结构全诗），但是，从轻快的速度和兴致勃勃的伴侣，到明媚而孤寂的自然景象，再到隐士生活的忧伤，其情调的迅速转换体现了诗歌的生气与活力。这种生气与活力显然是陈子昂诗歌品格高出

---

① 宇文所安. 初唐诗 [M]. 贾晋华, 译. 北京：生活·读书·新知三联书店, 2004：128.

宫廷诗的重要因素。

《登幽州台歌》《轩辕台》《燕昭王》《登蓟丘楼送贾兵曹入都》《登泽州城北楼宴》被看作陈子昂中后期的"怀古诗"。在阐释《轩辕台》《燕昭王》《登蓟丘楼送贾兵曹入都》《登泽州城北楼宴》时，宇文所安不仅注重解释了诗文中难以通过翻译表现出来的文学历史背景，并且还特别指出了这几首诗的共性：直抒胸臆和令人信服的朴质风格。在分析陈子昂最著名的《登幽州台歌》时，宇文所安强调这首诗所具有的直率的美和忧伤是源于楚辞《远游》中的"惟天地之无穷兮，哀人生之长勤。往者余弗及兮，来者吾不闻"。不过，他认为这一联系不但不会降低《登幽州台歌》的影响，反而使得这首诗因为《远游》的文学内涵而增加了感伤的分量。以《登幽州台歌》为例，宇文所安试图说明陈子昂诗风与传统诗歌的关系。在前面的论证里，他一直将陈子昂的作品置于宫廷诗的反面，强调陈子昂与宫廷诗的"对立"。但是，现在，他要补充陈子昂诗歌与传统之间的圆融和照应关系，因此，通过分析《登幽州台歌》与楚辞的关系，他试图提醒读者注意陈子昂通过返回、运用和改造传统而创造新的诗风的能力。

《度峡口山赠乔补阙知之王二无竞》和《卧疾家园》并没有被归入"旅游诗""隐逸诗"或"怀古诗"等特定主题，但是这两首诗都因创作于陈子昂生平的重要转折时期而被入选。《度峡口山赠乔补阙知之王二无竞》虽然写得缜密矫饰，较为接近宫廷诗，但这首诗写于陈子昂参加对北方及东北地区契丹族的作战期间，对于认识陈子昂的生平具有重要意义，因此，宇文所安译介了此诗并阐释了其意义。《卧疾家园》被认为是创作于陈子昂人生的最后几年。通过译介和阐释这首诗，宇文所安为西方读者呈现出陈子昂对他自己一生的总结：儒家和道家、求仕与隐逸的矛盾伴其一生。

总的说来，宇文所安对陈子昂的研究具有以下特点。其一，以文本细读为基础。宇文所安的翻译和阐释都是紧密围绕着陈子昂诗歌的原文，继承了欧洲汉学注重文字学研究的传统。其二，结合历史背景来论述。宇文所安抓住宫廷诗的发展和衰落这一线索，将陈子昂诗风的形成放置在从5世纪后期南朝宫廷诗歌审美到武后时期出身低微的官员和诗人对宫廷诗的革新的宏大语境中。其三，有方法论的自觉。从宇文所安对陈子昂诗歌的主题分类、对陈子昂诗风与传统的辩证关系的分析、对陈子昂诗歌形式与主题的呼应等阐释来看，宇文所安的诗歌分析不同于以印象式漫谈为特征的中国传统诗论，他的研究具有条分缕析和辩证统一的方法论自觉。

二、 陈蒂姆对陈子昂《感遇》组诗的阐释

2001年，悉尼大学的陈蒂姆在著名汉学学术期刊《通报》（T'oung Pao）上发表了《陈子昂〈感遇〉：诗歌文类的形成问题》一文。[①] 该文是基于宇文所安在《初唐诗》中译介和论述的《感遇》组诗写作而成，是对宇文所安所持观点的质疑。宇文所安倾向于认为《感遇》组诗的标题是一般意义与讽寓（allegorical）意义的结合，既指"感慨我的遭遇"这一浅层字面意义，也暗含"感慨时遇"这样的政治意义。而陈蒂姆则通过重新审视后人对这组诗歌的编撰以及随后形成的以《感遇》为题的诗歌文类，提出了不一样的看法。

（一）《感遇》组诗的真伪

陈蒂姆提出，因为陈子昂当时并没有像现存的诗集那样将这38首诗歌统一命名并编撰起来，因此，将这38首诗歌作为一个组诗本身就是令人质疑的。他在分析了吴贤明统计的数据后发现，皎然、《旧唐书》、赵次公、辛文房《唐才子传》和沈德潜《唐诗别裁》收录了现存《感遇》组诗中的30首，白居易和元稹收录了20首，姚铉、《新唐书》、方回、杨澄收录了38首，高棅、黄节收录了36首，杨士弘和李慈铭收录了24首。最先收录38首《感遇》诗的是宋代姚铉的《唐文粹》。在陈子昂去世之后的相当长时期里，人们只收录了20首或者30首《感遇》诗。从以上情况来看，陈蒂姆认为陈子昂的《感遇》组诗经历了很多不同的编撰和选择加工。这让他大胆地提出一个假设：皎然是将30首名为《感遇》的诗歌归于陈子昂名下的第一人，白居易在他的时代只见过其中20首，然而，到宋初，人们开始将38首《感遇》诗都归于陈子昂名下。陈蒂姆分析了宋代文集的编辑情况，由于宋代初期是诗集和百科全书编撰的黄金时代，在一个如此大力探索过去散佚作品的时代，肯定有鱼目混珠的事情发生，一些糟糕的版本、伪作或出处不明的作品趁机混入了真品的行列。他还引用了柯睿的论述来支撑自己的质疑。柯睿在评价宇文所安的《初唐书》时曾经指出："没有任何一本现存的由唐人编撰的诗歌选集选入哪怕一首陈子昂的《感遇》诗，这是一个有趣的问题。"[②] 如果《感遇》是陈子

---

① Tim W. Chan. The "Ganyu" of Cheng Ziang: Questions on the Formation of Poetic Genre [J]. T'oung Pao, 2001（87）: 14–42.

② Paul W. Kroll. Review of The Poetry of the Early Tang by Stephen Owen [J]. Chinese Literature: Essays, Articles, Reviews, 1979（1）: 120–128.

昂的重要作品，为什么唐代时的重要文学选集都没有收入这些诗作呢？陈蒂姆认为有两种可能：一是卢藏用的《陈拾遗集》根本没有收录《感遇》诗，二是宋代的《文苑英华》是以一本没有收录《感遇》组诗的集子为依据编撰了陈子昂诗集。易言之，陈蒂姆认为现在通行的38首陈子昂《感遇》组诗其实是宋代文集编撰者急于求成和疏忽大意的结果。后期的编撰者距离卢藏用的时代已然久远，他们"发现"了一些无题的小诗，然后将之归于陈子昂名下。简言之，陈蒂姆大胆地质疑了现存38首陈子昂《感遇》诗的真实性。

在质疑了38首《感遇》诗是否全都出自陈子昂之手之后，陈蒂姆认为《感遇》有可能只是我们今天所见的陈子昂作品中的一个异类。至少，就算陈子昂本人的确使用过"感遇"这个标题，他也从来没有把他的38首诗歌都以"感遇"来命名。而且，就算卢藏用在《陈拾遗集》的序言中提到过"感遇"这个标题，他也没有告诉大家以此标题命名的诗篇的数量是多少，更没有告知大家他的文集中是否编选了这些"感遇"诗。在《陈氏别传》中，卢藏用承认由于陈子昂的作品大多已经散佚，其大多数篇目是记录他人口传而得。这恰好可以解释为什么这38首《感遇》诗的主题如此千差万别，而且大多数诗歌都与这个标题的内涵并不相符。

（二）"感遇"题解之辨

陈蒂姆从词源学和文类学的角度阐释了"感遇"这个标题的含义。他认为目前学界多首先将"感遇"看作陈子昂作品整体的有机组成部分，再从整体中解读其"寓意"。这种解读方法并不是解开"感遇"诗何以成为一个"文类"的有效途径。他主张从词源的角度来解决这一问题。

元代杨士弘是首位解释"感遇"的含义的批评家。他在《唐音》中注释道："感遇云者，谓有感而寓于言，以摅其意也。"又有一节说："感之于心，遇之于目，情发于中，而寄于言也，如《庄子·寓言》之类是也。"陈蒂姆认为杨士弘的第一个解释阐明了抒情诗的写作过程，其说法与《毛诗序》所言的"情动于中而形于言"类似。杨士弘的第二种解释则非常重视诗歌在隐喻层面的意义，这是传统的"声训"阐释法。杨士弘用同音字"寓"来解释"遇"，认为从盛唐到中唐时期，"感遇"就已经是"感寓"的变体。人们普遍认为以"感遇"为题的诗歌具有比喻和讽刺的特点。然而，陈蒂姆认为，在陈子昂之前，"感遇"主要是一种谄媚的诗歌文类，与社会批评或政治讽寓毫无关联。他引用唐纳德·霍尔兹曼（Donald Holzman）和沈德潜的论述来支持自己的观点。前者说："遇……常常是指一个人的政治命运，他的恩主或者君王对待他的方式。感遇……常常指因为受到恩宠而表达感谢。"后者虽然明确声称陈子昂的"感遇"与"谢恩"并无关系，但"谢恩"却的确是"感遇"在中国诗歌传统中最初的意义。在南北朝时期，"感遇"才在中国诗歌传统中演变为一种愤世嫉俗的抒情诗歌。

为了追溯"感遇"诗作为一种文类的主题变化，陈蒂姆援引了江淹的《刘文学桢感遇》来说明在中国诗歌传统中，"感遇"一题的最初含义。他认为，尽管刘桢现存的诗歌数量不多，但它们都与江淹的模仿之作一样，体现出宴饮诗的主题——"谢恩"。既然江淹在标题中用到"感遇"这个词语，那么《刘文学桢感遇》就是一个重要线索，可以让我们探索刘桢的作品与陈子昂"感遇"这一诗题的内涵。

<blockquote>
苍苍山中桂，团团霜露色。
霜露一何紧，桂枝生自直。
橘柚在南国，因君为羽翼。
谬蒙圣主私，托身文墨职。
丹彩既已过，敢不自雕饰。
华月照芳池，列坐金殿侧。
微臣固受赐，鸿恩良未测。
</blockquote>

陈蒂姆认为这首诗沿袭了楚辞使用意象表达象征含义的传统，以"桂"来暗喻开明的君主，而"橘"则暗指《橘颂》的作者。江淹在这首模仿之作的开篇所使用的暗喻描述了诗人的现实处境——他获得了圣主的恩宠。而刘桢本人的《赠五官中郎将》其实也是写给他的赞助人吴淇以表达感激之情的组诗。陈蒂姆认为刘桢应该是以"感遇"为题的第一人。除了江淹，谢灵运和鲍照也都模仿过他的作品。

元晖业也先于陈子昂写下了另一首以"感遇"为题的小诗。很明显，这首诗是一首政治讽寓诗。诗人在对偶句中比较了今昔的遭遇，以狐狸和兔子来暗指篡位者。但是，"感遇"是在何时从"谢恩"转变为"感慨际遇"的，已经无从可考。

昔居王道泰，济济当群英。
今逢世路阻，狐兔郁纵横。

　　基于以上事实，陈蒂姆质疑了这样一个问题：无论是以"谢恩"，还是以"感慨际遇"为主题，既然有人先于陈子昂创作了"感遇"诗，为何中国学者却致力于将陈子昂的"感遇"作为一个新的文类，提升到政治讽寓的层面，使之具有"怀才不遇"和"贤人失志"的意味呢？陈蒂姆认为，如果将"感遇"理解为"感慨际遇"，陈子昂《感遇》组诗的第二、七、十三、二十七以及其他几首都不能以这样的阅读方式寻找到任何参照主题。我们承认陈子昂有可能试图表达一些观点，但是要说他的这一组诗都有连贯性的主题则是站不住脚的。要理解《感遇》组诗和陈子昂其他诗歌主题的多样性，读者需要以更加微妙的阅读方法去思考：陈子昂的《感遇》到底应该被放置于"谢恩"和"感慨际遇"二者之间的何处？总体而言，从陈子昂的《感遇》组诗的文本来看，就算把陈子昂的"感遇"标题看作具有讽寓性的，以解读讽寓性意义为指归的阅读方式也并不适用于这 38 首诗。

（三）"感遇"的哲学意义

　　在否定了将陈子昂的《感遇》组诗作为政治讽寓诗的统一主题之后，陈蒂姆另辟蹊径地提出了他的解读方式——从佛教和道教文本中建构"感遇"的意义。

　　在《易经》《周易参同契》《真诰》等唐前典籍中，"感遇"一词表示的是顿悟、精神上的启发与交流、与超自然物或杰出人物的偶遇等意义。总的说来，这个词语的意思是与某地、某物、某人或超自然物的神秘互动。在道教文本之中有大量诸如此类的用法，比如，"阴阳相饮食，交感道自然，二气玄且远，感化尚相同""天地感而万物生，圣人感人心而天下和平"等。受到道教思想的影响，张载也用"感遇"来指"阴"与"阳"的互动。在下面一段文字中，他就用到了"感遇"一词："气坱然太虚，升降飞扬，未尝止息。……此虚实动静之机，阴阳刚柔始。浮而上者阳之清，降而下者阴之浊。其感遇聚散，为风雨，为雪霜……"在这段文字中，"感遇"与政治事件无关，只是以阴阳交汇来解释自然现象。陈蒂姆指出，通过这些例子，我们应该意识到"感遇"可以是一个哲学术语。因此，他建议将陈子昂的"感遇"诗理解为"观道"（Observing the Dao）。因为，陈子昂的很多诗歌都表达了这类道教思想。

在"精魄交相媾，天壤以罗生"中，精魄就是指阴阳两个基本元素，而二者交媾的过程就是"交感"（interactive inspiration）。在"玄感非象识，谁能测沉冥"中，"感"字就暗含玄机。通过参考魏华存的诗句"玄感妙象外，和声自相招"，以及《云笈七笺》中的《灵宝经》经文"今传《灵宝经》者，则是天真皇人于峨眉山授予轩辕黄帝。又天真皇人授帝誉于牧德之台，夏禹感降于钟山"，陈蒂姆指出，陈子昂所用"感"字与魏华存以及《云笈七笺》中的"感"字都有邂逅或者回应超自然物的意思。而就"遇"字的解读来看，陈蒂姆指出在道教传统中，"遇"字在大多数情况里指凡人与神仙或者半仙的邂逅。《真诰》记载的淳于斟邂逅慧车子而获得仙丹的故事以及宋代的《南岳遇师本末》都是如此。在唐代的诗歌中，"遇"经常被用于表示寻访道教徒，比如"访某某不遇"和"寻某某不遇"等已经成为程式化的标题。如果还有人反对陈子昂的"感遇"有道教的弦外之音的话，陈蒂姆又指出，杜光庭的《神仙感遇传》就使用了"感遇"二字，而其内容除了写凡人与神仙的互动之外别无他物。除此之外，从佛教典籍来看，《三藏经》也有类似的以"感通"命名的篇章。其内容也是记载的凡人与神仙的相遇。因此，如果陈子昂的"感遇"是指"感慨际遇"，也就是因为贤人失志而发出感慨的话，那么这一含义显然无法套用到道教和佛教的典籍中。

中国学者曹晋曾对美国学者的汉学研究做了这样一段精辟的概括："美国学者立足古典文学中固有的用语，发挥他们所擅长的谨严的逻辑思维与分析能力，对本土学者因过于熟悉而缺乏省查的现象进行开阔而精细的阐释，论证严实、结论新颖。"① 陈蒂姆的研究理路和结论非常明显地体现出这一特点。

总的说来，在宇文所安和陈蒂姆的译介和阐释之下，陈子昂的海外传播取得了一些初步的成就，但是，相较于陈子昂在中国古代文学史的重要地位而言，陈子昂的海外传播还任重而道远。赵毅衡在《认知差：解释的方向性》和《认知差：意义活动的基本动力》两篇文章中论述了认知差之于文化交流的意义。在第一篇文章中，他指出："任何解释行为，都来自认知差，即对自己关于某事物的认知不满意，或是对另一人关于某事物的认知不满意，而认为自己现在的理解可以对此进行修正。"② 在第二篇文章中，他指出："接收认知

---

① 郑毓瑜. 性别与家国——汉晋辞赋的楚骚论述［M］. 上海：上海三联书店，2006：1.
② 赵毅衡. 认知差：解释的方向性［J］. 南京社会科学，2015（5）：111-116.

差，迫使意识向事物或文本投出意向性以获得意义，形成'理解'；表达认知差，促使主体向他人表达其认知，形成传播，并在回应中得到交流。"① 我们期待海外汉学界能尽早发现中外学界对陈子昂的认知差，尽快推出陈子昂作品的翻译全集和研究专著，让陈子昂在中国文学史的重要地位得到世界公认，以帮助英语世界更好地理解中国文学的发展历程。

---

① 赵毅衡. 认知差：意义活动的基本动力 [J]. 文学评论，2017（1）：62-67.

从跨文明书写来看，目前海外并没有以陈子昂的生平为专门书写对象的文学作品，对于陈子昂的形象塑造主要存在于武则天的海外传记和比尔·波特的跨文明游记中。陈子昂的形象塑造还从属于其他形象塑造的需求，没有具备应有的自主性和独立性。

第二节
跨文明书写对陈子昂的形象塑造

以跨文明书写的形式塑造陈子昂形象的作品主要有林语堂的《武则天传》和比尔·波特（Bill Porter）的游记。前者将陈子昂的奏表穿插在正文之中，塑造其刚正不阿的形象；后者将部分陈子昂的诗歌穿插在游记里，塑造其作为道教名士的形象。

一、林语堂笔下的陈子昂

在 1957 年，中国学者林语堂用英语创作了一本《武则天传》。在介绍朝臣反对武则天残暴专政的疾风劲草的章节里，林语堂翻译了陈子昂上表给武则天的一份奏折。

在翻译了陈子昂的奏折之后，林语堂还评价道："在奏折结尾处，子昂征引前代史实，并陈述自己的意见，忠心耿耿，流露于字里行间。""在武后永昌元年三月至十月，又在大屠杀如火如荼之时，子昂奋斗不懈，屡次上书，奏请武后罢酷刑行仁政。所以陈子昂可称是为维护人类尊严及国家法律而奋斗之第一人。若与同时专写诗向武后及其面首歌功颂德的两个诗人沈佺期、宋之问相比，陈子昂不愧是百姓的喉舌。"[①] 尽管林语堂在《武则天传》中对陈子昂的介绍只是吉光片羽，但是，由于他在译介陈子

---

① 林语堂. 武则天正传［M］. 张振玉，译. 长沙：湖南文艺出版社，2016：137-138.

昂奏折时非常传神地表现出了陈子昂对家国命运的担忧，言辞切切，感人肺腑，而且还以对比的方式突显了他不畏强权、忠言直谏的本色，因此，尽管林语堂的《武则天传》不是以塑造陈子昂形象为主要目的，但还是使刚正不阿、为民请命的陈子昂形象在西方读者心中留下深刻印象。

表 3-2　林语堂译文

中文	译文
今执事者疾徐敬业首倡祸乱，将息宁源，穷其党羽，遂使陛下大开诏狱，重设严刑。有民涉迹嫌疑，群相逮引，莫不穷捕考察。至有奸人荧惑，乘险相诬，纠告疑似，希图爵赏，恐非伐吊罪之意也。 臣窃观当今天下，百姓思安久矣。陛下不务玄默以救敝人，而反任威刑以失民望。臣愚暗昧，窃有大惑。 伏见诸方告密，囚犯累百千辈，及其穷究，百无一实。陛下仁恕，又屈法容之，遂使奸恶之党，快意相仇。睚眦之嫌，即称有密。一人被讼，百人满狱。使者推捕，冠盖满市。或谓陛下爱一人而害百人。天下喁喁，莫知宁所……	Since the rebellion of Jingyay, it is the desire of the government to track down the seeds of conspiracy. Your Majesty has thus been led to institute purges by means of terror and tortures. The slightest suspicion leads to mutual accusations and mass arrests. Many undesirable characters have taken the opportunity to inform and accuse others in the hope of obtaining a promotion for themselves. I am quite sure this cannot be the true intention of Your Majesty. 　　I know that the common people at heart want only peace and to be let alone. I am amazed that, instead of letting the rebellion die out by itself and be forgotten, Your Majesty has chosen to alienate the people's hearts by such further persecutions. 　　I have seen hundreds and thousands of cases. In not one case out of a hundred was the accused guilty. But Your Majesty has encouraged these rapacious judges, with the result that a gang of self-seeking officials are having a free hand to destroy innocent people for their private ends. On the flimsiest pretext, a charge of conspiracy or of being antigovernment is made, and frequently the arrest of one man causes a hundred to be thrown in jail. It is a common sight to see a procession of scholars being led down the streets, and every day we hear of more trials and more executions. People are saying that, for one person Your Majesty loves and protects, you have killed a hundred. The people's hearts are troubled, and they do not know where to turn.... ①

二、比尔·波特笔下的陈子昂

比尔·波特又名赤松（Red Pine），是美国当代著名的作家、翻译家、汉学家。从20世纪90年代起，他开始长期在中国大陆旅行，撰写介绍中国风土人情

---

① 林语堂. 武则天 [M]. 北京：外语教学与研究出版社，2009：148.

的游记并翻译多部中国诗集，在欧美各国掀起了一股学习中国传统文化的热潮。2012 年以来，他寻访了 36 位中国古代诗人的遗迹并将自己的所感所得记入跨文明游记《寻人不遇》（Finding them Gone）中。在书中，他记载了他在四川射洪寻访陈子昂遗迹的经历。波特的跨文明游记非常有特色，一方面是旅游见闻的随笔，另一方面也夹杂了对当地文化名人的评论。他在游记中首先高度肯定了陈子昂在唐诗中的文学地位："陈子昂是唐朝第一位伟大的诗人。"[1] 然后，他介绍了陈子昂的生平和家庭背景以及当地的陈子昂纪念馆的现状。除此之外，波特还在游记中穿插了他对《春日登金华观》《登幽州台歌》和《感遇》第二、第五和第三十五首的译介。

表 3-3 比尔波特译文

中文	译文
春日登金华观	CLIMBING CHINHUA OBSERVATORY ON A SPRING DAY
白玉仙台古， 丹丘别望遥。 山川乱云日， 楼榭入烟霄。 鹤舞千年树， 虹飞百尺桥。 还疑赤松子， 天路坐相邀。	From this ancient jade terrace of the immortals the Cinnabar Hills aren't so far away the mountains and rivers are all clouds and sunshine the towers and pavilions are veiled in mist by a thousand-year-old dancing-crane tree on a hundred-foot-long rainbow-arched bridge I met Master Red Pine again he invited me to join him on the road to Heaven[2]
登幽州台歌	CLIMBING YOUCHOU TOWER
前不见古人， 后不见来者。 念天地之悠悠， 独怆然而涕下！	I don't see the ancients who came before me I don't see those yet to come facing the endlessness of Heaven and Earth I am so overcome I cry[3]

---

[1] 比尔·波特. 寻人不遇 [M]. 曾少立，赵晓芳，译. 成都：四川文艺出版社，2018：116.
[2] Bill Porter. Finding them Gone：Visiting China's Poets of the Past [M]. Copper Canyon Press, 2016：162.
[3] Bill Porter. Finding them Gone：Visiting China's Poets of the Past [M]. Copper Canyon Press, 2016：166.

续表 3-3

中文	译文
感遇其二 兰若生春夏， 芊蔚何青青。 幽独空林色， 朱蕤冒紫茎。 迟迟白日晚， 袅袅秋风生。 岁华尽摇落， 芳意竟何成！	THE SECOND OF "IMPRESSIONS" Eupatorium grows in spring and summer its foliage so wonderfully green in the seclusion of deserted woods from purple stems emerge red buds slowly the days grow shorter softly the autumn wind rises as seasonal flowers bend and fall what becomes of their sweet intent[①]
感遇其五 市人矜巧智， 于道若童蒙。 倾夺相夸侈， 不知身所终。 曷见玄真子， 观世玉壶中。	THE FIFTH OF "IMPRESSIONS" Merchants take pride in cleverness and knowledge concerning the Tao they're benighted exerting themselves to outdo each other blind to where their bodies end up unaware of the seeker of truth and mystery who sees the world as in a crystal vase who leaves Heaven and Earth far behind who rides into the infinite transformed[②]
感遇其三十五 本为贵公子， 平生实爱才。 感时思报国， 拔剑起蒿莱。 西驰丁零塞， 北上单于台。 登山见千里， 怀古心悠哉。 谁言未忘祸， 磨灭成尘埃。	THE THIRTY-FIFTH OF "IMPRESSIONS" The son of a noble family I've admired great men all my life to serve my country in a time of need I drew my sword and left the backwoods to Tingling Pass I rode in the west to Chanyu Terrace I climbed in the north from the heights gazing into the distance I couldn't stop thinking of the past who says we never forget our failures we've trampled them into the dust[③]

除了翻译，波特也结合了陈子昂的生平来阐释以上诗歌的内涵。波特对中

[①] Bill Porter. Finding them Gone: Visiting China's Poets of the Past [M]. Copper Canyon Press, 2016: 168.

[②] Bill Porter. Finding them Gone: Visiting China's Poets of the Past [M]. Copper Canyon Press, 2016: 165.

[③] Bill Porter. Finding them Gone: Visiting China's Poets of the Past [M]. Copper Canyon Press, 2016: 164.

国的道教有深厚的感情，曾经在《空谷幽兰》（*Road to Heaven：Encounters with Chinese Hermits*）一书中记载了他在中国寻访现代隐士，尤其是当代的道教修行者的经历。因此，陈子昂诗歌体现出来的道教思想自然而然地成为波特最感兴趣的部分。他在分析《春日登金华观》时向西方读者介绍道："在道教的思想里，天道与身体的运行是一个道理，因此，如果有人想要向赤松先生一样修长生术，就必须学习天象知识，以便更好地了解自己的身体状况。这很重要，世上只有一个'道'，而天空运行状况往往比身体里的能量流通更容易让人看清楚。"① 另外，在分析《感遇》其五时，波特指出这首诗创作于公元690年武则天称帝后不久。彼时恰逢陈子昂的继母去世，他需要守孝两年。在这期间，他"尽管也研究儒家经典，但他却把主要精力放在了修道和炼丹术方面"②。除了介绍陈子昂诗歌中的道教思想，波特还以《感遇》分析了陈子昂的诗歌风格。他指出陈子昂反对过分修饰和充满幻想的诗歌，提倡简朴而现实的诗风。但是，他认为中国文学批评家将陈子昂称为"现实主义奠基人"，则有些言过其实了③。

波特的跨文明游记记载了他远渡重洋对中国诗人的朝圣之旅的见闻。在他平易而风趣的文字之中蕴含着他对中国古典文学和文化的无比向往之情。"仰皇风而悦化，超重译而来庭。"包括陈子昂在内的中国古代文学家们写下的灿烂篇章吸引了波特进行这次跨文化的诗意旅行，波特的跨文明游记将关于陈子昂在内的中国古代诗人的文化影响力散播到海外。

与唐代诗人李白、杜甫、薛涛和武则天相比，海外对陈子昂的跨文明书写还非常欠缺。目前海外还没有专门以陈子昂为书写对象的文学作品。但是，在林语堂和比尔·波特创作的跨文明传记和跨文明游记中，陈子昂的形象都给读者以"惊鸿一瞥"的印象。他刚正不阿的贤臣形象以及善于哲思的道教诗人的形象，都通过跨文明书写的形式在西方读者心中留下了深刻的印记。但是，随着中华优秀文化海外传播进入新时代，我们期待中外学者能尽早发现中外学界对陈子昂的认知差，尽快推出更多的关于陈子昂的跨文明书写作品，让陈子昂的崇高品格和深邃思想成为可供全世界共享的精神遗产。

---

① 比尔·波特. 寻人不遇［M］. 曾少立，赵晓芳，译. 成都：四川文艺出版社，2018：117.
② 比尔·波特. 寻人不遇［M］. 曾少立，赵晓芳，译. 成都：四川文艺出版社，2018：119.
③ 比尔·波特. 寻人不遇［M］. 曾少立，赵晓芳，译. 成都：四川文艺出版社，2018：118.

第四章

李白篇

李白（701—762），唐代诗人，字太白，号青莲居士。自称祖籍陇西成纪（今甘肃静宁西南），隋末其先人流寓碎叶（唐时属安西都护府，在今吉尔吉斯斯坦北部托克马克附近）。其父李客举家迁居绵州昌隆（今四川江油）青莲乡，生李白（据李阳冰、魏颢说）。李白少年即显露才华，出入蜀中名山，师从梓州节士赵蕤，为益州长史苏颋赏识。从25岁起离川，长期在各地漫游，对社会生活多所体验。天宝初曾供奉翰林，受唐玄宗礼遇，然遭权贵馋毁，仅一年余即离开长安。天宝三载（744）至洛阳，杜甫、高适从其游。安史之乱中，怀着平乱报国的志愿，为永王李璘聘为幕僚，因璘败牵累，流放夜郎，中途遇赦东还。晚年漂泊困苦，卒于当涂。李白是一个站在时代顶峰的诗人，其诗表现出对理想政治的渴求，蔑视权贵的傲岸精神，对现实政治腐败的尖锐批判；对人民的疾苦表示同情；对安史叛乱势力予以斥责，讴歌维护国家统一的正义战争；又善于描绘壮丽的自然景色，表达对祖国山河的热爱。诗风雄奇豪放，想象丰富，语言流转自然，音律和谐多变。李白善于从民歌、神话中吸取营养和素材，构成其特有的瑰玮绚烂色彩，是屈原以来最具个性特色和浪漫精神的诗人，与杜甫齐名，世称"李杜"。《蜀道难》《将进酒》《宣州谢朓楼饯别校书叔云》《月下独酌》《静夜思》《早发白帝城》等诗，广为世人传诵。李白开拓了浪漫主义的新领域，创造性发展了浪漫主义创作手法，完成了唐朝的诗歌革新，为词的兴起和发展起到了奠基作用。李白的当代价值是：读李白诗有助于激发民族自信心和自豪感，养成热爱生命、热爱自然的情操，拒绝负面情绪、从精神上超越必然而趋向自由。

李白在四川的历史遗迹有：江油青莲古镇、陇西院、粉竹楼、月圆墓、磨针溪、洗墨池、石牛沟、大匡山、小匡山、窦圌山、紫云山、戴天山、普照寺、月爱寺、太白洞、白鹤洞、金光洞、蛮婆渡、太白渡、谪仙渡。

中华诗词学会副会长、四川大学文新学院教授周啸天用一句话总结了李白的成就：李白是一位天才的、突破规范、天马行空、无可仿效的诗人；他将屈原与庄子的精神奇妙地予以结合；既属于中华民族，也属于全世界；与莎士比亚一样，是千年一遇的伟大诗人。[1]

---

[1] 吴梦琳，余如波. 首批四川历史名人 为何这10位入选［N］. 四川日报，2017-07-12.

李白的酒诗对于增强中国酒文化对外传播的辐射力和交流的亲和力具有重大意义。阿瑟·韦利、伯顿·华兹生、宇文所安、比尔·波特等海外汉学家纷纷对李白酒诗进行了翻译和研究。本节通过梳理李白酒诗在海外的译介和研究情况，向国内学界呈现李白酒诗逐步被海外读者深入理解并接受的过程，并且分析海外学者在译介和研究李白酒诗中的得失，向国内学界介绍在中华优秀文化从"走出去"迈向"走进去"的新阶段时，本土译者如何在对酒的品类、酒具以及与"酒"相关的典故等方面进行更精准和厚重的译介，以弥补海外译者在译介李白酒诗中的不足，实现中国酒文化的正向传播。

第一节
酒香诗意飘天涯：李白酒诗的海外译介

我国唐代诗人李白的诗歌不仅流传古今，同时还传唱中外，打破了时间和空间的双重阻隔，成为全世界人民的优秀文化遗产。据郭沫若的统计，在李白现存的1050首诗文中，与酒相关的诗歌数量达到170首，约占总量的百分之十六。[①] 李白诗歌中数量如此之众的酒诗自然也引发了不少海外学者的翻译和研究兴趣。早在1919年，艾米·洛威尔（Amy Lowell）在《浮世绘》中创作了一首180多诗行的诗歌《李太白》，抒写关于李白豪饮的传闻。其后，以阿瑟·韦利、伯顿·华兹生、宇文所安、比尔·波特等人为代表的海外汉学家在对李白酒诗的翻译和研究方面深耕细作，笃然前行，对中国酒文化的国际传播起到了重要的推动作用。"文明因交流而多彩，文明因互鉴而丰富。"在助推中华优秀文化

---

① 郭沫若. 李白与杜甫［M］. 北京：中国长安出版社，2010：217.

从"走出去"迈上"走进去"的新台阶的历史使命面前,总结海外学者在翻译和研究李白酒诗中的得失,对于增强中国酒文化对外传播的辐射力和交流的亲和力具有重大意义。

一、蜻蜓点水:阿瑟·韦利对李白酒诗的译介

英国汉学家阿瑟·韦利在1946年出版的《中国诗歌》(*Chinese Poems*)中一共选译了四首李白诗歌,其中《自遣》(Self-abandonment)就是一首与饮酒相关的诗。"对酒不觉暝,落花盈我衣。醉起步溪月,鸟还人亦稀"被译为:

> I sat drinking and did not notice the dusk,
> Till falling petals filled the folds of my dress.
> Drunken I rose and walked to the moonlit streams;
> The birds were gone, and men also few.[1]

虽然这首诗创作于李白被贬之际,但诗中毫无抱怨与哀愁。诗歌原文中出现了酒、花、月、鸟等美好的意象,展现出诗人抛却世俗羁绊,全身心融入自然,达到物我两忘而怡然自得的心理状态。与其老师翟里斯翻译中国古典文学所呈现的旧式维多利亚文学风格不同,韦利的译文清新易懂,更类似于现代英语诗歌。从译文对诗歌的韵律的处理来看,原文"衣"与"稀"是偶行押韵,但韦利在翻译时并没有用"abcb"的英文韵脚来还原原文偶行押韵的韵律特点,相反,他更注重的是诗歌的节奏:原文是五言诗,韦利便在译文中通过每行五次重读来体现中国诗歌的节奏,使之转换成英语诗歌中常见的五音步(pentameters)诗行。因此,韦利对李白酒诗的韵律处理既考虑了中国古典诗歌的韵律特点,又兼顾了英语读者的阅读习惯。

从译文对诗歌内容的还原来看,韦利采用了直译的方式,几乎逐字地寻找到原文的对应表达,在诗歌的表层意义上达到了忠实于原文的效果。然而,在原文中,诗人之所以能够忘却俗世的烦恼而实现精神愉悦,除了本身的旷达性情,还凭借了酒、花、月、鸟四个实现"自遣"的媒介。如果说花、鸟、月是诗人"自遣"时所欣赏的客体,那么酒则是连接诗人主体和客体的媒介。酒就如同一叶小舟,将诗人从充满苦闷和压迫的俗世摆渡到精神所在的快乐自

---

[1] Arthur Waley. Chinese Poems [M]. London and New York: Routledge, 1946: 117.

由的仙界。但是，纵观韦利的翻译，译诗中出现了花（petals）、月（moonlight）和鸟（birds），却独独少了酒。在第一诗行中的"对酒不觉瞑"被译为"I sat drinking and did not notice the dusk"。不仅动词"drinking"（饮）所指向的对象没有被点明，而且"drinking"在诗句中以非谓语动词出现，成为"坐"（sat）这个谓语动词的补充信息。从这一翻译细节来看，在韦利翻译这首小诗时，"酒"并不是他关注的重点，他也并无传播中国酒文化的自觉。但是，由于第三诗行中的"醉"（drunken）足以令英语读者会意到李白所饮之物不是泉、茶、水、汤或其他饮料，而应该是酒，因此，从客观的传播效果来看，西方读者还是能够感受到酒对于李白的重要性。吴伏生认为"20 世纪期间，韦利对汉诗英译的贡献之大，无数西方读者便通过他那清晰流畅的翻译来接触和认识中国诗歌及其文化"①。韦利对这首酒诗无心插柳的翻译虽然还不能突显出中国的饮酒文化，但他"蜻蜓点水"一般的译介至少在西方读者心中激起了关于中国酒文化的涟漪。

二、投石问路：伯顿·华兹生对李白酒诗的译介

在韦利之后，美国汉学家伯顿·华兹生在 1984 年出版的《哥伦比亚中国诗选》（*The Columbia Book of Chinese Poetry*）中将王维、李白、杜甫、韩愈和白居易作为唐代最重要的几位诗人介绍给西方读者。在论及李白的诗歌主题时，他指出李白诗歌的主题主要分为隐逸（recluse）、亲近自然（rapport with nature）和对酒的热爱（love of wine），而其中对酒的热爱这一点是众所周知的（proverbial）。② 他在选集里收入了李白创作的《将进酒》《友人会宿》《对酒忆贺监》《酬中都小吏携斗酒双鱼于逆旅见赠》等几首明显与"酒"相关的诗歌。从华兹生对李白诗歌的分类以及选译篇目来看，比起阿瑟·韦利，他注意到了李白酒诗所具有的独特魅力。在这几首诗中，译者不仅需要翻译出诗句中反复出现的"酒"字，还需要翻译出各种与酒相关的器具。通过整理和分析译者对这些信息的处理，我们可以看出译者传播中国酒文化意愿的强烈程度以及他对中国酒文化了解的深入程度。

首先，在对"酒"字的翻译中，华兹生毫无例外地用了"wine"一词。

---

① 吴伏生. 汉诗英译研究：理雅各、翟里斯、韦利、庞德 [M]. 北京：学苑出版社，2012：172.

② Burton Watson. The Columbia Book of Chinese Poetry：From Early Times to the Thirteen Century [M]. New York：Columbia University Press，1984：205.

无论是在《将进酒》的标题"Bring the Wine!"、《对酒忆贺监》的标题"Facing Wine with Memories of Lord Ho"、《酬中都小吏携斗酒双鱼于逆旅见赠》的标题"In Reply When Lesser Official of Chung-tu Brought a Pot of Wine and Two Fish to My Inn as Gift"中,还是在诗句"金龟换酒处,却忆泪沾巾"的译文"and traced the golden tortoise for wine—/my robe is wet with tears, remembering"与"鲁酒若琥珀,汶鱼紫锦鳞"的译文"Luwine like amber/fish from the Wen, the purple damask of their scales"中,华兹生都以"wine"代之。从词根来看,"wine"是"vine"(葡萄藤)发生音变后形成的,因此"wine"主要是指用葡萄或其他水果酿造而成的果酒。这在古希腊神话中也能得到印证。根据英国著名人类学家弗雷泽的田野调查,西方的酒神狄奥尼索斯"主要是葡萄树或葡萄藤蔓的神……人们常把他称作'生长果实的人''青绿果实的人'或'促使果实生长者'"①。然而,在中国古代社会,人们喝的酒大部分都是由粮食酿造的。中国的酒祖有仪狄和杜康两说。《说文解字》载:"古者仪狄作酒醪,禹尝之而美,遂疏仪狄。杜康作秫酒。"其中,酒醪是汁滓混合的低度米酒,秫酒则是高粱酒,二者皆为粮食所酿。贞观十四年(640),唐破高昌(今新疆吐鲁番)而学会了葡萄酒蒸馏之法,然后中国古人也开始饮用葡萄酒。结合唐代历史和李白诗歌中提到的会饮者身份来看,李白在《将进酒》《友人会宿》《对酒忆贺监》中所提到的酒既可能是粮食酒,也可能是葡萄酒,因此,华兹生将之译为"wine"是可以接受的。但是,如果以新历史主义的视角,读者就可以通过考据而得知李白在《酬中都小吏携斗酒双鱼于逆旅见赠》中所提到的"鲁酒"是中国古法酿造的粮食酒。李白在天宝三载被赐金放还,两年之后的秋天,他漫游到鲁地的中都。当地一位久仰李白盛名的小吏携着汶鱼和鲁酒前去拜访。汶鱼是山东泰山一带所独有的小型野生鱼类,因此,鲁酒应该也是山东地区特产的美酒,而不太可能是舶来品葡萄酒。另外,从李白的另一首同样创作于鲁地的诗歌《客中行》来看,鲁地负有盛名的美酒是"兰陵美酒郁金香,玉碗盛来琥珀光",此句与"鲁酒若琥珀"用到了相同的喻体。李白两次用"琥珀"来比喻鲁地美酒之色泽,可见鲁地美酒那淡黄的色泽深得李白的喜爱。因此,从颜色来看,李白提到的鲁酒更近于米酒的黄色而不是葡萄酒的红色。从中国的酿酒历史来看,唐朝人通常取米、水和酒曲按照一定比例混合发酵,如果酒曲品质不好,则酿成李白诗句"千杯绿酒何辞醉,

---

① 弗雷泽. 金枝[M] 耿丽,编译. 重庆:重庆出版社,2017:212.

一面红妆恼杀人"中所说的绿酒,但如果用品质较高的红曲发酵,则可以酿出"鲁酒若琥珀"中提到的黄色米酒。从华兹生对李白这几首诗中的"酒"字的翻译来看,尽管他有强烈的传播中国酒文化和李白诗歌的意愿,希望能把李白"酒"诗的独特魅力与价值传播到西方,但是由于中西方巨大的文化之隔,他并没有深入了解李白酒诗背后所负载的深厚中国历史和地理人文信息。因此,他才会不加区别地以英文单词"wine"来对应李白诗歌原文中所有的"酒"字。赵卫东认为,古典诗词翻译史上用"wine"来翻译各种不同类型的中国酒,反映出的是"历史背景下外国译者的文化自信和中国译者的文化不自信,或者反映出译界的'从众'心理"[1]。在助推中华优秀文化从"走出去"迈向"走进去"新阶段的今天,本土译者应该以此为鉴,充分注意到李白不同诗篇中所提到的"酒"字在"所指"上的差异,更好地将中国的酿酒历史和品酒文化传播到海外。在译介李白的酒诗时,译者应该充分了解诗歌创作的历史和地理背景,从"liquor""spirit""beer""ale""wine""alcohol"甚至"jiu"等对应词中选取最适合的表达。

"唐朝是中国历史上最光辉夺目的一代盛世,唐代开放、洒脱的社会氛围使得饮酒作诗之风盛行,唐人在对饮酒器具的制作工艺和造型要求上也达到了全新的高度。这个时代充满着新奇的陶瓷酒具、精美绝伦的金银酒具、珍贵的玉石酒具。"[2] 李白的酒诗中频繁使用到樽、杯、壶、爵、角、觥、觚、彝、斗等酒具。华兹生在选译李白酒诗时,对酒具的翻译在一定程度上体现了他对中国酒文化的重视和了解程度。

在《对酒忆贺监》中,"昔好杯中物,翻为松下尘"被译为"He used to love the 'thing in the cup'/now he's dust under the pine tree"。李白原诗中的"杯中物"是一个被广泛运用的对酒的借代表达。陶渊明《责子》诗云:"天运苟如此,且进杯中物。"与李白同时代的诗人孟浩然《自洛之越》诗云:"且乐杯中物,谁论世上名。"杜甫在《巴西驿亭观江涨》《戏题寄上汉中王》《季秋苏五弟缨江楼夜宴崔十三评事、韦少府侄三首》中则分别有诗云:"赖有杯中物,还同海上鸥。""忍断杯中物,眠看座右铭。""清动杯中物,高随海上查。"可见,在中国饮酒文化中,"杯中物"是一个对酒最无咎无誉、不

---

[1] 赵卫东. 中国文化海外传播视阈中"酒"的英译 [J]. 西安外国语大学学报,2019 (3): 100-104.

[2] 陈帅. 唐代酒具器型初探 [J]. 美与时代:创意(上),2014 (3): 59-61.

偏不倚的指称了。在翻译"杯中物"时，华兹生用到了"thing in the cup"，从选词来看，"cup"对应"酒杯"是非常准确的；从语义来看，译者特地在译文中添加了引号以达到强调的目的。这说明华兹生不仅充分意识到了中国酒文化的重要性，还希望以"标出"的方式提醒西方读者重视"杯中物"的含义，但美中不足的是他没有将这一表达背后所隐藏的悠久的中国古典诗歌传统介绍给西方读者。在中华优秀文化"走出去"的时代语境中，本土译者不妨以"厚重翻译"的方式，将"杯中物"这一文学典故译介到海外，加深西方读者对于中国酒文化历史的认知。

在《将进酒》中，"人生得意须尽欢，莫使金樽空对月。"被译为"If life is to have meaning, seize every joy you can; /Do not let the golden cask sit idle in the moonlight"。"樽"是中国古代的一种盛酒器具。根据蔡颖在《"樽""尊"辨异》一文中的考据可知，"从形制上看，樽主要分为两类：一类为盆形樽，樽体如盆，大口浅腹，底有两类，分别是三足和圈足，通常以圈足居多，三足较少；另一类为筒形樽，腹较深，直壁，两边往往饰有铺首衔环，平底，底部也有三足、圈足两种，而以三足者为多。足多为蹄形足和熊形足"[1]。华兹生将"樽"字译为"cask"（酒桶），在形制和大小上是比较符合的，但是，他并未说明"樽"和"cask"在中西酒文化中的不同功用。中国的"樽"是放在案几之上既有盛酒又有装饰功能的酒具，因而李白用"金樽"以彰显游侠的豪气与品位。但是，"cask"在西方多是藏于酒窖之中，其功能只为存储，不为装饰，所以在选材上多为木质。比如，爱伦坡（Allan Poe）在《一桶白葡萄酒》（The Cask of Amontillado）中描写的阴森隐蔽的酒窖中摆放的都是木质酒桶。从这一点来看，在助推中华优秀文化"走出去"的今天，笔者建议在翻译"樽"这种中国特有的酒具时，译者可以考虑以拼音"zun"保留中西文化的间性之美，然后以注释的方式补充说明"樽"的特点和功能。只有这样，才能减少西方读者因为中西饮酒文化的差异所导致的对李白"酒"诗的困惑。

在《友人会宿》中，"涤荡千古愁，留连百壶饮"被译为"Dousing clean a thousand old cares, / sticking it out through a hundred pots of wine"。唐代的酒壶"从造型来看，壶口有喇叭口、盘口、直口等，流有管形、六棱形、兽首

---

[1] 蔡颖. "樽""尊"辨异[J]. 文物鉴定与鉴赏, 2018 (2): 47-51.

形等，壶腹有筒状腹、扁圆腹、瓜棱腹等"①。无论唐代的酒壶在造型、材料和外部装饰上有多大的差异，其构成部分却少不了壶口、流和壶腹三部分。然而，华兹生所选用的对应词"pot"主要指有盖有把的深圆形容器，通常是没有壶口和流的，因此，它更接近于中国日常用品中的"锅"和"罐"。西方有句谚语"the pot calling the kettle black"（五十步笑百步）。"pot"与"kettle"虽是近义词，但还是有区别的。根据《牛津高阶英汉双解词典》，"kettle"的解释是"a container with a lid, handle and spout"②，"kettle"才是口、流、腹三者兼有的容器，也就是李白诗中的"壶"。尽管以奈达所提出的"动态对等"翻译理念来看，酒具翻译的准确与否似乎不伤大雅，华兹生的翻译在总体来看能够很好地传达原诗表达的对"酒"的嗜好，但是，如果把这首诗的翻译放在中国酒文化国际传播的视野下来考察的话，酒具的翻译就不应该流于粗泛。

从华兹生对李白诗歌的分类和选译篇目来看，他对李白酒诗的译介虽只是吉光片羽，却有着"投石问路"之功。正是他首次将李白的酒诗从其他众多诗篇中提取并"前景化"，引起更多西方读者的关注。他有比较强烈地借助李白酒诗传播中国酒文化的文化意识，但是，从翻译目的论来看，他译文的目标读者是海外的中国文学爱好者和研究者，因而强调李白酒诗中酒的品类和酒具的类型则难免有强化"酒"而弱化"诗"之嫌。因此，笔者建议，在中华优秀文化"走出去"的今天，译者需要充分考虑译文的使用目的。如果是针对中国诗歌的国际传播，华兹生的翻译是无可厚非的。但是，如果是针对中国酒文化的宣传，照搬华兹生的译文则未必能达到理想效果。本土译者应该在酒的种类和酒具的考据上多下功夫，更准确地翻译诗歌中与酒相关的内容。

三、涵泳优游：宇文所安对李白酒诗的译介

宇文所安于1972年获得耶鲁大学东亚系博士学位，随后在耶鲁和哈佛大学东亚系执教多年，著有《初唐诗》《盛唐诗》《中国"中世纪"的终结 中唐文学文化论集》《晚唐诗 827—860》《追忆中国古典文学中的往事再现》《迷楼 诗与欲望的迷宫》《中国文论》以及《他山的石头记》等多部关于中国古典文学与文论的论著，在中西学界享有极高声誉。在《盛唐诗》（*The Great Age of Chinese Poetry: the High T'ang*）一书中，他以专章《李白：天才的新观

---

① 陈帅. 唐代酒具器型初探 [J]. 美与时代：创意（上），2014（3）：59-61.
② 霍恩比. 牛津高阶英汉双解词典 [M]. 北京：商务印书馆，2018：1187.

念》(Li Po: A New Concept of Genius) 论述了李白诗歌。他通过研究李白受到的巴蜀文学影响以及巴蜀文学传统与京城宫廷贵族诗人价值观的冲突，推论出李白呈现出丰富多样的面貌的原因。他把李白在唐代社会的角色依次概括为"狂饮者、狎妓者、笑傲权贵和礼法的人、挥笔洒翰的诗人，及自然率真的天才"①。其中，"狂饮"可谓是李白在诗歌上能挥翰如洒，在行为上能放任自在、笑傲礼法、超越常规，在精神世界能不同凡俗，呈现出天赋仙姿的重要原因。正是在这样的"前认知"影响之下，宇文所安不仅在文中大量选入了李白酒诗，更是在翻译和论述时体现了他对中国酒文化的重视和深入理解。

在《将进酒》(Bring in the Wine) 中，宇文所安将"莫使金樽空对月"译为"And never let a goblet of gold/face the bright moon empty"②。"goblet"（高脚杯）虽然与"樽"在造型上并不一致，前者底部为长柄，后者底部多为圈足，但是，"goblet"不仅具有盛酒或盛饮料的实用功能，还以优美的造型作为高档西餐厅体现其品位的重要酒具，这一点与"樽"之于唐代宴饮的功能颇为相似。与华兹生以"cask"（酒桶）来翻译"樽"相比，宇文所安的译文更能让西方读者理解李白在诗歌中宣扬的"千金散去还复来"的人生态度。另外，"斗酒十千恣欢虐"被译为"A gallon of wine cost ten thousand cash"③。"斗"是中国古代打酒的器具和容量单位。从词源来看，英语单词"gallon"源自中世纪拉丁语"galleta"（桶，量酒的器具），"斗"与"gallon"在容量大小上并不对等，但二者有三个重要的共同点：都是容量单位；都可用作量酒；都有悠久的历史。在《行路难》(Hard Traveling) 中，宇文所安将"金樽清酒斗十千"译为"A golden goblet and clear wine, /ten thousand for a gallon"④。该译文不仅在酒具的翻译上做到了动态对等，更重要的是，"golden""goblet""gallon"还形成了 [g] 的头韵，令诗文读来朗朗上口。从《将进酒》和《行路难》中酒具的翻译来看，宇文所安不仅有着传播中国酒文化的意识，而且，他深厚的跨文化素养使得他能够在英汉双语之间灵活转

---

① Stephen Owen. The Great Age of Chinese Poetry: the High T'ang [M]. New Haven and London: Yale University Press, 1981: 109.
② Stephen Owen. The Great Age of Chinese Poetry: the High T'ang [M]. New Haven and London: Yale University Press, 1981: 125.
③ Stephen Owen. The Great Age of Chinese Poetry: the High T'ang [M]. New Haven and London: Yale University Press, 1981: 126.
④ Stephen Owen. The Great Age of Chinese Poetry: the High T'ang [M]. New Haven and London: Yale University Press, 1981: 142.

换而不丧失李白酒诗的内涵和美感。

在《少年行》（Ballad of Youth）的翻译中，宇文所安将"落花踏尽游何处，笑入胡姬酒肆中。"译为"When fallen flowers are trampled all under, / where is it he will roam? / With a laugh he enters the tavern/ of a lovely Turkish wench"[1]。在中国唐代，"酒肆较之一般的饮食成品店肆，具有更高雅、更丰富的文化内涵和品位，如赋诗、歌舞、行令以至佐饮，使饮酒与诗文相结合而形成丰富多彩的酒文化，因而它不仅满足了人们的生理需求，而且丰富了人们的精神文化需求"[2]。因此，"酒肆"不单单只是餐饮店，而是更类似于文化和社交中心。宇文所安将之译为"tavern"（酒馆、酒吧）。从"tavern"这个词的意义演变过程来看，在13世纪晚期，该词只有"wine shop"（售酒的商店）的意思，但是到了15世纪中期，它就演变为"public house"（酒吧）之意了[3]。亨利·费尔利（Henry Fairlie）在《酒肆闲聊与国王英语》（Pub Talk and the King's English）一文中就提道："我认为酒肆闲聊独具魅力。酒肆朋友对对方生活所知不多……他们就像大仲马笔下的三个火枪手一样……"[4] 由此可见，"酒肆"与"tavern"或"pub"在中西社会经济和文化生活中起到的功能是非常一致的。

在《自遣》（My Feelings）的翻译中，宇文所安将"对酒不觉暝，落花盈我衣"译为"Facing my wine, unaware of darkness growing, /Falling flowers cover my robes"。对比阿瑟·韦利的翻译可知，宇文所安并没有为原文补出主词"I"以顺应西方诗歌的习惯，而是任由主语隐而不现，保留了原文对"wine"和"flowers"的突显。叶维廉在《东西比较文学中"模子"的应用》一文中指出："道家由重天机而推出忘我及对自我能驾驭自然这种知性行为的批判，在中国诗中开出了一种可谓'不调停'的调停的观物感应形态。"[5] 李白作为受过道箓的道教徒，他的观物方式当然会受到道家思想的影响而在美酒和鲜花中达到"忘我"之境。宇文所安在中国古典文化中涵泳优游数十载，自然是深谙其中之旨趣，故而采用了"异化"翻译的方式，保留下李白在由

---

[1] Stephen Owen. The Great Age of Chinese Poetry: the High T'ang [M]. New Haven and London: Yale University Press, 1981: 130.
[2] 黎虎. 唐代的酒肆及其经营方式 [J]. 浙江学刊, 1998 (3): 104-109.
[3] https://www.etymonline.com/search?q=tavern [C/OL]. 2020-02-15.
[4] Henry Fairlie. Pub Talk and the King's English [N]. The Washington Post, May 6, 1979.
[5] 李达三, 罗钢. 中外比较文学的里程碑 [M]. 北京: 人民文学出版社, 1997: 47.

酒、花、月、鸟构成的物理世界中"忘我"的狂放和逍遥，为西方读者塑造出一位集"诗仙"和"酒仙"于一身的异国文化偶像。

除了在翻译时重视对酒具、酒馆和饮酒情绪的再现，宇文所安在论述中也时时提醒西方读者注意"酒"对李白诗歌的重要意义。在论述《将进酒》时，他明确指出中国诗歌传统中并不缺少及时行乐诗和饮酒诗，但此前从未有过一首诗以如此蓬勃的活力向读者述说。在《剑桥中国文学史》中，他还大胆提出一个新的观点：李白是中国最早的"职业"诗人之一，《将进酒》体现出"他豪放夸大的诗歌人格是他职业的一部分"[1]。受到西方的文学赞助人传统的影响，对于"主人何为言少钱？径须沽取对君酌"，他的理解也与中国学者迥异。他认为李白有大量为他提供食宿并对他的诗歌才能做出实际表示的资助者，即"主人"。他在论述《月下独酌》时提出，李白与7世纪初的王绩一样，二者都发现酒是获得精神自由的工具。在论述《行路难》时，宇文所安认为李白不动声色地清除了鲍照诗歌的刻板拘束，他拒绝仅仅满足于珍馐和美酒，而是希望在困境中拔出宝剑，转入一个完全属于自己的狂放世界。正是基于对李白兼具"诗仙"和"酒仙"的双重认识，宇文所安在文中的题记里才会引用杜甫在《饮中八仙歌》中对李白的评价："李白斗酒诗百篇，长安市上酒家眠。天子呼来不上船，自称臣是酒中仙。"他认为杜甫所刻画的李白是在极力进行一种角色扮演："挥翰如洒，纵饮不羁，放任自在，笑傲礼法，天赋仙姿，不同凡俗，行为特异，超越常规。"[2] 总体而言，随着《盛唐诗》一书的出版和被西方读者广泛阅读，宇文所安对李白酒诗的译介和论述得到了众多西方读者的认可，他们通过该书了解到中国古典文化和古代社会的一角，了解到中国诗酒一体的文化传统。从2017年起，四川省泸州市携手《诗刊》社、中国诗歌网等单位举办了"国际诗酒文化大会"，通过诗会、主题座谈以及包括《李白》和《孔子》在内的一系列文艺公益演出等形式进行中国酒文化的外宣。两年来，泸州的诗酒大会吸引了40余个国家、上百名海外诗人和上千名国内诗人的参与。[3]

---

[1] Kang-I Sun Chang & Stephen Owen. The Cambridge History of Chinese Literature [M]. Cambridge University Press, 2010: 308.

[2] 宇文所安. 盛唐诗 [M]. 贾晋华, 译, 北京：生活·读书·新知三联书店, 2014: 133.

[3] 中共泸州市委对外宣传办. 传承创新中华酒文化 讲好民族品牌故事——泸州老窖的对外文化传播之旅 [J]. 对外传播, 2019 (10): 74-75.

四、 仰皇风而悦化： 比尔·波特对李白酒诗的译介

比尔·波特在《寻人不遇》中写到七处与李白相关的遗迹，并翻译了四首李白以酒会友或以酒忆友的诗歌，还多次论及中国悠久的酒文化，甚至身体力行，以酒祭奠包括李白在内的中国古代诗人，以示自己对中国古代优秀文化的仰慕。

在游览山东曲阜的石门山公园时，他向西方读者提及《鲁郡东石门送杜二甫》（In Eastern Lu Seeing Off Tu Fu at Stone Gate）一诗。波特将"醉别复几日，登临遍池台。何时石门路，重有金樽开。秋波落泗水，海色明徂徕。飞蓬各自远，且尽手中杯"译为：

> Our drunken parting has lasted for days
> and now we've climbed to the Terrace of Pools
> when will we travel this Stone Gate Road
> and raise these golden cups again
> with autumn falling on the Ssu
> and dawn lighting Tsulai
> tumbleweeds going separate ways
> let us drain this wine we hold[①]

从译文来看，波特在对酒的品类和酒具的翻译上仍然并没有做深入的考据。他以"cup"来翻译原文中的"樽"。比起华兹生和宇文所安的翻译而言，这一选词不仅在功能上，而且在形制和大小上都与原文相去甚远。但是，在游记的叙述和议论部分，他却非常强烈地意识到了酒对于李白诗歌创作的重要作用：酒不仅是李白诗歌的重要主题，也是催生李白诗歌创作的重要灵感之源。波特向西方读者介绍道：正是在李白和杜甫二人在石门山"从白昼痛饮到深夜，最后双双醉倒，大被同眠"之后，李白为了纪念这次巧遇而创作了这首伟大的诗歌。因此，"我摆上三个小杯子……用这些祭祖的杯子来向中国古代诗人献酒……一杯敬李白，一杯敬杜甫，一杯给我自己……眼见得几片白云飘

---

① Bill Porter. Finding them Gone: Visiting China's Poets of the Past [M]. Copper Canyon Press, 2016: 24.

远了，我杯子里的酒也干了，然后把敬献给李、杜二人的酒，倒在岩石上的小凹池里，我再把残酒啜干"①。

在到访位于四川绵阳江油的李白故居时，波特提及《答湖州迦叶司马白何人也》（On Being Asked Who I Am by Commandant Kashyapa of Huchou）一诗。他将"青莲居士谪仙人，酒肆藏名三十春。湖州司马何须问？金粟如来是后身"译为：

> I'm the Blue Lotus Recluse I'm the Banished Immortal
> for thirty years my fame has been limited to wineshops
> if the Commandant of Huchou must know
> I'm the reincarnation of Golden Grain Buddha②

如前文所述，唐代的酒肆类似于文化和社交中心。波特将李白饮酒的场所"酒肆"翻译为"wineshop"。虽然英文"wineshop"（出售酒的商店）与中文"酒肆"在表层意义上一致，但是，单独用"wineshop"一词是难以传达"酒肆"一词在原文中的文化内涵的。通过波特的译文，西方读者只能知道李白好饮，却无法认识到李白好饮的原因——与其说李白以酒避世，倒不如说他沉迷于与酒相关的文化活动而放弃对世俗名利的追求。在对中英两种语言进行转换时，要做到表层意义与深层意义完全对等是不可能的。为了弥补在语言转换时的意义损耗，波特在文中的议论部分补充道，这首诗"反映了李白的人生进程：从在家学儒学经典到修炼道家长生不老术，从'斗酒诗白篇'闻名于世到被朝廷驱逐，从十五岁与佛教弟子一起生活到撒手人寰"③。波特的议论弥补了诗歌译文中"wineshop"只传达了"酒"而忽视了与"酒"相关的文化内涵的缺憾。"斗酒诗百篇"很好地将"酒"与以"诗"为代表的文化活动联系了起来。

在拜谒位于湖北襄阳的孟浩然墓时，波特介绍了孟浩然墓碑上镌刻的李白所作的《赠孟浩然》（For Meng Hao-jan）一诗。波特将"吾爱孟夫子，风流天下闻。红颜弃轩冕，白首卧松云。醉月频中圣，迷花不事君。高山安可仰，

---

① 比尔·波特. 寻人不遇 [M]. 曾少立，赵晓芳，译. 成都：四川文艺出版社，2018：13.
② Bill Porter. Finding them Gone: Visiting China's Poets of the Past [M]. Copper Canyon Press, 2016：137.
③ 比尔·波特. 寻人不遇 [M]. 曾少立，赵晓芳，译. 成都：四川文艺出版社，2018：97.

徒此揖清芬"译为：

> I love Master Meng
> known to the world for his carefree ways
> a young man disdaining the regalia of office
> an old man resting among clouds and pines
> drunk beneath the moon on the wine of sages
> smitten by flowers he serves no lord
> I can no longer think of mountains as high
> I bow in vain to the fragrance of his virtue[①]

诗句"醉月频中圣"中包含一个中国典故。《黄帝内经》记载："酒者，水谷之精，熟谷之液也。"因此凡遇到饥荒或战争，考虑到制酒甚耗费粮食，朝廷便会下令禁酒。汉末曹操主政时，曾下令禁酒，于是时人颇讳"酒"字。他们讳称清酒为"圣人"，浊酒为"贤人"，饮酒而醉为"中圣"。从波特的译文"drunk beneath the moon on the wine of sages"来看，他在诗句的翻译中适当地补充出了关键信息，以"the wine of sages"（圣人之酒）来告诉西方读者：孟浩然喜爱在皓月当空之际，把酒临风，饮酒至酣，正是由于李白和孟浩然有相同的嗜酒之癖和淡泊名利的生活态度，他们才能结为忘年之交，成就一段中国文坛佳话。但是，波特并没有在译文或游记正文中将诗中与"酒"相关的中国历史典故介绍给西方读者。

在游览李白"酒隐安陆、蹉跎十年"的湖北省安陆市白兆山时，波特提及《山中与幽人对酌》（Drinking with a Recluse in the Mountains）一诗。他用此诗证明虽然李白和一些隐士居住在白兆山这个相对闭塞的环境里，但他们过的并不是苦行主义者的生活。波特将"两人对酌山花开，一杯一杯复一杯。我醉欲眠卿且去，明朝有意抱琴来"译为：

> The two of us drinking and wildflowers blooming
> one cup another cup and still one more

---

① Bill Porter. Finding them Gone: Visiting China's Poets of the Past [M]. Copper Canyon Press, 2016: 223.

> I'm drunk and need to sleep and you're about to go
> tomorrow if you come again don't forget your zither①

原文中没有出现一个"酒"字，但酒中之趣味、酒中之情谊已经一览无遗。李白那种随心所欲、恣情纵饮、不拘礼节的人生态度和高度个性化、超凡脱俗的艺术形象也跃然纸上。为了还原李白原诗这种随意而惬意的风格，波特在译文的选词遣句上，也是尽量做到简朴自然。这一点从他近于口语体的译文 "one cup another cup and still one more" 可以得到印证。但是，李白原文看似直白朴实，其实化用了一个流传甚广的典故。据《宋书·隐逸传》记载："（陶）潜不解音声，而畜素琴一张，无弦，每有酒适，辄抚弄以寄其意。贵贱造之者，有酒辄设。潜若先醉，便语客：'我醉欲眠，卿可去'，其真率如此。"李白此诗中的第三句几乎借用了陶潜的原话。对于熟悉中国文学的本土读者而言，自然能够体会到李白这首看似大白话的诗歌之精妙之处，然而对于身处异质文明的西方读者而言，如果不介绍文中蕴含的典故，他们则很有可能无法理解李白在此诗中借着饮酒而传达的超脱世俗的人生态度。

纵观波特对李白酒诗的译介，尽管他在对酒的品类、酒具和酒的典故的翻译上比起前辈汉学家而言并无很大的改善，但是他在游记中不仅多处提及李白作为"酒仙"和"诗仙"的双重身份，更是身体力行，以酒怀恋和祭奠李白。在游览黄鹤楼时，他朝下面的岩石倒了一杯威士忌。因为"听说李白是想上九天揽月才溺水而亡的，所以我想，下次下雨的时候，雨水就可以把我的敬意送到李白溺水的地方了"②。在参观位于安徽省当涂县的李白墓时，他说"如果说有某个诗人喜欢喝酒，那么你肯定会想到李白"③，因此，他把随身带的酒洒在了墓碑上。从这一点来看，李白酒诗已经对波特的思想和行为产生了深刻的影响。正是在李白酒诗的潜移默化中，波特欣然接受了中国历史悠久而含义深远的饮酒传统。他的译诗、旅行和祭奠充分体现了他对中国文化的仰慕，正可谓是"仰皇风而悦化，超重译而来庭"。从这一点来看，李白的酒诗经过数代汉学家的译介，算是真正"走进了"西方人的生命经验之中。

从20世纪40年代至今，经过西方汉学家数十年的辛勤传播，从阿瑟·韦

---

① Bill Porter. Finding them Gone：Visiting China's Poets of the Past [M]. Copper Canyon Press，2016：234.

② 比尔·波特. 寻人不遇 [M]. 曾少立，赵晓芳，译. 成都：四川文艺出版社，2018：182.

③ 比尔·波特. 寻人不遇 [M]. 曾少立，赵晓芳，译. 成都：四川文艺出版社，2018：254.

利蜻蜓点水一般的译介、伯顿·华兹生的投石问路、宇文所安的涵泳优游到比尔·波特的"仰皇风而悦化",李白的酒诗逐渐得到越来越多西方读者的认可和欣赏。李白作为"饮者"的形象也在西方世界越来越深入人心。2009 年,陆威仪甚至在《世界性的帝国:唐朝》(*China's Cosmopolitan Empire: The Tang Dynasty*)中提出,"李白总是显示出一种活力和夸张的鲜明特征。甚至其创作的以饮酒为主题的组诗也在酒徒中传颂"[1]。2019 年,哈金在《通天之路:李白传》中也介绍道:"李白自己写道:'酒酣心自开。'他经常需要喝酒来酝酿写诗情绪。思念家乡或干谒受挫时也靠醉酒来缓解绝望。用他自己的话来说:'酒倾愁不来。'"[2] 由此可见,中国的酒文化也随着李白酒诗的传播而获得更大的国际影响力。但是,作为本土译者,一方面,我们需要承认在以李白酒诗为载体的中国酒文化国际传播中,海外汉学家的贡献功不可没;另一方面,我们更应该肩负起自己的历史担当,用比海外汉学家更强烈的文化使命感,更深入细致地提取李白酒诗对于中国酒文化外宣的有效因子,在对酒和酒具的品类的翻译上更力求准确,在对饮酒的习俗、历史和与"酒"相关的典故翻译上更加注重相关信息的完整。总而言之,在助推中华优秀文化从"走出去"迈上"走进去"的新台阶的历史使命面前,本土学者要与海外汉学家携手共进,取长补短,一起助推中国酒文化走向世界。

---

[1] 陆威仪. 世界性的帝国:唐朝 [M]. 张晓东,冯世明,译. 北京:中信出版社,2016:231.
[2] 哈金. 通天之路:李白传 [M]. 汤秋妍,译. 北京:北京十月文艺出版社,2020:69.

美国学者柯睿和方葆珍通过跨文明阐释的方法,深化和补充了西方读者对李白诗歌和中国道教的认识。柯睿不仅以文学-宗教学跨学科视野,还将人文与自然科学结合,采用学科交融的阐释方法为西方读者分析了李白道教诗歌的用语和意象;方葆珍则以"以译释义"和"以中释中"的译释结合的阐释方法,力求最大化地保留李白诗歌的道教内涵并形塑李白作为"道教诗人"的形象。他们对李白道教诗歌的跨文明阐释不仅促进了李白诗歌在海外的经典化传播,还有效地推进了中国道学的西传。在中华优秀文化"走出去"的新的时代召唤之下,他们独辟蹊径的跨文明阐释方法对于李白诗歌和中国道教的国际传播具有重要的现实意义。

第二节
跨文明阐释下的李白道教诗歌

"所谓跨文化阐释,就是从一种文化向另一种文化、从一种语言向另一种语言、从一种文本向另一种文本、从一种能指向另一种能指的转换;就是用另一种文化、另一种语言、另一种文本、另一种能指来解释、补充或替换原来的文化、语言、文本和能指。"[①] 无论是"西学东渐",还是"东学西渐",跨文明阐释是世界文学艺术及文化思想相互交流促进、互构共融的一种有效的策略[②]。作为中国最具国际影响力的诗人之一,李白的作品自然

---

① 李庆本. 跨文化美学:超越中西二元论模式[M]. 长春:长春出版社,2011:196.
② 在目前的中国比较文学学界,学者们多采用"跨文化阐释"来定义研究者身份与研究对象具有民族跨越性和国家跨越性的阐释活动。笔者所言的"跨文明阐释"是指研究者和阐释对象分属中西文明圈的现象。曹顺庆在《比较文学教程》中提出:"'文明'指具有相同文化传承(包括信仰体系、价值观念、思维方式等)的共同体。与'文化'相比较而言,'文明'更简略明晰,更有便利于比较研究的明晰性。"由于当今中国学者在比较文学视野下提及的"跨文化"往往是指跨越中西方或者东西方文化,因此,笔者认为有必要厘清"跨文明阐释"与"跨文化阐释"的差别。

是海外汉学家进行跨文明阐释的重要对象。在致力于李白诗歌研究的众多海外汉学家中，美国学者柯睿和方葆珍（Paula M. Versano）的研究视角尤为独特——柯睿不仅注重以文学－宗教学跨学科视野考察李白道教诗歌的用语，甚至还以人文与自然科学相结合的研究方法对李白道教诗歌意象进行跨文明阐释。方葆珍除了以"以译释义"的方法对李白道教诗歌内涵进行跨文化阐释，还以"以中释中"的研究方法分析中国文学及道教传统对李白诗歌的重要影响。他们对李白道教诗歌的跨文明阐释不仅促进了李白诗歌在海外的经典化传播，还有效地推进了中国道学的西传。

一、学科交融：柯睿对李白道教诗歌的跨文明阐释

美国唐代文学研究专家、科罗拉多大学波德分校（University of Colorado, Boulder）荣休教授柯睿主要从事中古中国文学、语言、历史和宗教研究，他在对李白诗歌的跨文化阐释中，从中古道教的视野挖掘李白诗歌在用语和意象等方面受到的影响，颠覆了西方世界对李白的一贯认识。柯睿发现在大多数西方学者的研究中，李白通常是一个"自由不拘、生活散漫的醉汉，拥有即席创作赞扬类似'嬉皮士'生活方式的诗篇的才能"的中国诗人[1]。1918 年，英国学者弗莱彻在翻译李白诗歌时对道教内容进行了"文化过滤"。以《庐山谣寄卢侍御虚舟》（A Song of Lu Shan）为例，弗莱彻将"五岳寻仙不辞远，一生好入名山游"译为"Trough Five Sacred Mountains to wander, /In search of some beautiful hill, /No distance could ever yet daunt me/ The joy of my lifetime is still/ Across famous mountains to ramble"[2]。原文中李白不辞劳苦到五岳"求仙访道"的道教徒形象在译文中荡然无存。从译文来看，西方读者能够了解的李白只是一个爱好游览观光，乐于"在路上"的嬉皮士形象。直到 2012 年，美国密歇根大学（University of Michigan）的杰罗姆·西顿（Jerome P. Seaton）教授在《明月白云：李白诗选》（Bright Moon, White Clouds: Selected Poems of Li Po）一书中仍然把李白刻画成一个嗜酒的"cowboy-swordsman"（西部牛仔剑侠）。由此可见，一个世纪以来，李白作为"诗人""酒仙"和"剑客"的形象在西方文化中广为接受，但是他作为"道教徒"的身份却鲜少有人关注。但是，柯睿通过通读李白一千多首现存诗歌和一百余篇散文，发现"李白的

---

[1] 柯睿. 李白与中古宗教文学研究[M]. 白照杰，译. 济南：齐鲁书社，2017：2.
[2] W. J. B. 弗莱彻. 英译唐诗精选[M]. 北京：中国画报出版社，2019：18.

很多诗歌都是'道教的',在严格意义上与道教(Daoist religion)相关"①。通过将李白诗歌纳入道教语境和理蕴中细致考察,柯睿深入发掘了道教对李白诗歌的重要影响,深化和补充了西方世界对李白其人其诗的理解。

(一) 以文学与宗教跨学科视野阐释李白道教诗歌语言

在《李白的超越性诗语》(Li Po's Transcendent Diction)一文中,柯睿注意到了道教对李白诗歌语言措辞的重要影响。他从李白诗歌与中古道教文书之间的互文性出发,为西方读者恢复了李白诗歌的道教含义。

以《上元夫人》为例,柯睿先以白话阐释了诗歌的表层意义:"上元是什么夫人?独能获得王母的娇美。高举的和顶上的——她的三角发髻,她剩余的头发松散地垂到腰部。作为外面的披风,她穿着一件绿色的毛皮制的锦缎,身上穿着一件红色寒霜的长袍。她用手引领嬴姓的小姑娘,闲适地与她以箫管吹奏凤凰的叫声。她们以眉毛交流,两个人无拘无束地大笑,接着忽然之间,她们在风的尾迹之中滑翔而去。"② 接着,他更是从《汉武帝内传》和《茅山志》等道教文献中找到了关于上元夫人的描述:"夫人年可二十余,天姿清辉,灵眸绝朗。服青霜之袍,云彩乱色,非锦非绣,不可名字,头作三角髻,余发垂散之腰际,戴九灵夜光之冠,带六出火玉之珮,垂凤文林华之绶,腰流黄挥精之剑。""上元夫人服赤霜袍,披青毛锦。"通过比对李白的原诗和这些道教文献,柯睿发现李白关于上元夫人的服饰和容貌的描写明显受到了道教文献的影响。"嵯峨三角髻,余发散垂腰。裘披青毛锦,身着赤霜袍"中提到的"三角髻""青毛锦""赤霜袍"等并不完全出自李白的个人想象。柯睿为西方读者指出:道藏文献细致地列述出了诸位道教神仙的外表,尤其是服饰。为了让信徒明确辨认出他遇到的是哪一位神仙,李白描写上元夫人这位女仙时,他别无选择,便在诗歌里保留下道藏文献里对其外表的描述。

又如,在《登峨眉山》和《颍阳别元丹丘之淮阳》中,李白两次用到了"锦囊"一词。前者的"泠然紫霞赏,果得锦囊术",被柯睿阐释为"孤傲淡然,观赏者紫烟,我确然已经获得锦囊小包中的技术";后者的"我有锦囊诀,可以持君身",被阐释为"我拥有锦囊的秘要,其可以用来护持先生您的

---

① 柯睿. 李白与中古宗教文学研究 [M]. 白照杰, 译. 济南: 齐鲁书社, 2017: 3.
② Paul W. Kroll. Li Po's Transcendent Diction [J] Journal of the American Oriental Society, 106 (1986): 99-117.

身体"。① 对于这个重复出现的选词,柯睿同样以文学-宗教学的跨学科研究进行了追根溯源。最后,他在《汉武帝内传》《茅君传》《洞真上清青要紫书金根众经》等道教文献中找到了类似的表达。根据这些道教文献的记载,西王母拥有的是一个内藏《五岳真形图》的"紫锦囊"。因此,柯睿认为,在第一个例子中,李白"凭借通晓'锦囊'之'决',才能登上峨眉,领略峨眉崇高庄严的奇景";而在第二个例子中,"他慷慨地奉献出这些隐秘的教诲,与即将远走的朋友分享,以确保后者自身的安全"。

从柯睿的跨文明阐释来看,他与其他研究李白诗歌的海外汉学家最大的不同在于——柯睿眼中的李白不是一个典型的"儒家"诗人,甚至也不是一个"道家"诗人,而是一个十足的"道教"诗人。因此,除了以上提到的例子,柯睿还挖掘到了以下李白诗歌用语与道教文献的联系:首先,柯睿指出在"朗咏紫霞篇,请开蕊珠宫"(《至陵阳山登天柱石,酬韩侍御见招隐黄山》)中提到的"紫霞篇"其实是喻指《黄庭经》,而"蕊珠宫"则源于《内经》第一章中的内容——"上清紫霞虚皇前,太上大道玉晨君,闲居蕊珠作七言,散化五形变万神。是为黄庭曰内篇。"其次,在解释"清晨鸣天鼓,飙欻腾双龙"(《玉真仙人词》)的含义时,柯睿更是难能可贵地为西方读者指出"鸣天鼓"其实是一种道教信徒在存想过程中的实践:四颗门牙有目的地叩击发出共鸣声以召唤超越性存在的神灵。再次,他还发现在《游泰山六首》中出现的"流霞杯"源于《抱朴子内篇》中的记载;而在《登太白峰》《飞龙引》《上云乐》三首诗歌中提到的"天关"也有其道教渊源:一部简称为《灵书紫文》的早期《上清经》有专章讲述"披天关上法"。最后,柯睿还用李白在《奉饯高尊师如贵道士传道箓毕归北海》《庐山谣寄卢侍御虚舟》《凤笙篇》三首诗歌中反复使用的"玉京"一词证明道教文献对李白宇宙观的重要影响——在《灵宝经》传统中,太清、上清和玉清被大罗天所环绕。而根据《无上秘要》记载,"玉京山"就在大罗天,因此"灾所可及"。一言以蔽之,柯睿从道教视野出发,精研李白诗歌中的选词与道教文献的联系。他的研究为西方读者了解李白诗歌独特的风格打开了一扇新奇的窗口:正是受到神奇瑰丽和飘逸脱俗的道教文献用语和神话世界的影响,李白的诗歌才呈现出豪迈奔放、语言奇妙、清新飘逸、想象丰富、意境奇妙的"浪漫主义"的特色。

---

① 柯睿. 李白与中古宗教文学研究 [M]. 白照杰, 译. 济南: 齐鲁书社, 2017: 8-9.

(二) 以人文与自然科学相结合的方法阐释李白道教诗歌意象

在对李白诗歌中频繁出现的"紫霞""紫烟"或者"紫冥"等意象的跨文明阐释中，柯睿先是以自然科学的方法介绍了气象学家所谓的"紫光"这一"非同寻常的、可被科学定义的、但宏伟庄严的大气现象"①，然后，他又以语文学的研究方法介绍了中文中的"紫"在不同历史阶段所具有的社会意义和情感意义，并由此而引发出对于李白诗歌中各种颜色词汇的数据统计。在日本学者花房英树（Hanabusa Hideki）的《李白诗歌索引》的基础之上，柯睿发现李白诗歌中使用最多的颜色是白色，其次是青色、黄色，接着便是紫色。考虑到白色和青色也是杜甫、王维、孟浩然、李贺、卢照邻以及骆宾王等唐代诗人作品中最高频出现的颜色，他认为尽管白色和青色是李白诗歌中使用最多的两种颜色，但它们并不见得是李白最青睐的颜色。接着，通过统计以上诗人对其他颜色的使用频率，柯睿发现只有李白和卢照邻的诗歌中有如此高频的紫色，而且碰巧卢照邻也与李白一样信奉道教。正是基于这种严谨的数学统计结果和李白与卢照邻的巧合，柯睿开始思考李白诗歌中的紫色与道教之间的密切关联。

柯睿发现李白的诗歌中一共出现了 127 例"紫"。而在这 127 例中，有三分之一的内容是与"紫霞""紫烟""紫冥"等描述大气或天空的景象相关的。客观地说，无论是"紫霞""紫烟"，还是"紫冥"，这些物象本身是纯自然的，但是，它们一旦被写进诗歌，就被打上了李白的思想烙印。通过对李白诗歌的文本分析，柯睿发现，李白频繁地将"紫霞""紫烟""紫冥"作为一种道教文化符号或者道教意象以表达自己对道教神仙之境的向往。

比如，在《寄王屋山人孟大融》中，李白写道："我昔东海上，劳山餐紫霞。"柯睿对此的解释是"我，很久之前，在东海之上，在劳山上服食紫色的霞光"。对于一般的西方读者而言，这样的解释显然只会让他们感到一头雾水，因此，柯睿为之补充了必要的道教常识：李白在服食了"紫霞"之后曾遇到过蓬莱仙岛上的仙人安期生。紧接着，为了避免西方读者对"紫霞"的误读，柯睿强调紫霞并不是一种强烈的致幻剂，而是"上清选民的太阳养料"。在道教文献《真诰》中一位被称为"九华真妃"的上清女仙曾说过："日者霞之宝，霞者日之精。"因此，对道教徒李白而言，他相信餐食霞光可

---

① Paul W. Kroll. Li Po's Purple Haze [J]. Taoist Recourses, 1997 (2): 21-37.

以强身健体，甚至得道成仙。除了介绍"紫霞"是道教徒修行时服食的"养料"，柯睿也注意到它的另一种用途：一种可供攀乘的东西。比如，对"澹荡沧洲云，飘飖紫霞想"（《春陪商州裴使君游石娥溪》）、"我有紫霞想，缅怀沧洲间"（《春日独酌其二》）、"泠然紫霞赏，果得锦囊术"（《登峨眉山》）和"若恋幽居好，相邀弄紫霞"（《送内寻庐山女道士李腾空其一》）等诗句，柯睿向西方读者解释："对李白而言，'紫霞'象征着那些超越世俗的和在此乏味无光的俗世之上的生命的存在区域。'道教的'实践有助于去往那里。"①简言之，对于李白而言，"紫霞"就是他心中所向往的道教仙境，一个理想世界。有了柯睿这些在道教视野下的诗歌阐释，即便是对中国诗歌和道教并无了解的西方读者，也可以理解"紫霞"与"道教"之间的密切联系了。

除了"紫霞"，"紫烟"也与道教密切相关。柯睿发现在很多诗歌中，"紫烟"与"紫霞"其实是一种同源物，只是颜色稍淡。出于押韵的目的，诗人有些时候就用"紫烟"作为"紫霞"的替代词。同时，他还敏锐地发现，相较于"紫霞"意味着纯粹的道教仙境，"紫烟"是一种道教仙境与世俗世界相接时产生的迹象。比如，在《送内寻庐山女道士李腾空其一》中，李白写到作为相门之女的女冠李腾空"素手掬青霭，罗衣曳紫烟"。另外，在《明皋歌奉饯从翁清归五崖山居》中，李白见到一位隐士"身披翠云裘，袖拂紫烟去"。通过细读柯睿的论证，读者不难发现，促使他形成这一观点的重要因素是他对光学这一自然科学的了解。柯睿结合满晰博（Manfred Porkert）在《对中国一些哲学－科学基本概念及关联的研究》（Untersuchungen einiger philosophisch-wissenschaftlicher Grundbegriffe und Beziehungen imm Chinesischen）一文中提出的观点②，解释道："想象光谱是一条线或者弧（例如，一道彩虹），红色和蓝色位于相反的两个位置（头和尾）。将之看成一个圈，红和蓝便毗邻紧贴。因此，连接它们的紫色，是'宇宙整体或者全体，是毫不衰退的力量，因此也是复归的统一体，回归宇宙之道'的色彩艳丽的本质。"③

对于"紫冥"这个使用频率更低的词汇，柯睿也采用了人文和自然科学相结合的阐释方法来解释其道教内涵。他将《古风其九》中的"恍恍与之去，

---

① 柯睿. 李白与中古宗教文学研究 [M]. 白照杰, 译. 济南：齐鲁书社, 2017：59.

② Manfred Porkert. Untersuchungen einiger philosophisch-wissenschaftlicher Grundbegriffe und Beziehungen imm Chinesischen [J]. Zeitzchfift der Deutschen Morgenländischen Gesellschaft, 1961 (2)：439-440.

③ 柯睿. 李白与中古宗教文学研究 [M]. 白照杰, 译. 济南：齐鲁书社, 2017：69.

驾鸿凌紫冥"中的"紫冥"解释为"超越所有物质和形象,超越所指和能指,无法解说的生命存在的象征"①,因为"色彩光谱中的可见部分(对我们而言的可见)事实上只是整个波长范围的很小一段;我们的大气最明显易见的只是介于约 380 微毫米到 780 微毫米之间的颜色。超出这个范围的,全部是'冥'"。

从以上柯睿对紫色的跨文明阐释来看,他是将人文科学中的文学、宗教研究与自然科学中的统计学、光学等研究相结合,以感性体悟与理性考察相结合,考察李白诗歌中出现的"紫霞""紫烟""紫冥"等意象所包含的道教内涵。西方世界自启蒙运动以来就高举科学理性的大旗,反对宗教蒙昧主义,因此,要让西方读者接受和理解李白诗歌中的道教内涵,柯睿巧妙地利用了自然科学中的常识来阐释中国道教信仰中的一些超验主义思想。他的跨文明阐释不仅注重道教之于中国古典诗歌的重要影响,也兼顾对西方读者所身处的文化模子和诗学传统的考虑,促进了李白诗歌和中国道教在西方世界的接受和传播。中国学者曹晋指出:"美国学者的切入点因自身学术传统和生活场域与中国学者的殊异,显得比较关注科技、经济、社会变迁等力量对文学的接受影响,当本土学者难以脱离社会历史与文化建构的固有观念对研究的束缚的困限时,海外学者对经典的批判与重建往往弥补了大陆学者所缺失的洞察。"② 柯睿的研究可以说是对这一段论述的有力证明。

二、译释结合:方葆珍对李白道教诗歌的跨文明阐释

美国学者方葆珍是加州大学伯克利分校(University of California, Berkeley)教授,主要从事中国语言与文学、中国诗学与美学、诗歌翻译理论与实践等研究。她于 2003 年出版的《追寻谪仙人:李白诗歌及其批评接受》(*Tracking the Banished Immortal: The Poetry of Li Bo and Its Critical Reception*)一书是在其 1988 年完成的博士学位论文的基础上增益而成。其中,在《"古风"中的古意》(The Performance of Ancientness in the "Ancient Airs")一节里,方葆珍分析了由传记构造的"仙人"李白形象。她认为,"历史上,李白的'仙人'身份是基于三个相互独立的层面建构而成的。一是风格上,二是理论上,三是传记上……然而,从传记对他的'仙人'身份的建构则是最具争议

---

① 柯睿. 李白与中古宗教文学研究 [M]. 白照杰, 译. 济南: 齐鲁书社, 2017: 72.
② 郑毓瑜. 性别与家国——汉晋辞赋的楚骚论述 [M]. 上海: 上海三联书店, 2006: 2.

的……由于李白作为'仙人'身份在这三个维度共存,这为我们阐释和评价他的'古风'带来了更大的困难"[1]。为了解决这一难题,方葆珍采取了"以译释义"和"以中释中"的译释结合的方法来阐释李白古风中的道教元素和其"谪仙人"的身份建构。

(一) 以"以译释义"的方法阐释李白道教诗歌内涵

王宁认为"翻译与跨文化阐释有着密切的关系,在某种程度上,文学和文化的翻译就是一种(跨)文化阐释的形式,通过这种'跨文化阐释式'的翻译,一些文化含量较高的文学作品才能在另一种语言和文化语境下获得持续的生命或'来世生命'……在推进中国文化和文学走向世界的进程中,这两种手段都是必不可少的,它们可以在不同的方面起到不同的作用"[2]。方葆珍对李白道教诗歌的跨文明阐释是部分地以诗歌翻译的形式达成的。

以《古风其十九》为例,方葆珍的译文如下:

西上莲花山 To the west, I mounted Lotus Blossom mountain,
迢迢见明星 And, away in the distance, spied Shining Star.
素手把芙蓉 Her white-silk hand held a hibiscus flower;
虚步蹑太清 Pacing the void, she trod upon the Supreme Purity.
霓裳曳广带 From her cloud-robes trailed a broad sash,
飘拂升天行 Which wafted behind as she ascended to heaven.
邀我登云台 She invited me to climb Cloud Terrace Peak,
高揖卫叔卿 And there pay homage to Wei Shuqing.
恍恍与之去 In a flash, off with her I went,
驾鸿凌紫冥 Riding a wild swan to mount the purple dark.
俯视洛阳川 Below I saw the river of Luoyang,
茫茫走胡兵 And hordes of Tartar soldiers swarming across the land.
流血涂野草 Spilt blood coated the grasses of the field;
豺狼尽冠缨 Wolves and jackals, all sporting officials' caps.

---

[1] Paula M. Versano. Tracking the Banished Immortal: The Poetry of Li Bo and Its Critical Reception [M]. Honolulu: University of Hawaii Press, 2003: 179.

[2] 王宁. 翻译与跨文化阐释 [J]. 中国翻译, 2014 (2): 5-13.

从她的翻译来看,她并不注重还原李白诗歌的韵律美。原文偶句"星""清""行""卿""冥""兵""缨"完美地押"ing"韵,但是方葆珍的译文却不受韵律的限制,以自由诗的样式,更灵活地传播了李白诗歌中的道教内涵。

以"虚步蹑太清"一句为例,"步虚"是饱含着道教内涵的关键词汇。东晋末年的《洞玄灵宝玉京山步虚章》介绍了包括叩齿、咽液、存思、诵念、礼拜的"步虚"仪式,当代学者王承文综合了唐代道教宗师杜光庭、唐代吴兢、宋代晁公武等人的看法,提出"我们认为所谓道教'步虚',其最初的涵义实际上是指天界神灵漫步太虚或天堂时所演出的赞美诗和舞蹈"①。从李白诗歌的内容来看,他此处写到的"步虚"显然不是道教规仪,而是"天界神灵漫步太虚"。西方学者对"步虚"这个道教的关键词汇也做出了不同的阐释:薛爱华(Edward Schafer)认为是"Pacing the Void"②;宇文所安认为是"Stepping in emptiness"③;施舟人(Kristofer Schipper)则指出是"Taoist Liturgical Hymn and Dance"(道教礼拜的歌舞仪式)④。首先,李白这首诗歌中的"步虚"并不是描写道教仪规,因此方葆珍没有采用海外道学大师施舟人的表达。其次,宇文所安和薛爱华的表达在一定程度上非常相似,只是宇文所安的"emptiness"虽表示"空虚、空无、空旷、空地"等意,但既可指物理意义上的空无一物,也可指心理意义上的空虚无聊,容易引起歧义;而薛爱华的"void"则是"空间、空白、真空、虚空",更能明确地引导读者联想到阆苑仙众缥缈升举的步态,不至于产生误读。因此,综合以上因素,方葆珍在译文中借鉴了薛爱华的表达,将"虚步蹑太清"译为"Pacing the void, she trod upon the Supreme Purity",很准确地阐释了李白诗句的表层意义和道教内涵。

又如"驾鸿凌紫冥"中的"紫冥"也是一个非常生僻且富于道教内涵的词语。柯睿认为"冥"实际上暗指"投下黑暗的、黄昏暮色的、昏暗深邃的

---

① 王承文. 中古道教"步虚"仪的起源与古灵宝经分类论考——以《洞玄灵宝玉京山步虚经》为中心的考察 [J]. 中山大学学报(社会科学版), 2014 (4): 73 - 95.

② Edward Schafer. Pacing the Void: T'ang Approaches to the Stars [M]. Berkeley: The University of Chicago Press, 1977.

③ Stephen Owen. The Great Age of Chinese Poetry: the High T'ang [M]. New Haven and London: Yale University Press, 1981: 134.

④ Kristofer Schipper. A Study of Buxu: Taoist Liturgical Hymn and Dance [J]. Tsao Pen-Yeh & Daniel P. L. Law ed. Studies of Taoist Rituals and Music of Today, Hong Kong: Chinese University of Hong Kong Press, 1989: 110 - 120.

光……在道教语境里，紫冥指凡夫肉眼无法看到的国度。这一图景所暗示的是凡人或俗人的视角"①。方葆珍将"驾鸿凌紫冥"译为"Riding a wild swan to mount the purple dark"，一方面突显了道教神仙世界的神秘性和超越性，另一方面也提醒读者注意到其虚无缥缈、难以捉摸的特质。

方葆珍对李白诗歌的翻译非常注重保留其道教内涵。她以翻译为手段对李白道教诗歌的跨文明阐释，为李白诗歌和中国道教在英语世界的正向传播提供了有益的探索。

（二）以"以中释中"的方法阐释李白道教诗歌神仙形象

除了翻译李白《古风五十九首》的多首诗歌，方葆珍还对这些诗歌做了必要的阐发。她将李白的道教诗歌放置在中国诗歌和道教的传统中，引发西方读者思考这些诗歌中的神仙形象所承载的李白的道教信仰。

比如，方葆珍在分析《古风其七》时认为，李白微妙而有效地两次变换了讲述者的身份。先是从"客有鹤上仙，飞飞凌太清"中呈现的中立的、为神仙作传的作者身份，转换为"扬言碧云里，自道安期名。两两白玉童，双吹紫鸾笙。去影忽不见，回风送天声。我欲一问之，飘然若流星"中呈现的神迹见证者身份，然后再从见证者身份转换为在"愿餐金光草，寿与天齐倾"中呈现的毫无机会得遇仙人的普通凡人身份。诗歌的主体部分是李白以目击者身份对神仙世界的冗长而精细的描述。在一篇名为《由此及彼：寻找早期中国诗学中的主体》的论文里，方葆珍谈起她对中国诗歌的印象："在中国，自然景物本身就是一张纵横交错的网，交织这普遍的和个人的感受以及语言的和视觉的暗示。当诉诸语言时，这些景物反映出诗人瞬间的情思和内在的天性。"② 因此，在方葆珍看来，李白诗歌中描述的见证者在神仙世界中看到的"碧云"和"流星"不仅是自然景象，更是诗人情思和内在天性的反映了。那么，"碧云"和"流星"到底反映了李白什么样的情思和天性呢？方葆珍并没有立即在文中给出答案，转而分析了这首诗与中国以"游仙"为主题的诗歌传统的关系，以及诗中安期生这位道教神仙在中国道家和儒家中的形象。

首先，方葆珍认为《古风其七》深受屈原《九歌》的影响。尤其是李白

---

① 柯睿. 李白与中古宗教文学研究［M］. 白照杰，译. 济南：齐鲁书社，2017：71.
② 方葆珍，张万民，张楣楣. 由此及彼：寻找早期中国诗学中的主体［C］//古代文学理论研究（第三十五辑）——中国文论的思想与主体. 2013（4）：20-43.

以第二个身份进行叙述的部分可以明显地唤起人们对《九歌》中的"萨满"（shaman）的回忆。在《九歌》中，萨满也有幸短暂地一睹神仙的真容，然后眼看着他们凭空消失。在最后一联中，李白又一次变换身份，以"顿呼"（apostrophe）的形式直接向读者发言，明确地表达了他对于长生久视的向往。无论是将《古风其七》纳入游仙诗的范畴，还是指出李白对于永生的渴望，方葆珍都在尽力引导西方读者思考李白的宗教倾向。其次，关于诗歌中将安期生作为李白表达神仙向往的对象，方葆珍考据了《列仙传》对安期生的记载：安期生在秦代卖药于东海，秦始皇与他交谈三日三夜，后来他邀请秦始皇数年后到神仙居住的蓬莱山去寻访他，但是，据秦始皇派出的使者报告，他们因在海上遭遇了巨大的风浪而没有到达蓬莱仙山。除此之外，方葆珍还介绍了司马迁对这个故事的记载，并指出司马迁增加了关于安期生"合则见人，不合则隐"的性格特点。正是基于这两处中国古典文献的记载，安期生在中国化身为一个理想的儒家和道家的混合体，因为无论是从儒家的还是道家的立场来看，他坚定拒绝暴君秦始皇的行为都是值得赞扬的。至此，方葆珍通过阐释《古风其七》，水到渠成地引导西方读者认识到李白创作这首以"古风"为体裁，以"游仙"为主题的诗歌的动机：通过不同身份（诗人、目击者、凡人）的视角描写道教神仙和神仙世界，表达诗人（李白）对于道教理想的坚定信念。

从以上内容来看，在分析李白的《古风其七》时，方葆珍并不是一味采用西方的文学理论、术语和方法"强制阐释"李白诗歌的道教内涵，也没有通过解构、变形、过滤李白诗歌中的道教内涵来适应西方读者的"前理解"。相反，她将李白的诗歌放到以《楚辞》为代表的游仙诗传统、以《列仙传》为代表的道教传统和以《史记》为代表的儒家传统中进行解读，在中国的文学传统和文化视角下对李白诗歌进行生命体验和资料考据并重的跨文明阐释，最终彰显李白诗歌的道教思想倾向。对西方读者而言，中国道教的教义、仪式、神仙信仰和宗教理想与其本土宗教迥异，如果要令西方读者真正理解李白的道教诗歌和接受他作为"道教诗人"的新形象，阐释者就务必要扩充西方读者对中国道教文化的了解。圆凿方枘，固会龃龉而难入，但如果榫眼够大，榫头的进入便自然不会再有不适。为了加深西方世界对李白、道教的了解，方葆珍曾于1983年作为同济大学的美国高级进修生前往多处李白遗迹，考察其行踪和思想来源。她对中国语言文学的精心专研，结合其在中国的广泛的田野调查，为"以中释中"阐释李白道教诗歌奠定了基础。

进入 21 世纪，海外李白研究出现了新的热潮。美国诗人霍利欧克（Keith Holyoak）的《对月：李白杜甫诗选》（*Facing the Moon: Poems of Li Bai and Du Fu*，2007）、杰罗姆·西顿的《明月白云：李白诗选》以及首部英译李诗全集《墨菲的李白》（*Murphy's Li Tai Bo*，2010—2015）都详尽介绍了李白的生平和诗歌。除了译介，还涌现了以瓦萨诺（Paula M. Varsano）的《追寻谪仙人：李白诗歌及其批评接受》为代表的跨文明阐释的杰作。瓦萨诺以"他者"的眼光探讨了李白诗歌中儒释道思想的交融情况。美国汉学家比尔·波特还出版了一本在中外皆产生了巨大影响的跨文明游记《寻人不遇》，以介绍与李白诗歌相关的历史遗迹和中国的传统文化。另外，2017 年，美国汉学家柯睿的著作《李白与中古宗教文学研究》（*Studies in Li Po and Religious Literature in Medieval China*）被译为中文在国内出版。由此可见，海外的李白研究已经从译介阶段上升到跨文明阐释和跨文明书写阶段。他们注意到了李白诗歌中所承载的中国文化因素，在对李白诗歌进行跨文明阐释的热潮中，许多学者都曾尝试以不同的视角和方法来阐释李白诗歌以帮助这位中国的"诗仙"在英语世界获得"来世生命"。但是，由于中西文化模子的巨大差异，李白创作的那些与道教相关的诗篇在跨文明阐释过程中却常常陷入"南橘北枳"的窘境。为了减少李白道教诗歌进入异域文化的阻力，不少海外学者曾经采取"削足适履"的办法，以变形、扭曲、过滤的阐释方法，改变李白道教诗歌的原貌以期获得西方读者的接受，但是美国学者柯睿和方葆珍却独树一帜，采用了学科交融和译释结合的阐释方法，最大化地保留了李白诗歌的道教内涵并形塑了李白作为"道教诗人"的形象。他们对李白道教诗歌的跨文明阐释不仅促进了李白诗歌在海外的经典化传播，还有效地推进了中国道学的西传。由此可见，学科交融和译释结合的跨文明阐释是助推中华优秀文化"走出去"的有效策略。

第五章

杜甫篇

杜甫（712—770），字子美，郡望京兆杜陵，故自称"杜陵布衣""杜陵野老"。祖籍襄阳（今湖北襄樊），出生于河南巩县（今河南巩义市）。杜甫少逢开元盛世，有"致君尧舜"的理想。二十岁漫游吴越齐赵，其间虽考进士不第，但"裘马轻狂"，结识了李白、高适。天宝五载（746）到长安应试落第，困居十载，接触了下层百姓，写下了一系列现实主义的诗篇。安史之乱起，陷贼逃难，谒肃宗于凤翔，授左拾遗。不久因直言进谏而遭贬斥，旋弃官往秦州，寓居同谷。不一年离陇赴蜀，移家成都，筑草堂于浣花溪，并往来于绵、梓、阆等州，被严武表为检校工部员外郎，世称杜工部。晚年穷困潦倒，漂泊夔湘，病死于辗转流离的舟中。杜甫的诗歌深刻地反映了唐王朝由盛转衰的急剧变化，再现了安史之乱前后的社会面貌及其个人的生活经历，具有丰富的社会内容和鲜明的时代特色，故有"诗史"之誉。杜甫在诗歌创作上转益多师，融汇百家，革新众体，形成了沉郁顿挫的风格，集古今诗人之大成，开后世无数之法门，影响深远，被奉为"诗圣"。其寓居西南时期，大至国计民生，小至风土人情，皆入于诗，故题材更为多样，内容愈益充实；兼之"老来渐于诗律细""语不惊人死不休"，精于练字，严于格律，讲究章法，诗艺更趋完美。今存《杜工部集》二十卷，存诗一千四百余首，有清人仇兆鳌《杜诗详注》，今人萧涤非主编的《杜甫全集校注》。

杜甫在四川的历史遗迹有：成都杜甫草堂博物馆、绵阳三台杜甫纪念馆、南充阆中锦屏杜陵祠。

四川省杜甫学会副会长、四川师范大学文学院教授吴明贤用一句话总结了杜甫的成就：为人民呐喊、歌唱的诗人，必永远被人民纪念、歌颂。[①]

[①] 吴梦琳，余如波. 首批四川历史名人 为何这10位入选[N]. 四川日报，2017-07-12.

1927年，艾斯库（Florence Ayscough）将杜甫的诗歌串联起来，创作了关于杜甫生平的跨文明传记《杜甫：诗人的自传》（*Tu Fu, the Autobiography of a Chinese Poet*）。尽管这本跨文明传记对杜甫诗歌的误译较多，但它诞生于美国人对中国古代诗歌充满好奇的年代，因此广受读者好评，影响巨大。1952年洪业（William Hung）《杜甫，中国最伟大的诗人》（*Tu Fu, China's Greatest Poet*）出版，1967年霍克斯（David Hawkes）《杜诗初阶》（*A Little Primer of Tu Fu*）出版，1971年戴维斯（A. R. Davis）《杜甫传》（*Tu Fu*）出版。这些海外学者的译介、阐释和跨文明书写都进一步深化了西方世界对杜甫的了解。在助推杜甫诗歌跨文明传播的海外学者中，美国汉学家宇文所安用力最勤，成效最佳。本节通过分析宇文所安传播杜甫酒诗的策略，证明适度把握翻译忠实与阐释变异之间的张力对于文学跨文明传播的重要性。

第一节　翻译忠实与阐释变异间的张力：宇文所安对杜甫酒诗的传播

郭沫若在《李白与杜甫》中写道："诗人和酒，往往要发生密切的联系。李白嗜酒，自称'酒中仙'，是有名的；但杜甫嗜酒实不亚于李白。"[①] 据统计，在现存的1400余首杜甫诗歌中，与酒有关的诗歌数量达到266首，略占总量的五分之一。"李杜文章在，光焰万丈长"，杜甫诗歌中数量如此之众的酒诗自然也引发了众多海外学者的翻译和研究兴趣，美国著名汉学家宇文所安更是在杜诗海外传播领域做出了巨大贡献。早在1981年，宇文所安在其享有盛誉的《盛唐诗》一书中就辟专章论述和翻译了杜

---

① 郭沫若. 李白与杜甫［M］. 北京：中国长安出版社，2010：17.

甫诗歌。他认为杜甫就像西方的莎士比亚，其"伟大特质在于超出了文学史的有限范畴"①。2016年，宇文所安集众家之长而出版了首部杜甫诗英文全译本《杜甫全集》(*The Poetry of Du Fu*)。该集收录了杜甫近1400首尚存于世的诗作，共6卷，3000余页，不仅为现存的所有杜诗提供了英文译文，还辅以了详尽的注解和阐释，成为英语世界当之无愧的杜甫诗歌翻译和研究的集大成之作。2020年，在BBC播出的纪录片《杜甫：中国最伟大的诗人》(*Du Fu: China's Greatest Poet*)中，宇文所安又不遗余力地向世界宣告："杜甫的作品定义了诗歌的审美标准。他拥有敏感的思维，能读到这样的作品，是一种幸运。"② 王宁认为"翻译与跨文化阐释有着密切的关系，在某种程度上，文学和文化的翻译就是一种（跨）文化阐释的形式，通过这种'跨文化阐释式'的翻译，一些文化含量较高的文学作品才能在另一种语言和文化语境下获得持续的生命或'来世生命'……在推进中国文化和文学走向世界的进程中，这两种手段都是必不可少的，它们可以在不同的方面起到不同的作用"③。翻译和跨文化阐释可以说是中国文化和文学实现国际传播的一体两面。宇文所安在翻译杜甫酒诗时以"忠实"为原则，而在阐释杜甫酒诗时则以"变异"为策略，其翻译的"忠实"与阐释的"变异"间呈现出一种二律背反式的张力。本书认为正是由于对这种张力的适度把握，宇文所安既最大化地保留了杜甫酒诗的原汁原味，又兼顾了西方读者的接受心理和思维习惯，因此极大地推动了杜甫诗歌和中国酒文化的国际传播。

一、翻译的忠实性：宇文所安传播杜甫酒诗之原则

宇文所安被称为"为唐诗而生的美国人"，出于对中国唐代诗歌的热爱，他在翻译杜甫酒诗时总是不断地寻求尽可能忠实再现杜甫诗歌思想内容上的深度和形式音韵上的美感的翻译方法。他对杜甫酒诗译文忠实性的不懈追求体现在以下两个方面：一是对"酒"字的精准翻译，一是对"酒"相关典故的高度重视。

---

① Stephen Owen. The Great Age of Chinese Poetry: The High T'ang [M]. New Haven and London: Yale University Press, 1981: 183.
② BBC播出纪录片《杜甫：最伟大的中国诗人》[N]. 文汇报，2020-04-20.
③ 王宁. 翻译与跨文化阐释 [J]. 中国翻译，2014 (2): 5-13.

（一）字斟句酌：对"酒"字的精准翻译

通过比较宇文所安在1981年的《盛唐诗》和2016年的《杜甫全集》中对于杜甫"酒"诗的不同翻译和论述，可以管窥中国酒文化借助杜甫诗歌实现国际传播的发展情况，这有助于我们思考在中华文化"走出去"的时代背景中，如何采用恰当的策略对杜甫酒诗英译中的"文化过滤"做出补偿。

在《盛唐诗》中，宇文所安选译了四首杜甫创作的与"酒"相关的诗歌。其中，《自京赴奉先县咏怀五百字》《江畔独步寻花七绝句》《客至》出自论述杜甫的章节中，而《饮中八仙歌》的节译则是作为题记出现在论述李白的章节中。通过将这四首诗的英文译文与《杜甫全集》中的相应译文进行对比，不难发现，在海外汉学经历了近四十年的发展变化后，宇文所安对于"酒"字有了非常不一样的理解。其改译情况可参见下表：

表 5-1 《盛唐诗》与《杜甫全集》译文比较

1981年《盛唐诗》译文	2016年《杜甫全集》译文
A hundred poems per gallon of wine—that's Li Po, Who sleeps in the taverns of the market of Ch'ang-an. The Son of Heaven summoned him, and he couldn't stagger on the boat, Said, "Your servant is indeed an immortal in his wine."①	Li Bai makes a hundred poems out of one quart of ale, in the marketplace of Chang'an he sleeps in the tavern. The Son of Heaven called him to come, he wouldn't get on the boat, he himself declared: "Your subject is an immortal in his ale."②
Around Vermilion Gates, the reek of meat and wine Over streets where lie the bones of the frozen dead.③	Crimson gates reek with meat and ale, while on the streets are bones of the frozen dead.④

---

① Stephen Owen. The Great Age of Chinese Poetry: The High T'ang [M]. New Haven and London: Yale University Press, 1981: 109.

② Stephen Owen. The Poetry of Du Fu (volume 1, book 2) [M]. Boston/Berlin: Walter de Gruyter Inc., 2016: 55.

③ Stephen Owen. The Great Age of Chinese Poetry: The High T'ang [M]. New Haven and London: Yale University Press, 1981: 196.

④ Stephen Owen. The Poetry of Du Fu (volume 1, book 4) [M]. Boston/Berlin: Walter de Gruyter Inc., 2016: 215.

续表 5 - 1

1981 年《盛唐诗》译文	2016 年《杜甫全集》译文
And bear still the drivings of wine and of song, I endure, Not yet finished off—this white-haired old man①	But, still able to be commanded by poetry and ale, I need not yet be watched over as a white-haired old man.②
The market is far, so for dinner there'll be no wide range of tastes, Our home is poor, and for wine we have only an older vintage.③	For dinner the market is far, there are no diverse flavors, for ale my household is poor, there is only a former brew.④

"李白斗酒诗百篇，长安市上酒家眠。天子呼来不上船，自称臣是酒中仙""朱门酒肉臭，路有冻死骨""诗酒尚堪驱使在，未须料理白头人""盘飧市远无兼味，樽酒家贫只旧醅"几联诗句中的"酒"字在《盛唐诗》中都被译为"wine"，而在《杜甫全集》中则都被改译为"ale"。从词根来看，对于西方读者而言，"wine"是"vine"（葡萄藤）发生音变后形成的，因此"wine"主要是指用葡萄或其他水果酿造而成的果酒。然而，在中国古代社会，人们喝的酒大部分都是由粮食酿造的。尤其是在唐代，米酒的产量最多，饮用的人数也最多。李肇在《唐国史补》中记载了十七种酒品，分别是"郢州之富水，乌程之若下，荥阳之土窟春，富平之石冻春，剑南之烧春，河东之乾和、葡萄，岭南之灵溪、博罗，宜城之九酝，浔阳之湓水，京城之西京腔，虾蟆陵郎官清、阿婆清"十四类本土酒品，以及"庵摩勒、毗梨勒、诃梨勒"三种外来浆类酒。据王赛时考据，除了《唐国史补》所载之酒品，"鲁酒""新丰酒""桑落酒""宜春酒"等未列入在册的名酒也深受唐人喜爱⑤。总体而言，在以上所提到的酒品之中，除了河东的葡萄酒和三种外来浆类酒是以水果酿成，其他的酒类均是"醪"，也就是"米酒"。杜甫《赠特进汝阳王二十

---

① Stephen Owen. The Great Age of Chinese Poetry: The High T'ang [M]. New Haven and London: Yale University Press, 1981: 207.

② Stephen Owen. The Poetry of Du Fu (volume3, book 10) [M]. Boston/Berlin: Walter de Gruyter Inc., 2016: 27.

③ Stephen Owen. The Great Age of Chinese Poetry: The High T'ang. New Haven and London: Yale University Press, 1981: 212.

④ Stephen Owen. The Poetry of Du Fu (volume2, book 8). Boston/Berlin: Walter de Gruyter Inc., 2016: 351.

⑤ 王赛时. 唐代酒品考说 [J]. 中国烹饪研究, 1996 (2): 21 - 27.

韵》中的"仙醴来浮蚁，奇毛或赐鹰"，就证明了他当时所饮的酒还不是蒸馏酒，因此酒面上还浮有如蚂蚁一般的米粒残渣。宇文所安在《杜甫全集》中，将"酒"字改译为"ale"，这是他在进一步了解了唐代历史和中国酒文化后做出的慎重决定。"ale"的英文释义为"intoxicating liquor made by malt fermentation"（用麦芽发酵制作的酒）。首先，从酿造原料来看，"ale"是用粮食发酵而成，比起"wine"更加接近于中国唐代盛行的米酒。其次，根据皮特·马赛厄斯（Peter Mathias）的考察，在17世纪之前，"ale"专指在乡村地区没有加入啤酒花而酿造的麦芽酒。[①] 啤酒花又被叫作酵母花或者酒花，在酿酒过程中具有天然防腐、延长酒水保质期的作用，还可以形成啤酒的细腻泡沫，使啤酒变得清爽可口。因此，对于西方读者而言，在加入啤酒花之前的麦芽酒"ale"是一种由年代久远的传统技艺所酿造的酒品，带有一种古朴的风味，能引发人们对过去时光的追忆。考察中国的酿酒历史，唐人通常取米、水和酒曲按照一定比例混合发酵，如果酒曲品质不好，则酿成杜甫在"素丝挈长鱼，碧酒随玉粒"（《送率府程录事还乡》）以及"灯花何太喜，酒绿正相亲"（《独酌成诗》）中提到的"绿酒"，但如果用品质较高的红曲发酵，则可以酿出"鹅儿黄似酒，对酒爱新鹅"（《舟前小鹅儿》）中提到的"黄酒"。不过，无论是"绿酒"还是"黄酒"，它们都与现代中国人所饮用的经过蒸馏的粮食酒有很大区别。因此，为了不再误导西方读者心中生成一个手拿高脚杯浅酌葡萄酒或者豪饮高度白酒的杜甫形象，在《杜甫全集》中，宇文所安将杜甫诗中的"酒"字的翻译都由"wine"替换为"ale"。相较于"liquor""spirit""beer""wine""alcohol"等其他在英语中表示"酒"的词语，"ale"最接近中国唐人所饮用的米酒。这样的选词，很大程度上减少了中西文化间性引起的文化过滤。

事实上，在《杜甫全集》中，只有在《谢严中丞送青城山道士乳酒一瓶》中，宇文所安没有用"ale"来翻译杜甫诗歌中提到的"酒"字。诗句"山瓶乳酒下青云，气味浓香幸见分"被译为"A mountain jug of grape wine came down from the green clouds, / of its flavor and heady scent I was lucky to get a portion."[②] 根据《太平御览》卷八四四记载，唐太宗"收马乳葡萄于苑中种之，并得其酒法。上自损益造酒。既颁赐群臣，京师始识其味"[③]，因此杜甫

[①] Peter Mathias. The Brewing Industry in England [M]. Cambridge University Press, 1959.
[②] Stephen Owen. The Poetry of Du Fu（volume3, book 11）[M]. Boston/Berlin: Walter de Gruyter Inc., 2016: 109.
[③] 李昉. 太平御览 [M]. 北京：中华书局，1960.

诗中所提到的青城山道士"乳酒"正是用马乳葡萄酿制而成的葡萄酒。杜甫入蜀后，剑南节度使严武对他颇为赏识，派军卒为他送去一瓶青城山的马乳葡萄酒。从宇文所安的译文来看，他在此句中准确地用了"grape wine"（葡萄酒）一词，这充分体现了他的取精用宏、博闻广识。事实上，无论是选用"wine"还是"ale"来英译杜甫诗歌中的"酒"字，宇文所安在翻译杜甫酒诗时总是力图以新历史主义的方法，通过忠实的诗歌译文为读者"还原"杜甫的真实生活。

（二）直译加注：对"酒"相关典故的高度重视

古今中外，文人与酒总是有着斩不断的纠葛。正如杜甫在《饮中八仙歌》（Song of Eight Drinking Immortals）中以李白、贺知章、李适之、李琎、崔宗之、苏晋、张旭、焦遂为例，展示酒与文学艺术的隐秘联系一样，英国作家奥利维亚·莱恩（Olivia Laing）在《回声泉之旅：文人与酒的爱恨情仇》（The Trip to Echo Spring: Why Writers Drink）一书中也以斯科特·菲茨杰拉德（F. Scott Fitzgerald）、欧内斯特·海明威（Ernest Hemingway）、田纳西·威廉姆斯（Tennessee Williams）、约翰·贝里曼（John Berryman）、约翰·契弗（John Cheever）和雷蒙德·卡弗（Raymond Carver）六位著名作家为例揭示了酒与文学创作的关联。由此可见，无论是在中国还是在西方，人们对于文人与酒之间的故事总是津津乐道。宇文所安在翻译杜甫诗歌中所涉及的与"酒"相关的典故时，常常采用直译加注的策略来降低文化过滤的风险。

为了让西方读者能够明确知道诗中所提到的典故内涵，宇文所安在诗歌译文中补充了人物的全名，比如"知章"被译为"He Zhizhang"（贺知章）；"宗之"被译为"Cui Zongzhi"（崔宗之）。除此之外，对于诗中所提到的其他人物，他也以注释的形式进行了必要的补充。比如，"汝阳"本是地名，在将其直译入诗之后，对不了解中国有以任官之地的地名来代替人名的传统的西方读者而言难免一头雾水，因此，宇文所安在"汝阳三斗始朝天"的译文中为"汝阳"二字补充了注解："李琎，汝阳郡王，贺知章的好友。"同样地，中国古代还有常以官名替代人名的传统。为了让西方读者知道"左相"究竟为何人，宇文所安在将"左相日兴费万钱"中的"左相"直译为"the Minister of the Left"之后，补充了注释"Li Shizhi"（李适之）。就连"宗之潇洒美少年，举觞白眼望青天，皎如玉树临风前"中的"白眼"一词，宇文所安都补充了注释"Ruan Ji"（阮籍）。因为对于西方读者而言，如果没有这一注释的帮助，他们将很难理解这个典故所蕴含的信息：晋代阮籍能作青白眼，青眼看朋友，白眼视俗人，所以杜甫所写的"举觞白眼望青天"是将崔宗之与晋代名士阮籍相比。

除了在《饮中八仙歌》中罗列中国历史上以嗜饮闻名的文人，杜甫还经常以山简和陶渊明饮酒的典故入诗。比如，在《陪郑广文游何将军山林十首》其八、《初冬》和《宇文晁尚书之甥崔彧司业之孙尚书之子重泛郑监前湖》中，杜甫用了山简的典故；在《寄张十二山人彪三十韵》《东津送韦讽摄阆州录事》《复愁其十一》中，他用了陶渊明的典故。

表 5-2

原文	译文
醉把青荷叶， 狂遗白接篱。	Drunk, I took a green lotus leaf, and madly left behind my jieli turban.
日有习池醉， 愁来梁甫吟。	Daily I get drunk by the Xis' pool, when sadness comes, the "Liangfu Song."
不但习池归酩酊， 君看郑谷去翩翾。	Not alone from the Xi family pool does one go home reeling drunk, just look at Zheng's valley here, where they go one after another.
谢氏寻山屐， 陶公漉酒巾。	With Mr. Xie's clogs to travel in mountains, and Master Tao's ale-straining headband.
他时如按县， 不得慢陶潜。	If someone reviews the county someday, he can't take Tao Qian as merely remiss.
每恨陶彭泽， 无钱对菊花。 如今九日至， 自觉酒须赊。	I've always felt bad that Tao of Pengze, faced the chrysanthemums penniless. But now when the Double Ninth comes, I realize I'll have to buy my ale on credit myself.

根据《晋书》记载，山简镇守襄阳时常出游高阳池（一名习家池），人们给他编了首歌："山公时一醉，径造高阳池。日暮倒载归，酩酊无所知。复能乘骏马，倒着白接篱。举手问葛强，何如并州儿？"杜甫在多首诗作中都运用了山简醉酒的典故。在"狂遗白接篱"中，宇文所安以汉语拼音"jieli"翻译"接篱"并补充道："接篱是晋代以怪异和嗜酒著称的襄阳长官山简所戴的一种头巾。"在"日有习池醉"中，宇文所安以"Xi's pool"直译了"习家池"，然后在注释中补充道："习家池位于襄阳，晋代长官山简经常醉倒于此。此处很可能指的是与严武出游。"在"不但习池归酩酊"中，宇文所安将"习家池"直译为"the Xi family pool"，并再次以"山简"二字的拼音为注解，提醒西方读者关注此句中蕴含的典故。除此之外，宇文所安还在卷末补充了山简

的信息。读者以"Shan Jian"为索引能够查阅到与之相关的典故以及出处："习家池，荆州吏；文献来源：《晋书》卷四十三：山简（253—312），'竹林七贤'之一，以好饮闻名。尤其当他任荆州长官时，常出游位于襄阳的习家池。"①

陶渊明的一生与酒结下了不解之缘，他创作了二十首以《饮酒》为题的诗歌。在第二十首中，他写道："终日驰车走，不见所问津。若复不快饮，恐负头上巾。"据南朝梁萧统《陶渊明传》记载，陶渊明嗜酒，"郡将尝候之，值其酿熟，取头上葛巾漉酒，漉毕，还复着之"。因此，在"陶公漉酒巾"中，宇文所安把"陶公"直译为"Master Tao"，并在注释中补充了"葛巾漉酒"的典故信息："根据传说，当陶潜找到好酒后常以头巾滤酒，用后再戴回头上。"又据《晋书·隐逸传·陶潜》记载，"郡遣督邮至县，吏白：'应束带见之。'潜叹曰：'吾不能为五斗米折腰，拳拳事乡里小人邪！'义熙二年解印去县，乃赋《归去来》"。在"不得慢陶潜"中，宇文所安把"陶潜"直译为"Tao Qian"，后补充道："当陶潜任彭泽令时，有督邮到该地检查工作。陶潜被告知须表达敬意，他摘掉官帽而离开彭泽。"在"每恨陶彭泽"中，宇文所安将"陶彭泽"直译为"Tao of Pengze"，并再次以陶潜二字的拼音为注解，提醒西方读者关注此句中蕴含的典故。除此之外，宇文所安在卷末也补充了关于陶潜的更多信息。读者在索引中检索"Tao Qian"能够查阅到的内容有："陶潜，又名陶渊明（365？—427），隐士的典范。他曾为官，但最后在任彭泽令时辞了官，此后便以农耕为生。他以不拘一格的举止闻名，好酒，爱菊，在南山脚下种豆。"

对于西方读者而言，要深入了解杜甫其人，就不得不深入了解杜甫酒诗的创作内涵；而要深入了解杜甫酒诗，就一定不能忽略他在诗歌中运用到的大量与酒相关的典故。

二、阐释的变异性：宇文所安传播杜甫酒诗之策略

尽管宇文所安对杜甫酒诗的翻译以"忠实性"为原则，但值得注意的是，由于中西文化模子的差异，他对杜甫酒诗的跨文明阐释往往有别于中国学者。在文学的跨文明交流与对话中，传播者因为接受者和发送者的文化背景差异而有意无意间对所传播的文学信息进行选择、删除、改造和移植的现象屡见不

---

① 山简为"竹林七贤"之一山涛之子，宇文所安此处的注解有误。

鲜。如何看待宇文所安在对杜甫酒诗进行跨文明阐释中的变异性，这是评价宇文所安在汉学研究中的成就的重要问题。

（一）关注焦点：形式重于内容

在中国读者心中，人们往往认为杜甫酒诗最值得关注的是其思想——尤其是人民性和批判性。因此，《自京赴奉先县咏怀五百字》之"朱门酒肉臭，路有冻死骨"成为公认的鞭挞贫富悬殊现象的千古名句。然而，宇文所安对这句千古名句的解读是："森严戒备后面的世界，正在举行欢宴和赏赐权贵。这种欢宴对于唐代读者而言本来是非常熟悉的，但杜甫却以普通百姓的贫困苦难作为平衡对照，正是这些普通百姓提供了宴饮和赏物。"[1] 从他的评论来看，"朱门酒肉臭，路有冻死骨"最值得关注的应是在技巧层面的"平衡对照"而不是思想层面的批判与同情。同样地，对于《饮中八仙歌》，中国读者更多关注的是杜甫所刻画的饮中名士群像和他们所体现的杜甫对于"诗酒之交"与"诗酒唱和"生活的希冀与追求，然而，宇文所安则更多关注的是其诗体类型和诗歌传统。对于这首内涵丰富且影响深远的酒诗，他只向西方世界介绍道："《饮中八仙歌》一类七言歌行，出自李白和李颀的醉酒狂士诗。"[2] 而对于《客至》的赏析，他则一如既往地忽略其内容，而是评价道："轻快的笔调加上完美的形式，使得这首诗备受赏爱。"[3] 从以上例子可知，对于杜甫的酒诗，宇文所安更感兴趣的是其诗歌所展现的完善的技巧而不是丰富的思想。事实上，宇文所安曾说过："我们的环境，我们生活于其中的文化，我们必须与之交谈的学生和同事，自然形成了我们探讨中国文学的一种方式。当这种方式处于最佳状态时，它能为中国文学提供新颖的观点，既不离奇，也不牵强。"[4] 由此可见，宇文所安早已默认了他在对杜甫酒诗进行移植时的"文化过滤"。殷晓燕认为："身处西方学术环境并受到西方研究方法影响的宇文所安，即使在解读中国经典诗人及作家时，也侧重于从形式主义方面去进行解构，他更关

---

[1] 宇文所安. 诗的引诱 [M]. 南京：译林出版社，2019：103.
[2] 宇文所安. 诗的引诱 [M]. 南京：译林出版社，2019：97.
[3] 宇文所安. 诗的引诱 [M]. 南京：译林出版社，2019：122.
[4] 宇文所安. 神女之探寻——英美学者论中国古典诗歌·序一 [M]. 上海：上海古籍出版社，1994：4.

注的是诗歌的结构、风格、语言等方面的要素。"①

(二) 形象重塑：达观大于悲苦

除了关注重点不一样，宇文所安在阐释杜甫酒诗时所塑造的杜甫形象也与中国读者普遍认可的杜甫形象大相径庭。"杜甫是个写实主义的爱国诗人。他的作品沉痛、深刻、伟大，受到历代人民的爱慕和崇敬。他的诗是当时社会情况和人民苦难的真实反映。"②"（他的诗）真挚地表现了他关心国家盛衰和民生疾苦的心情。"③"他的诗歌关注国家和人民的命运，关心民间疾苦，忠实地记录了时代的面貌。"④"他的诗风淳朴厚重，很多诗作反映了战争和政治腐败给人民带来的痛苦，抒发悲愤凄凉之情。"⑤ 这些评价在中国可谓深入人心，因此，尽管杜甫和李白都嗜好饮酒，而且都留下数量众多的酒诗，但人们普遍倾向于认为李白的酒诗更多地反映了他把酒言欢的快意人生，在风格上是飘逸洒脱的；而杜甫则借酒消愁，以酒来舒缓自己的别离之愁、漂泊之苦、仕途之悲、国难之痛、老迈之忧，在风格上是沉郁顿挫的。然而，作为美国汉学家的宇文所安，他并没有中国人关于杜甫形象的集体记忆，因此，他从"他者"出发，以全新的角度解读了杜甫的酒诗，塑造了一个不同于中国读者所熟悉的杜甫形象。

宇文所安眼中的杜甫是"律诗的文体大师，社会批评的诗人，自我表现的诗人，幽默随便的智者，帝国秩序的颂扬者，日常生活的诗人，以及虚幻想象的诗人"⑥。正是基于他对杜甫体现出的多样化的才赋和个性的理解，他对于杜甫的"酒"诗的解读并不习惯性地从"表现愁苦"这个单一维度出发。在一次采访中，宇文所安说道："杜甫是中国文学史上的特殊存在，如同英国文学史上的莎士比亚。无论文化和价值观如何变化，每个时代的人都能从伟大的作者身上找到属于自己时代的内容……在《醉为马所坠诸公携酒相看》中，杜甫写他醉酒后炫耀马术时坠马，成为笑柄。'人生快意多所辱'，这句诗体

---

① 殷晓燕. 经典变异：文化过滤下的文本细读——以宇文所安对经典诗人杜甫的解读为例 [J]. 当代文坛, 2014 (6): 172-175.
② 李赓序. 中国历史（第2册）[M]. 北京：人民教育出版社, 1953: 25-26.
③ 秦进才. 历史（七年级下册）[M]. 石家庄：河北人民出版社, 2010: 34.
④ 中华书局中学历史教材编委会. 中国历史（七年级下册）[M]. 北京：中华书局, 2004: 33.
⑤ 齐世荣. 中国历史（七年级下册）[M]. 北京：人民教育出版社, 2017: 16.
⑥ 宇文所安. 诗的引诱 [M]. 南京：译林出版社, 2019: 88.

现的人性真理,其他诗人写不出来。当知道一千多年以前的杜甫就这样自我解嘲,我们就不会对自己的类似经历自怨自伤。"① 在《醉为马所坠诸公携酒相看》中,杜甫与读者分享了他晚年在夔州白帝城酒后骑马的一段令人啼笑皆非的经历,恍惚之间他以为自己回到了青年时代,于是便纵马下坡,结果"不虞一蹶终损伤",只好卧病养身。杜甫在诗中毫不避讳地讲述自己酒后的失态,并从中得出"人生快意多所辱"的结论。在宇文所安看来,通过以酒入诗,杜甫为自己找到了一种独抒性灵的最有效的方式,而真实的人性正是杜甫诗歌能够超越时间和空间的双重阻隔,直击全人类心灵的重要因素。除了真性情,宇文所安眼中的杜甫也不再是一个"艰难苦恨繁霜鬓,潦倒新停浊酒杯"的愤世嫉俗之人,而是一个豁达开朗,以自嘲走出精神困境的智者。比如,《江畔独步寻花七绝句》就被宇文所安看作一个展示杜甫形象的著名范例。他认为组诗中的第二首"稠花乱蕊畏江滨,行步欹危实怕春。诗酒尚堪驱使在,未须料理白头人"可以引起幽默感或畏惧感。"诗人'在两者之间'的状态体现了其典型的复杂多样,他还年轻,足以被繁盛逼人的春天所'驱使',但又已经太年老,无法适应它——'欹危'。但作为老年人的主要作用是和他人以及被驱使的自我保持距离,这一距离允许他以幽默的畏惧观察自我。"② 从这首与"酒"相关的诗歌出发,宇文所安看到的不是愁苦老迈的杜甫面对生活的无奈,而是杜甫作为老年人拥有的阅历、幽默和智慧。

在中国读者心中,杜甫的酒诗主要书写人生的无奈与愁苦,即便偶有欢快的酒诗,也多是通过描写短暂的快乐以反衬更强烈的悲凉。然而,在西方文化中,酒神狄奥尼索斯的精神根深蒂固。尼采认为"在酒神的魔力之下,不仅人与人的联盟重新建立,甚至疏远、敌对、被奴役的自然与它的浪子——人,重新握手言和"③。因此,对于大多数西方读者而言,人们饮酒的原因虽然有可能是愁苦,但饮酒后的结果却必然是快乐、美妙、乐观与和谐。这一点可以从不少的西方诗人创造的酒诗中得到印证。比如,英国诗人济慈在《夜莺颂》(Ode to a Nightingale)中写道:"啊,但愿有一口美酒,/一口曾在地窖冷藏多年的美酒!/人一尝就会想到花神,想到葱绿的酒乡,/想起舞蹈、恋歌和丰收季节的欢狂。"又如,俄国诗人普希金(Aleksandr Sergeyevich Pushkin)在

---

① 崔莹,宇文所安. 杜甫在中国文学史上独一无二[N]. 2016-05-17, https://cul.qq.com/a/20160517/032233.htm.
② 宇文所安. 诗的引诱[M]. 南京:译林出版社,2019:117.
③ 尼采. 偶像的黄昏[M]. 周国平,译. 北京:光明日报出版社,1996:6.

《冬天的夜晚》（A Winter's Evening）中高歌："我们来同干一杯吧，/我不幸的青春时代的好友，/让我们借酒来浇愁；/酒杯在哪？/这样欢乐马上就会涌向心头。"还有，美国女诗人艾米莉·狄金森（Emily Dickenson）在《我品尝未酿之酒》（I Taste a Liquor Never Brewed）中低吟："我品尝未经酿造的酒，/以大杯啜饮玉液琼浆；/并非莱茵河畔的每间酒坊都能产出这样的佳酿！/……直到天使挥着雪白的帽子，/而圣人们奔走至窗下，/来看这酗酒者，/醉倒在阳光下！"正是在西方崇尚酒神的传统文化模子的影响之下，宇文所安在对杜甫的酒诗进行跨文明阐释时，往往更多地向西方读者介绍了杜甫酒诗所展现的幽默、智慧和达观，而不是愁苦、无奈和失意。在一次采访中，他解释道：人们所读到的"杜甫"，只是一个叫作杜甫的历史人物创造出来的形象，这个"杜甫"仅仅是真实的杜甫的一部分，是杜甫看待自己或表现自己的一种方式，和历史上的这个人物并不是一回事。有时，读到诗歌里的"杜甫"，人们可以毫不困难地推出作为历史人物的杜甫的动机和愿望。在写诗的杜甫和诗中的"杜甫"之间，有着一个由诗歌张力创造的空间，人们应该善于在里面发现问题。即使杜甫是真诚的，这种真诚的愿望也只代表他自我的一部分。[①] 在宇文所安的眼中，写诗的杜甫在诗歌中表现的那个自我应该是与真实的杜甫形象有差异的。因此，无论真实的杜甫经历了几多磨难，那个在酒诗中的杜甫仍然可以不一定是愁苦悲戚的。

宇文所安为杜甫诗歌的翻译、阐释和海外传播所做出的贡献得到了中西学界的一致推崇。西方学者认为他是"为唐诗而生的人"，中国学者则把他视为杜甫的"异域知音"。通过研究他对杜甫酒诗的翻译和跨文明阐释，读者可以发现他对杜甫酒诗的翻译以"忠实"为原则，充分展现了他作为中国文化海外传播者的文化担当；而在跨文明阐释中，为了适应西方传统文化模子与研究范式，他又以"变异"为策略，对杜甫酒诗做出别样解读和出位之思。正是由于在"忠实"与"变异"之间保持了适度的张力，宇文所安既最大化地保留了杜甫酒诗的原汁原味，又兼顾了西方读者的接受心理和思维习惯，因此极大地推动了杜甫诗歌和中国酒文化的国际传播。

---

① 张宏生."对传统加以再创造，同时又不让它失真"——访哈佛大学东亚语言与文明系斯蒂芬·欧文教授 [J]. 文学遗产，1998（1）：111-119.

早在 1735 年，法国汉学家马若瑟（Joseph de Premare）就将杜甫诗歌与选译的《诗经》以及元杂剧《赵氏孤儿》一起，通过杜赫德（Jean-Baptiste Du Halde）的《中华帝国全志》（Deion de L'Empire de la Chine）传入西方世界。从 1741 年起到 18 世纪末，杜甫诗歌被陆续从法语转译为英语。直到 1829 年，英国外交官、汉学家德庇时（John Francis Davis）在论及中国诗歌的一篇文章时，不具名地英译了杜甫的《春夜喜雨》，随后，越来越多的英语世界学者开始将目光投向杜甫这位在中国享有崇高声誉的诗人。但是，在 20 世纪之前，西方学界对杜甫诗歌的传播多是以零星的译介为主，因此，杜甫的海外形象较为笼统模糊。直到 1952 年，在杜甫的跨文明传播历程中，著名史学家、教育家洪业用英文写成的《杜甫：中国最伟大的诗人》一书极大地丰富了杜甫在海外读者心中的形象，具有里程碑式意义。进入 21 世纪之后，杜甫的跨文明传播又有了新的突破。首先，2016 年，哈佛大学汉学家宇文所安出版了首部杜甫诗歌的完整英译本《杜甫诗集》。其次，2020 年 4 月 6 日，BBC 推出纪录片《杜甫：中国最伟大的诗人》，引发了海外的"杜甫热"。

第二节　双向阐释：
BBC 纪录片对杜甫的跨文明传播

海外对杜甫及其诗歌的关注由来已久。早在 1929 年和 1934 年，美国汉学家弗劳伦斯·艾斯库就出版了《杜甫，一个中国诗人的自传》和《一个中国诗人的旅行：江湖客杜甫》（*The Travels of a Chines Poet: Tu Fu, Guest of Rivers and Lakes*）。1952 年，美籍华裔学者洪业出版了《杜甫：中国最伟大的诗人》。1967 年，英国翻译家霍克斯出版《杜诗初阶》，1971 年，戴维斯出版了《杜甫传》。1981 年，宇文所安在《盛唐诗》中对杜甫的介绍更是将杜甫在西方的文学地位推向了新的高点。经历了近一个世纪的发展之后，在 21 世纪，杜甫的海外传播又迎来一次新的机遇：2020 年 4 月 6 日，BBC 推出单集 58 分钟的纪录片《杜甫：中国最伟大的诗人》。慕振东认为，通过这部纪录片，"杜甫的伟大与悲悯引起西方共鸣"[①]。笔者认为，BBC 对杜甫的跨文明传播之所以能够取得如此显著的效果，除了该纪录片集解说、朗诵、图片、音乐、影像于一体，以典型的多模态文本适应了"读图时代"文学经典审美和传播的需要，它还以中西双向阐释的方法重构了杜甫形象。无论在西方还是在东方，曾经的跨文明阐释在很长时间之内都是单向的，是以西释中的。在西方中心主义的影响之下，不仅西方学者习惯了以自己的文化为本位，以西方的话语和言说方式来解读东方，甚至在 20 世纪 80 年代中国比较文学复兴之后，在中国的跨文明阐释也一度是以西释中的单向阐释。由于西学浪潮的影响，中国文论引进了大量的西方"主义"来言说中国文学。在很大程度上西方文论是言说者，而中国文学则是被言说者。基于这种国际国内现实，曹顺庆发出中国文论"失语症"的警告，钱中文提倡文学理论的"交往与对话"，张江提出关于"强制阐释"的思考，王宁指出从理论的单向旅行到双向对话的重要性，黄维樑建议加强"以中释西"，李春青倡议构建中国文学阐释学，皇甫晓涛提醒学界注意中国文学的再阐释与现代文化的重构。以上学者所奔走呼号的重要目的便是推动跨文明阐释从"西方独白"转向"中西对话"。所幸的是，从 BBC 的这部关于杜甫的纪录片来看，以上中国学者的声音在一定程度上改变了西方学界的跨文明阐释模式。这部纪录片不再只是展现西方的声音和观点，而是中西双向阐释，杂语共生，和而不同，美美与共。中西思想的碰撞和互补在该纪录片中闪耀出智慧的火花，为观众照亮了一个能够跨越语言、文化、价值观的隔阂，在全世界焕发光彩的杜甫形象。

一、文化传承：无问西东

BBC 对杜甫进行跨文明传播的纪录片被命名为《杜甫：中国最伟大的诗人》。事实上，这一题名来源于 1952 年著名史学家、教育家洪业用英文写成的同名杜甫传记。洪业，号煨莲，字鹿岑，谱名正继，福建侯官（今闽侯）人，

[①] 慕振东. BBC 推介杜甫：他的伟大与悲悯正引起西方共鸣 [EB/OL]. 中央纪委国家监委网站，http://www.ccdi.gov.cn/special/bwzp/202004/t20200419_215647.html.

曾在燕京大学执教23年，后任教于美国哈佛大学和夏威夷大学，获得被誉为汉学界诺贝尔奖的儒莲奖。洪业在这本跨文明传记中考证了杜甫生平踪迹和人生际遇，还翻译了374首杜甫诗歌。这本传记被看作海外汉学领域有关杜甫研究的最重要的著述之一。因此，BBC以《杜甫：中国最伟大的诗人》来命名杜甫的跨文明传播纪录片，这说明BBC在宣传杜甫的海外形象时充分借鉴和认可了洪业的研究成果，证明了东学西传对于中西文明交流与互鉴的意义。

在洪业的跨文明书写传记中，他确立了杜甫在中西文学史中的坐标，将杜甫比作"中国的维吉尔、贺拉斯、奥维德、莎士比亚、弥尔顿、彭斯、华兹华斯、贝朗瑞、雨果或波德莱尔"[①]。而在这部纪录片中，宇文所安在接受采访时将杜甫与西方文学巨匠但丁和莎士比亚相提并论，认为他们赋予了诗歌应有的意义和评价标准。宇文所安与洪业都以类比的方式，突显了杜甫在人类文明进程中做出的不可磨灭的贡献。

除此之外，在纪录片中，曾祥波（洪业杜甫传记的汉译者）则认为杜甫的诗歌与历史结合得最好的是他个人的生活史和精神史。他认同亚里士多德的观点："诗比历史更真实。"他认为，历史所写的只是个别的已然的事，而诗所写的带有普遍性的，是合乎可然律和必然律的。曾祥波借鉴了亚里士多德的观点，认为杜甫的诗歌既反映了作为整体的时代沉浮的真实性，也反映了作为个体的命运际遇的真实性。

从以上中西学者对杜甫的阐释可知，他们都一致认可杜甫诗歌在思想性和艺术性上的巨大价值。但是，该片撰稿人和主持人迈克尔·伍德（Michael Wood）在片尾总结道："只称杜甫为诗人是低估了他在中国文学中的重要性，因为这一称呼将他的地位局限于诗人。在西方文化中，找不到一个与杜甫完全匹配的人物，一个体现了整个文明情感与道德感的人物。"因此，《新京报》在采访迈克尔·伍德时提问："纪录片的开头部分宇文所安将杜甫与但丁和莎士比亚相提并论，但影片结尾却说西方文化中没有杜甫这样的人物，前后是否略有点矛盾？拍完这部纪录片，你对杜甫的认知是否有所变化？"伍德解释道："宇文所安所说意思是指出他们作为诗人同样伟大，对各自文化的影响也旗鼓相当；我在影片结尾所说是强调杜甫不仅仅是伟大的诗人，还是中华民族的道德良知，这一点与但丁和莎士比亚不同。正是基于这一点，我称杜甫为中

---

① William Hung. Tu Fu—China's Greatest Poet [M]. Cambridge：Harvard University Press，1952：1.

国最伟大的诗人。但这个说法还是太局限了，杜甫不仅仅是诗人。"①

从以上内容来看，BBC 这部关于杜甫的纪录片的片名可谓是集合了中外学者长期研究杜甫所形成的共识。而对于西方学者而言，他们之所以也认可杜甫之伟大，主要是在于杜甫探讨了永恒的人之本性。正如钱锺书先生所指出的那样："东学西学，道术未裂；南海北海，心理攸同。"杜甫在诗歌中反映出的对家人、朋友、生活的热爱，对穷人、受磨难之人的同情，对"仁"和"公正"的毕生追求，这些都是全人类所共同珍视的情感。BBC 纪录片对杜甫诗歌和其精神的传扬证明，面对人类的优秀文化遗产，要超越西方和东方文明的框范，拥有"美人之美，美美与共"的世界眼光和世界胸怀。

二、对话释惑：和而不同

从 BBC 纪录片的制片人和所采访的中外学者来看，该片力图将中西观点进行融汇。迈克尔·伍德毕业于牛津大学奥瑞尔学院历史系，身兼历史学家、纪录片制片人、主持人、作家等多重身份，现任曼彻斯特大学公共历史学教授。从巩义到西安，再到成都、长沙等地，伍德以导游的身份，带领观众回顾了杜甫从出生到入仕，再到被贬谪的曲折人生。陈倩倩和黄勇军认为，迈克尔·伍德的多重身份和丰富的人生履历使他成为一种与历史文化紧密相关的文化符号，"在这一特定'文化符号'的作用下，使得即使完全不了解杜甫的西方观众，也可以通过迈克尔·伍德联想杜甫的文化成就和地位，部分消弭了西方观众对杜甫的陌生感和隔阂感"②。在纪录片中，伍德采访的杜甫研究专家的身份也非常多元化，有美国哈佛大学汉学家宇文所安，还有牛津大学的华裔教授刘陶陶，以及中国人民大学曾祥波教授和中南大学杨雨教授。通过采访这些中外杜甫研究专家，伍德希望为观众们解答以下疑惑：

首先，既然杜甫是"中国最伟大的诗人"，为什么他没有能在科举考试中出人头地？对于这一问题，洪业在他的跨文明书写传记中做出了两种推测。第一，杜甫因为受到开元二十四年（736）科举考试风波的牵连而失去了考取功名的机会。第二，杜甫擅长诗歌，但那些诗歌不够通俗，因此，杜甫的成败取

---

① 余雅琴. 是什么让杜甫"破圈"？专访 BBC 纪录片《杜甫》主持人［EB/OL］. 新京报，https://baijiahao.baidu.com/s?id=1665461853457195169&wfr=spider&for=pc, 2020 - 5 - 1.

② 陈倩倩，黄勇军. 域外视阈下的他者观照与文化传承下的自我镜鉴——BBC 与 CCTV《杜甫》纪录片的比较分析［J］. 东南传播，2021（4）：86 - 88.

决于他的主考官是不是碰巧有学识,并且愿意耐下性子去评判他所写的诗歌。① 作为将洪业创作的杜甫英文传记回译为中文的译者,曾祥波在纪录片中借鉴了洪业的看法,但又提出了第三种可能:杜甫写诗的才能和参加科举考试写文章的才能并不匹配。总的说来,通过对曾祥波的采访,BBC 较好地向西方观众解答了这一问题。

其次,李白与杜甫之间到底是何种情谊?纪录片尝试给观众提供一个令人信服的答案。对于李白和杜甫的友谊,西方世界一直众说纷纭。其中一种误解认为二人是同性恋人。比如,美国诗人卡罗琳·凯泽(Carolyn Kizer)猜测二人有同性恋情,甚至以杜甫的口吻戏剧化地呈现了她想象的情景。

哈金在他以英语创作的跨文明传记《通天之路:李白传》中澄清了此类误解。他解释道:"他们的关系中不可能有任何色情元素。直到最近几十年,中国的同性朋友没有任何肉欲地在一张床上盖同一条被子睡觉仍是很常见的,尤其是天气寒冷时,挤在一起睡可以相互取暖。即便在当代,这种做法也非罕见。"② 但是,尽管有哈金基于中国习俗来解释杜甫诗句"醉眠秋同被,携手日同行",纠正西方人对二人关系的误解,但由于纸媒的传播力有限,迄今为止,西方世界仍有许多人依然怀有与卡罗琳·凯泽相同的误解。因此,BBC 的纪录片以非常严肃庄重的态度解释了杜甫与李白的关系。纪录片介绍了《与李十二白同寻范十隐居》和《梦李白二首》并解释道:"李白是杜甫最重要的创作关系。"为了使这一论述取信于西方观众,主持人采访了曾祥波和刘陶陶。前者认为,李白是杜甫的师长,这不仅因为李白年长于杜甫,还因为李白的诗歌在艺术上对杜甫有启发。后者指出尽管李白的性格有迷人之处,杜甫也是他的崇拜者之一,但是杜甫的诗歌风格与李白迥异。他们就如同希腊神话故事中的酒神与日神,李白追求物我两忘,而杜甫却更关注人与人之间的关系以及人应该如何按照儒家准则来生活。总的说来,BBC 的纪录片比较客观地向西方观众呈现了中国主流学者对李杜情谊的看法:二者当然不是同性恋人,而是文学创作上的良师益友,而且,尽管杜甫崇拜李白,但他并不模仿李白,而是有自己独一无二的风格。

最后,杜甫的诗名是否只是建立在他的苦难或者对儒家信念的坚守之上?

---

① 参见洪业. 杜甫:中国最伟大的诗人[M]. 曾祥波,译. 上海:上海古籍出版社,2020:40-41.

② 哈金. 通天之路:李白传[M]. 汤秋妍,译. 北京:北京十月文艺出版社,2020:218.

在很长时间之内，中外学界对杜甫的印象是非常刻板的。刘陶陶的观点代表了很多传统学者的看法。她认为，如果没有安史之乱，就不会有如今被我们熟知的杜甫。她的观点类似于清代赵翼在《题遗山诗》中提出的"国家不幸诗家幸，赋到沧桑句便工"之说。易言之，杜甫的生活经历和诗歌艺术的发展完美地诠释了"国家不幸诗家幸"的观点，而杜甫本人就是一个典型的怀才不遇、身份卑微、遭受战乱、颠沛流离的不幸游吟诗人。另外，苏轼在《王定国诗集叙》中评价杜甫道："古今诗人众矣，而杜子美为首，岂非以其流落饥寒，终身不用，而一饭未尝忘君也欤？"① 因此杜甫被很多中国学者视为坚守儒家伦理的英雄。然而，BBC 的纪录片却为观众呈现了更为多元和更为现代的杜甫形象。伍德认为杜甫不仅仅书写人生的苦难，他的许多诗歌都写普通人和简单生活的乐趣。杨雨认为杜甫在长沙的生活经常饥寒交迫，但这段时期却是他创作的高峰期。在那样的痛苦当中，他还经常表现出快乐的一面。他这种痛苦之中的快乐火苗是当代年轻人特别欣赏的地方。宇文所安甚至质疑了苏轼"一饭未尝忘君"的说法，认为当生活宽裕时，杜甫只关心美食，完全忘记了皇帝。通过这样的解读，宇文所安赋予了杜甫更普遍的人性。除此之外，他还指出杜甫的诗歌前无古人，后无来者。他的作品是中国古代思想和诗歌的精粹，他的思维千变万化，因此，观察他的思维运转是一种快乐。由此可见，宇文所安试图纠正学界认为杜甫的诗歌工整有余而创意不足的成见。总的说来，通过伍德、刘陶陶、宇文所安、杨雨对杜甫生平和诗歌的评价，BBC 的纪录片回答了观众关于杜甫的诗名是否只建立在他的苦难或者对儒家信念的坚守之上这一疑问。看完纪录片之后，观众可以获得关于杜甫的新的了解：他虽经历苦难，书写苦难，但也追求生活的乐趣，保有快乐的火苗；他虽讲究练字对仗，反映现实，却也不缺乏浪漫的想象和创造力。

通常而言，跨文明的双向阐释有三种模式和一个原则。模式一是在西方学者以西方文论阐释中国文学作品或文论之后，中国学者就此进行回应。模式二是中国学者运用中国文论阐释西方文学作品或文论而引发西方学界的回应。模式三是选定一个中西学者共同感兴趣的文学作品或文论，双方展开学术讨论。但是，这三种模式都需要遵守一个重要的原则——承认文化的相对性。乐黛云曾在多篇文章中表述自己对"文化相对主义"的看法。她引用赫斯科维奇（Melville J. Herskovits）关于"文化相对主义"的分析，认为这种原则"不仅

---

① 吴文治. 宋诗话全编 第一册 [M]. 南京：江苏古籍出版社，1998：707.

强调了不同文化各自的价值，同时也强调了不同文化之间的相互理解与和谐共处"①。正是在此原则之上，结合中国传统文化，她提出了"和而不同"的对话理念。易言之，中西文明的对话不应作高低优劣的价值判断，而是在尊重差异性的前提下"杂语共生"。通过跨文明双向阐释，世界文学可以以"马赛克"或"大熔炉"的方式存在。BBC 的纪录片《杜甫：中国最伟大的诗人》向世界展示了跨文明双向阐释的操作模式、原则和巨大的潜力。双向阐释必将成为巴蜀古代文学名人实现跨文明传播的重要路径。

---

① 乐黛云. 文化相对主义与跨文化文学研究［J］. 文学评论，1997（04）：61 – 71.

第六章

薛涛篇

薛涛（约768—832），字洪度，生于京兆长安（今陕西省西安市），长于成都，终老于成都，为中唐诗人群体中的翘楚，中唐女诗人魁首。她自幼随父薛勋宦蜀，八九岁知声律，能赋诗，十五岁诗名已闻于外。父早逝，母孀，生活困顿无依，曾先后在十一任西川节度使署服务，受到著名节度使韦皋、武元衡等人器重，曾被奏报为镇府内校书郎，故人称"薛校书"。辨慧工诗，多才多艺，与元稹、白居易、杜牧、刘禹锡等人竞相酬唱，诗名大振。后隐居浣花溪至逝世，于城内碧鸡坊修建"吟诗楼"。薛涛是写诗最多、现存诗最多的唐代女诗人。她自编诗集《锦江集》（已佚）五卷，选入自作诗500余首，今存世92首。其诗中最有特色的是爱竹敬竹诗，这些诗"托物寄志"，以竹的"苍苍劲节奇""虚心能自持"歌颂高尚的气节，上承竹林七贤，下启宋以后中华审美中的竹文化。其书法自成一体，并发明特殊用纸"薛涛笺"。薛涛是唐代杰出女诗人和大才女，在唐诗发展史、历代妇女著作史、中国书法发展史、特殊造纸史上都占有一席特殊地位，对后世产生深远影响。以薛涛为代表的蜀中才女文化、诗歌文化、诗笺文化，千年来薪火相传至今。每年三月三上巳节开展的望江楼竹文化活动、古蜀弦歌文化活动等，推动了薛涛文化的传承发展，在传承弘扬中华优秀传统文化方面发挥了积极作用。

薛涛在四川的历史遗迹有：成都市望江楼公园的薛涛井、薛涛小桃坟等历史遗迹，以及清代以来纪念薛涛的崇丽阁、吟诗楼、濯锦楼等历史遗存。

四川省社科院研究员谭继和用一句话总结了薛涛的成就：蜀女多才，薛涛秀冠。[①]

---

① 吴梦琳，吴晓玲. 第二批四川历史名人出炉 他们开创多个"第一"[N]. 四川日报，2020-06-08.

薛涛的诗歌不仅吸引了中国本土研究者，也吸引了其他国家的学者。薛涛诗歌在英语世界的传播以美国为中心，不同的译者在体裁、内容和翻译策略的选择上各有千秋。他们的译介使得薛涛成为美国读者熟知的中国才女。

第一节
薛涛诗歌英译概观

党争胜认为，中国诗歌外译的一般规律是依地缘关系的远近次序，先向亚洲各国译介传播，而后再向欧洲和美洲传播。[①] 薛涛诗歌的译介和研究自然也遵循了这一规律。寇研认为薛涛还在世时，已有使者将其诗歌带至日本。[②] 而张正则更是明确地指出薛涛诗歌得到了至少18位日本译者的译介。[③] 除了译介，大野实之助、铃木亨等当代日本文人还高度赞扬过薛涛的诗歌。21世纪以来，日本学者对薛涛诗歌的兴趣愈发浓厚。在2018年成都薛涛研究会第七次会员代表大会上，日本学者詹满江教授、横田睦美博士、植松宏一博士分别以"日本人咏薛涛""薛涛、杜甫与浣花溪""日本人四川游记与薛涛诗迹"为主题发言，介绍了薛涛研究在日本的传播和研究状况。除此之外，薛涛诗歌在韩国、朝鲜、马来西亚也有传播。韩语译者主要有崔完植、金亿、柳喜在、李丽秋。马来西亚的林淑荔曾撰写薛涛相关论文并译诗若干。[④] 另外，1992年法国学者皮埃尔·罗兰（Pierre Loran）与朱杰

---

① 党争胜. 中国古典诗歌国外的译介与影响 [J]. 外语教育, 2012 (3): 100–104.
② 寇研. 大唐孔雀 [M]. 北京: 北京大学出版社, 2012: 185.
③ 张正则所统计的译者包括辛岛骁、中尾春宵、佐藤村夫、那珂秀穗、山田岳夫、米内山庸夫、武田泰纯、久保天随、山川早水、土岐善麿、小泉八云、松浦友久、西村富美子、黑川洋一、山川丽、前野直彬、石川忠久、山崎绿等。
④ 张正则, 季国平. 女诗人薛涛与望江楼公园 [M]. 成都: 四川人民出版社, 1995: 124.

(Zhu Jie) 合译了《薛涛——高山流水》(Husüeh T'ao—Un torrent de montagne),法国巴黎第四大学远东研究中心的弗洛伦斯(Florence Hu-sterk)女士也曾翻译薛涛诗。

薛涛诗歌在英语世界的传播以美国为中心。最重要的译者为魏莎、肯尼迪(Mary Kennedy)和拉森(Jeanne Larsen)。她们翻译了大部分薛涛诗歌并结集出版了薛涛诗歌的专门译本,其中魏莎翻译了85首,肯尼迪翻译了51首,拉森翻译了68首。除此之外,表6-1所列中国文学选集、中国诗歌选集、中国女性诗歌选集以及唐代女诗人选集等也收录了部分薛涛诗歌的英文译文。

表6-1

年份	作者	书名	选篇
1972	王红公(Kenneth Rexroth) 钟玲(Ling Chung)	《兰舟：中国女性诗人》(The Orchid Boat: Women Poets of China)	《秋泉》《寄旧诗与元微之》
1975	柳无忌(Wu-Chi Liu) 罗郁正(Irving Lo)	《葵晔集：中国历代诗词曲选集》(Sunflower Splendor: Three Thousand Years of Chinese Poetry)	《秋泉》《送友人》《月》《柳絮》
1980	阿利基·巴斯通(Aliki Barnstone) 威利斯·巴斯通(Willis Barnstone)	《古今女诗人集》(A Book of Women Poets from Antiquity to Now)	《春望词》三首
1999	孙康宜(Kang-i Sun Chang) 苏源熙(Haun Saussy)	《中国历代女作家选集：诗歌与评论》(Women Writers of Traditional China: An Anthology of Poetry and Criticism)	《月》《蝉》《谒巫山庙》《送姚员外》《别李郎中》《酬李校书》《十离诗》
2000	梅维恒(Victor H. Mair)	《简明哥伦比亚传统中国选集》(The Shorter Columbia Anthology of Traditional Chinese Literature)	《听僧吹芦管》《采莲舟》
2000	闵福德(John Minford) 刘绍棠(Joseph S. M. Lau)	《含英咀华集》(Classic Chinese Literature: Anthology of Translation)	《蝉》《凤》《海棠溪》《犬离主》《鹦鹉离笼》

续表 6-1

年代	作者	书名	选篇
2003	班尼·周（Bannie Chow）托马斯·克里利（Thomas Cleary）	《秋柳：中国黄金时代的女性诗歌》（Autumn Willows: Poetry Women of China's Golden Age）	《风》《蝉》《春望词四首》《池上双凫》《别李郎中》《寄词》《斛石山晓望寄吕侍御》《赋得江边柳》①《寄刘尚书》②《送姚员外》《鸳鸯草》《送友人》《贼平后上高相公》《乡思》《和李书记席上见赠》《棠梨花和李太尉》《斛石山书事》《九日遇雨二首》《江边》《送郑资州》《和郭员外题万里桥》《海棠溪》《采莲舟》《菱荇沼》《金灯花》《春郊游眺寄孙处士二首》《赠远二首》《秋泉》《十离诗》《罚赴边上韦相公二首》
2004	伊维德（Wilt Idema）管佩达（Beata Grant）	《管彤：中华帝国的女性书写》（The Red Brush: Writing Women of Imperial China）	《罚赴边有怀上韦令公二首之一》《上川主武元衡相国二首》《春望词四首》《柳絮咏》《十离诗》
2005	托尼·巴斯通（Tony Barstone）周平（Chou Ping）	《安克尔丛书之中国诗歌：从古代到当代 3000 年的传承》（The Anchor Book of Chinese Poetry: From Ancient to Contemporary, The Full 3000-year Tradition）	《送友人》《寄旧诗与元微之》《秋泉》《春望词四首》《柳絮咏》《蝉》《月》
2005	珍妮·拉森（Jeanne Larsen）	《柳酒镜月：中国唐代女性诗作》（Willow, Wine, Mirror, Moon: Women's Poems from China）	《池上双凫》《鸳鸯草》《金灯花》《忆荔枝》《贼平后上高相公》《和李书记席上见赠》《酬吴使君》
2009	客远文（Christopher Kelen）谭晓汶（Hilda Tam）宋子江（Song Zijiang）樊星（Iris Fan Xing）丁懿芬（Carol Ting）	《梧桐叶上的诗篇：唐代女诗人集》（Poem on a Plane Tree's Leaf: Women Poets of the Tang Dynasty）	《风》《赠韦校书》《斛石山晓望寄吕侍御》《斛石山书事》《寄词》《蝉》《酬杨供奉法师见召》《试新服裁制初成三首》《酬辛员外折花见遗》《赠远二首》《秋泉》《柳絮》《十离诗》《江月楼》《西岩》《罚赴边上武相公二首》《元微之赠涛诗因寄旧诗与之》

---

① 《赋得江边柳》为鱼玄机所作，译者错误地将其归为薛涛作品了。
② 《寄刘尚书》为鱼玄机所作，译者错误地将其归为薛涛作品了。

"诗篇调态人皆有，细腻风光我独知"，薛涛的诗歌题材广泛，语言雅正清新，从唐代至今得到了许多学者的高度肯定[1]。薛涛诗歌不仅在国内以及日本、韩国、马来西亚、法国等地广为流传，在19世纪以来更是引起了众多英语世界译者的兴趣。1921年，美国意象派诗人艾米·洛威尔与汉学家艾斯库合作出版了一部名为《松花笺》（Fir-Flower Tablets）的中国古诗英译集。尽管该诗集并未收入薛涛的作品，但书名却以因薛涛而闻名的"松花笺"命名。该诗集的封面设计是以薛涛笺常用的深红色作为底色，题有以毛笔楷体书写而成的"松花笺"三个汉字。除此之外，艾斯库还在引言中特别介绍了薛涛以及"松花笺"的来历："早在9世纪时，四川成都有一位叫作薛涛的名妓，她聪慧过人，擅长作诗。她制作'十色纸'浸入溪水中，而后作诗其上！"[2] 自此以后，女诗人薛涛与她制作的"松花笺"引发了许多美国人的兴趣。据张正则介绍，美国知名画家、诗人、研究笺纸历史的专家苏姗·奥尔森（Susan Olsen）甚至身着唐装，效仿薛涛当年制笺写诗的生活方式，在山脚下的溪边亲手制作一种类似于"松花笺"的笺纸，被称为"当代的美国'薛涛'"。[3] 在艾米·洛威尔与艾斯库拉开了译介薛涛的序幕之后，1945年魏莎的《芳水井》、1968年肯尼迪的《我与你心心相印》（I Am A Thought of You）以及1987年拉森的《锦江诗选——唐代乐妓薛涛诗集》（Brocade River Poems: Selected Works of the Tang Dynasty Courtesan Xue Tao），作为薛涛诗歌的专门译本为薛涛诗歌在西方国家的传播起到了重要作用。除此之外，1995年国内张正则及其夫人季国平的中英文合编本《女诗人薛涛与望江楼公园》（Poetess Xue Tao and Park of River Viewing Tower）出版，它与前三本美国译者翻译的薛涛诗歌专门译本一起为扩大薛涛诗歌的国际影响力和促进薛涛诗歌经典化做出了不可磨灭的贡献。迄今为止，中外学者对于薛涛诗歌的英译的已有一个世纪，在文化上横跨东西文明圈，在译者主体上呈现出性别和职业差异，在译文文本和翻译策略上也体现出不同的风貌。勒菲弗尔的"操控理论"（manipulation theory）认为"翻译就是对原语文本的改写"，并且"改写即操纵，并为权力服务"。这一"改写"

---

[1] 唐代元稹、王建、张为，南宋晁公武，元代辛文房以及明代杨慎、钟惺、郭炜、黄周星、周珽、胡震亨，清代纪昀、陈矩、赵世杰，近当代的傅润华、姜华、张蓬舟、郑振铎、陈文华、赵松元、朱德慈、刘和椿、苏者聪等都高度肯定了薛涛诗歌的艺术成就。

[2] Amy Lowell, Florence Aysxough. Fir-Flower Tablets [M]. Boston and New York: Honghton Mifflin Company, 1921: 25.

[3] 张正则, 季国平. 洪度芳名传海表 花旗才女仿涛笺 [J]. 文史杂志, 2010 (5): 27.

（rewriting）超越了语言文字转换层面，体现了意识形态和诗学形态对翻译的操纵，也就是说，社会意识形态（ideology）、诗学观（poetics），还有赞助人（patronage）等诸多语言外因素，始终操纵着翻译的全过程。① 因此，薛涛诗歌的译介者对篇目的取舍以及翻译策略的选择能为我们提供了解译介活动发生的时代背景、文化模子以及译者身份等关于"他者"的重要信息。

薛涛一生作诗 500 余首，留存诗作 92 首，是中国古代作诗和留存诗数量最多的女诗人。正如其自评"诗篇调态人皆有，细腻风光我独知"，她的诗歌题材广泛，语言雅正清新，其诗歌的艺术成就从唐代至今得到了许多学者的高度肯定。薛涛诗歌不仅在国内以及日本广为流传，自 19 世纪以来更是得到艾米•洛威尔与艾斯库、魏莎、肯尼迪、拉森、克雷瑞（Thomas Cleary）、莫纳汉（Jean Monahan）、奥尔森（Susan Dee Olsen）等人的译介，在译者主体上呈现出性别和职业差异，在译文文本和翻译策略上也体现出不同的风貌。本节参考勒菲弗尔的"操控理论"，拟从时代背景、文化模式、译者主体的差异性入手探讨这些因素如何制约和操控译者在翻译过程中的篇目取舍及翻译策略选择。

一、薛涛诗歌译篇选择之异

今日薛涛研究者多以 1981 年张蓬舟先生的《薛涛诗笺》（收入 92 首）为研究底本。笔者遵循目前薛涛诗歌研究的惯例，以张蓬舟先生收录的薛涛诗篇目为参照，对中外薛涛诗歌英译者在诗歌类型的选择上体现的差异进行分析并探讨导致这些差异的根源。

（一）译者对不同体裁薛涛诗的选译

薛涛诗按体裁可以分为五言绝句、五言律诗、七言绝句、七言律诗、七言古风、六言诗和杂言诗（《四友赞》）。

---

① Andre Lefevere. Translation/History/Culture a Sourcebook [C]. Shanghai：Shanghai Foreign Language Education Press，2004（b）.

表6-2 薛涛诗歌英译篇目体裁统计表

单位：首

诗歌类型	五言诗			六言诗	七言诗				杂言诗	伪作	合计
	绝句	律诗	小计		绝句	律诗	古风	小计			
张蓬舟本	13	2	15	1	72	2	1	75	1	0	92
魏莎译本	13	2	15	1	64	2	0	66	1	3	85
肯尼迪译本	9	1	10	0	37	1	0	38	0	3	51
拉森译本	10	1	11	0	52	2	1	55	0	2	68
张正则、季国平译本	8	1	9	0	12	0	0	12	0	0	21

从表6-2可以看出1945年魏莎译本在诗歌体裁的选择上是最全面的。除了没有选入七律古风《江月楼》，魏莎译本几乎涵盖了现存薛涛诗歌的所有类型。而其余几位译者都弃选了六言诗与杂言诗。译者对所译对象的选择或放弃是一种有意识的"创造性叛逆"，是译者作为源语文学与文化的接受者以及经翻译变异后的源语文学与文化的发送者所具有的特殊权利。换言之，译者可以通过自身对原语素材的选择体现其能动性与自主性。

从魏莎、肯尼迪、拉森和张正则夫妇译本对薛涛诗歌篇目的取舍来看，四个译本都青睐薛涛的五言和七言绝句与律诗。他们在篇目取舍上最大的分歧在于六言诗与杂言诗：除了魏莎，其余译者都未选译薛涛的六言诗和杂言诗。从诗歌形式来看，薛涛诗歌以五言和七言的绝句和律诗为主，六言、杂言各仅存一首。正如魏莎在其译本序言中所说："（薛涛的诗）几乎都是几何图形般的工整，她偏爱七言或五言的形式，押韵……"① 对于大多数习惯了自由诗体的美国人来说，薛涛的五言与七言绝句或律诗是更具神秘东方特色的诗歌。六言诗与杂言诗作为薛涛诗歌中"非主流""非典型"的诗歌样式，本身不能像五言及七言绝句或律诗那样具有异域特色。从诗歌内容来看，六言诗《咏八十一颗》"色比丹霞朝日，形如合浦圆珰。开时九九知数，见处双双颉颃"表面上是一首简单的咏物诗，但具体所咏对象并不明晰。魏莎将之勉强翻译为"Blushing like clouds about the ring sun, Shaped like the treasure gem, Ho P'u! Opened, they may

---

① Genevieve Wimsatt, A Well of Fragrant Waters [M]. Boston: John W. Luce Company Publishers, 1945: 7.

be counted, nine time nine, Elated, buoyant, and blithe, set two by two"①。尽管译文忠实于原文,但主题不明无疑给读者的理解和接受造成巨大的障碍,原诗中"九九知数"和"双双颉颃"所蕴含的深意更是无法传达。实际上,这首诗的意味直到 1992 年才由陶道恕教授以中国古代民俗《九九消寒图》破解:原来此诗是唐代民间风俗的艺术再现。其中"九九知数"是指唐人描画九九八十一颗素梅,逐日点染以"数九"的文娱活动。而"双双颉颃"是指经过点染的梅与日俱增,位置不断变化,"双双"成对、上下"颉颃"②。因此,肯尼迪和拉森在巨大的文化障碍之前,都选择"知难而退"。而尽管在 1995 年国内张正则与季国平夫妇译本出版之际该诗的民俗意味已经破解,但该译本的定位是"关于薛涛的通俗和入门读物,主要是写给中外游客看的"③,他们从译语接受者的文化与心理角度考虑,没有必要译介涉及深厚历史和文化意味的诗歌,因此他们的译本也未选译这首充满民俗意味的六言诗。另一首被弃选的杂言诗《四友赞》"磨润色先生之腹,濡藏锋都尉之头。引书媒而黯暗,入文亩以休休"是一首一语双关的诗迷。该诗将文房四宝笔墨纸砚分别比作"藏锋都尉""书媒""文亩""润色先生",描写了磨墨、润笔、蘸墨和写字这四个动作④。魏莎将之译为:"Tickling the belly of My Lord Pick-lice: /Watching the head of Captain-with-the-spear: /Led by Go-between of Quietness and Peace: /Finding repose and freedom in Art's sphere"⑤。这样的译文对于不熟悉中国文化的美国读者来说相当费解。加之"双关"这一特殊的汉语现象转换为英语时会遇到语音、词汇、句法、文化差异和思维习惯等方面的障碍,几乎是不具备可译性的,因此,她的后继者纷纷弃译此诗也是情有可原。

通过分析魏莎、肯尼迪、拉森和张正则夫妇的译本对不同体裁薛涛诗的选译情况可以看出,中外译者在选译不同体裁诗歌的时候往往受到三个重要因素制约:其一,从诗歌原文来看,诗歌体裁是否为该国或该诗人的代表性样式,能否典型集中地体现该国或该诗人作品的突出特色;其二,从译语接受者的角

---

① Genevieve Wimsatt, A Well of Fragrant Waters [M]. Boston: John W. Luce Company Publishers, 1945: 43.
② 陶道恕. 唐代民间习俗的艺术再现——薛涛诗《咏八十一颗》试解 [C] //薛涛研究论文集,成都:四川人民出版社,2000: 142-150.
③ 张正则,季国平. 女诗人薛涛与望江楼公园 [M]. 成都:四川人民出版社,1995: 2.
④ 汪辉秀. 薛涛诗解析 [M]. 成都:四川师范大学电子出版社,2013: 56.
⑤ Genevieve Wimsatt, A Well of Fragrant Waters [M]. Boston: John W. Luce Company Publishers, 1945: 57.

度考虑,该体裁的诗歌所传达的内容是否会因文化模式的差异而让接受者晦涩难解甚至超出其接受范围;其三,从译者主体来看,译者的跨语言能力和跨文化素养是否能胜任对原文的翻译,也就是具体译者对具体原文"可译性"的考察。

(二) 译者对不同内容薛涛诗的选译

薛涛诗按内容可以分为抒情诗、咏物诗、叙事诗、上节帅诗以及酬赠诗。从表6-3可以看出中外译者对不同内容的薛涛诗的选译有以下几个特点:其一,魏莎译本所选内容的诗歌篇目最全面;其二,肯尼迪译本与拉森译本选译的酬赠诗比例最低;其三,张正则与季国平译本选译的叙事诗与上节帅诗数量最少;其四,美国译者的译本都入选了少量伪作。

表6-3 薛涛诗歌英译篇目内容统计表

单位:首

诗歌类型	抒情诗	咏物诗	叙事诗	上节帅诗	酬赠诗	伪作	合计
张蓬舟本	5	29	7	19	32	0	92
魏莎译本	4	23	6	17	32	3	85
肯尼迪译本	0	15	4	13	16	3	51
拉森译本	5	19	7	16	19	2	68
张正则与季国平译本	4	10	1	2	4	0	21

1. 魏莎译本所选诗歌篇目最全

魏莎译本无论从体裁还是内容上对薛涛诗歌的译介都是最全面的。魏莎几乎翻译了她那个时代能够找到的所有薛涛诗。剔除3首伪作,另外现在公认的《朱槿花》《浣花亭陪川主王播相公暨同僚同赋早菊》《题从生假山》3首是在1981年才由张蓬舟先生在北京图书馆的《分门纂类唐歌诗》残本中发现。因此,按魏莎所处时代,无论是《万首唐人绝句》《全唐诗》《洪度集》还是明刻《薛涛诗》,所收录的薛涛诗歌数量最多不过89首。按此比例来看,魏莎夫人《芳水井》译本所译篇目已经占据当时全集的95.5%。这一数据说明,魏莎对薛涛诗歌篇目几乎没有加以"文化过滤",而是以一种"亲善"甚至"狂热"的态度注视中国古典诗歌,满含对东方乌托邦的幻想与热爱,将几乎所有薛涛诗全部译介给她的同胞。她在篇目的选择上并不附带主观偏好,甚至也不考虑译语接受者的文化模式对译文接受程度的制约（从《咏八十一颗》及《四友赞》的翻译可以看出这一点）。魏莎在翻译薛涛诗的过程中比其他几位译者更为自由，受到的制约较少。然而翻译行为不可能在真空中完成，她在翻译过程中呈现的与其他几位译者不同的特点也必然受到一些因素的影响。首先，从译者的身份来看，作为汉学家、译者和诗人的魏莎非常热爱中国文化，尤其是中国传统文化[①]。她本人与薛涛同为女性诗人，类似的身份让她对薛涛的才情和身世充满欣赏和共情。这一点可以在她书中序言对1934年晚秋到成都寻访薛涛遗迹的记载得到印证："在青草蔓生的古墓上放下一个花圈，我站在秋日的阳光下，久久缅怀那位把酒吟诗的蜀中女子。"[②] 其次，从翻译所处时代背景来看，20世纪上半叶正值"美国诗歌复兴"时期。在这一新诗运动中表现最突出的意象派倡导积极学习东方民族的诗歌，他们渴望东方诗歌的异域之美给他们带来创作的灵感。这一时期埃兹拉·庞德（Ezra Pound）的《神州集》，艾米·洛威尔与弗洛伦斯·艾斯库的《松花笺》对中国诗歌的译介让美国人民发现了光辉灿烂、令人惊叹的东方诗歌艺术。庞德说中国诗歌则是"一个宝库，今后一个世纪将从中寻找推动力，正如文艺复兴从希腊人找到推动……很可能本世纪会在中国找到希腊。目前，我们已经找到了一整套全新的价值"[③]。哈丽特·蒙罗（Harriet Monroe）也指出"新诗派的最大功绩是发现了中国诗"[④]。在这样的历史文化背景下，魏莎与其先驱庞德和洛威尔等对中国诗歌的英译有着相同的内在驱动力：当时美国文学界的内在诗学需求。事实上，20世纪上半叶，美国文坛希望自己的民族文学能够像政治一样摆脱欧洲母体。在其民族文学建立的过程中，他们对于欧洲母体的文学和文化具有本能的排斥心理，因此便把目光投向时代更古老、地理更偏远的东方以寻求塑造本民族独特文化的精神资源。魏莎译本所选译薛涛诗的篇目最全面这一事实正印证了廖七一教授总结的翻译文学在国别文学中占据主要地位的社会条件之一——"当一种文

[①] 魏莎曾经出版了1927年的《格里芬中国见闻录》（*A Griffinin China: Fact and Legend in the Everyday Life of the Great Republic*），1934年的《孟姜女》（*The Lady of the Long wall*），1936年的《中国皮影戏》（*Chinese Shadow Shows*），《卖残牡丹：唐代女诗人鱼玄机生平及诗歌》（*Selling Wilted Peonies: Biography and Songs of Yii Hsuan chi*），以及1945年的《芳水井：洪度生平及写作》等与中国相关的书籍。

[②] Jeanne Larson. Brocade River Poems [M]. New Jersey: Princeton University Press, 1987: 12.

[③] Ezra Pound. Renaissance [J]. Northern Anthology Of American Literature (11): 1048.

[④] 赵毅衡. 诗神远游——中国如何改变了美国现代诗 [M]. 上海：上海译文出版社，2003: 13-15.

学还处于'幼稚期'或处于建立过程中时"①。

2. 肯尼迪译本与拉森译本弃译大量酬赠诗

现存薛涛诗歌中有32首为酬赠诗，这些多是薛涛与当时文人雅士或官员酬唱之作。魏莎翻译了全部32首酬赠诗，肯尼迪只选译16首，拉森选译了19首。她们在对酬赠诗的取舍上出现了明显分歧，这与译者主体的文化心理和当时具体的社会历史语境息息相关。拉森在《锦江诗选——唐代乐妓薛涛诗集》的前言中说："遗憾的是过去流传的薛涛诗歌的数量是现存的五倍。很难说现存的诗歌是否代表了她诗作的典型特点，因为通常那些符合人们心中相思成病的女诗人形象或者情人间打情骂俏一语双关的诗更容易流传下来……所以此书中选译的篇目也不是非常有代表性。本书弃译了很多薛涛机敏地与权贵应酬那些的酬赠诗……无论诗歌本身技巧有多高，这些诗让西方读者会因为诗人阿谀奉承而产生反感。"② 由此来看，她弃译大量酬赠诗是为了避免西方读者因不熟悉中国古代的唱和传统而产生误解。事实上，除此以外还有更深层的社会和历史因素操控着译者对翻译篇目的取舍。

从20世纪50年代末60年代初以来，美国读者最青睐的中国诗歌是寒山、王维、李白等表达东方民族超逸脱俗、宁静自得、带有禅宗或道家思想的诗歌。薛涛酬赠诗中所体现的"入世"思想，与经历了第二次世界大战、对社会现实感到不满而自我放逐的"垮掉的一代"的精神需求格格不入。因此，受到这些民族审美偏好和社会历史条件的制约，肯尼迪和拉森都弃译了大量的酬赠诗而保留下较多歌咏花草竹木、自然山川的咏物诗及登山访庙的叙事诗。在20世纪60年代至80年代，美国各种政治运动风起云涌，民权运动、同性恋运动、女性主义思潮都说明各种边缘文化和力量正奋力以各种形式反霸权、反主流以争取自身权益。薛涛的酬赠诗容易被当时美国人看作边缘力量向主流力量的"屈从"而与当时美国大众的思想潮流相悖。所以正如拉森所担心那样，无论这些诗的技巧多么纯熟，都难免引起误解甚至反感。所以在这样的社会和历史背景之下，肯尼迪与拉森的译本大量削减酬赠诗既是顺应译语接受者的文化心理，更是符合社会历史潮流的明智之举。

3. 张正则、季国平译本选译叙事诗与上节帅诗数量偏少

现存薛涛诗歌中共有叙事诗7首。其中，魏莎选译6首，肯尼迪选译4

---

① 廖七一. 当代西方翻译理论探索 [M]. 南京：译林出版社，2002：66.
② Jeanne Larson. Brocade River Poems [M]. New Jersey：Princeton University Press，1987：21.

首，拉森选译 7 首，张正则、季国平仅译 1 首。中外译者对薛涛叙事诗表现出不同态度的原因可以通过分析中西诗学脉络得到答案。在中国，《乐记·乐本篇》最早明确提出"物感说"，其后的《毛诗序》《文赋》《文心雕龙》《诗品序》《筱园诗话》等诸多诗学论著都沿着"感于物而动""情动于中而形于言"的道路将中国诗歌的抒情言志传统发扬光大。因此，中国古典诗歌从《诗经》开始，经过《楚辞》、《离骚》、汉魏乐府、唐诗、宋词直到元曲，都具有强烈的抒情色彩。而西方自亚里士多德（Aristotle）的《诗学》（*Poetics*）以来，"摹仿说"得到贺拉斯（Quintus Horatius Flaccus）、布瓦洛（Nicolas Boileau Despreaux）、狄德罗（Denis Diderot）、蒲柏（Alexander Pope）和温克尔曼（Johann Winckelmann）等人的继承和发扬。在"艺术模仿自然"的唯物标准下，西方诗歌尤其长于叙事。从古希腊的《荷马史诗》（*Homeric Epic*）、古罗马的《埃涅阿斯纪》（*The Aeneid*）、中世纪的四大史诗、但丁（Dante）的《神曲》（*Divine Comedy*）、17 世纪弥尔顿（John Milton）的《失乐园》（*Paradise Lost*）、18 世纪拜伦（George Gordon Byron）的《唐璜》（*Don Juan*）、歌德（Johann Wolfgang von Goethe）的《浮士德》（*Faust*）到雪莱的《解放了的普罗米修斯》（*Prometheus Unbound*）等，均是规模宏大的叙事诗。中西诗学"物感说"与"摹仿说"的分野导致了各自诗歌主流朝着"表现"与"再现"的不同方向发展，最后出现中西诗歌的一大显著区别：中国诗歌长于抒情，西方诗歌长于叙事。正是由于译者受到以各自诗学理论和诗歌创作历史为主的文化史"前文本"的影响，他们在选译诗歌篇目的时候，其各自关注的焦点聚集到更切合自身文化传统的对象上。对于魏莎、肯尼迪和拉森而言，叙事性诗歌是她们关注的重点，而对于张正则夫妇来说，抒情诗才是体现中国诗歌特色的首选对象。

中美译者对于上节帅诗的选择也出现了巨大差别。薛涛留有 19 首含有"上""献"等字的赞美和歌颂历任剑南西川节度使的诗，薛涛研究者将之定义为上节帅诗，以区别于她与其他普通文人和友人之间的酬赠诗[①]。魏莎选译 17 首上节帅诗，肯尼迪选译 13 首，拉森选译 16 首，张正则夫妇仅译 2 首。肯尼迪和拉森对上节帅诗和酬赠诗自相矛盾的态度不免让人费解。在 19 首上节帅诗中，三位美国译者都选译了《十离诗（十首）》。魏莎《十离诗》的英文题名为"Ten Poems of Parting with Yuan Wei-chin"，在题目下方还译出一段

---

① 汪辉秀. 薛涛诗解析 [M]. 成都：四川师范大学电子出版社，2013：72.

题记"元微之使蜀,严司空遣涛往侍。后因事获怨,远之。涛作《十离诗》以献,遂复善焉"。肯尼迪将《十离诗》中的《笔离手》的诗名译为"The Writing Brush",而将剩余9首合译为"Nine Sad Songs for Yuan Chen"。拉森将《十离诗》诗名译为"Ten Partings",但在对诗歌的注解中言:"《犬离主》是薛涛《十离诗》系列诗的第一首作品。尽管这些诗有可能是她为恩主韦皋所作,但也很可能是她在与诗人元稹的爱情和友情破灭之后所作。"① 将这一注释与拉森前言中所说的"通常那些符合人们心中相思成病的女诗人形象或者情人间打情骂俏一语双关的诗更容易流传下来"结合来分析,不难看出无论魏莎、肯尼迪还是拉森,她们都有意识或无意识地把《十离诗》当成薛涛与元稹之间的"情诗",而不是薛涛为讨好韦皋重获恩宠的"上节帅诗"。无论是有意还是无意的错误归类,这都解释了三位美国译者对上节帅诗选译的篇目比重高出意料的原因。与美国译者对《十离诗》的态度迥异,张正则夫妇译本只选译了《犬离主》一首,并补充道:"有人怀疑《十离诗》都不是薛涛诗,谓其风格卑下,与其他薛涛诗迥然不同……韦皋见了此诗,确实重生怜爱之情、惜才之意,原谅薛涛过失。"② 可见张正则夫妇在翻译《十离诗》的过程中的确受到旁人对《十离诗》真伪的存疑、学界对其诗风的评价,以及相关文献对该诗来由的记载等因素的影响。因而,尽管《十离诗》语言俏皮,在中国民间流传颇广,但张正则夫妇译本只是代表性地译介了其中一首以飨英语世界的读者。

4. 美国译者译本选入伪作

在对薛涛诗歌的译介中,美国学者都选译了一些伪作。魏莎选译了伪作《赠杨蕴中》《落花联句》《夜月联句》。肯尼迪选译一首"A Letter to Kao Pien",经考证薛涛并无此相应诗文,另外她也选译了《赠杨蕴中》和《落花联句》。拉森选译了伪作《牡丹》和《锦城春望》二首。《万首唐人绝句》和明刻《薛涛诗》收有《赠杨蕴中》。其中《万首唐人绝句》题注:"死后作。"而《落花联句》和《夜月联句》首载于明代李祯《剪灯余话》。据载田洙随父入蜀,遇薛涛鬼魂相互唱酬。可见这三首诗都是后人假托薛涛鬼魂而作之诗,乃伪作。但是魏莎将它们尽数翻译,并且在译介《落花联句》时还把这一章节命名为"Romances Escape the Tomb"(《死后传奇》),可见魏莎对诗歌

---

① Jeanne Larson. Brocade River Poems [M]. New Jersey:Princeton University Press,1987:97.
② 张正则,季国平. 女诗人薛涛与望江楼公园 [M]. 成都:四川人民出版社,1995:68.

的真伪并不介意,她明知《落花联句》和《夜月联句》乃后人伪作,但由于其创作的传奇性和诗歌技艺上的高超而欣然译介它们。肯尼迪在其译本的致谢中写道:"我年轻时在中国待过,在上海的一家书店里找到一本中文原文的薛涛诗集。我就靠着这些诗歌的英文翻译和一些其他更近代的资料,把它们改编而成了这本书。"① 拉森原文中用"adapted"而非"translated"来定义自己工作的性质。她还说:"她(薛涛)的诗精美典雅。她写朋友、写花、写院中的竹子。她活在自然给予她的欢乐中。"② 可见肯尼迪也并不关注诗歌的真伪。加上在她所处时代,美国的文艺潮流正盛行以敏锐的心灵感知自然山川,歌咏花草树木。因此《赠杨蕴中》和《落花联句》因表达了对时间流逝的无奈、对花朵凋零的感怀正好切合了当时的潮流而得以译介。拉森所选译的《锦城春望》除了清代《重修成都县志》有载,其他版本并没将之收入薛涛诗集,《全唐诗》将之收入卓英英名下。但现据清初王士禄《然脂集例》及揆叙《历朝雅闺》考订为晚唐薛能所作。可见,拉森对伪作的态度与魏莎和肯尼迪并不一样,她在选译时并无选入伪作的主观意图③。然而由于译者身在美国,加之薛诗版本繁杂,要辨伪存真的确并非易事。正如拉森在前言中说:"由于这些诗歌在付印成册之前很长时间是以手抄本流传,因此不同版本有不少差异……要想知道哪个版本是正确的是不能的,所以我就按照最适合翻译成英文诗的标准来取舍。"④ 可见,美国学者对薛涛诗伪作的选译有的是为了增加趣味性和传奇性刻意为之,有的是出于客观条件所限而无心使然。这说明除了译者主体的主观意图,原文产生地、译语接受地的客观条件对译者的翻译行为也具有制约作用。

二、薛涛诗歌翻译策略之异

异化翻译法和归化翻译法是 1995 年美国翻译理论家劳伦斯·韦努蒂

---

① Mary Kennedy. I Am a Thought of You [M]. New York: Gotham Book Mart, 1968: Acknowledgements.
② Mary Kennedy. I Am a Thought of You [M]. New York: Gotham Book Mart, 1968: 1.
③ 拉森以"The Chinese Poet Xue Tao: The Life and Works of a Mid-Tang Woman"(《中唐女诗人薛涛的生平与作》)于 1983 年获得博士学位。作为学者型译者,她在原文的真伪性上态度严谨,并无选入伪作的主观故意。
④ Jeanne Larson. Brocade River Poems [M]. New Jersey: Princeton University Press, 1987: 21.

(Lawrence Venuti)创造出来用以概括翻译策略的两个术语。① 异化翻译法是故意使译文冲破译入语常规，保留原文中的异国情调。归化翻译法是尽量减少译文中的异国情调，为译入语读者提供自然流畅的译文。前者是尽可能让作者居安不动，让读者去接近作者；后者是尽可能让读者居安不动，让作者去接近读者。在理论旅行之后，中国翻译界对异化翻译法和归化翻译法产生了误解，往往把异化和归化简单地等同于直译和意译，看作二元对立的翻译策略。而事实上在新版的《译者的隐形》中，韦努蒂对归化和异化作了进一步的阐释："'归化'和'异化'不是一对截然不同的两个二元对立的术语……主要是指对外语文本和外国文化的道德态度，是指翻译文本的选择和翻译策略的选择所产生的道德影响。"② 换言之，归化与异化本身即译者所处时代的意识形态与诗学体系等复杂的社会因素和译者主体的个体情感对译者翻译策略的选择的挟制。通过分析不同译者的薛涛译诗，可以挖掘出潜在地制约和操控译者"脑文本"这一深层文本的机制。

（一）魏莎译本的"异化"策略

从20世纪薛涛诗歌英译的过程可以看出，40年代魏莎翻译薛涛诗歌之时，在选译过程中对译入语接受者的考虑较少。她对中国诗歌的翻译策略是尽量保存中国诗歌的原有滋味。她在前言中就谈道："（薛涛的诗）几乎都是几何图形般的工整，偏爱七言或五言的形式，押韵……我很快又发现它们都是用4行诗歌形式写成，于是我想：'为什么不把它们翻译成英文四行诗呢？'尽管四行诗的形式会让西方人觉得有些过时，我仍然决定接受这一挑战。"③ 从这些记载来看，对当时的美国而言，异域文化的独特美感带来的吸引力是巨大的。译者往往无暇顾及本国接受者的理解能力和文化背景，他们满含热情地投入异质文学或文化的翻译介绍中，希望通过他们的译介为本国文学带来不一样的文学因子和诗学灵感。无论对诗歌形式还是内容，魏莎在翻译薛涛诗时都采用了"异化"策略。翻译中的异化策略明显地体现出译入语文化对源语文化

---

① 美国学者韦努蒂的"The Translator's Invisibility：A History of Translation"（《译者的隐形：一部翻译史》）中提出"归化"和"异化"概念后被中国翻译界广泛运用来阐释两种不同的翻译策略。
② Lawrence Venuti. The Translator's Invisibility：A History of Translation (2nd ed.) [M]. London and New York：Routledge, 2008：19.
③ Genevieve Wimsatt. A Well of Fragrant Waters [M]. Boston：John W. Luce Company Publishers, 1945：7-8.

的仰慕。比如,她对《别李郎中》的翻译:

别李郎中

花落梧桐凤别凰,想登秦岭更凄凉。

安仁纵有诗将赋,一半音词杂悼亡。

SEPARATING FROM LI LANG-CHUN
The wu t'ung leaf has fallen, Feng from Huang must part…
Perhaps it will be still more lonely at Chin Ling…
If ever-grieving An-jen chanted this melody,
One half the strain would be a dirge of sorrowing…

  首先,从形式上看,虽然由于英语单词不像汉字每个字词所占空间大小几乎相同,因此译诗形式不能完全达到原诗"几何图形般"的形式美,但比起惯常以自由诗体翻译中国古诗的译者来说,这已经是典型的保留原诗特点的异化翻译了。其次,从内容来看,原诗中具有中国文化意蕴或历史典故的人名或物名都以拼音形式得以在译文中保留。如"李郎中""梧桐""凤""凰""安仁"等。最后,从诗歌韵律来看,原文为七言绝句,隔行押韵,韵脚为"ang"。译文为了尽量保存原文的音乐性,也在第二行和第四行押韵,韵脚为"ing"。事实上,这样的"巧合"在魏莎译本中比比皆是。从魏莎译本来看,译者通过使译文不完全遵循英语语言与语篇规范,甚至选择艰涩难懂的四行诗,有意保留源语中的典故或专有名词等异化策略,以便为英语接受者提供一次"前所未有的阅读经验"。这种翻译策略的选择正是当时的文化语境操控的结果:"与欧洲文化的剥离、创立自己的文化品格就是美国文化初次接受中国文化的文化语境"[1],在这一文化语境下的"中学西渐"现象反映了当时美国对中国文学和文化所寄寓的深切厚望——借中国的异质性文学因子以激活本土的民族性的诗学元素。

(二) 肯尼迪译本的"改编"策略

  肯尼迪在其译本的封面和致谢中两次用"adapted"而非"translated"来

---

[1] 董洪川. 文化语境与文化接受——试论当代美国诗歌对中国传统文化的接受 [J]. 外国文学研究, 2001 (4): 25.

定义自己工作的性质，是非常诚实的。首先，肯尼迪以一首名为"A Letter to Kao Pien"的小诗作为其译本的首篇，其书名"*I Am a Thought of You*"也是来自此。但不幸的是，在薛涛现存诗歌中没有任何一首诗中有提及与"Kao Pien"发音类似的人名。但通过肯尼迪译本中的第六首"Hail, Kao Pien"（《贼平后上高相公》）可以考订出"高相公"指高崇文。而 Kao Pien 乃指高崇文的孙子——晚唐名将"高骈"[1]。

贼平后上高相公
惊看天地白荒荒，瞥见青山旧夕阳。
信使大威能照映，由来日月借生光。

HAIL, KAO PIEN

Hail, Kao Pien!
Such dazzling lightning bursts from you
That the distraught Cosmos
Almost cease turning.
Mountains cloak themselves in new green,
The sunset is burning in new colors.
After this day, both the sun and the moon
Must take their light from you!

公元 805—806 年间由于剑南西川节度使韦皋暴卒，刘辟作乱，社会动荡，唐朝朝廷派高崇文平叛，高崇文平叛成功后封为剑南西川节度使。《纪异录》曾载高骈镇蜀时与薛涛交好，这一记载误导许多读者，肯尼迪亦受坊间谬传影响。高骈任四川节度乃在僖宗乾符元年（874），时代远不相及。因此"Hail, Kao Pien"显然是将历史人物名字张冠李戴。这样明显的纰漏极有可能是译者认为原文的准确性并不重要，她只是借由原文寻找诗兴而借题发挥。事实上，肯尼迪译本中还有许多她的个性化创造，这些"创造性叛逆"仅从标题的翻译就可见一斑：比如《赠段校书》被译为"So Handsome is the Prince"，《试新服裁制初成》被译为"From the Center of the Sun"，《春郊游眺寄孙处士》

---

[1] 周彦. 美国女诗人对薛涛的译介及译诗探析 [J]. 中国翻译，2014（6）：62.

被译为"I Stood so Long",《赠韦校书》被译为"Do not Compare Bean Flowers",《送友人》被译为"The Lotus is Pale on Black Water",《斛石山晓望寄吕侍御》被译为"The Early Sun Dissolves the Mist",等等。另外,肯尼迪译本不仅收录了51首译诗,还收录了5首她自己创作的诗,分别为"Meadow""Warblers""Ride Into Morning""More Precious Than Grass""A Wreath of Four O'clocks"。综上所述,肯尼迪译本的翻译策略更加侧重于挖掘译者主体的创造性,她的译本更像一种创造或改编。我们可以大致推测出两个原因:其一,20世纪50年代到70年代,中美关系处于隔离状态,因此肯尼迪的译本成书于中美文化交流的低谷时期,政治外交导致的文学文化交流障碍使她在诗歌翻译过程中大胆地发挥如庞德翻译中国诗歌时的"疯狂想象力";其二,从肯尼迪本人的经历而言,她是美国20世纪著名的作家、诗人、剧作家、演员,曾担任美国诗歌协会理事,20世纪二三十年代多部百老汇戏剧的女主角,可见她生性具有浪漫主义气质、丰富的想象力和大胆的创新精神。所以在经过她"创造性叛逆"的翻译之后,许多原文中具有中国特色的诗歌形式和典故都被过滤或变形了,其译文充满原创性美国诗歌的味道。因此,肯尼迪也认为自己是在"改编"而不是"翻译"薛涛诗。

(三)拉森的"归化"策略

归化翻译法旨在尽量减少译文中的异国情调,为译入语读者提供一种自然流畅的译文。也就是"尽量不干扰读者,请作者向读者靠近"。下面以拉森《宣上人见示与诸公唱和》的翻译为例来分析拉森译本的特点。第一,拉森的译文从形式上看错落有致、句式长短不一,经常运用倒装句,常常在句中断句分行。这与呈几何图形般的汉语原样式相去甚远而有意识地把译文调整成译入语常见的自由诗体裁。第二,拉森往往在译文中补出明确的主词。中国诗歌的一大特点是主词不明,而拉森为了让薛涛的诗歌译文更加符合英文诗歌习惯,往往为诗歌译文补充出逻辑主词"I"或者"You"。这篇译文中的第二行和第四行中的"I"就是此例。第三,拉森在对专有名词的翻译中尽量使用西方人广为接受的表达方式以免造成理解上的"间性"。比如"宣上人"翻译为"Monk Xuan"(姓宣的僧人),把"谯记室"翻译为"Cleric Qiao's"(谯牧师家),"禅"翻译为西方人普遍接受的"Zen"。第四,尽量避免文学或历史典故造成译语接受者的理解障碍。比如"许厕"在魏莎译本中用"Hu Tzu"来音译此名,并注解"Hu Tzu, a wonder work who caused a fountain to spring up in his study"①。然而也有人解释"许"乃"允许","厕"乃"参与"②。因此,为了翻译时的方便,也为了避免异质性文化为译语接受者带来理解障碍,拉森舍弃了典故意蕴而选择按第二种解释来进行翻译。

宣上人见示与诸公唱和
许厕高斋唱,涓泉定不如。
可怜谯记室,流水满禅居。

ON BEING PRESENTED TO MONK XUAN: A POEM TO RHYME WITH THOSE BY THE GATHERED NOBLES

Permitted to mingle in your loft study
I chant these words;
a seeping spring,
I cannot measure up.
Wonderful, this room,
like the learned Cleric Qiao's.
A rush of flowing waters
fills the Zen abode.

从以上几点来看,拉森的翻译策略是倾向于归化的。她用自然流畅的译语传递原诗内容,她的译本体现了西方的强势话语权对东方文学的解构。这与魏莎译本对东方文化的仰慕刚好形成强烈对比。导致这种转变的深层社会因素是美国已经完成了民族文学的确立。20世纪80年代的美国无论在经济、政治还是军事上都处于世界领先地位,译者在强烈的民族认同感与凝聚力的驱使下用译语文化"吞并"源语文化。由此可见,翻译不仅是一种译者主体的个人行为,受到译者个性特点的影响,它还受到译者所处时代的社会政治、经济、文化等多方面因素的操控和制约。

---

① Genevieve Wimsatt, A Well of Fragrant Waters [M]. Boston: John W. Luce Company Publishers, 1945: 66.
② 汪辉秀. 薛涛诗解析 [M]. 成都: 四川师范大学电子出版社, 2013: 114.

（四）张正则、季国平的"归异结合"策略

国内唯一的薛涛诗歌英译本《女诗人薛涛与望江楼公园》由张正则、季国平夫妇翻译。二人在该书前言中写道："汉诗英译，本是难事，要想译得形神兼备，那更是难上加难……我们并非专攻古典文学，亦非专攻英文，以外行而写此书，全因受到先父张蓬舟精神之感召，以其业未竟而西归，常思有所以继。"[1] 此番话有谦虚之意，更道出其翻译之目的：继承父亲遗志，以传播和弘扬薛涛诗歌。下面以张正则、季国平夫妇对《春望词（二）》的翻译为例，解析在译者主体个体情感性因素较重的翻译过程中，个体与社会两种制约因素如何达成平衡或"妥协"。

春望词（二）
揽草结同心，将以遗知音。
春愁正断绝，春鸟复哀鸣。

GAZING AT SPRING II
I gather herbs and tie a knot of love,
And wish to send to my dear beloved.
When the spring sadness is never to its ending,
Why the spring birds are back to their sobbing?

除了以上译文，译者还在旁边用插图绘出了"同心结"的式样，并加注："The figure shown here is the knot of love (or knot of heart to heart) weaved with herbs"[2]。

张正则夫妇的译本有以下特点：其一，在形式上与魏莎夫人相似，以四行诗的形式基本保留原诗"几何图形般"的形式美，此乃"异化"策略的体现；其二，在对主词的处理上接近拉森。补充主词以符合英文诗歌习惯，此乃归化策略的体现；其三，在对具有中国传统文化意蕴语词的翻译策略上与拉森相似（拉森译本在附录中以 8 页的篇幅为每首诗的译文补充详尽的注释），张译本

---

[1] 张正则，季国平. 女诗人薛涛与望江楼公园 [M]. 成都：四川人民出版社，1995：4.
[2] 张正则，季国平. 女诗人薛涛与望江楼公园 [M]. 成都：四川人民出版社，1995：42.

用自然流畅的译入语"dear beloved""knot of love"翻译"知音""同心结",然后插入绘图和注解等解释性资料,这是典型的归化策略。由此可见,作为中国古典文化研究者继承人的张正则夫妇在异化与归化策略的运用上受到两种力量的"撕扯":一方面要尽力保持原作风姿以向英语世界介绍"原汁原味"的薛涛诗的艺术之美,另一方面又不得不考虑译入语接受者的审美习惯、西方诗学传统甚至意识形态的制约。张正则夫妇译本在翻译策略上的平衡和妥协正体现了翻译过程中译者的个体情感因素与历史、文化、经济等社会因素的相互制约与调和。

各有特色、各有侧重的薛涛诗集英译本为扩大薛涛诗歌影响力,促进薛涛诗歌的经典化做出了重要贡献[①]。以勒弗维尔"操控理论"来分析薛涛诗歌的不同译本所呈现的选篇动机、翻译策略和译者身份差异,可以让我们更清晰地认识到掩藏在译本背后的深沉的历史文化渊源以及译者与译本之间的敏感而复杂的联系。薛涛是一位中国古代才名俱佳的女诗人,英语世界对她的译介是本土文学海外传播的有机组成部分。对薛涛诗歌英译的研究有利于在译本研究的层面为我国本土文学的海外传播战略积累宝贵经验。张健教授在"中国文学海外传播研究书系"的总序中指出,中国文学海外传播的旨归之一是:"希望在中国文学及其研究国际化的大趋势中为本土文学及其研究的繁荣增添新的契机、新的视野和新的活力"[②]。薛涛诗歌英译毫无疑问地佐证了这一项目的价值与意义:增进国际社会对中国文学的了解,促进本土文学及其研究的创造性发展,分享中华优秀文化精髓,在全球一体化语境下展现"多元之美"。

[①] 在海内外薛涛研究者的推动下,薛涛诗歌作为我国诗歌艺术的重要组成部分,其经典地位逐步得到确立。1990年薛涛研究协会在成都市文联、成都市社科联、成都市园林局领导下成立,这是薛涛诗歌经典化道路的标志性事件。
[②] 涂慧. 如何译介,怎样研究:中国古典词在英语世界[M]. 北京:中国社会科学出版社,2014:2.

魏莎的《芳水井》（1945）是从诗歌内部研究衍生的关于薛涛的传记。作者以不同于中国本土的视角赋予了薛涛"知识女性""都市女郎""女权卫士"等文化身份。伊芙琳·伊顿（Evelyn Eatons）的《请君试问东流水》（1969）充满对薛涛与当时重要诗人之间酬唱应和的浪漫想象。霍里斯的长诗《吟诗楼》》颂扬了薛涛丰赡的诗才。比尔·波特的游记《寻人不遇》（2016）以生动活泼的语言、夹叙夹议的方式记载了到薛涛故地朝圣的经历和对薛涛诗的理解，对于推广与薛涛相关的旅游文化具有一定的价值。总体而言，海外作者通过跨文明书写重塑了薛涛形象，令她在西方语境生发出新的价值。但是，值得注意的是：这些作品虽然有传扬中国进步思想和优秀文化的客观效果，但作家们的根本目的仍是以自我为导向，旨在激发西方读者反思本国的女权运动、巩固读者对西方个人主义价值观的认可和引导读者反思本土宗教对艺术的指引作用。

第二节
以薛涛为题材的跨文明书写

英语世界的作者对于薛涛的跨文明书写既是提升薛涛在英语世界和中国本土的文学地位的有效手段，也是促进中西文化交流的桥梁。通过了解英语世界作者以传记、小说和游记等方式重塑的薛涛形象，首先，中国本土的读者可以增进对薛涛诗歌的国际影响力的了解；其次，中国本土的文学创作者可以借鉴他们的"拿来主义"，放眼全球，广收博采，为我所用。

一、跨文明传记《芳水井》

在很多情况下，传记是异域作者和其作品得以被他国读者接触和接受的重要途径。中外许多文学作品的他国化和经典化都得益于传记作家的不懈努力。他们以传记打造作者形象,以传记激发读者兴趣,以传记阐释文学作品,以传记介绍历史文化,以传记提升文学品格,以传记助推经典的形成,为跨文化文学作品的传播做出巨大贡献。在薛涛诗歌的海外传播中最具有开拓性的尝试和做出了最不可低估的贡献的就是美国作家吉纳维芙·魏莎所撰写的薛涛传记《芳水井》。

美国作家吉纳维芙·魏莎生于 1882 年 12 月,逝于 1967 年 5 月。她致力于美国的女权运动和中国文化研究,并在这两个领域取得了不俗的成就。在 1913 年 3 月 3 日,伍德罗·威尔逊（Woodrow Wilson）总统首次就职的前一天,成千上万的美国妇女从国会大厦沿着宾夕法尼亚大道前往财政大楼。活动的组织者利用了国民对就职仪式的兴趣来反对当时社会政治组织将妇女排除在外的做法。魏莎就是这次被官方称为"女性选举游行"活动的核心人物。魏莎因为马术精湛而在 1913 年的游行中领导骑行队伍。当时的媒体报道了这次盛况:"魏莎小姐正在组织女性选举游行的骑行队伍,她是华盛顿第一批穿裙裤的女性之一,既会横鞍式骑马也会跨坐式马鞍。"[①] 从以上资料来看,魏莎是一位积极主张女性参政的女权主义运动先驱。除了在美国参与女权运动,魏莎对女性命运的关注还促使她在来访中国之后出任了天津的一家妇女杂志的主编。

除了积极推动女性运动,魏莎对传播中国传统文化也做出了重要贡献。她曾经六次跨越太平洋到中国游历。除了北京,她还去重庆和成都等西南地区搜集素材进行创作。从下面的著作年表可知,从 1927 年到 1945 年,她笔耕不辍,几乎倾尽了毕生精力研究中国传统文化,尤其是中国古代女性及其作品。因此,作为唐代女性诗人佼佼者的薛涛自然而然地进入了她的研究视野。她曾经说过:"唐朝（公元 618—907 年）是中国诗歌的黄金时代。在那广袤的金色天空中,李太白、杜甫、孟浩然、崔颢、元微之等如明星一般璀璨。另外,就如在这个文学天空中的银河里还有一些由不那么耀眼的星辰组成的支流一样,除了以上明星,某些星座也在此处或别处孤独地放射着自己微弱但迷人的光芒。与外国翻译家相比,中国的本土批评家对这些星座关注得更多。这些唐代文学女性长期以来一直被西方世界所忽视。在新的夜空中首先想要寻找的是最明亮的星,这是理所应当的,但是当天文学名家都只将注意力集中在天狼星

---

① ATU and the first Women's March on Washington ［EB/OL］ https://www.atu.org/action/atu-and-the-first-womens-march-on-washington.

和大角星上时,天文学家的眼睛就会被闪烁在云间的多彩星光所羁绊。诗歌是唐代男女展现天赋才能的媒介。这个时代最优秀的天才,无论男女,都以这一形式找到了表现自己的方式。圣人希望女子足不出户的愚蠢要求对这一时代的艺伎、歌女、公共演艺人员的影响减弱了,女性知识分子的先锋得以形成。在这一群不容忽视的女性知识分子先锋中有两个很有魅力的人物,一个是薛涛,另一个是鱼玄机。"①从前言来看,魏莎此书的目的是补前人之空白。她意识到了在汉学领域,大师们更关注的是像李白、杜甫、孟浩然、崔颢、元稹等男性诗人,而她则希望将目光投向那些"孤独地放射着自己微弱但迷人的光芒"的女性诗人。出于对薛涛的仰慕,她还曾到成都的薛涛墓悼念,在《芳水井》的前言中,她写道:"我在长满青草的坟冢上放下一个花圈,沐浴着秋日的阳光,久久地怀念这位把酒吟诗的蜀中女子。"

(一) 传记结构与主要内容

《芳水井》全书共十章,既是薛涛的生平传记,也有对薛涛诗歌的翻译和阐释。以诗歌文本出发,首先,作者虚构出了薛涛作为巴蜀地区知名的艺妓和诗人如何周旋于达官贵族与文人墨客之间,展示自己过人的文学才华和社交能力;其次,根据薛涛与元稹的诗信往来,作者想象了一段文学佳话和浪漫的爱情故事;最后,作者还记录了一些关于薛涛的逸闻趣事。

与大多数传记作品一样,《芳水井》也是以时间顺序介绍了传主从童年到暮年的生活。稍有不同的是,为了让西方读者了解薛涛在中国本土文化中的影响力,魏莎还在最后一章介绍了中国关于薛涛鬼魂的一些传说。

1. 童年:大时代中的浮萍

"蜀道难"(The Hard Road to Shu)是关于薛涛童年的记载。受到西方流行的"流浪汉小说"(picaresque novel)传统的影响,作者以薛涛随父从唐朝首都西安迁居到成都的地理转移为线,勾勒出唐代中国的广阔画卷。在这一章的介绍中,魏莎主要描写了西安的富饶与蜀道的艰险,二者的反差也预示着薛涛命运的改变。在这一章的跨文明书写中,关于薛涛本人的书写退居其后,而关于唐代风貌的描写反倒被推至中心。斯托克韦尔(Peter Stockwell)在《认知诗学导论》中指出:"图形-背景理论通过突出重要部分、弱化其余部分来

---

① Genevieve Wimsatt. Selling Wilted Peonies [M]. New York: Columbia University Press, 1936: VII.

强调感知目标。图形通常是自我包含而独立性较强的、较翔实而突出度较高的、移动的或具有移动倾向的事物。"① 通常情况下，作者在创作传记类作品时，将"人物"作为读者注意力聚集的焦点，把他们活动的环境作为背景。但是，在"蜀道难"一章中，作为"图形"的人物和作为"背景"的场景却被整体置换了。作者用了大量的文字介绍西安的大慈恩寺、大雁塔、曲河、昆明湖、大云寺、大明宫、凤阙、灞桥等人文景观。不仅如此，由于对中国古典诗歌的喜爱，她还引用了李白的《蜀道难》，又在介绍薛涛一家历经艰险入蜀的旅程中提及了白居易《长恨歌》中关于唐明皇在幸蜀途中痛失杨贵妃的历史事件。从这一章的跨文明书写来看，薛涛在中西跨文明交流中的价值并不仅仅局限于其个人的文学价值，而辉煌灿烂的唐代文明成为薛涛形象海外传播的重要内容。正是由于魏莎对于中国唐代文化的倾慕，她才甘愿冒着被质疑创作水平的风险对薛涛详加书写。

2. 青年：巴蜀府衙的交际花

在"万里桥边"（Beside Myriad Li Bridge）和"府衙狂欢"（Ya Mên Revelry）两章中，作者主要介绍了薛涛青年时代在从事艺伎职业时的生活状况和交际应酬。魏莎笔下的薛涛不同于中国作者笔下的"被压迫、被侮辱"的女性形象。相反，魏莎认为薛涛以艺伎为事业是在正确评估了自己的才貌和能力后做出的正确选择。正是由于她选择了这样一条正确的道路，她享有了较为丰富的物质财富和更为广阔的社交天地和精神自由。在"恋人和朋友"（Lovers and Friends）以及"与元稹的缘聚缘散"（Meeting and Parting with Yüan Chen）两章中，魏莎以薛涛的诗歌为素材，描写了薛涛与众多男性朋友的情感故事。在"恋人和朋友"一章中，她笔下的薛涛与姚员外、杨蕴中、李郎中、刘宾客、韦校书、张元夫、卢员外等曾唱和过的文人或显贵都曾产生过兼具友情和爱情的情愫。但是，尽管才貌出众，情人、朋友众多，她对每一段感情都倾心投入。在"与元稹的缘聚缘散"一章中，魏莎更是浓墨重彩地介绍了薛涛与元稹这一段极富戏剧性和传奇性的浪漫故事。在魏莎笔下，这一段东方文学史上的爱情佳话并不像中国典型的才子佳人小说那样只有郎情妾意，女方因仰慕男子的才华而倾心相许，矢志不渝。她笔下的薛涛和元稹的爱情更类似简·奥斯汀（Jane Austen）在《傲慢与偏见》（*Pride and Prejudice*）

---

① Peter Stockwell. Cognitive Poetics：An Introduction［M］. London&New York：Routledge press. 2002：15.

中描写的伊丽莎白（Elithabeth）与达西（Darcy）的爱情。在相识之初，元稹对于薛涛的诗名充满怀疑，他甚至认为人们只是出于她作为巴蜀府衙的校书而违心地谬赞她，而薛涛则只是出于职责所在，被严绶派遣前去接待元稹。尽管如此，由于薛涛的亲和力、机智、快活和活泼的天性，她很快就赢得了比她年轻十余岁的元稹的青睐。魏莎以大量的笔墨讲述在这段爱情之中元稹对薛涛的偏见，元稹在年龄和职位上的优势，表露出自己对薛涛的赞许。在魏莎笔下，薛涛因为无法忍受元稹对感情的不忠，不仅出言不逊表示愤慨，而且还与元稹有肢体冲突。魏莎认为《十离诗》的内容可以证明薛涛当时以非常激烈的方式捍卫了自己的尊严。尽管薛涛最后写下了《十离诗》对元稹表达歉意，请求原谅，但魏莎却指出，"那些看似乞怜的诗句其实表达更多的是指责而不是悔意，更多的是辩护而不是忏悔"。简言之，在向西方读者介绍薛涛和元稹这段剪不断理还乱的情缘时，魏莎弱化了薛涛在地位和年龄上的劣势，刻画出一个才华横溢、个性张扬、敢爱敢恨的中国女诗人形象。她长袖善舞，周旋于各色达官显要之中；她个性鲜明，令不少当时的风流人物爱恨交加。

3. 中老年：驾驭生活的能手

在魏莎笔下，青年时代的薛涛可谓是天之骄女。她集美貌与智慧于一身，在巴蜀府衙的生活顺风顺水。然而，在"枕流之志"（Flowing Pillow Aspirations）和"被罚赴边"（Banishment）两章中，魏莎不得不开始正视薛涛需要面临的"中年危机"。一方面，薛涛继续着她青年时代的享乐生活，纵情于诗酒和山水之中，享受着众心捧月的满足，但另一方面，她深知以色事人者色衰而爱弛、爱弛则恩绝的道理，因此，她又对精神上的高洁生出无限的向往。这两种二律背反的追求在薛涛的精神世界中相互纠缠和冲击，导致了她心灵的矛盾与痛苦。最后，反倒是"被罚赴边"这一看上去是她的命运急转直下的标志性事件，成为她精神世界的救赎。在魏莎笔下，薛涛因为拒绝为新上任的节度使刘辟提供服务而被放逐出成都。但是，魏莎甚至认为这很有可能是薛涛早已勘破了巴蜀地区政治风云的变化，因而剑走偏锋。因为没有多久，薛涛的第一任恩主、前西川节度使韦皋就率兵击溃了刘辟的叛军。凭着机敏和对韦皋的忠心，她很快就稳固了自己在巴蜀府衙的地位。之前担心自己年华老去而失去恩宠的焦虑自然而然地烟消云散。因此，在"飞蓬"（Flying Artemisia Floss）一章中，薛涛尽管已经不再青春可人，却仍然受到人们的喜爱和尊重。无数的青年才俊都想方设法将自己的诗作送到"吟诗楼"，期盼得到薛涛的认可。毫无疑问，她已经不再是青年时代凭借美貌和智慧而取悦男性的卑微的艺伎，现在的她是人们心中德高望重、声名远播的尊长。毫无疑问，在魏莎的笔下，薛涛的一生尽管有过挫折，但是她都巧妙地避开和化解了生活中的这些磨难。就正如"宝剑锋从磨砺出，梅花香自苦寒来"，生活的磨砺没有消磨薛涛的斗志，反而促使她成长为生活的斗士，将自己的原本卑微而平凡的生命活出了光彩。

4. 去世后：中国的传奇女诗人

在"后世传奇"（Romance Escapes the Tomb）和"秋夜"（Autumn Night）两章中，魏莎还书写了关于薛涛逝世之后的一些浪漫传奇。这两章的内容看似有狗尾续貂之嫌，实则是画龙点睛。作为一本传记，作家已经将传主的生平从童年、青年、中年到暮年做了完整的叙述，有什么必要书写那些看上去荒诞不经的传言呢？事实上，在传记的最后两章，魏莎用浪漫主义的写作手法为西方读者介绍了田洙偶遇薛涛鬼魂的故事。这一个镶嵌在薛涛传记之中的小故事不但没有西方恐怖故事惯有的哥特风格，反而充满了诗情画意，让人无限向往。笔者认为，正是这种文学审美上的"间性"促使了魏莎决定在传记结束之前将这个看似会影响读者对其传记的"真实性"产生怀疑的故事介绍给西方读者。同时，通过介绍这样一个看上去充满梦幻色彩的离奇故事，魏莎进一步向读者展现了薛涛那"生性开朗、不安于现状、充满诱惑"的性格特点。她认为，正是因为世界上曾经有过像薛涛这样充满传奇的女诗人，尤其是她的鬼魂还会继续为后人留下田园牧歌一般的诗篇，这个看重现世物质的时代才增添了色彩和诗意。

（二）传记特色与重要影响

为了让美国女性主义者从中国唐代女诗人薛涛身上汲取到精神养分，作为在20世纪早期就开始跨文明传记创作的尝试者，魏莎在她的《芳水井》中进行了一些大胆的创新，这些创新成就了她的传记与同时代其他传记作品的"间性"之美，成为它能够引起当时以及后世读者浓厚兴趣的重要因素。

1. 以空间与景观书写塑造中国形象

魏莎一方面以时间和成长历程为线索，为读者展现了一位唐代女性如何克服家庭和社会为她设下的种种障碍而成长为生活的强者；另一方面，还以长安和成都的空间和景观书写，为西方读者呈现出一个如梦似幻的古代中国形象。在魏莎的描写之下，唐代中国虽然面临着蛮族入侵、内战、饥荒、宫廷斗争等危机与阴谋，但总体而言仍是一个令人无限向往的诗意乌托邦。

从魏莎对长安的描写来看，大慈恩寺、大雁塔、曲江、昆明湖、大云寺、大明宫、凤阙、灞桥等景观无不是壮丽恢宏，彰显着古代中国的荣耀。除了描写这些景观的外在特点，她还不惜笔墨介绍了与这些景观相关的传统与风俗。比如，在介绍大云寺时，她写道："在由吴道子装饰的大云寺中，他画的龙被画得如此神奇，以至于每当下雨之后，龙的鳞片都会发出湿漉漉的光。这些光芒与佛祖发出的静谧肃穆的光环一起蔓延开来，然后又与大明宫和三十六座皇宫散发出的光辉交汇融合，闪耀在金碧辉煌的都城上空。"《画断》记载："吴道子尝画殿内五龙，鳞甲飞动，每欲大雨，即生云雾。"杜甫在《大云寺赞公房》中有诗云："天阴对图画，最觉润龙鳞。"又如，在介绍灞桥时，她写道："桥头生长着大片的柳树，游客们在那里停下来喝下最后一杯酒，向前来送别的朋友们做最后的道别，朋友们在这座令人断魂的桥上折断象征'离别'的柳枝。"李商隐《及第东归次灞上，却寄同年》诗云："灞陵柳色无离恨，莫枉长条赠所思。"从魏莎对大云寺和灞桥的描写来看，她所书写的跨文明传记不只在于介绍薛涛的生平和诗句，她还有一个更加远大的目标：以薛涛传记为载体，让世界了解古代中国的辉煌文明。

在向西方读者介绍薛涛的主要活动之地成都时，她写道："在唐朝时，蜀国的省政府所在地在华丽、欢乐和魅力方面仅次于首都长安。中国历史上最重要的诗人杜甫也曾迷恋过这个被市民称为'天府之国'的地方。虽然有李白的诗句令都城长安熠熠生辉，但成都的光芒即便与长安的光芒相比也不会黯然失色。统治者和蔼包容、友善开明，一些全国闻名的诗人和学者都成群结队地聚集在那里。"除此之外，她介绍道："每当有人到成都新任官职，巴蜀地区都会出现一些新的社交活动，比如宴会、酒会、狩猎和远足。与此同时，这些活动也会生发出更多的功能。除了传统的全国性的娱乐活动之外，这里还会有一轮又一轮的季节性娱乐活动和像李白在《春夜宴桃李园》中描写的座谈会。人们寻仙访庙，莲池赛诗，绿荫游船，这一切都让人想起世外桃源的故事。"在魏莎看来，成都是一个在物质和文化建设方面都取得了巨大成功的理想之地。薛涛在这里的生活富足而惬意。林语堂在《苏东坡传》（*Gay Genius*）中也曾描写了成都的地理环境和文化氛围。他说："成都是文化中心，以精美的信笺、四川的锦缎、美观的寺院出名。还有名妓、才女，并且在苏东坡出世百年以前，四川还出了两个有名气的女诗人。"① 虽然没有点名道姓，但他所提到的比苏东坡早一百年的著名女诗人显然很有可能包含了薛涛。其次，林语堂对成都的书写较为写实，而魏莎对成都的书写则更加具有浪漫色彩。

巴柔（D. H. Pageaux）认为一切形象都源于自我与他者、本土与异域关系的自觉意识，即使这种意识是十分微弱的。因此，形象即对两种类型文化现实之间的差距所做的文学或非文学的、且能说明符指关系的表述。② 因此，形象一定存在于自我对他者的观察和想象之中。但是，作为主体的自我在观察或想象作为他者的客体时往往有仰视、俯视、平视三种视角。不同的视角产生不同的心态和结果。在世界文学史上，关注异国形象的作品不在少数。这些作品中的一些从仰视的角度注视他者文化，虚构出一个异域乌托邦，但这样的异国形象实质上蕴含的是作者对本土现实的不满和批判。比如，德国启蒙时期的歌德仰视东方，他言及的中国是一幅典型的"王道乐土"的画卷："在他们那里一切都比我们这里更明朗，更纯洁，也更合乎道德。在他们那里，一切都是可以理解的，平易近人的，没有强烈的情欲和飞腾动荡的诗兴……他们还有一个特点，人和大自然是生活在一起的。"③ 另一些人与歌德相反，习惯高高在上地以自我为中心，俯视他者文化，实质却是展示骨子中的盲目自大和优越。比如，英国作家克里斯多夫·纽（Christopher New）在《上海》（Shanghai）中描绘的混乱肮脏、贫穷野蛮、愚昧落后的中国形象，其根本目的不过是"构成殖民英雄主人公的险恶处境，同时也为殖民行为提供了合理合法的根据，原始落后贫穷的上海需要白人来开发、拯救，并使之文明化、现代化"④。不难看出，克里斯多夫·纽是通过对他者形象的诋毁和扭曲而达到巩固本土的意识形态的目的。然而，赛珍珠（Pearl S. Buck）在其代表作《大地》（The Good Earth）中，从根本上对西方人心目中的不实中国形象进行了矫正。因此，王守仁教授认为她"客观地描写了中国人民的生活图景，字里行间表达出对这块土地上普通百姓的同情和谦卑之心"⑤。姚君伟认为"赛珍珠最大的贡献在于她平等地看待不同文化、平视地展现不同文化，是一位世界级的沟通展现东

---

① 林语堂. 苏东坡传 [M]. 张振玉, 译. 长沙：湖南文艺出版社, 2017：37.
② 孟华. 比较文学形象学 [M]. 北京：北京大学出版社, 2001：155.
③ 艾克曼. 歌德谈话录 [M]. 朱光潜, 译. 北京：中华书局, 2013：112.
④ 陈晓兰. 性别 城市 异邦——文学主题的跨文化阐释 [M]. 上海：复旦大学出版社, 2014：162.
⑤ 王守仁. 赛珍珠, 一生都在讲述中国故事 [N]. 新华日报, 2017-06-30.

西方文化的名人"①。通过比较不难发现,魏莎的观察视角和对中国的看法非常接近于歌德。我国著名的歌德研究专家杨武能指出,歌德为西方人所呈现的中国是不真实的。"这样一幅图看起来似乎是很美和很明朗的,但是却并没有反映出现实的中国;它只存在于孔孟的说教中,存在于'名教中人'之类的孔孟之徒独撰的才子佳人小说里。如果歌德有机会读到《金瓶梅》、《红楼梦》或者《牡丹亭》,他就绝不会再说什么中国一切都'更合乎道德','没有强烈的情欲'……"② 笔者认为,对中国的了解不充分是歌德将中国理想化的原因之一,但更重要的原因在于当时的德国四分五裂、民不聊生。歌德是通过对东方古国的乌托邦想象来实现自我批判。同理,虽然魏莎在中国许多地区进行游历和调查,但是她所感知到的中国却是二十世纪上半叶饱受战火摧残的、落后而混乱的中国。在这样的现实之下,她向古代中国投去关注与仰慕,便想象出一个强大富饶而充满诗意的中国,明显地表露出她对美国本土文化的批判意图。魏莎在传记结尾处介绍了田洙艳遇薛涛而留下优美的和诗的传说。她动情地提醒读者:"对于一个生活在奉行唯物主义时代的人而言,洪度的确已经走进了暗黑的夜的世界。然而,当我们谈及她的故事之时,我们最好还是轻声一些吧,免得让我们的话语声再次惊扰到她那不朽的灵魂,让她现身在一个缺乏色彩和诗意的世界。"从整个传记的最后一段文字来看,魏莎不惜以这么多的笔墨来描写长安和成都这两个异域空间,塑造出一个"王道乐土"的唐代中国形象,最重要的原因是批判西方世界过度推崇科学理性,大行其道的唯物主义消解了人们的浪漫想象与脉脉温情。

2. 以双重模式品味薛涛诗文

王国维在《人间词话》中提出:"诗人对宇宙人生,须入乎其内,又须出乎其外。入乎其内,故能写之。出乎其外,故能观之。入乎其内,故有生气。出乎其外,故有高致。"③ 正如前文所分析的那样,薛涛的诗歌创作自然是既有入乎其内,也有出乎其外的。而作为传记作家兼诗歌鉴赏者的魏莎,她也在书写薛涛生平和品味薛涛诗歌时表现出了"入乎其内"和"出乎其外"的两种思维模式。

魏莎在传记创作中的"入乎其内"表现在她总是试图与薛涛达成"通灵"

---

① 姚君伟. 赛珍珠,这样向世界讲"中国故事"[N]. 新华日报,2014-01-15.
② 杨武能. 歌德与中国 [M]. 北京:生活·读书·新知三联书店,1991:45-46.
③ 王国维. 人间词话 [M]. 北京:中国人民大学出版社,2005:19.

一般的精神契合。尽管她与薛涛所处时代不同，生活经历迥异，但是她以薛涛留下来的诗歌为媒介，深入而细腻地分析其诗歌的内涵和艺术成就。比如，在分析薛涛为父亲薛郧写下的续诗时，魏莎对"枝迎南北鸟，叶送往来风"的理解就与大多数中国学者的解读大相径庭。中国学者的传统看法认为这是一首"谶诗"，表现出了薛涛无视中国传统礼教，没有忠贞不渝的爱情观，因而预告了她最终会堕入风尘的命运。中国学者是以"后人"和"旁观者"的身份来解读这句续诗的。但是，魏莎不是从外部研究出发，而是首先将自己与薛涛合二为一，然后再"窥情风景之上，钻貌草木之中"，将薛涛对"枝""鸟""叶""风"的感受表达出来。因此，在她的解读之下，续诗中的"梧桐"并不是凄苦无助的。它不是被动地接受鸟与风的往来，相反因为自己能得到鸟和风的青睐而感到高兴！"她像梧桐一样，都是出类拔萃的苗子。而且，她也像梧桐一样，没有任何偏见，愿意接纳从任何地方飞来的可以带来好处的鸟儿，愿意沐浴在任何可以带来气味芬芳的香风中。我们可以想象这个小神童之所以在这首即兴创作的诗歌中表达出这样的志向并不完全出于单纯无知，而且我们肯定也不能无视在这个省会城市中灯红酒绿的艺妓生活所闪耀的光芒对她的诱惑。"[①] 从魏莎的评价来看，她在解读薛涛的续诗时，已经从自己身为西方观察者的身份中抽离，全身心地投入文本世界中的薛涛的身份之中。魏莎以"入乎其内"的方法，以薛涛的眼光打量生活的道路，以薛涛的心理表达对梧桐的思考，得出不同于中国学者既有看法的新观点。苏东坡言："不识庐山真面目，只缘身在此山中。"王安石言："不畏浮云遮望眼，自缘身在最高层。"由此可见，在中国学者心中，在分析事物时，适当的距离可以"旁观者清"。但是，诗歌是一种极度情绪化和私人化的文学类型。因此，在分析诗歌内涵时，魏莎以"通灵"一般的"零距离"观察，往往能取得意想不到的结果。魏莎在赏析薛涛的诗歌时常常采用"入乎其内"的方法进入薛涛的内心世界，然后再由内而外，观察她所身处的客观世界，最后解读出薛涛诗歌所呈现的一草一木的意义。她的解读方法既没有沿袭中国学者的传统视角，也完全没有用到西方诗歌鉴赏传统中所推崇的条分缕析、擘肌分理的理性分析方法，而是另辟蹊径、独树一帜。

魏莎在传记创作中的"出乎其外"表现在她以西方女性主义启蒙者的身份自觉，时刻不忘用薛涛对生活的成功操控来鼓励她那个时代的西方女性。比

---

① Genevieve Wimsatt. A Well of Fragrant Waters [M]. Boston: John W. Luce Company Publishers, 1945: 17.

如，在对《柳絮咏》的分析中，中国学者惯常采用"知人论世"的方法，他们认为，薛涛是借咏柳絮而感叹身世飘零以及谴责情人的负心薄幸。然而，魏莎在解读这首诗时评论道："她也将采用柳絮一般具有男子气概的策略来过自己的生活。她不会像充满女子特质的花瓣那样，依附于任何路人身上。她要像风一样自由，到任何思维所及之处游荡，不为任何人停留。啊，勇敢的洪度，你那么娇小，却有一颗那么快乐，那么坚强的心！你从不发声抱怨生活，而是接受了女性在唐代那艰难的生存现实，并用丝绸的腰带束上自己的柳腰去与恶龙战斗！在你死后的一千一百年里，谁会那么铁石心肠，不为你加油欢呼呢？"① 这一段评论没有过多地纠结于薛涛的身世和感情经历，而是以西方人"他者"的眼光猜测了诗歌中的"柳絮"和"桃花"两个对立的意象。在魏莎看来，柳絮是敢于冒险的、具有男子气的，而桃花则是娇弱的、女子气的。薛涛在诗歌中表现出的对柳絮和桃花的不同态度正好说明她具有超常的勇气。在行文上，魏莎以感叹句和反问句等表达强烈情感的句式，鼓舞西方女性同胞以薛涛为榜样，勇敢地面对生活的挑战，活出女性自我的精彩。

正是因为灵活运用"入乎其内"和"出乎其外"两种思维模式来解读薛涛诗歌，魏莎能够在薛涛诗歌中发现一些既出乎意料又在情理之中的意蕴。在解读了这些诗歌的深层内涵之后，她把这些看似零碎、缺乏联系的语言材料编织起来，加工成为《芳水井》这样一本集趣味性和知识性于一体的跨文明传记。魏莎塑造的薛涛能够成功驾驭生活的激流，相信"我命在我不在天"，巾帼不让须眉，敢于为女性发出不平之鸣，极大地激励西方女性大胆地争取经济和精神独立。易言之，她是以薛涛这位来自唐代的女性主义先锋为楷模，唤醒西方人的女性主义意识，鼓舞西方女性主义者与父权文化做斗争的士气。

2010 年，宇文所安在《剑桥中国文学史》中这样介绍薛涛："薛涛（约785—832）出生于长安，但是童年时因父亲调任而来到成都。她十来岁时父亲去世；她没有结婚，而是加入乐籍，赢得相当的诗名。很快她便出入各任节度使的幕府，以诗艺和妙语娱乐宾客。元稹 809 年在成都短暂逗留时结识了薛涛，两人曾互相写诗赠答。因为在与歌伎写诗赠答时调情是最适当不过的做法，我们很难判断对于两人曾拥有一段恋情的猜测到底有多少根基。后来薛涛脱离妓籍，加入道籍。一种精致的诗笺与她的名字联系在一起。她曾经有五卷

---

① Genevieve Wimsatt. A Well of Fragrant Waters [M]. Boston: John W. Luce Company Publishers, 1945: 31.

诗集流传，现存八十多首诗。"① 除了对元稹、薛涛关系持保留意见，宇文所安对薛涛的其他介绍几乎与魏莎在《芳水井》中的介绍如出一辙。魏莎的跨文明传记不啻为西方汉学界薛涛研究的开山之作，其影响和贡献可见一斑。

二、跨文明小说《请君试问东流水》

瑞士当代著名作家伊芙琳·伊顿（Evelyn Eatons）于1969年出版了一部关于薛涛的畅销小说《请君试问东流水》（*Go Ask the River*）。2012年，华人太极大师黄忠良（Chungliang AL Huang）再次将此书付梓，并以汉字草书将李白的"请君试问东流水，别意与之谁短长"题于小说扉页。黄忠良在前言中介绍了作者当初创作这本书的灵感来源：伊芙琳·伊顿在中国担任通讯记者时，有一天在成都，她觉得自己突然灵魂出窍，仿佛自己是一位生活在古代的中国人。她被一种直觉和本能牵引着，然后偶然来到了薛涛的墓地。正是这次非比寻常的经历，激发了她以强烈的热情去研究薛涛的人生经历和诗作。②

小说的开篇先是介绍了明代书生田洙偶遇薛涛鬼魂的浪漫传奇故事，时间是在大约公元1100年。伊顿借着田洙的视觉和听觉感官，穿越漫漫的时间和空间的阻隔，让读者身临其境般地感受到了薛涛的魅力。一方面，田洙不断提醒自己，薛涛只是一位魅惑人心、训练有素、技艺高超的艺伎，因此，她对于他的一切柔情都不过是职责所在而非真情，但是，另一方面，当田洙听到从她口中娓娓唱出动人的歌曲、她指间拨弄出动听的琴声，看到她美丽的容颜和优雅的仪态以及她在松花笺上写下的漂亮的书法时，他还是不自觉地沉醉了。除此之外，当田洙把他偶遇薛涛鬼魂的离奇遭遇告诉给一位叫武宗的官员时，武宗不仅没有谴责田洙妖言惑众，反而对田洙说："见怪不怪，其怪自败。"他认为田洙幸运至极，因为巴蜀桂冠女诗人薛涛不仅与他和诗，而且还留下一卷写下了文学杰作的纸轴，这足以让田洙名利双收。最后，他解释了他为何相信田洙——他自己年轻时也有过和田洙类似的遭遇，只是由于他的和诗太糟糕，他和薛涛的鬼魂毁掉了当时的卷轴。

第二章记载的事件发生在公元760—780年。伊顿先介绍了薛涛的童年生活。在这一部分的讲述中，伊顿尤其介绍了薛涛作为妾室所生的女儿所面临的

---

① Kang-I Sun Chang & Stephen Owen. The Cambridge History of Chinese Literature [M]. Cambridge University Press, 2010: 345.

② Eaton, Evelyn. Go Ask the River [M]. Harcourt, Brace & World, Inc. in 1969, Singing Dragon, 2012: 8.

生存困境。首先，她的母亲只是父亲的小妾，不为父亲的正妻所容；其次，作为一个女儿，父亲对于她的早慧视而不见。通过细节描写，伊顿为西方读者展现了唐代中国男尊女卑的社会现实以及这一现实对幼小的薛涛的禁锢。伊顿注重以语言描写来刻画深受中国儒家思想影响的薛涛父亲形象。薛父对薛涛说："十八个有天赋的女儿而抵不过一个瘸腿儿子。你字写得再好也不如好好尊重你的兄长让我高兴。"他对儿子们说："教鹦鹉学舌，有些鹦鹉能说得挺好。教女儿写字，有些女儿能写得挺好。那又怎么样？鸟还是只是鸟，女儿还是只是女儿。"他对私塾先生说："女人当然是人，但比起男人而言，她们是更低劣的存在。她们不能与男性完全平等。女性的教育是为了教会她们服从，而不是开发她们的心智。"① 从这些语言来看，薛涛的童年是被父权压迫，无法自由施展才华的不幸童年。正因为这样，当伊顿向西方读者介绍在中国广为流传的薛涛幼年与父亲和诗这一事件，我们就不难理解她笔下的父亲为何如此愤怒了。除了父亲对童年薛涛的影响，伊顿也没有忽略地位卑微的薛涛生母对女儿的影响。尽管她只是一个小妾，但是她以柔情和才华从正妻手中争得薛涛父亲更多的怜爱，这一"胜利"令薛涛幼小的心灵感到震撼。伊顿通过薛涛的观察，向西方读者展现了典型的古代中国大户人家小妾的共同特征："她会演奏多种乐器——竖琴、笛子、吉他。她的声音就像银质的雨珠坠地。她记忆力惊人，会唱几百首歌曲。"② 母亲的才华和她的"胜利"一度让薛涛对自己的女性身份产生认同。她甚至对母亲说："要不是他们那么不友好，我觉得做个女孩子也挺好。"然而，母亲流产之后渐渐变得自闭，她留给薛涛的只是无尽的责备和长久的无视。最后，母女之情也逐渐被消耗殆尽。伊顿笔下的薛涛童年处境极其恶劣，父亲、父亲的正妻、兄长、老师无不因为她的女儿之身而轻视或忽视她。甚至原本是她唯一精神安慰的亲生母亲，最后也因为一个流产的儿子而忽略她们母女之间的亲情。伊顿在介绍薛涛的家庭环境时，尤其注重以人物关系为网络呈现出薛涛在这张社会和家庭的网络中的艰难处境。她存在于这张网络之中，却总是一个可有可无、不被关注的"隐形人"。

在书写完困顿的童年遭遇之后，伊顿接着讲述了薛涛在少女时期的遭遇。随着"家有小女初长成"，薛陨和他的儿子薛泰、薛子安开始领着薛涛进入一

---

① Eaton, Evelyn. Go Ask the River [M]. Harcourt, Brace & World, Inc. in 1969, Singing Dragon, 2012：40.

② Eaton, Evelyn. Go Ask the River [M]. Harcourt, Brace & World, Inc. in 1969, Singing Dragon, 2012：. 42－43.

些社交领域。在一次游河的活动中，薛泰让薛涛演唱歌曲，薛子安以芦管伴奏。他们精彩的表演赢得草坪边上一群达官贵人的赞赏。后来，薛涛意识到这不过是兄长们刻意设计的把戏，他们想把她嫁给一些年迈的有钱人做小妾。薛涛当然心怀不满，她认为，"站在那里的那些人冰冷而僵硬，如果说他们看着她的目光还有一点温度的话，这些温度也是因为他们的欲望被激发了出来才有的"①。她收住歌声，让小船快速离开了这个令人厌恶的地方。然而，戏剧性的是，就在那一天，就在那艘小船上，她遇到了一位令她一见钟情的年轻书生。当时，他端坐在一艘官船上，薛涛和其他人在别的小船上向这艘船欢呼挥手。"金风玉露一相逢，便胜却人间无数"，在她与他四目相接之际，她便知道她的人生将会从此后与众不同。

在接下来的情节里，为了使身为官家小姐的薛涛沦落风尘看上去更合乎情理，伊顿虚构了一段关于薛子安被绑架，绑匪要求薛家提供巨额赎金的故事。在卖掉所有家产却仍然不足以支付赎金的情形之下，薛陨只能通过将女儿卖给青楼，以换取一笔银子以便救出儿子。

第三章记载的是薛涛在青楼作为艺伎的经历。在伊顿的笔下，青楼不是一个藏污纳垢的色情场所，而是一个类似于培养女性从业人员各种才艺的学校，薛涛在那里学习了礼仪、化妆、吟诗、演唱和舞蹈。

第四章不再只介绍薛涛在青楼学习的经历。伊顿一方面介绍了青楼之外的故事，韦皋抓住了绑匪，薛家大仇得报；另一方面虚构了薛涛在青楼里师从唐代著名诗人孟郊的情节。在青楼里能够得到孟郊的指点，这是薛涛在薛家大院里不可能获得的特权。在家里，她不可能遇到年长的学者或者青年诗人。因此，当薛家的两位兄长前去看望她时，她感到无比的困惑："她不再了解自己了！就连这个觉醒了的女性身体，对她而言也是陌生的。她现在看上去是自愿地、迫切地尝试更多的经历。"② 最后，薛涛与之前一见钟情的书生在青楼偶遇。他们认出了彼此，自然而然地再续前缘。由于他们的初次相遇是在游河之际，因此，书生背诵了李白的著名诗句"请君试问东流水，别意与之谁短长"。由于时间有限，书生无法独立完成写给高崇文的颂诗，于是，薛涛就与

---

① Eaton, Evelyn. Go Ask the River [M]. Harcourt, Brace & World, Inc. in 1969, Singing Dragon, 2012：58.
② Eaton, Evelyn. Go Ask the River [M]. Harcourt, Brace & World, Inc. in 1969, Singing Dragon, 2012：101.

他和诗，共同创作了《贼平后上高相公》①。

余下的章节主要围绕着薛涛与青楼其他艺伎的交流、与众多名人雅士的交往来叙述薛涛在艺术和道家思想方面的发展和领悟。比如，在写到她与众姐妹一起登凌云寺时，一位名为"长竹"的艺伎告诉她："气志在归一，气志在纯净的道"（Ch'i aspires towards Oneness and the Purity of T'ao）②。她的师傅孟郊在教她书法时也强调"气"就是道家精神生命之呼吸："它是在运笔用墨之外的东西；它是天道运行的力量，骤然显现。只有静默之人方能理解。"③ 她甚至与学者们探讨陶潜的诗歌和顾恺之的画作，而学者告诉她："诗人之道在于进入它物之生命，理解它，用语言再造它的精髓。但是，诗人不可被任何它物羁绊太久。而烟花女子的道则要求她进入他人的生命，照顾他令他愉悦，但是，她不能将真心交付给他人而羁绊自己。从这一点来看，诗人之道与烟花女子之道没有差别。"④ 这些生活中点滴积累的智慧最后帮助她获得了"女校书"的令名，也得到了韦皋和元稹的青睐。

总的来说，《请君试问东流水》是一部关于唐代中国的跨文明小说。小说前半部分主要书写男女不平等的社会现实对薛涛成长构成的障碍，后半部分则主要书写薛涛在唐代社会大变革的背景之下的喜怒哀乐，以薛涛的生活为棱镜，为西方读者呈现出中国历史上一个极具魅力的时代。尽管伊芙琳·伊顿用了大量笔墨描写中国古代家庭结构中"小妾"身份的卑微和"女儿"身份的尴尬，但其用意在于以薛涛逆风成长的故事鼓励西方女性克服传统观念的禁锢，大胆发展自己的天赋，实现自我的价值。另外，尽管作者用了大量笔墨渲染中国的青楼，赋予东方的青楼以完全不同于西方情色交易之地的内涵，将中国的青楼塑造成类似于"女子学堂"一般的习艺之地，但作者的目的不是美化薛涛作为"诗妓"的身份，而是通过书写薛涛在青楼与文人骚客的往来，向西方读者展示她在精神和人格上的独立，为西方女性树立一个不卑不亢、敢于与男性平等交往的中国古代女性知识分子典型。

---

① 由于伊顿进行小诗创作时参考的是玛丽·肯尼迪翻译的薛涛诗歌，因此文中的"高崇文"也被缪传为"Kao Pien"（高崇文的孙子，晚唐名将"高骈"）了。

② Eaton, Evelyn. Go Ask the River [M]. Harcourt, Brace & World, Inc. in 1969, Singing Dragon, 2012：123.

③ Eaton, Evelyn. Go Ask the River [M]. Harcourt, Brace & World, Inc. in 1969, Singing Dragon, 2012：126.

④ Eaton, Evelyn. Go Ask the River [M]. Harcourt, Brace & World, Inc. in 1969, Singing Dragon, 2012：145.

三、跨文明游记《寻人不遇》

美国当代作家、翻译家、汉学家比尔·波特曾经在 1970 年进入哥伦比亚大学攻读人类学博士。他在机缘巧合之下学习了中文之后，不仅对中国的文字，更是对中国文化深感着迷。他长期在中国大陆旅行，撰写了大量介绍中国风土人情的游记，除此之外，他还翻译了包括寒山和王维等人的诗歌以及一些道教和佛教经典，在海外掀起一股学习中国传统文化的热潮。

2016 年，他撰写的寻访中国古代诗人遗迹的跨文明游记被曾少立和赵晓芳翻译为散文集《寻人不遇》。在《寻人不遇》中，波特介绍了关于曹植、阮籍、李白、杜甫、陈子昂、孟浩然等诸多中国著名诗人的作品和与之相关的遗迹，其中有两位中国古代女性作家，一位是宋朝的著名女词人李清照，另一位则是唐代著名女诗人薛涛。

作者首先介绍了他在拜访薛涛遗迹之前所做的功课。他一边喝咖啡，一边浏览了一些关于薛涛的记录。作者认为她是"在中国诗歌的黄金时代可以与男性诗人比肩的女性"。波特从一些一般性的资料中获得的了解与其他中国百姓对薛涛的生平的了解大抵一致。他也介绍了薛涛作为官员之女的出身，父亲的早逝带来的生活困境，早慧的文学天赋与预告其沦落乐籍的那句著名谶语——"枝迎南北鸟，叶送往来风"。不过，与一般中国百姓对薛涛的看法不同的是，作者并未因人废诗。他指出"薛涛所属的青楼是一个专门培养女人去官宦府中侍宴赋诗的地方。毫无疑问，在这种情况下，有的女人成了妓女，而大多数则被请来展示其在戏剧、音乐和文学方面的才华。比如薛涛，因为有着过人的诗歌天赋，便很受欢迎，因此，她便成了当时很多大人物的朋友，不仅包括那些住在成都或者宦游成都的人，还包括一些从未谋面之人，那些人只因为读了她的诗，便开始给她写信"。从波特的字里行间，读者丝毫不会感觉到他因为薛涛的职业而贬低她的为人和诗歌的价值。在他看来，薛涛的身份应该是"演艺人员"而不是"妓女"。

在阅读了薛涛的现存诗歌之后，波特尤其赞美了《送友人》和《题竹郎庙》两首诗。"水国兼葭夜有霜，月寒山色共苍苍。谁言千里自今夕，离梦杳如关塞长。"波特认为，在《诗经》里，秋水边的芦苇以及盛开的芦花都是别离的意象。因此，薛涛的才情才能深深打动她的座上客。"竹郎庙前多古木，夕阳沉沉山更绿。何处江村有笛声，声声尽是迎郎曲。"在对《题竹郎庙》的介绍中，难能可贵的是，波特详细地介绍了这首诗歌中的典故。这是西方学者首次介绍"竹王"的典故:"薛涛之前的一千多年前,一位妇女正在河边洗衣服。这时候,有一段竹子漂过来,仔细一听,里面似有哭声,于是她一把抓住那节竹子,打开一看,里面竟然有一个小孩。她把孩子带回家,像对待亲生儿子一样将其抚养长大。孩子后来成了夜郎国的国王,也就是竹王。"从波特对这两首诗的理解来看,他是深谙中国传统诗歌文化精髓的。

另外,他也介绍了《罚赴边有怀上韦令公》《犬离主》《寄旧诗与元微之》。不过,他并没有大篇幅地分析诗歌的内容和意境,而只是借此证明薛涛与韦皋和元稹的非同寻常的关系而已。

除了介绍薛涛在诗歌艺术方面的造诣,作者也注意到了她在造纸以及道教修炼方面的有趣经历。作者对于薛涛的"浣花笺"产生了一些浪漫主义的联想。他认为,薛涛之所以在百花潭买房子就是因为锦江地区的造纸业比较发达,而且他还怀疑制笺是薛涛当年与母亲相依为命时的谋生技能。然而,对于薛涛与道教的关系,作者坦陈,从现存的资料来看,只能知道薛涛是一位道教信徒,但不知道她平时是如何修炼的。波特曾经在 1989 年到终南山采访了包括任法融在内的中国道教名士。[①] 他将那次终南山之旅的见闻集结成《空谷幽兰》,在西方世界掀起了一场不小的文化热潮。在《空谷幽兰》里,波特表达了对中国传统文化,尤其是道教的高度赞叹、向往。因此,有关薛涛笃信道教的资料的缺失引发了他的无限遗憾之情。原本收录了四百五十首诗歌的《锦江集》在七百多年前就失传了,目前薛涛流传下来的诗歌不到一百首。由于那些原本有可能为我们呈现出薛涛与道教之间更详细、更丰富的联系的诗歌已经在历史的长河中消失,因此,波特"只能从她与朋友以及仰慕者的诗歌酬唱之中去寻找蛛丝马迹"。从这点来看,薛涛现存诗歌中能够体现其道教信仰的"蛛丝马迹"对于薛涛在西方文化语境中的传播是具有重要意义的。

在游记的最后,作者借助 GPS 而辗转找到了薛家巷。然而彼时的薛家巷在不久的将来就要被推土机铲平而修建大楼。作者在一位农民的带领下来到了现存的薛涛墓前,满心惋惜与虔诚地祭酒三杯,然后朗诵了一位来自异国的薛涛的崇拜者威廉姆·霍里斯(William Hollis)的作品——《吟诗楼》(Poem-Chanting Tower)。

---

① 任法融,俗名任志刚,中国道教协会前会长,陕西道教协会会长,山西道教协会名誉会长,中国道教学院院长,陕西周至楼观台道观监院。

I can not imagine the years

when generals sat smiling at your song

or scholars came a great distance

to ask a favor

years later

when it was no longer necessary

for you to rise in the middle of the night

to comfort an official

dropped by the latest turn of government

I stood watching

from the shadow of an arbor

as you sat in the sun

and brushed poems

on slips of bright paper

and I was there

when young poets brought scrolls

with small perfect poems

though I was not among the pretty ones

who played golden lutes

but a gray one

with breath too short to finish a line

when you came close and listened

the very air trembled

and lilies burst open

with a shudder

and flooded the garden with perfume

as rich and haunting as the musk

in the scarf you wound about my shoulders

I keep it still

in a box with these poems

that were for you

when all the world was a landscape

fading from the scroll that hung in a corner

lit only by the turning of the stars①

波特在游记中并没有引用这首长诗的全部，但是，他认为薛涛如果地下有知，是能够感觉到她依然被爱着，被崇拜着的。

---

① 赵晓芳将此诗翻译如下：始终无法想象那些年，将军微笑着听你歌唱，而诗人们千里迢迢而来，也只是为一睹芳容。多年以后，当人们不再需要你，不再需要你半夜起身，去安抚一位新近上任的官员。我在看着你，在凉亭的阴影里，看你坐在阳光下，在鲜艳的纸笺上写诗。我在看着你。当年轻的诗人带来诗集，里面写满精美的小诗，而我却不在其中。我已经老了，呼吸短促到无法完成一个诗行。当你走近，请你倾听，空气的颤动以及百合花开的声音，那弥漫在花园里的芬芳，如你披在我肩上的围巾，散发出的浓烈而持久的麝香。让我把它放进一个盒子吧，连同那些写给你的诗。当世界变成一幅水墨，被人卷起高悬于角落，群星升起，将会再次把它点亮。

第七章

武则天篇

武则天（624—705），唐高宗皇后、武周皇帝。公元690—705年在位。名曌，祖籍并州文水（今山西文水县），唐朝开国功臣武士彟之女，在其任利州（今四川广元）都督时出生。十四岁时被唐太宗选入宫内为才人，太宗死后为尼。旋被高宗召为昭仪，永徽六年（655）立为皇后，渐干预朝政，号天后，与高宗并称"二圣"。弘道元年（683）高宗病逝后，她临朝称制。载初元年（689）自称圣神皇帝，改国号为周，改元天授，史称"武周"。她重视农桑，轻徭薄赋，与民休息，增殖人口；广开言路，注意纳谏；发展科举，开创殿试制度；重视人才，拔擢狄仁杰、姚崇、宋璟等贤臣；开发边疆，恢复安西四镇，保障丝路畅通。由于上述政策措施的推行，她执政时期承袭"贞观之治"，国势仍在上升，开启了"开元之治"的唐朝盛世。她实际执政达五十余年，功大于过。神龙元年（705），其子李显复位，恢复唐朝国号，尊其为则天大圣皇帝，其退居上阳宫，年末病逝，终年八十二岁。谥则天大圣皇后，遂称"武则天"。

武则天在四川的历史遗迹有：广元则天坝、皇泽寺、广政碑、天曌山。

四川省历史学会副会长、四川师范大学历史旅游学院教授谢元鲁用一句话总结了武则天的成就：唐代的开放与大度造就了中国唯一的女皇，千百年来，无论是憎恶还是赞美，都无损于这位伟大女性的历史光辉。[1]

---

[1] 吴梦琳，余如波. 首批四川历史名人 为何这10位入选［N］. 四川日报，2017-07-12.

2017年，武则天入选四川省第一批历史名人，掀起了武则天形象研究的又一次热潮。基于武则天在中国历史上的重要地位及影响，国内学界涌现了大批武则天形象研究成果。目前对武则天形象的研究主要体现在三个方面。

其一，女性政治家形象研究。嵇敏的《性别视域下的武则天之辩》综合了国内外对武则天研究的新成果，从女性主义和表演理论的角度重新解读了武则天改号、造字、崇佛等一系列事件的根本动因。韩林的《武则天形象的嬗变及其性别文化意蕴》则从叙事学的角度指出唐五代的武则天形象基本符合事实，宋元时作者加入主观因素，明清时武则天形象则被妖魔化。这种变化是封建社会性别哲学泛化到政治领域的结果，男权文化体系完全剥夺了作品中女性的话语权。与此类似的是刘传霞的《20世纪文学叙事中的武则天》，她指出近百年文学叙事中的武则天形象随着社会风潮和写作者的社会身份和地位的变化而变化。综观百年文学史，武则天的形象大都由男性来塑造，承载着或意气风发或温良恭俭或失意落寞的知识分子的现实欲望、未来想象与忧虑。只有到了女性主义思潮和女性写作在中国大面积涌动的20世纪90年代，才出现了女性塑造的武则天形象，女性写作者的加入使武则天叙事在人性化方面有了很大的突破。嵇敏研究的是武则天自身的性别意识和她如何化解性别身份对于她实现政治抱负的阻力，而韩林和刘传霞则关注的是男权社会对武则天形象的改造。他们的研究各有侧重，但都从女性主义的视角提供了解读武则天作为古代女性政治家的特殊形象。

其二，女性文学家形象研究。武则天自身对文学的热爱以及以诗赋取士的制度对唐代的文学创作有着极大影响。近年来，我国学者对武则天诗歌研究的热度持续升温。对武则天诗歌进行研究的代表性论文有郭海文的《武则天诗歌研究》和沈文凡、左红杰的《近百年武则天与上官婉儿诗歌研究综述》等。而对于武则天诗歌海外传播做出重大贡献的则是吴松林。他翻译出版了《憔悴支离为忆君：武则天、唐高宗诗集》，通过翻译加注解的方式，将武则天诗歌译介到英语世界。

其三，武则天形象海外传播研究。目前国内关于武则天形象海外传播的成果不多。主要成果有王凡的《西方汉学家笔下的女皇形象——高罗佩〈大唐狄公案〉中的武则天形象刍议》。文章指出荷兰汉学家高罗佩（Robert Hans Van Gulik）的系列小说《大唐狄公案》中的武则天为负面形象，这既与众多明清小说作品对于武则天的反面塑造存在着一定的渊源，更是因为高罗佩欲以武则天来侧面烘托主人公狄仁杰的形象，同时在一定程度上反映了高罗佩对于中国古代社会、政治、历史等方面的某些认识和思考。另外，2010年周启来、孙良好在《林语堂笔下的武则天形象》中指出，在林语堂跨文明传记中的武则天，不仅有骄奢淫逸、有违人伦的一面，也有聪明才智与志向宏大的一面。

从以上文献综述来看，国内对武则天作为女性政治家和文学家的形象已经有了比较深入的研究，但是目前对武则天形象海外传播方面的探索还不充分，关于武则天形象的跨文明传播还有大量的问题需要深入探讨。事实上，除了高罗佩和林语堂对武则天的跨文明书写，还有以下学者以译介、跨文明阐释和跨文明书写的方式将武则天形象传播到海外。但是他们的研究成果还没有得到国内学界足够的重视。

第一节
海外多元武则天形象的塑造与传播

一直以来，人们对武则天这位中国历史上唯一的女皇帝的评价可谓毁誉不一，既有人谓之为"女中英主"，也有人谴责她"牝鸡司晨"。文学和影视作品对武则天形象的塑造也因此成为中国文艺批评的热点话题。21世纪以来，陈辽、昌庆志、刘健、雷勇、陈娇华、李明慧、陈利娟、郭楠、韩林等学者分析了唐代诗歌、明清小说、川北民间传说、20世纪90年代后的中国历史小说等文本中的武则天形象，张杰、张志英、李斌、王一帆、江杭、熊世羽等学者分析了中国电影、电视剧、舞台剧中的武则天形象。但是，从这些学者在研究武则天形象时所采用的文献和影视材料来看，目前国内学界还没有充分关注海外学者以"异域之手"所塑造和传播的多元化的武则天形象。事实上，由于武则天身份的复杂性、重要性和争议性，她早已成为海外学者眼中的"箭垛式人物"。海外学者的译介、跨文明阐释和跨文明书写就像数不清的箭射到草人身上一样，不断地加重了其份量，丰富了其形象。本节通过总结武则天形象在海外之塑造和传播，发掘中国古代历史文化名人之于中西文化交流与互鉴的当代价值。

一、作为"女人"的武则天形象

"武则天的女性身份使其在中国的帝王系列中空前绝后，帝王与女性的双重身份使其处在历史的风口浪尖上。"[①] 不少海外学者尝试从性别身份这一角度诠释武则天得以攀升到权力巅峰的原因。2007 年，英国畅销书作家奈吉尔·考索恩（Nigel Cawthorne）出版的跨文明传记《天国之女：中国唯一女皇帝的真实故事》（Daughter of the Heaven: The True Story of the Only Woman to Become Emperor of China）[②] 就是尝试从性别身份的角度呈现其成长过程的代表作。

（一）唐太宗时期的武则天形象

在 2008 年出版的跨文明传记《武曌：中国唯一的女皇帝》（Wu Zhao: China's Only Woman Emperor）中[③]，美国学者罗汉（N. Harry Rothschild）指出，在孩童时期，武则天的相貌吸引了相士的目光。相士称她"龙睛凤眉、贵气逼人、生有帝貌"。但是，罗汉认为这些身体特征反映了她突出的个性和坚强意志，却并没有真实反映她的惊人之美。而四川北部和龙门的一些根据她的面相塑造的佛教雕像，因为是静态的，也无法准确传达出她的生气、重欲和活力。与罗汉重视实据的书写方法不同，考索恩根据《房内记》中关于"好

---

① 韩林. 武则天形象的嬗变及其性别文化意蕴 [J]. 东北师大学报，2014（5）：172-177.
② Nigel Cawthorne. Daughter of the Heaven: The True Story of the Only Woman to Become Emperor of China [M]. Oxford: Oneworld Publications, 2007.
③ N. Harry Rothschild. Wu Zhao: China's Only Woman Emperor [M]. Peason Education, Inc, 2008.

女"的描述，想象了武则天十三岁入选唐太宗后宫时的外形特征。《房内记》载："欲御女须取少年，未生乳，多肌肉，丝发小眼，眼睛黑白分明者，面体濡滑，言语音声和调。其四肢百节之骨，皆欲令没，肉多而骨不大者。其阴及腋下不欲令有毛。有毛当令细滑也。"① 考索恩认为："尽管我们看不到武瞾在那个年龄段的画像，但我们知道那个时代的中国男人选择情人的标准……我们推测，她是符合这一类型的。"② 在考索恩的想象中，由于中国自古以来受到彭祖关于采阴补阳的房中术的影响，古代帝王在选取后宫佳丽时也必然依据这些标准。考索恩对少女武则天的形象塑造实际上迎合了西方社会中男性对女性、西方对东方、现代对古代、文明对野蛮的"猎奇"心态。一言以蔽之，考索恩关于武则天作为"女人"的形象塑造并非基于可考据的历史文献，也不依据画像或雕塑等历史文物，他所塑造的武则天形象是为了满足西方读者对于作为"他者"的东方女性的猎奇心理而虚构的。

（二）唐高宗时期的武则天形象

在考索恩看来，如果说在唐太宗时期，武则天是因为满足了帝王出于养身的目的而得以入宫选为才人，那么，在唐高宗时期，她则是以狐媚成熟的性魅力征服了比她青涩的高宗而得以晋升为皇后。在讲述武则天与高宗的夫妻生活时，考索恩甚至直言："她在皇帝的感情世界中建立了自己的地位以后，又成功地取代了萧淑妃和王皇后。她似乎是通过迎合高宗的风流而办到了此事。……显然，她已经学会了阴阳二气的秘诀，克服了高宗克制身泄的任何企图，将气流逆转了……作为一个野心勃勃的女人，她现在有机会晋升了。"③ 考索恩在以西方人的眼光观照武则天这一聚讼纷纭的中国历史人物时，很大程度上将原本错综复杂的政治和宫廷斗争简化为两性关系问题了。简言之，考索恩认为武则天的成功很大程度上是利用了"女性"的身体，通过满足或者控制男性皇帝而达成了政治目的。这种观点不仅出现在考索恩所写的传记中，甚至在严肃的历史著作中也有学者公开表示认同。比如，华盛顿大学历史系教授

---

① 奈吉尔·考索恩. 外国人眼中的武则天 [M]. 王纪卿，译. 长沙：湖南人民出版社，2012：4.

② 奈吉尔·考索恩. 外国人眼中的武则天 [M]. 王纪卿，译. 长沙：湖南人民出版社，2012：59.

③ 奈吉尔·考索恩. 外国人眼中的武则天 [M]. 王纪卿，译. 长沙：湖南人民出版社，2012：4.

伊沛霞（Patricia Buckley Ebrey）在《剑桥插图中国史》（*Cambridge Illustrated History of China*）中就表示"唐代两位最有名的女性是武则天皇帝和杨贵妃。有关女人如何支配男人的一般观念，在很大程度上得自于这两个截然不同的皇室女性的故事"[①]。

（三）独自执政时期的武则天形象

在考索恩看来，武则天是以"性"和"身体"填补了"女性"与"皇帝"之间的天堑。不过，这一理论显然难以解释为何武则天在两位皇帝去世之后仍能屹立不倒，因此，考索恩在"性"和"身体"之外，加入了对武则天作为"女人"而具有的"男性潜倾"的描写。卡尔·荣格（Carl Gustav Jung）认为无论男女，人在无意识中都潜藏着异性的性格。因此，他提出："任何一个男人身上都有女性的一面，这就是男性的阿尼玛。任何一个女人身上都有男性的一面，这就是女性的阿尼玛斯。"[②] 他口中的"阿尼玛斯"（animus）就是"男性潜倾"。为了使得武则天的"男性潜倾"不过于突兀，考索恩介绍武则天在童年时就突显了其"假小子"的做派："因为父亲在她十岁时便已去世，家中没有男性对其施加限制性影响，也许其假小子的言行还得到了鼓励。这就允许她走出家门，而这在当时她那个阶层的妇女中是罕见的。但她不是轻易会被习俗所约束的女子，她是用特殊材料制成的人。"[③] 在这样的铺垫之下，后文中关于武则天在执政时期采用恐怖统治来分散民众的注意力的描写也就显得水到渠成。在考索恩看来，武则天虽然身为一介女流，却能以男性的铁血手腕执政，这使大家不会关注一个事实：武则天，一个女人，正在治理国家，这违反了儒家的所有信条。易言之，武则天在两位皇帝去世之后不再是以"性"和"身体"为武器，而是通过淡化其女性身份和突显其"男性潜倾"来实现其统治。

在考索恩的跨文明书写中，武则天的形象是非常复杂的。在唐太宗时期，武则天是以满足"幼态"审美而服务于皇帝养生大事的小女子，彼时的她女性意识还未萌芽，完全只是任人摆布的"物"；唐高宗时期，武则天女性意识

---

① 伊沛霞. 剑桥插图中国史 [M]. 赵世瑜等, 译. 长沙：湖南人民出版社，2018：122.
② 李爱云. "雌雄同体"的文化阐释及现代性 [C] // 中国女性文化, 北京：中国文联出版社，2001：2.
③ 奈吉尔·考索恩. 外国人眼中的武则天 [M]. 王纪卿, 译, 长沙：湖南人民出版社，2012：130.

觉醒，善于利用"性"与"身体"交换利益，但彼时的她为了生存而被异化为"非人"；在其单独执政时期，武则天则兼具双性气质，既善于利用"女性"身份塑造"母临兆庶，子育万方"的"圣母"形象，又敢于发挥"男性潜倾"，以铁血手腕捍卫自己的权威，彼时的她是一个无所不能的"全人"，正如她所造的名字"曌"，日月并立，阴阳结合，光耀万丈。总体而言，尽管考索恩的跨文明书写刻意夸大中西文化差异以博取西方读者眼球，但这部作品较好地塑造了作为"女人"的武则天形象，向西方读者介绍了武则天在不同时期的女性意识。

二、作为"政治家"的武则天形象

除了作为"女人"，武则天更值得探讨的当然是作为中国唯一正统女皇帝这一身份。郭沫若、陈寅恪、翦伯赞、刘凌、吕振羽、蒙曼等学者都对其功过进行了评论。蒙曼认为："武则天时期的政治是任人唯贤与酷吏政治并存。"[①]她的评价代表了国内大多数当代学者的观点。但是，值得注意的是中外学者对于作为"政治家"的武则天形象的看法并不完全一致。葛兆光在《哈佛中国史》的序言中指出："对于海外中国学研究，我们特别要注意它自身隐含的政治、学术和思想背景，千万别把他们研究'中国史'和我们研究'中国史'都用同一个尺码去评判或剪裁……恰恰是因为他们与我们所研究的'中国'不同，所以，我才认为特别要重视这个'异'。"[②] 这一原则当然也适用于属于中国史研究的重要内容之一的武则天研究。总体而言，海外对于武则天作为"政治家"形象的塑造和传播主要是通过跨文明阐释和跨文明书写来实现的。西方读者关于中国女性长期受到儒家信条的规训而普遍具有谦卑柔顺的性格这一根深蒂固的"前理解"，与武则天时期严酷的吏治形成了一种明显的悖论，这很大程度上打破了西方读者对中国古代女性书写的"期待视野"，因此，在海外无论是关于武则天的跨文明书写还是进行阐释的著作中，武则天能在男尊女卑的中国古代社会登上皇位的重要原因似乎都被归结于她残忍的天性，从而作为"政治家"的武则天形象被自然而然地打上了"暴君"的烙印。

---

① 蒙曼. 武则天 [M]. 桂林：广西师范大学出版社，2015：370.
② 陆威仪. 世界性的帝国：唐朝 [M]. 张晓东，冯世明，译. 北京：中信出版社，2016：9.

(一) 对暴君形象的塑造

早在 1957 年,中国学者林语堂就以英语创作了一本关于武则天的传记①。孟华认为,那些由中国作家自己塑造出的中国人形象,如果以异国读者为受众,或者以处于异域的中国人为描写对象的话,这种形象可以被称为"自塑形象"。"这些形象都具有超越国界、文化的意义,因此在一定程度上可以被视为一种异国形象。"② 在 20 世纪中叶,林语堂用英语来创作关于武则天的小说,其目标受众显然是西方读者,因此,他的传记也具有"跨文明书写"的特质。该传记通过唐邠王回忆了武则天不同寻常的一生,在回答唐玄宗对他为何能"未卜先知"的疑问时,他解释道:"我并没有道法仙术。只是年轻时在东宫幽静的时候,一年之中总受武氏兄弟鞭打三四次。……伤疤后来是好了,可是留下了病根。天气一变,就浑身彻骨疼痛。天要放晴了,我才觉得轻捷。不过如此而已。"③ 这本跨文明传记有一定的虚构色彩,但是,为了增强故事的真实性和感染力,作者巧妙地让唐邠王以见证人的身份来讲述武则天的故事。在传记中,唐邠王不仅是故事的讲述者,还是作者观点的"传声筒"。他向读者讲道:"当年一提到祖母,我们就心惊胆战。如今追忆当年,她只像一个势穷力蹙的魔鬼,已经消失不在了。有时候,她的暴乱奢侈,她的刚愎自用,看来甚至滑稽好笑。她爱生活,生活对她一如游戏,是争权夺势的游戏,她玩得津津有味,至死不厌。但是,到了终极,她所选择的游戏,并不很像一个顽固任性固执己见的妇人统治下的一段正常的历史,倒特别像一出异想天开的荒唐戏。"④ 除了在第一章"唐邠王——一个见证人的自述"中对武则天的性情和为人进行总的勾勒,林语堂还在第二十八章"检举箱的发明"和第二十九章"冤案少不了酷吏和酷刑"中更为详尽地描写了武则天吏治的手段、效果和影响。唐邠王讲道:"武后醉心权力,反复无常,而生性专横,她所需要的只是一个杰出的刽子手而已。不久,获得了十几个。这是她虎狼般的臣仆的坚强中心,他们的武器是苦刑和密探。两个原则其实是一而二,二而一的——恐怖统治。"⑤ 从这一段论述来看,林语堂认为武则天的吏治就是一种

---

① Lin Yutang. Lady Wu: A Novel [M]. New York: Putnam Pub Group, 1957.
② 孟华. 比较文学形象学 [M]. 北京:北京大学出版社,2001:15.
③ 林语堂. 武则天正传 [M]. 张振玉,译. 长沙:湖南文艺出版社,2016:2.
④ 林语堂. 武则天正传 [M]. 张振玉,译. 长沙:湖南文艺出版社,2016:3.
⑤ 林语堂. 武则天正传 [M]. 张振玉,译. 长沙:湖南文艺出版社,2016:127.

典型的恐怖统治。催生吏治的无非就是武则天对权力的野心和残忍的性情,其实施更是无需政治智慧。林语堂还借唐邠王之口谴责了武则天的倒行逆施:"就因为一个女人要野心得逞,遂犯下这些滔天大罪,而且在圣贤以仁爱忠信垂训的华夏中原,人对一切美德,视若无睹,或将美德窃以曲解,失其真义,人人在恐怖之下,又如返回太古野蛮时代,死于恐怖;尤可悲者,是生时亦时时恐怖。人类是进步的,但当时竟一直向六千年以前古老的蛮荒进展下去了。文明已经成了当时人类遗忘将尽的残梦。"① 从这一段义愤填膺的控诉来看,林语堂在跨文明小说中所塑造的武则天不是一位合格的政治家,而是一位十足的暴君。因此,在书中的最后一章,林语堂用了下面一段话来对武则天的功过是非盖棺论定:"中国历史上这个最骄奢淫逸、最虚荣自私、最刚愎自用、名声坏到极点的皇后的一生,就这样结束了。她死了,她所作的恶却遗留于身后。"② 在此书出版之后,武则天的女性身份与吏治之间的矛盾引发了广大西方读者的兴趣,武则天也成为西方读者眼中中国女性执政的反面教材。随着女性主义和历史观的发展,国内有学者指责林语堂塑造妖魔化的武则天形象,其作"思想观念过于陈旧,而且借题发挥之处过多,违反传记的客观性"③。还有学者指出:"在传记的字里行间,我们读到的或许只是一个在男权思想和意识形态双重枕木重压下的武则天形象。"④ 不过,由于"两脚踏中西文化,一心评宇宙文章"的林语堂在西方的巨大影响力,他所塑造的残暴专横的武则天形象很大程度上成为西方学界了解武则天的入门读物,之后西方关于武则天的著作都或多或少地被打上了林语堂的印记。

(二) 对暴君形象的强化

在2002年查尔斯·本(Charles Benn)出版的《中国的黄金时代:唐朝的日常生活》(*China's Golden Age: Everyday Life in the Tang Dynasty*)一书中⑤,第一章"唐朝简史"将武则天执政时期归入"篡位、叛乱与腐败"时期。作

---

① 林语堂. 武则天正传 [M]. 张振玉,译. 长沙:湖南文艺出版社,2016:134.
② 林语堂. 武则天正传 [M]. 张振玉,译. 长沙:湖南文艺出版社,2016:227.
③ 万平近. 林语堂传 [M]. 福州:海峡文艺出版社,1998:304.
④ 周启来,孙良好. 林语堂笔下的武则天形象 [J]. 温州大学学报(社会科学版),2010 (1):34 - 38.
⑤ Charles Benn, China's Golden Age: Everyday Life in the Tang Dynasty [M]. New York and Oxford: Oxford University Press, 2002.

者向西方读者介绍道："武则天是一个儒商的女儿，极具聪明才智，天生具有政治才能，具有识人用人的超凡本领。但她也相当残忍。公元684年扬州发生叛乱之后，她开始了长达10年之久的恐怖统治。她建立了一个秘密机构，搜寻敌对者，或者假想敌。公元690年，在洛阳建立了一个特殊的调查机构，她的手下对可能的反对派实施了惨不忍睹的酷刑。在这种迫害达到顶峰时，上千人被流放或处死。……一位皇子被囚禁在宫中长达10年，每年都要挨几顿打。后来他甚至可以预测天气了。每逢下雨前，他的伤口就感到胀痛；天气转晴时，就不痛了。"① 从上文可知，查尔斯·本不仅用笼统的议论批判了武则天的吏治，还结合一个典型的例子来力证武则天的残忍。值得注意的是，查尔斯·本所引用的皇子的悲惨遭遇恰好就是林语堂在英语传记《武则天正传》中借唐邠王叙述的内容；而查尔斯·本关于武则天篡位引发的一系列贵族女性觊觎政权的负面影响又在奈吉尔·考索恩的跨文明传记《天国之女：中国唯一女皇帝的真实故事》中以专章得以呈现。由此可见，跨文明书写与跨文明阐释之间形成的互文性具有双向互构的作用。相似内容在不同文本中的叠加和交织会加深读者对某一形象的刻板印象，甚至成为读者的"集体记忆"。除此之外，查尔斯·本还在介绍唐代的"犯罪与刑法"一章时再次强调："在唐朝时，有一些酷吏并不遵守法律，他们用各种残酷的刑具折磨犯人。酷吏最横行的是武则天统治时期。她任命了一群酷吏，在洛阳西南的城门口建立了一个特殊的监狱。这个监狱让洛阳的人民闻之色变，据说进去的人没有能活着出来的。"② 从以上论述可知，查尔斯·本将武则天的统治时期看作唐朝在玄宗开启"黄金时代"之前最为黑暗的时期。他认为在武则天让位之后，宫廷中的女性还纷纷效仿武则天，所以韦皇后、安乐公主、天平公主等贵族女性也以不当的方式干涉政务，造成了唐朝时局的混乱。

查尔斯·本的著作是根据其在夏威夷大学讲授的课程编写的。该课程是为了让外国学生了解古代中国的历史、哲学、宗教、文学、艺术和其他领域。在查尔斯·本的跨文明阐释中，唐朝是中国发展的黄金时代，而武则天的统治则为这个辉煌的时代笼罩了一层灰色。如果林语堂的跨文明小说初步塑造了作为"暴君"的武则天形象，那么查尔斯·本的学术专著则无疑强化了西方读者的

---

① 查尔斯·本. 中国的黄金时代：唐朝的日常生活 [M]. 姚文静, 译. 北京：经济科学出版社, 2012：5.
② 查尔斯·本. 中国的黄金时代：唐朝的日常生活 [M]. 姚文静, 译. 北京：经济科学出版社, 2012：189.

这一既有认识。

（三）对暴君形象的改造

随着海外汉学对中国历史研究的深入，晚近的一些海外学者在评论武则天作为"政治家"所实施的吏治时，其态度与措辞已经发生了一些微妙的变化。比如，在 2008 年的跨文明传记《武曌：中国唯一的女皇帝》中，罗汉指出："武曌深知她的敌人众多，所以仅凭她非凡的领导力、精雕细琢的政治言论以及精心策划的吉兆并不足以获得朝廷的支持，因此她决定用暴力胁迫这种非正常手段辅助机敏的说服措施，从而使自己的政治合法化……恐怖政治在一定范围内实施，主要针对上层政敌、皇亲国戚以及朝中位高权重的大臣，很少恐吓广大平民、商人及工匠。而且，虽然这些酷吏的权限很大，但是武曌绝不允许他们以权干涉政治决策。"① 从他的评论来看，首先，武则天的统治并不是以吏治为主要支撑，而是将吏治作为一种必要的补充；其次，吏治所针对的对象不包括平民，因此，其造成的恐怖氛围并不是像前辈学者所描写的那么夸张；最后，武则天能很好地操控她用于吏治的爪牙，不会让他们影响到国家的长治久安。在罗汉的跨文明书写中，武则天命人铸造铜匦的目的是"将自己界定为政治体中的一颗沉默的心，一个可以盛下秘密和各种情报的器皿……通过这种方式，武曌立刻变成了一位极富同情心的女统治者，时刻关心平民的疾苦，并慷慨地奖励那些忠义之士"②。在罗汉看来，武则天的女性身份与残酷吏治并不矛盾，相反，她很好地利用了其女性身份，尤其是在利用完酷吏扫除异己之后，还及时地寻机将这些酷吏全部消灭，最后借机将自己塑造成一个以仁政普度众生的仁慈的菩萨形象。

总体而言，武则天的政治家形象在海外并不是一成不变的。随着海外汉学的发展，人们对于武则天的政治家形象的认识也越来越全面和客观。2009 年，美国学者陆威仪出版了哈佛中国史丛书中的《世界性的帝国：唐朝》一书③。陆威仪是美国著名的中国古代史专家、斯坦福大学李国鼎中华文化讲席教授。

---

① 罗汉. 武曌：中国唯一的女皇帝 [M]. 冯立君，葛玉梅，译. 北京：社会科学文献出版社，2018：137.
② 罗汉. 武曌：中国唯一的女皇帝 [M]. 冯立君，葛玉梅，译. 北京：社会科学文献出版社，2018：139.
③ Mark Edward Lewis, China's Cosmopolitan Empire：The Tang Dynasty [M]. Cambridge, London：Harvard University Press，2009.

他擅长从政治和社会层面研究中国文化，著有"哈佛中国史"的前三卷《早期中华帝国：秦与汉》《分裂的帝国：南北朝》《世界性的帝国：唐朝》以及《早期中国的写作权威》《早期中国的空间结构》等。他敏锐地指出："7世纪50年代中期以后，武后开始执掌朝政，自其丈夫683年死后到705年退位期间，她以孀居的皇后和开创自己王朝的女皇的身份进行统治。尽管这一时期很长很重要，但除了一些碑文和佛教文献，关于武后的活动我们只掌握了很少的可靠且有用的资料。资料缺乏的原因是武曌是女人，而所有关于这一时期的记录都是男人编著的，他们不仅是其政敌且将其政治生涯视为对自然的扭曲。"[1]在这样的洞见指导之下，后来的海外汉学研究者在解读、塑造和传播武则天的政治家形象时必不再只是追随陈见，而是能以他者之眼和他者之手推陈出新。

三、作为"思想家"的武则天形象

唐王朝的统治者为了更好地维护政权，对于儒、释、道三教都加以利用，形成了"三教合流"的局面。在海外，由于马礼逊（Robert Morrison）在19世纪初便开始介绍中国的儒、释、道三教[2]，之后，又有包括威廉·迪恩（William Dean）[3]、德庇时[4]、费正清（John King Fairbank）[5]等海外知名学者不遗余力地传播中国思想，这三种思想之于中国的重要意义早已深入人心，因此，在塑造和传播武则天作为"政治家"的形象时，总是会不可避免地塑造和传播她作为"思想家"的形象。

（一）武则天对儒教的态度

2003年，丁淑芳（Dien Dora Shu-fang）出版了《文学和历史中的武则天：儒教中国对女性的蔑视》（*Empress Wu Zetian in Fiction and in History: Female*

---

[1] 陆威仪. 世界性的帝国：唐朝 [M]. 张晓东，冯世明，译. 北京：中信出版社，2016：31.

[2] Robert Morrison. A View of China for Philological Purposes, Containing a Sketch of Chinese Chronology, Geography, Government [J]. Religion & Custom, Maco: P. P. Thomas, 1817.

[3] William Dean. The Chinese Mission. Embracing a History of the Various Missions of all Denominations among the Chinese. With Biographical Deceased Missionaries [M]. New York: Sheldon&Co., 1859.

[4] John Francis Davis. The Chinese: A General Description of the Empire of China and its Inhabitants, Volume II [M]. London: Charles Knight &Co., 1836.

[5] John King Fairbank. The United States and China [M]. Cambridge: Harvard University Press, 1971.

Defiance in Confucian China）一书①。作者认为自汉代以来，儒家思想便成为中国帝王统治人民的意识形态。根据儒家经典的教谕，个人从一出生便根据年龄、性别和辈分被指定在某一特定的位置，女性显然一直被置于"次等"的位置。孔子"唯女子与小人难养也"以及刘向《列女传》对中国古代妇女美德的赞扬，从正反两面对女性施加了压力。由于儒教所确立的女性应该处于卑下的地位和具有服从的美德等传统不利于武则天的统治，武则天对于儒教的态度是非常明智的：一方面，她不能对之完全置之不理，全盘推翻；另一方面，她还要对之善加利用和改造，因势利导。这一观点在其他塑造和传播武则天形象的海外著作中得到了印证。

在罗汉的跨文明传记中，首先，武则天之所以能参加封禅大典是因为她巧妙地利用了儒家思想："女性的加入不仅从儒家礼制上讲很有必要，而且也符合自然的和谐之理，有利于女性的'阴'和男性的'阳'达到平衡的状态。因此，尽管儒教礼教贬低武曌的女性身份，但武曌'以子之矛，攻子之盾'，利用这一文化意识形态证明了自己参加封禅大典的合理性。"② 其次，罗汉还认为武则天通过召集"北门学士"编制儒家经典达到了两个目的：一是削弱并分散了当朝高官的权力，二是将自己塑造成一名儒家思想的积极支持者，而不是反对者。再次，罗汉还指出武则天知道如何用儒家修辞来使自己的需求获得满足。她总是能以符合儒家标准的口吻来表达自己的诉求。比如，她以一种适合女人的谦卑言辞说服了忠臣刘仁轨，最后使他以出色的能力和沉着的政治手腕管理长安。最后，罗汉还认为武则天在《臣轨》中改造了儒家思想中人们将孝顺置于忠诚之上的传统，提出要"先其君而后其亲，先其国而后其家"的观点。用君臣之间的联系来代替父子之间的血缘关系，这样一来，便可以"从整体上弱化崇拜男性祖先的意义，从而有效削弱了父系权威的基础"③。

（二）武则天对佛教的态度

儒教对于女性执政是持否定态度的，但是佛教能为武则天提供思想和政治

---

① Dien Dora Shu-fang. Empress Wu Zetian in Fiction and in History：Female Defiance in Confucian China [M]. New York：Nova Science Publishers, Inc. 2003.

② 罗汉. 武曌：中国唯一的女皇帝 [M]. 冯立君，葛玉梅，译. 北京：社会科学文献出版社，2018：67.

③ 罗汉. 武曌：中国唯一的女皇帝 [M]. 冯立君，葛玉梅，译. 北京：社会科学文献出版社，2018：116.。

上的支持。比如,《大云经》中佛陀告诉净光天女,她"舍是天形,即以女身当王国土,得转轮王所统领处四分之一",在现实中,她将"为化众生,现受女身"。因此,武则天不仅资助了大量佛经的编译和注疏工作,还修建和翻新了很多佛教庙宇,举办了大量佛教盛会,将自己塑造成以现世君主现身的菩萨和转轮王。罗汉认为武则天大力支持佛教的发展,是因为道教与原来的李唐皇室联系紧密,而家长制的儒教又极端厌恶女性统治者,所以只剩下佛教可以让武则天获得她执政所需的认可和合法性了。

(三) 武则天对道教的态度

在罗汉的跨文明传记中,武则天在嵩山竖立石碑表达了对益寿氏和西王母两位道教女仙的尊敬。"武曌通过崇奉这些女神仙与她们建立了联系。嵩山成了重要的礼制中心,在武曌的统治中发挥了重要的作用。"[①] 另外,由于李唐王室将道教视为国教,武则天还追封老子的母亲为"先天太后",并将老子母亲的雕像放在道观之中。她通过这一追封为自己作为皇太后进行政治活动背书。不过,尽管道教有"崇阴"思想,但它与原来的李唐皇室联系紧密,难以成为最有利于武则天执政的思想工具,因此,公元692年,武则天将佛教的地位提升到道教之上,很多道士被迫削发为僧。不过,在武则天巩固了政权之后,尤其是到了老年时,她对道教的态度又有所改变。道教的修炼目的是"长生久视",因此,当武则天步入老年后便努力从道教仙丹和科仪中寻找长生之法。罗汉还认为她之所以宠幸张氏兄弟,也是效仿道教的神仙素女,想通过吸收年轻男子的精气而达到青春永驻的目的。

总的来说,海外学者在塑造武则天形象时,其"思想家"形象从属于"政治家"形象。武则天对儒、释、道三教复杂多变的态度完全取决于其执政之需求。易言之,武则天并非三教中任何一教的忠实信徒,但她能审时度势,综合运用三教的影响力为自己的政权服务。

四、作为"文学家"的武则天形象

周淑舫在《中国古代宫闱才女文学演变研究》中高度评价了武则天的文学创作实线。她说:"武则天以超越以往宫闱才女的创作灵气、凌驾朝廷殿堂

[①] 罗汉. 武曌:中国唯一的女皇帝 [M]. 冯立君,葛玉梅,译. 北京:社会科学文献出版社,2018:85.

的帝王霸气,独创大周朝主祚功业,完成从唐太宗'贞观之治'到唐玄宗'开元盛世'的平稳过渡,不但展现了中国历史上唯一女皇帝君临天下的统治才能,而且彰显了中国古代宫闱才女文学有多演变新意的创作魅力。于大唐帝苑宫闱中,妩媚才识尽显风流;于殿前朝廷事务上,英姿胆识不让须眉,堪称前无古人、后无来者的一代奇才。"[1] 武则天不仅足智多谋,还兼涉文史。她的文学才华也引起了西方学者的关注。在海外,最直接地塑造和传播武则天作为"文学家"形象的,是译介和阐释武则天文学作品的著作以及跨文明书写中介绍武则天文学才华的吉光片羽。

(一) 对武则天文学作品的译介和阐释

1972 年,被称为美国"垮掉派之父"的王红公(Kenneth Rexroth)和中国台湾学者钟玲(Chung Ling)合作出版了《兰舟:中国女性诗人》(*The Orchid Boat：Woman Poets of China*)一书[2]。书中译介了武则天的《如意娘》(Set to the tune Ruyi niang)一诗。为了引起西方学者的注意,译者将题名意译为"A Love Song of the Empress Wu"(女皇武则天的爱情诗)。王红公认为"诗歌翻译是一种同情行为"[3]。吉普森(M. Gibson)认为他所说的"同情"是指"翻译对他而言如同全部的艺术创作,一种神圣的沉思的行为,一种化身的同情仪式,一种普遍的自我为守恒的能量形式的转换……反对区别原诗和译诗,因为它们都来自世界上与古今诗人相同的想象互动"[4]。在这一翻译理念指导下,译文摆脱了原有中国诗歌格律的限制,以散文式的自由诗的形式,淋漓尽致地展现了武则天对相思之苦的诗意表达,同时兼顾了西方读者的接受心理、阅读习惯和语言特点,适当地采用了增译、省译和改译的方法,较好地向西方读者展示了武则天的文学才华。

1999 年,孙康宜和苏源熙出版了《传统中国女性作家:诗歌批评选集》(*Women Writers of Traditional China：An Anthology of Poetry and Criticism*)。编者共选译了 13 位唐代女诗人的 62 首作品,其中武则天的《如意娘》、《从驾幸

---

[1] 周淑舫. 中国古代宫闱才女文学演变研究 [M]. 长春:吉林大学出版社,2020:137.

[2] Kenneth Rexroth & Chung Ling. Women Poets of China [M]. New York:New directions publishing coroperation,1972:14.

[3] Kenneth Rexroth. The poet as translator [M]. Assays, ed. Kenneth Rexroth. New York:New Directions,1961:19.

[4] M. Gibson. Revolutionary Rexroth [M]. Hamdon:Archon Books,1986:96-97.

少林》（Accompanying the Emperor on a Visit to the Shaolin Temple）、《腊日宣诏幸上苑》（Proclaiming an Imperial Visit to the Shanglin Park on the Eighth Day of the Twelfth Month）三首诗歌入选①。孙康宜和苏源熙对武则天诗歌的译介不仅在篇目上有所增加，更重要的是，他们对武则天的生平和诗歌成就也进行了简要介绍。"武则天大力支持儒家和佛教的学术研究，有许多的汇编著作都署在她的名下。《全唐诗》还收录了她自己创作的 56 首诗歌。本诗集收录了三首她在不同时期里创作的具有代表性的作品。"② 相较于王红公和钟玲的翻译，这个译本更充分地展现了武则天的诗歌才华。从《如意娘》的译文来看，首先，译文的第一诗行用到了"red""entangled""scattered"等词构成了行内韵；从每一诗行的最后一个单词来看，"scattered""lord""red"还押尾韵。另外，译文还用到了"entangled""disheveled""longing"等颇具文采的英语表达③。总的来说，译文从"声律"和"丽辞"两个方面彰显了武则天的诗歌才华。从《从驾幸少林》的译介来看，编者指出这首诗创作于 670 年武则天母亲去世到 690 年武则天称帝期间，诗中的"风枝不可静，泣血竟可追"（But a branch in the wind cannot find peace, /Even tears of blood will not bring her back.）是以《韩诗外传》中皋鱼的"风树之悲"来表达她对母亲的怀念，化用了"树欲静而风不止，子欲养而亲不待"。通过补充这首诗歌的典故来源，译文在西方读者心中构建起一个博学多才、擅于用典的才女诗人形象。再从《腊日宣诏幸上苑》的译介来看，编者认为这首诗创作于武则天开创武周王朝之后，她的地位通过诗句中使用的命令语气而得到彰显。译者在翻译这首诗时不仅补充了主词"I"以彰显武则天的主体意识，而且用了"must"和"Don't"等明显具有指令色彩的表达，还原武则天在原诗中作为一代女皇的气魄④。《腊日宣诏幸上苑》译文在西方读者心中构建起一个擅长利用语言艺术

---

① 奈吉尔·考索恩的《天国之女：中国唯一女皇帝的真实故事》全文引用了该诗集中的《如意娘》和《从驾幸少林》译文。

② Kang-I Sun Chang & Haun Saussy, Women Writers of Traditional China [M]. Stanford University Press, 1999: 46.

③ "看朱成碧思纷纷，憔悴支离为忆君。不信比来长下泪，开箱验取石榴裙。"被译为：Watching red turn to green, my thoughts entangled and scattered, /I am disheveled and torn from my longing for you, my lord. /If you fail to believe that of late I have constantly shed tears, /Open the chest and look for the skirt of pomegranate red.

④ "明朝游上苑，火速报春知。花须连夜发，莫待晓风吹。"被译为：Tomorrow morning I will make an outing to Shanglin Park, /With urgent haste I inform the spring: /Flowers must open their petals overnight, /Don't wait for the morning wind to blow!

进行身份建构和权力操控的女诗人形象。除了诗歌翻译,《传统中国女性作家:诗歌批评选集》还将武则天归入女性文学批评家之列,译介了她的《璇玑图叙》(On Su Hui's "Silk-Woven Palindromic Verse")。"《璇玑图叙》的出现使得苏蕙这一文学形象变得饱满丰富,在既有的'思妇'之外,增加'妒妇'、凸显'才妇',使得苏蕙成为杂糅了才妇、思妇、妒妇等多重文化意蕴的女性形象。"① 事实上,《璇玑图序》不仅以简练而生动的语言塑造了苏蕙的形象,还中肯地点评了苏蕙创作的回文诗之价值。武则天言:"其文点画无阙。才情之妙,超古迈今。"由此可见,《璇玑图叙》是一篇集文学创作与文学评论于一体的作品。通过译介《璇玑图叙》,孙康宜和苏源熙很好地向西方读者展现了武则天的文学才华以及文学鉴赏能力。

2005年,美国学者珍妮·拉森出版了《柳、酒、镜、月:唐代女性诗集》②。诗集收录了武则天创作的《早春夜宴》(An Evening Banquet at the Year Begins, Wine Cuos Floating Past)③ 和《石淙》(In the Stony Torrents Mountains)两首诗歌④。拉森以归化的翻译方法处理了武则天诗歌的节奏。中国古典诗歌的停顿一般是在每一诗行的末尾,然而经过拉森的翻译之后,英文版的武则天诗歌大量出现"句中停顿"(caesura)的现象。"句中停顿"被广泛运用于英语诗歌以体现节奏美感。比如,英格兰民族史诗《贝奥武甫》(Beowulf)、莎士比亚(William Shakespeare)的《冬日的故事》(The Winter Tales)、亚历山

---

① 李琰,陈洪.《璇玑图叙》"武则天作"考论[J]. 南开学报(哲学社会科学版),2020(2):168-175.

② Jeanne Larson. Willow, Wine, Mirror, Moon: Women's Poems from Tang China [M]. Rochester: BOA Editions, 2005: 24-25.

③ "九春开上节,千门敞夜扉。兰灯吐新焰,桂魄朗圆辉。送酒惟须满,流杯不用稀。务使霞浆兴,方乘泛洛归。"被译为:Now spring starts, the best of seasons: a thousand households throw their night gates wide. Fresh flames flare out from orchidlanterns. A halo shines round the new moon's bow. This gift of wine is only just enough. Let cup after cup drift down the stream-skimp and it's all a waste. When my lords and envoys feel the rise of sun-red libations'joy, only then may they ride off, and buoyant on the river Luo become again who they really are.

④ "三山十洞光玄箓,玉峤金峦镇紫微。均露均霜标胜壤,交风交雨列皇畿。万仞高岩藏日色,千寻幽涧浴云衣。且驻欢筵赏仁智,雕鞍薄晚杂尘飞。"被译为:Three pinnacles, ten caverns, and a brightness to them ordered by the mysteries On High; these jade spires, golden ranges, guardthe Imperial Home. They regulate the dews and snow, no pretty scene, no other feature of this earth, their match. Crossed by winds and crossed by rains, they flank Our Capital. Ten-thousand-meter cliffs Hoard sun's hues, its gloss. Miles-long and secret, ravines lie drenched in cloaks of mist. But stop. Take joy in feasting. Admire the creek-lover's wisdom, the charity of hills, And then, on jeweled saddles, as twilight falls, above the roiling dust, we'll fly away.

大·蒲柏的《艾洛伊斯致亚伯拉德》(Eloisa to Abelard)、雪莱的《奥西曼迪亚斯》(Ozymandias)、罗伯特·勃朗宁（Robert Browning）的《我已故的公爵夫人》(My Last Duchess)、艾米莉·狄金森的《我是无名之辈，你是谁》(I'm Nobody! Who Are You?) 都运用了"句中停顿"来打破诗行的单调节奏，迫使读者将注意力移到停顿之前的短语之上，增加诗句的情感和音乐性。尽管在诗歌形式的处理上，拉森偏向于让中国诗歌向英语诗歌靠拢，但是在对诗歌意义的传达上，她采取了直译加注的方式，尽可能采取"厚重"翻译的模式，保留了武则天诗歌中深厚的文化内涵。比如，在翻译《早春夜宴》中提到的"流杯"时，她用注释补充道："盛了酒的杯子顺着小溪漂流而下供人饮用。宴会的地点有可能就在洛阳的某条小河边，小河的名字就取自女皇喜爱的东都。要是有喝高了的朝臣在追赶那些可爱的酒杯时滑倒，他们最后还是会回来，不仅仅是回到宴饮之地来，还会回到与'道'和谐一致的状态。诗歌中的'归'字带着重新回到人最初的、朴素的本性的意思。"① 在翻译《石淙》中提到的风景时，她用注释补充道："《论语》记载'知者乐水，仁者乐山'。诗人指引我们去欣赏这两种品格，欣赏拥有这两种品格之人，欣赏能呼应这两种品格的山水本身。"② 通过拉森的翻译和阐释，武则天诗歌在形式上顺应了英语读者的审美偏好，在内容上则得以保留中国的文化底蕴，因此，一个所作诗歌能兼顾"文学性"和"思想性"的武则天形象得以在西方语境中塑造。

经过以上学者在海外不遗余力地译介和阐释，武则天在文学创作方面的才华以及她对文学的强烈兴趣引起了一些著名汉学家的关注。2009 年，陆威仪在《世界性的帝国：唐朝》的"写作"一章中指出："680 年诗歌创作被引入进士考试，标志着唐诗从宫廷诗向更为注重抒情风格的诗歌创作重要转变。通过考试和亲自挑选，武后提拔了一些出身卑微的诗人，这些人后来帮助了很多出身于地方精英家庭甚至是出身寒微的诗人。在这种广泛的官员群体的影响之下，更多的流行体裁，尤其是七言律诗，在宫廷变得受人瞩目。"③ 由于这套丛书在海外汉学界的巨大影响力，武则天对唐诗的影响以及她通过操控文学来影响政治的策略也逐渐被西方读者了解。2010 年，宇文所安在《剑桥中国文

---

① Jeanne Larson. Willow, Wine, Mirror, Moon: Women's Poems from Tang China [M]. Rochester: BOA Editions, 2005: 113.
② Jeanne Larson. Willow, Wine, Mirror, Moon: Women's Poems from Tang China [M]. Rochester: BOA Editions, 2005: 113.
③ 陆威仪. 世界性的帝国：唐朝 [M]. 张晓东，冯世明，译. 北京：中信出版社，2016：244.

学史》中论述武后时期的中国文学时也指出:"武后半个世纪的有效统治,以及其后五六年宫廷女性对国家政权的控制,是中国文学史上一个独特的、被低估的时期。"① 而这一文学昌盛局面的形成在很大程度上得益于武则天以诗赋取士的策略。

值得注意的是,尽管海外学者的译介和阐释为作为"文学家"的武则天形象的传播做出了巨大贡献,但是,在中华文化"走出去"的战略背景之下,他们的译介和阐释还有一些明显的不足。正如何嵩昱所指出的那样,"英语世界通过译介所'创造'出来的中国古代女诗人形象,其实是欧美译者从'东方主义'出发进行想象的结果……译介既是西方(英语世界)了解东方的一扇窗口,也是西方(英语世界)想象东方的一个艺术平台,在进行文本选择和文本译介时,英语世界可以自由选择自己喜欢的文本,站在自己的立场来对原文本进行译介、改造和变形,而这种变异对于英语世界而言,有着实实在在的深刻的意识形态和精神需求意义上的正确性"②。所幸,国内学者吴松林注意到了这一问题,翻译了大量的武则天的诗歌,结集为《憔悴支离为忆君:武则天唐高宗诗集》③。该诗集在翻译篇目与翻译策略的选择上都体现了中国本土的文化立场,成为海外武则天文学研究的重要资料,吸引着更多的海外学者关注武则天的文学成就。

(二)对武则天文学才华的跨文明书写

2007年,奈吉尔·考索恩在跨文明传记《天国之女》中以开耀元年(681)武则天增加诗歌考试为例证明了自己观点:"武曌对于文学才能的欣赏更甚于政治才干。"④ 2008年,罗汉在跨文明传记《武曌:中国唯一的女皇帝》中为了突出武则天与其他嫔妃的不同,也用了不少的笔墨来介绍武则天的文学才华。罗汉认为:"武曌不只有美貌与魅力,她还十分耀眼。"而这种"耀眼"主要得益于她的天赋和从童年时就接受的良好教育。罗汉指出:"由于杨氏的不

---

① Kang-I Sun Chang & Stephen Owen. The Cambridge History of Chinese Literature [M]. Cambridge University Press, 2010, p. 284.
② 何嵩昱. 中国古代女诗人在英语世界的传播与研究 [M]. 北京:中国社会科学出版社, 2019:102-103.
③ 武则天,李冶. 憔悴支离为忆君 武则天唐高宗诗集 [M]. 吴松林,译. 兰州:敦煌文艺出版社, 2016.
④ 奈吉尔·考索恩. 外国人眼中的武则天 [M]. 王纪卿,译. 长沙:湖南人民出版社, 2012:133.

懈努力，她接受了儒家礼节和历史的教育，通晓书法、绘画、音乐和诗词等。这些因素可以使她成为一个更令人称心如意的伴侣。在对话中，她可以给出诙谐幽默的巧妙对答，对仗工整，或者引用历史典故，巧妙地规劝未来夫君的行为。"① 所谓"腹有诗书气自华"，武则天在文学方面的天赋加上后天的教育使得她能够在一众妃嫔中脱颖而出。

罗汉还用一系列事件来证明武则天善于运用文学作品来打动人心，达到改变命运的目的。比如，在书写武则天在感业寺出家时对唐高宗的强烈思念之情时，罗汉写道："如果高宗一段时间不来，武曌就会异常想念他。在又一个这样孤独夜晚，武曌在寺庙令人压抑的寂静中默默期盼着爱人的到来，她写了一首诗表达自己强烈的思念。"② 除了以上叙述性文字，罗汉还在传记中翻译了令人柔肠千转、极尽相思之愁苦的《如意娘》③。从译文来看，罗汉和其他许多汉诗英译的学者一样，以"自由诗"的形式翻译了原本对格律有严格规范的中国诗歌。与孙康宜和苏源熙的版本相比，尽管罗汉的翻译使得原文在音美、形美、意美上都有一定的损耗，但相较于诗集，传记是受众更广的通俗读物，因此，武则天作为"文学家"的形象通过传记的传播在西方世界更加深入人心了。通过阅读在传记中穿插的这首武则天的情诗，西方读者原本通过阅读史书而建构的专制冷酷的武则天形象得到了有益的补充。通过罗汉的跨文明传记对武则天形象的海外传播，作为中国唯一的女皇帝武则天不再只是坐在云端的圣人，也不再只是端坐朝堂的君主，而是一个感情丰富且才华横溢的女人，擅长以女性含蓄和柔美的文字唤起人的怜爱之情。

再如，当武则天意欲参加封禅大典而遇到阻力时，她以惊人的文学才华和辞令改变了高宗的心意。罗汉在传记中翻译了《旧唐书·礼仪志》中记载的武则天的抗表之辞："乾坤定位，刚柔之义已殊；经义载陈，中外之仪斯别。瑶坛作配，既合于方祇；玉豆荐芳，实归于内职……是故驰情夕寝，睠嬴里而翘魂；叠虑宵兴，仰深郊而耸念。伏望展礼之日，总率六宫内外命妇，以亲奉奠。冀申如在之敬，式展虔拜之仪。"从这段文字来看，罗汉认为"在奏表

---

① 罗汉. 武曌：中国唯一的女皇帝 [M]. 冯立君, 葛玉梅, 译. 北京：社会科学文献出版社, 2018：25.

② 罗汉. 武曌：中国唯一的女皇帝 [M]. 冯立君, 葛玉梅, 译. 北京：社会科学文献出版社, 2018：31.

③ 罗汉的译文：I look upon your disc of jade and my thoughts scatter in disarray, /As, haggard from grief, sundered and separate, /I so keenly miss my Sovereign. /If you don't believe this endless litany of tears, /Then open my chest and examine my tear-stained pomegranate red dress.

中，武曌用她闪耀着智慧光芒的文字对高宗动之以情、晓之以理"①。罗汉在传记中还介绍了武则天为了纪念丈夫而写下了一篇长达八千文的颂扬高宗成就的祭文。同时，她还以个人的名义写了一篇长长的颂词置于高宗棺前。在颂词中，她热情洋溢地赞美道："六艺生知，四聪神授……淳化有敷，至仁无竞……集大务于残喘，积众忧于未亡……呜呼哀哉！"罗汉认为，武曌通过这些颂词成功地将高宗塑造成一个"将国家的责任置于个人的健康和财富之上，至高无上的神明"。另外，她又用"割深哀而克励，力迷矜而自强"等语言表达了丧夫之痛以及她必须承担皇室责任的沉重心情。罗汉认为，尽管这篇祭文表达的忧伤发自内心，但武则天的动机并不单纯。武则天以这篇祭文"将自己刻画成了一位典型的儒家孀妇"，从这些辞令来看，"她知道如何使用儒家修辞来使自己的需求获得满足"②。

总的来说，海外学者主要是通过中国女性诗歌译本或者跨文明书写中夹杂的评议和对武则天诗文的零星译介来塑造作为"文学家"的武则天形象。从现有的研究来看，海外学者对武则天作为"文学家"的形象建构虽然历史较短，成效却已经初见。武则天"文学家"形象的建构和传播对于中西文化的交流与互鉴具有重大价值。

作为本土学者，面对海外学者通过译介、阐释和跨文明书写所塑造的如此多元而复杂的武则天形象时，我们需要注意以下几个问题：

其一，海外学者塑造和传播的武则天形象是否有利于中华文化的正向传播？海外学者在塑造武则天形象时，要克服时间、空间和文化差异的三重障碍，中国本土读者不难发现其著作中的瑕疵。比如，考索恩将武则天早期的名字按"照"字来解释，显然与史实不符；罗汉在传记中对武则天谋杀魏国夫人的质疑也缺乏根据；王红公、孙康宜、拉森等人对武则天诗歌的译介难免与原文有所出入。但是，在发现大量不如人意的谬误或偏差之后，我们仍然有必要肯定海外学者通过译介、阐释和跨文明书写所塑造的武则天形象对中华文化海外传播的积极作用。事实上，在文化交流和传播的过程中，误读、误译、文化过滤等变异现象总是在所难免，而海外学者对武则天形象的跨文明书写更是"他国化"——一种更深层次的变异的表现。但是，我

---

① 罗汉. 武曌：中国唯一的女皇帝 [M]. 冯立君，葛玉梅，译. 北京：社会科学文献出版社，2018：66.
② 罗汉. 武曌：中国唯一的女皇帝 [M]. 冯立君，葛玉梅，译. 北京：社会科学文献出版社，2018：94.

们不能因为变异而否定文化交流与传播的价值。正如曹顺庆所指出的那样："变异前后的文学现象很少能完整地将信息重叠或接受，失真性造成的误解常常存在，对于他国形象或他国人民的认识也将出现不符事实的曲解，文化的多元性在口号中兴盛而在实践中消失，文学变异学不仅是在学科方法上提供借鉴之处，更是在认知方式上有着哲学性的启发。"① 如果以变异学理论为指导来认识海外学者所塑造的武则天形象，我们可以得出以下结论：尽管武则天形象在海外的塑造和传播过程中存在变异，但是，借助海外汉学界对她的传播，中国唐代的历史、政治、宗教、文学产生了更大和更深远的国际影响，中华文化也在海外生发了新意，融入世界文化的洪流，得以奔流先前，生生不息，因此，海外学者所塑造和传播的武则天形象对于提升中华文化的国际影响力具有积极意义。

其二，海外学者塑造和传播的武则天形象是否摆脱了"东方主义"的魅影？韩林曾提出："武则天的文化形象并非其历史本来面目，而是被不同的主体根据自身的需要主观改造甚至重新建构的观念的载体。"② 不同时期中国文学家和史学家笔下的武则天形象已是千差万别，遑论海外学者所塑造的武则天形象与历史上真实的武则天形象之间的距离了。我们应该清晰地认识到，海外学者所塑造的武则天形象虽然在客观上起到了助推武则天形象和中华文化海外传播的作用，但从主观上来讲，他们的动机还是为了满足和迎合其自身文化的诉求。海外对武则天形象的塑造从根本上讲是后殖民时代西方建构和想象东方的一种话语霸权，是西方意识形态加工后的"武则天"，因此，对于海外学者所塑造的武则天形象可以有所借鉴，但不可全盘接受。

其三，海外学者塑造和传播的武则天形象是相互独立还是相辅相成。尽管海外学者在塑造和传播武则天形象时对"女人""政治家""思想家"或"文学家"的某一形象有所偏重，但总体而言，无论是从这些译介、阐释和跨文明书写中正文内容的互文性，还是参考资料的相互指涉来看，任何一部塑造和传播武则天形象的海外著作都没有排他性。易言之，海外关于武则天形象的各种文本之间经常相互印证、相互成就，它们的互文性构成了一个关于武则天形象的有机整体。相较于单一的文本而言，这个有机整体所构成的武则天形象具

---

① 曹顺庆，刘诗诗. 变异学：中国本土话语的世界性意义[J]. 济南大学学报（社会科学版），2020（1）：13-22.
② 韩林. 武则天形象的文化建构及阐释[J]. 博览群书，2019（8）：86.

有更复杂而丰富的文化内蕴、诗学价值和社会历史意义，可以为武则天这一历史形象赋予更为丰富的内涵和更加长久的"来世生命"。

由于在作者文化身份-书写对象-目标读者三个环节中呈现东西异质文明的交汇或碰撞，英语世界的武则天传记中常常高频出现议论型和阐释型叙述干预。尽管这些叙述干预会损耗传记的真实性、伦理性和艺术性，却对促进文明交流与互鉴具有重要意义。因此，在评价跨文明传记时，有必要理性地看待叙述干预这一现象，充分认识其在传记的横向维度方面具有的重要价值。

第二节
武则天跨文明传记的叙述干预

托马斯·卡莱尔（Thomas Carlyle）指出"历史是无数传记的结晶"[1]。拉尔夫·爱默生认为"没有历史，只有传记"[2]。卡登（J. A. Cuddon）将传记定义为"一个人生平的记录，历史的一个分支"[3]。梁启超说传记是"人的专史"[4]。胡适评价传记的价值是"给史家做材料，给文学开生路"[5]。赵白生将"历史性"作为传记的"根本属性"[6]。从以上评论来看，中外学者都一致认同传记对认识、反思甚至建构历史的重要意义。易言之，相较于其他文学体裁，传记的史学价值通常远远高于文学价值、心理效用、教育功能和文化交流价值。但是，正是由于传记纵向维度的价值凸显，人们往往容易忽略其在横向（文化交流）维度方面发挥的重要作用。本节以中外作家对武则天的跨文明传记书写为例，

---

[1] Thomas Carlyle. Critical and Miscellaneous Essays [M]. London：Centenary Edition, 1895：50.
[2] Ralph Waldo Emerson. Essays [M]. Boston, 2012：10.
[3] J. A. Cuddon. A Dictionary of Literary Terms（Revised Edition）[M]. Harmondsworth：Penguin Books, 1979：79.
[4] 梁启超. 中国历史研究法补编 [M]. 上海：商务印书馆, 1933：147.
[5] 胡适. 四十自述 [M]. 上海：亚东图书馆, 1933：6.
[6] 赵白生. 传记文学理论 [M]. 北京：北京大学出版社, 2003：49.

分析跨文明传记和其叙述干预的类型和特征，提醒学界关注跨文明传记在横向维度中的价值。

一、跨文明传记的类型

学界对于"传记"的内涵和外延早已达成共识，笔者在此不再赘述。但是"跨文明"却是21世纪以来人文研究的热词，更是目前比较文学中国学派致力推进的研究向度。曹顺庆提出："法国学派和美国学派已经跨越了两堵'墙'，第一堵是跨越国家界线的墙，第二堵是跨越学科界线的墙；而现在，我们正面临着第三堵墙，那就是东西方异质文化这堵墙。"[①] 在曹顺庆看来，法国学派和美国学派的研究尽管有跨越性，但其研究视野主要局限于同一文明圈（西方文明）之内，而中国学派则将比较文学推向了一个更高的阶段，一个相较于西方中心主义支配下的法国和美国学派的研究而言更具国际性胸怀和眼光的阶段。正是由于中国比较文学研究者注重对跨文明文学作品的创作、流传、接受和影响研究，"跨文明传记"成为比较文学中国学派重点研究的对象。在中国比较文学研究者眼中，"跨文明传记"并不包含作者对同一文明圈内的他国或他族人物的传记书写。比如，法国作家罗曼·罗兰（Romain Rolland）在《名人传》中书写了德意志音乐家贝多芬、意大利雕塑家米开朗琪罗、俄罗斯大文豪托尔斯泰的生平。但是，尽管罗曼·罗兰与其书写对象国籍不同、民族不同，由于法国、德国、意大利和俄罗斯都源于两希文明，因此，《名人传》并不是跨文明传记。同理，日本作家气贺泽保规和原百代创作的《则天皇后》和《武则天传》尽管也有跨国和跨民族的特点，但由于中日文化同根同源，这两部作品也不属于跨文明传记。除此之外，郭沫若、苏童、蒙曼等中国学者和作家也创作了武则天传记，但他们与书写对象之间既没有"中西异质文化"的跨越性，也没有跨国和跨民族，因此，他们的作品也不属于本文讨论的范畴。只有在作者文化身份—书写对象—目标读者三个环节中呈现了东西异质文化的交汇或碰撞的传记才是本节所讨论的范畴。简言之，只有作家与传主或者传主与读者分属两个不同文明的传记才是"跨文明传记"。根据不同的"跨越性"，"跨文明传记"可以被分为以下两种类型。

[①] 曹顺庆. 跨越第三堵墙创建比较文学中国学派理论体系 [J]. 中外文化与文论, 1996 (1): 105.

（一）以异文明人物为书写对象的传记

《韩非子·解老》曰："人希见生象也，而得死象之骨，案其图以想其生也；故诸人之所以意想者，皆谓之象也。"因此，钱锺书受此言启发，认为传记作家"据往迹、按陈编而补阙申隐，如肉死象之白骨，俾首尾完足，则至当不可易矣"[①]。正因为传记具有"肉死象之白骨"的功能，通常情况下，如果目标读者与书写对象同属一个文明范畴，相对于传奇、小说、戏剧或者影视作品而言，读者会更多地期待通过阅读传记而接近人物的真实形象。对跨文明传记而言，情况则有所不同。由于目标读者与书写对象之间不仅存在时间和空间的距离，还有巨大的文化差异，读者对于作家所呈现的内容的"真实性"预期自然有所降低。赵毅衡认为体裁最大的作用"是指示接受者应当如何解释眼前的符号文本，体裁的形式特征，本身就是一个指示符号，指引读者采用某种享用的'注意类型'或'阅读态度'"[②]。对于"跨文明传记"这一特殊的文学体裁，作为一个"指示符号"，它尤其指引着读者关注传主形象的"别异性"，易言之，跨文明传记允许作者减少对"真实性"的追求，转而追求"别异性"，以满足读者的期待视野。1955 年，出生于英国的澳大利亚国立大学教授费子智（Charles Patrick Fitzgerald）出版了《武后》（*The Empress Wu*）；1971 年，荷兰历史学家乔纳森·克莱门茨（Jonathan Clements）出版了《朕乃女人》（*Wu: The Chinese Empress who Schemed, Seduced and Murdered, Her Way to Become a Living God*）；2007 年，英国畅销书作家奈吉尔·考索恩出版了《天国之女：中国唯一女皇帝的真实故事》；[③] 2008 年，美国汉学家罗汉出版了《武曌：中国唯一的女皇帝》。[④] 费子智、考索恩和罗汉都是西方文明圈的作者，但是他们所书写的武则天则是东方文明中的传奇人物。三者都以英语写作，都将英语世界的读者作为传记的受众。他们创作的武则天传记既体现了作者文化身份与书写对象之间的文明跨越，也体现了书写对象与目标读者之间的文明跨越。由于这双重跨越，他们的传记通过叙述干预而添加了大量人物生平

[①] 钱锺书. 管锥编（第一册）[M]. 北京：中华书局，1986：166.
[②] 赵毅衡. 符号学 [M]. 南京：南京大学出版社，2012：139.
[③] Nigel Cawthorne. Daughter of the Heaven: The True Story of the Only Woman to Become Emperor of China [M]. Oxford: Oneworld Publications, 2007.
[④] N. Harry Rothschild. Wu Zhao: China's Only Woman Emperor [M]. Peason Education, Inc, 2008.

之外的异文明信息。

（二）以异文明读者为受众的传记

本土作者对本土人物的传记书写也可能出现文明跨越性。这种情况常常由作者使用异文明语言进行创作导致。1957 年，中国作家林语堂以英语创作了一本《武则天正传》(Lady Wu: a True Story)①。在 20 世纪中叶，林语堂用英语来创作关于武则天的传记，其目标受众显然是西方读者。孟华认为，那些由中国作家自己塑造出的中国人形象，如果以异国读者为受众，或者以处于异域中的中国人为描写对象的话，这种形象可以被称为"自塑形象"。"这些形象都具有超越国界、文化的意义，因此在一定程度上可以被视为一种异国形象。"② 从比较文学形象学的视野来看，林语堂以英语传记塑造的武则天形象虽然是"自塑形象"，但她早已被打上了西方文化的印记。经过异质语言和文化的过滤和改造，林语堂笔下的武则天形象自然不同于其本土的面目。而武则天形象他国化的原因，从浅层来看，是由于作者使用了异文明语言，但从根本上来看，是由于英语世界的读者与传主之间的文明跨越性影响了作者的叙述、修辞、风格和对传主的身份认同。

二、跨文明传记中的叙述干预

（一）叙述干预的类型

在跨文明传记中出现的叙述干预往往比本土传记频率更高。跨文明传记中的叙述干预主要有议论型和阐释型两种类型。

议论型干预在跨文明传记中非常常见。林语堂是第一位以英文书写而扬名海外的中国作家。除了将孔孟老庄、陶渊明、李白、苏东坡、曹雪芹等人介绍到海外，他还以英语创作了一本关于武则天的传记。这本传记是一本典型的"排异性传记"。林语堂借着唐邠王之口直言他作传目的是"对智能犯罪做一项研究"③。因此，他不仅在文中叙述了武则天为了权力而泯灭人性的滔天罪行（亲手掐死自己的女儿、将王皇后和萧淑妃做成"人彘"、毒杀亲姐韩国夫人、通过吏治残杀政敌），还经常在文中发表长篇的议论。比如，在传记的第

---

① Lin Yutang. Lady Wu: a True Story [M]. New York: Putnam Pub Group, 1957.
② 孟华. 比较文学形象学 [M]. 北京：北京大学出版社，2001：15.
③ 林语堂. 武则天正传 [M]. 张振玉，译. 长沙：湖南文艺出版社，2016：347.

一章，唐邰王就如此评论了武则天其人其事："如今追忆当年，她只像一个势穷力蹙的魔鬼，已经消失不见了。有时候，她的暴乱奢侈，她的刚愎自用，看来甚至滑稽好笑。她爱生活，生活对她一如游戏，是争夺权势的游戏，她玩得津津有味，至死不厌。但是，到了终极，她所选择的游戏，并不很像一个顽强任性固执己见的妇人统治之下的正常历史，倒特别像一出异想天开的荒唐戏……"① 又如，在评论魏国夫人之死时，林语堂再次借唐邰王之口表达了自己的看法："其实武后如果要毒杀她的亲儿子，她也毫不迟疑。她就厌恶别人对她不服从，不管是姓李的，或是姓武的，她厌恶的就要消灭。毫无疑问，武后就是谋害她甥女的凶手。"② 林语堂所塑造的武则天形象就是一个虽然智慧过人但却嗜血成性的女政治家。传记中随处可见这样二律背反的评论：一方面，唐邰王说"公平而论，武后的确是最精明强干的政客，胜过那些学识渊博的儒臣，胜过历代雄心大志的皇后"③；另一方面，他也认为武则天是中国历史上"最骄奢淫逸，最虚荣自私，最刚愎自用，名声坏到极点的皇后"④。而费子智和克莱门茨的评论则与林语堂南辕北辙。费子智认为："如果没有武则天，唐朝延续的时间就不会那么长，中国也就没有长期的统一局面。"在他看来，武则天使中国"比以往更加强大、统一和富有"⑤。克莱门茨则在传记的结尾处总结道："武则天的确是一位冷酷无情的暴君，但她就没有另一面了吗？太宗与高宗都被世人视为英雄，难道她与他们之间真的就这样截然不同吗？武则天是一位女性，也许在那些编年史家看来，身为女性，才是她真正的罪恶吧。"⑥ 通过分析林语堂、费子智和克莱门茨的跨文明传记可知，叙述者插入议论型干预主要是期望通过评论来与读者达成道德评判的呼应，甚至使读者的价值观服从于叙述者或作者。从林语堂的议论型干预来看，他希望读者能与唐邰王或者他自己对武则天形成相同的认识———一个女暴君、女魔头、无视民主和人权的封建独裁者；从费子智和克莱门茨的议论型干预来看，他们希望读者能与叙述者一起摆脱偏见，理性地看待武则天的功过。

阐释型干预在跨文明传记中也俯拾即是。比如，在《天国之女》第一章

---

① 林语堂. 武则天正传 [M]. 张振玉，译. 长沙：湖南文艺出版社，2016：3.
② 林语堂. 武则天正传 [M]. 张振玉，译. 长沙：湖南文艺出版社，2016：82.
③ 林语堂. 武则天正传 [M]. 张振玉，译. 长沙：湖南文艺出版社，2016：85.
④ 林语堂. 武则天正传 [M]. 张振玉，译. 长沙：湖南文艺出版社，2016：381.
⑤ Charles Patrick Fitzgerald. The Empress Wu [M]. Melbourne：Cheshire，1955.
⑥ 乔纳森·克莱门茨. 朕乃女人 [M]. 龙彦，译. 武汉：华中科技大学出版社，2016：235.

"天国的召唤"中，作者考索恩讲述了武则天被选入宫这一事件。但是，纵观整个章节，仅仅只有"此事发生在她成长到'及笄'之年之前"① 这一句话是对事件本身的叙述。随后，作者便中断了叙述流，转而以大量的外围资料来引导读者发挥想象。除了以说明性的文字向西方读者解释何为"及笄"之外，由于找不到关于武则天入宫的记录，他还引用了《汉宫密录》中长达三段的文字来介绍女史如何检查入宫女子是否为童贞之身；由于没有武则天少女时代的画像，作者还根据《房内记》关于"好女"的描述想象武则天的少女形象。如果说以上的叙述干预是由于传记作者缺乏史料而不得已为之的话，那么还有一些叙述干预则一定是作者故意为之。比如，作者在介绍武则天被选入宫这一事件时，还介绍了以下与事件本身关系不大的内容：其一，唐人如何用朱砂饲养蜥蜴，然后将其杀死捣碎用作染料，以检验女孩为处女；其二，彭祖、黄帝、素女关于"采阴补阳"以获长寿的传说；其三，中国女子缠足的历史。从这些被附加在武则天被选入宫这一事件的内容来看，跨文明传记与本土传记的一个明显区别便在于对传记内容的取舍。当作者为同一文明圈的人物作传时，他往往能够获得更为详尽的资料，因此，作者会更为审慎地使用外围资料，以免破坏真实感和偏离主题。然而，当作者为异文明人物作传时，资料收集的难度明显加大，为了弥补这一缺憾，有些作者会选择通过补充大量外围资料来充实内容。有了大量的外围资料，读者可以用想象的方式建构人物所处的时空。但是，值得注意的是，作者有必要在传记事实和外围资料之间达成一定的平衡，避免在创作跨文明传记时，由于"强做无米之炊"而走入索隐寻怪和本末倒置的歧路。

除了资料不足，读者对异文明的文化和时代背景缺乏了解也会导致作者插入大量阐释型叙述干预。作者在为同一文明圈的人物作传时，通常其受众也是该文明体系之内的读者。在这种情况之下，作者无需对一些常识进行赘述。然而，当作者为身处异文明的他者作传时，他不得不更多地考虑目标读者对他者文化的了解程度。由于书写对象与目标读者文化模子的巨大差异，读者往往缺乏充分理解传主生平和性格的一些前理解。在这种情况下，作者不得不经常中断对事件的叙述而补充大量的阐释型内容。比如，林语堂在讲述武则天如何达成与唐高宗一起到泰山封禅的愿望时，他解释道："到底'封禅'是怎么回事

---

① 奈吉尔·考索恩. 外国人眼中的武则天 [M]. 王纪卿，译. 长沙：湖南人民出版社，2012：2.

呢？封禅是一个帝王最为浮夸的举动。其庄严炫耀之盛，其宗教含义之深远，远出其他典礼之上，仪式隆重，耗费甚巨，但为帝王对神明最虔诚之举，历代明主贤君多遵行此种典礼。其中具有神秘之义，圣灵之旨，借此凡世之君王与宇宙之神祇，得以相通。更进一步说，皇帝的封禅，也可以表示皇帝盛德之隆，配得上尊崇上天之神……封禅与祭地不同，因为封禅的性质极其隆重，并不是每一个皇帝可以举行的……"① 从插入的内容来看，作者林语堂和叙述者唐邠王"共谋"，一起为受叙者和读者补充了关于"封禅"的前理解。在此基础之上，异文明的读者方可理解武则天执意举行并参与封禅的政治意义。再如，克莱门茨在《朕乃女人》中阐释了武则天赞助和培养士大夫的目的。他认为在武则天的资助下，"虽然一些机构保持中立态度，但仍然有一些似乎已经开始致力于鼓励和赞赏女性角色。在武则天摄政时期，甚至出现了不少关于历史上著名的女性人物的传记。而武则天之所以这么做，就是要让人们不再那么痛恨女性当政"②。有了克莱门茨的"指点"，异文明的读者才能更好地理解武则天为了减少社会舆论的压力步步为营进行的精明部署。又如，罗汉的跨文明传记第一章名为"名字有何意义？"与本土作者的传记不同的是，在这一章节中，作者并没有叙述武则天的出身或童年相关事件，而是阐释了武则天一生中拥有过的名字。罗汉认为乳名"华姑"、太宗所赐之名"媚娘"、帝号"则天"，以及"圣母皇帝""圣神皇帝""金轮神圣皇帝""越古金轮神圣皇帝""慈氏越古金轮神圣皇帝"等一系列越来越长的尊号，都不是中国唯一的女皇帝的本名，而意为"日月当空普照大地"的"曌"才是她为自己选定的名字。在第一章中，罗汉围绕着"曌"字，一一阐释了其彰显的女性意识、政治意义和宗教意义。从女性意识来看，罗汉认为：在父权社会和政治体系下，女子的名字长期被抹掉、被忽略，因此，很多包含"女"字偏旁的汉字都具有贬义。男尊女卑的社会现实使得武则天在长达六十多年时间中只是根据她和不同的男人的关系而被贴上标签，因此，她需要为自己选择一个合适的名字。从政治意义来看，罗汉认为"曌"字将代表男性的太阳和代表女性的月亮组合在一起，男性与女性、白天与黑夜都融合在这一具有象征意义的名字里，这个有意设计的二元性组合可以帮助武则天削弱人们对于女性皇帝的抵触，从而使她从一名女性转变成一种权力的载体。从宗教意义来看，罗汉认为"曌"字中

---

① 林语堂. 武则天正传[M]. 张振玉，译. 长沙：湖南文艺出版社，2016：69-70.
② 乔纳森·克莱门茨. 朕乃女人[M]. 龙彦，译. 武汉：华中科技大学出版社，2016：111.

的日月能让人联想起大日如来（意为"光明遍照"）和阿弥陀佛（别名"无量光佛"）。除此之外，"嬰"字中的太阳和月亮、天体和虚空成对出现、互补互足，也体现了道教"相辅相成"的核心思想。从罗汉的跨文明传记来看，他所插入的阐释型叙述干预除了弥补目标读者对异文明了解不足的缺憾之外，还具有意识形态的功能。通过阐释，作者引导读者形成关于传主的社会精神领域观念体系。此种意识形态的认知功能可以深化读者对于传主的心理和物理世界的认识，避免跨文明传记流于肤浅和浮泛。

（二）叙述干预的风险

传记与过去的事件息息相关。凯尔（Carr）提醒我们注意"过去确实会限制我们；它确实有着一种确定性，这种确定性只允许我们对过去进行某种限度的重新解读"[1]。在大多数的本土传记中，传记作家出于对"确定性"的尊重，尽力克制"重新解读"的欲望，他们往往更多地叙述人物生平，而不对之进行评判或阐释。克制"重新解读"的欲望当然会使得作者们的"影响的焦虑"加剧，但也使得他们的作品处于相对安全的地位。然而，由于对过去的讲述总是在现在的时间、地点和各种关系之中进行的，跨文明传记的作者不仅是站在现在的角度对过去进行理解，还是身处异域空间和异质文化中对过去进行理解，因此跨文明传记的作者往往更多地通过叙述干预来行使自己"重新解读"的权限。与本土传记作家的境遇相反，他们的"影响的焦虑"能够因为在叙述干预中求新求变而得到缓解，但与此同时，他们的作品也因此暴露一定的缺憾，陷入一定风险。

奈达尔（Nadel）指出，"读者和传记作家都必须认识到修辞、叙事手法和风格不但组织事实，而且也改变事实，以便创造一个文本世界里的生平"[2]。易言之，所谓的绝对的真实是无法触及的，作者所能呈现的只是在文本中看似真实和可靠的世界和人物。但是，过多的议论型叙述干预则有可能破坏文本世界的真实感，使读者更明确地感受到叙述的"不可靠"。詹姆斯·费伦（James Phelan）在韦恩·布思（Wayne C. Booth）的基础上细分出了六种"不可靠叙述"的类型："事实/事件轴上的'错误报道'和'不充分报道'；价值/判断轴上的'错误判断'和'不充分判断'；知识/感知轴上的'错误解

---

[1] D. Carr. Time, narrative, and history [M]. Bloomington: Indiana University, 1986: 99.
[2] Ira B. Nadel. Rejoinder [J]. Biography, 1986 (9): 360.

读'和'不充分解读'。"① 以林语堂的武则天传记为例，由于作者在叙述时插入大量唐邠王对武则天"一边倒、一边沉"式的评论，传记作品本身在事实/事件、价值/判断、知识/感知三轴上都陷入"不充分"的危险境地。一部好的传记通常在真（历史性）、善（伦理性）、美（艺术性）三个维度都有所兼顾，但片面的评论型叙述干预往往不仅会打破传记叙述的整体性艺术美感，还会有损传记的真实性和伦理价值。

　　跨文明传记中的阐释型叙述干预常常因文化误读而面临"不可靠"的风险。比如，考索恩是这样解释武则天的名字的意义和由来的："照"的意思是"发光"或者"照明"。"此字上半部分包含太阳的象形字，下部分是四点的'火'字。于是她和作为皇家象征的太阳扯上了关系。给她起名的是她的父亲，是在她三个月大的时候起的，当时其父亲已经展望到了她未来的大出息。"② 非常明显，考索恩在解释武则天的名字时犯了一些常识性错误。首先，武则天的名字为"曌"而非"照"；其次，该名是她在即位时自己命名而非取自父亲；最后，唐朝的皇室并不以"太阳"为象征。又如，罗汉认为武则天不可能通过下毒来谋杀魏国夫人，因为"在中餐里，个人的食物不是单独准备的，而是很多盘菜肴同时摆在桌子上，人们想吃哪个就吃哪个"③。但是，由于中西文明的巨大差异，罗汉忽略了中国唐代是由分食制向会餐制转变的时期，他以中国现代饮食习惯去质疑古代下毒谋杀事件的可能性是明显不妥的。

（三）叙述干预的意义

　　跨文明传记中的叙述干预的确会使传记的可靠性受到一定程度的挑战，但是作家不会因噎废食，因为叙述干预所具备的积极意义让他们甘心冒险。对于跨文明传记作家而言，叙述干预最明显的积极意义便在于达成作者意欲促进跨文明交流与互鉴的心愿。

　　费子智曾经抱怨道："在我所生活过的各个城市的外国人社会中，他们普遍对中国历史缺乏深刻的了解，这种无知在英国的知识阶层中也不乏其人。"④

---

① 申丹，王丽亚. 西方叙事学：经典与后经典 [M]. 北京：北京大学出版社，2010：83.
② 奈吉尔·考索恩. 外国人眼中的武则天 [M]. 王纪卿，译. 长沙：湖南人民出版社，2012：7.
③ 罗汉. 武曌：中国唯一的女皇帝 [M]. 冯立君，葛玉梅，译. 北京：社会科学文献出版社，2018：61.
④ C. P. Fitzgerald. Why China? Recollections of China 1923—1950 [M]. Melbourne University Press，1985：153.

正是为了促进中西文明的相互了解和交流，费子智创作了关于武则天的跨文明传记并在传记中插入大量的叙述干预，介绍中国的历史和文化，表达他对中国历史人物的独特理解。

林语堂被认为是"两脚踏中西文化，一心评宇宙文章；挚爱故国不泥古，乐享生活不流俗"的文化交流使者。他在撰写跨文明传记时信守自己的格言，不忘作为文化使者的担当，插入大量的叙述干预，一方面引导异文明读者认识武则天统治下的黑暗，另一方面引导他们通过古今对比，注意到近代中国在民主、科学、人权等方面取得的进步。

考索恩的跨文明传记尽管缺乏学术性，但他仍在自觉地搭建中西文明沟通的桥梁。在讲述武则天入宫一事时，作者通过介绍彭祖的养身观和房中术指出："童贞在中国具有特殊的价值，但其理由并非通行于西方的男性自尊，而是因其活力与健康。"① 诸如此类的中西观念的比较和碰撞比比皆是。因此，在被翻译为中文出版时，出版者在前言中指出："通过译介外国人著述的有关中国的人物、事件、制度、文化等方面的传记及其他类型图书，让国人从中体悟他们看待中国的独特思维、独特视角，以此来反思和确认中国在全球文化视野下的真实影像，找准世界眼光中的中国，从而更好地与世界融合，与其他民族和谐并峙于世界民族之林。"②

冯立君是将罗汉的武则天传记翻译为中文的中国学者，他在译后记中评价道："罗汉作为海外一流的武则天研究传家，一方面对武氏的研究有独到之处，特别是对其统治艺术中凝聚儒、释、道三教意识心态合为己用的探索，别开生面；另一方面，能够'一览众山小'，博采中外武则天研究之长，而又别出心裁。"③ 从他的评论来看，跨文明传记之于文明交流的价值主要取决于作家以"异域之眼"得出的新见。但是，他还忽略了作品中的文化误读也具有积极意义。以罗汉创作的武则天传记为例，其传记在英语世界产生一定影响，然后又被回传到中国，成为中国读者的研读材料。中国译者和读者在解读其跨文明传记时，往往可以轻易甄别跨文明传记中的文化误读。从这个层面而言，

---

① 奈吉尔·考索恩. 外国人眼中的武则天 [M]. 王纪卿，译. 长沙：湖南人民出版社，2012：4.

② 奈吉尔·考索恩. 外国人眼中的武则天 [M]. 王纪卿，译. 长沙：湖南人民出版社，2012：1.

③ 罗汉. 武曌：中国唯一的女皇帝 [M]. 冯立君，葛玉梅，译. 北京：社会科学文献出版社，2018：257.

跨文明传记中的文化误读也可以成为宝贵的契机，促进异质文明沟通。

亨廷顿（Samuel Phillips Huntington）曾提出文明冲突论，认为不同文明之间的矛盾乃至对抗在所难免，不同文明在价值观和思维方式上的差异难以磨灭。但是，在全球范围内仍然有大量学者坚信和平发展与和谐共处才是世界的主旋律，因此将对话作为异质文明之间交往的基本立场和方式。跨文明传记中的叙述干预实际上正是中外学者与异质文明进行对话的方式之一。徐行言认为东西方文明在漫长的发展嬗变中经历的一次次交流与碰撞都给我们这样的启示："开放吸收方能发展，保守封闭必致衰亡。"[1] 从这一层面来看，跨文明传记的叙述干预是促使不同文明从隔绝到沟通，从冲突到交融的有效策略。

杨正润认为："如果说时代精神如同横向坐标，那么文化传统则是纵向坐标，传记就在两者的交汇点上。"[2] 他的观点非常明显地肯定了传记在纵向和横向两个维度的价值。笔者认为，就本土传记而言，其价值往往向纵向偏移，而就跨文明传记而言，其价值则向横向偏移。"武则天的文化形象并非其历史本来面目，而是一次次交流与碰撞被不同的主体根据自身的需要主观改造甚至重新建构的观念的载体。"[3] 此言非虚，尤其是当武则天传记的叙述主体为异文明叙述者时，观念的碰撞就尤其剧烈。在这种情况下，传记在横向（文明交流）维度上的价值得到突显。在这一认识的基础上，对于跨文明传记和本土传记的价值评价标准便应有区别。由于作者文化身份、书写对象、目标读者之间的两次跨越，如果评论家仍然因袭陈规，只将真实性、伦理性、艺术性等作为跨文明传记的评价标准，那么，跨文明传记的价值必将遭遇巨大的质疑。然而，笔者通过研究武则天跨文明传记发现，尽管叙述干预导致跨文明传记的真实性、伦理性、艺术性有所损耗，但它们对中西文明的交流与互鉴起到了巨大的推动作用。因此，笔者认为在评价跨文明传记时，有必要理性地看待叙述干预这一现象，充分认识其在传记的横向维度方面具有的重要意义。

---

[1] 曹顺庆，徐行言. 跨文明对话：视界融合与文化互动 [M]. 成都：巴蜀书社，2009.
[2] 杨正润. 中国传记的文化考察 [J]. 广东社会科学，2007（3）：160.
[3] 韩林. 武则天形象的文化建构及阐释 [J]. 博览群书，2019（8）：86.

第八章

苏轼篇

苏轼（1037—1101），字子瞻，号东坡居士，眉州眉山人。嘉祐二年进士，嘉祐六年应制科中最高等。熙宁二年，因反对王安石新法而屡受排挤打击自求外职，熙宁四年出任杭州通判，后改知密州、徐州、湖州。元丰二年以作诗"谤讪朝廷"罪贬谪黄州。元丰八年，由知登州召还朝，哲宗时任翰林学士，因反对司马光等"专欲变熙宁之法，不复较量利害，参用所长"的做法，又遭到排斥打击，而出知杭州、颍州、扬州。后官至礼部尚书、端明殿学士、翰林院侍读学士。元祐八年，太皇太后高氏死，哲宗亲政，新党人物上台，对元祐人士再残酷打击，苏轼先出知定州，后又贬谪惠州、儋州。北还后第二年逝于常州。南宋追谥文忠。与父洵、弟辙合称"三苏"。就宋代而言，散文、诗歌、词、书法，苏轼皆为第一。其绘画突出强调写意性与抒情性，对后世文人画有极深远影响。在哲学上，苏轼是北宋蜀学代表人物，有《易传》《书传》《论语说》三书和大量文章。政治学上，他对儒学的民本思想、仁政思想做了深度的论证和实践，为老百姓办好事、办实事。此外，在军事学、医药学、水利学、农学、园林、盆景、制墨、酿酒、烹饪等方面，他都有值得一提的研究。苏轼是我国历史上罕见的天才全能作家，对中国文化的贡献和对后世的影响巨大。

苏轼在四川的历史遗迹有：眉山市苏坟山、三苏祠、中岩寺、连鳌山、蟆颐山、醴泉山。

中国苏轼研究学会名誉会长、四川大学文新学院教授张志烈用一句话总结了苏轼的成就：中国历史上具有全面性、顶尖性、复杂性的文化巨星，国际上称为"千年英雄"，是"说不全、说不完、说不透"的永远的苏东坡！[①]

[①] 吴梦琳，余如波. 首批四川历史名人 为何这10位入选［N］. 四川日报，2017-07-12.

苏轼是一个名副其实的多面手、一个乐天派的天才。他不仅在诗、词和散文的创作上登峰造极，在书法、绘画等领域成就斐然，还在医药、烹饪、水利等领域做出了突出贡献。作为一个文学家，他最杰出的成就是对词的风格和表现内容的革新与开拓。自晚唐以来，巴蜀地区便有了"花间词派"，"诗庄词媚"几乎成为文人共识。但是，同出于巴蜀地区的苏轼，以他纵放豪健之笔，开创了豪放词派，扩大了词的题材范围，开拓了词的表现领域，打破了"词为艳科"的藩篱，使词体获得了解放。后人将他与南宋的辛弃疾并称为"苏辛"，奉为豪放词派的代表。

第一节
苏轼及其诗词的跨文明传播

在中国文学史上，苏轼被看作"豪放派"词作的开创者和代表作家。他的诗词作品和文论思想都成为海外治宋代文学的研究者所关注的焦点。近年来，傅君励（Michael Fuller）、包弼德（Peter Bol）、管佩达、毕熙燕（Xiyan Bi）和艾朗诺（Ronald C. Egan）等海外汉学家对苏轼的研究成果颇丰，展现了苏轼在多个领域中的成就，在中西文明交流与互鉴中发挥了积极作用。海外汉学家对苏轼诗词作品的跨文明传播主要以译介的方式实现，对其文论思想的跨文明传播则主要以跨文明阐释的方式实现。

一、苏轼词作的英译概观

早在1815年，英国汉学家罗伯特·马礼逊就出版了《汉语原文英译（附注）》（*Translations from the Original Chinese, with Notes*）。这本著作被认为是最早的唐诗单篇英文译介。相较于唐诗，海外汉学界对宋词的研究兴趣则没有那么浓厚。直到1933年，克拉拉·M.甘霖（Clara M. Candlin）才翻译出版了第一本英译宋词集。从时间上来看，宋词比唐诗的英译晚了约一个世纪。笔者认为，这主要是受到以下因素的影响：其一，相较于经济、文化、军事等各方面都昌盛剽悍的唐代，宋代常常被冠以"积贫积弱"的帽子，这在很大程度上打消了许多海外汉学家研究宋代文学的兴趣；其二，相较于诗歌，词在西方世界算是一种"缺类"的文学体裁，不像诗歌那样容易引发读者的共情；其三，中国的文学传统历来将诗视为正统，将词视为"诗余"。词在中国本土文学传统中的地位也影响了海外汉学家的认识，一些海外汉学家也将词视为"小道"。不过，尽管海外汉学界对词的译介较晚、体量较小，但由于苏东坡在词的创作上的惊人成就，他仍然吸引了不少海外学者不遗余力地译介和阐释他的词作。根据涂慧的统计，苏轼词作已有英译的有156篇，位列宋代词人英译篇目数量的第6名，仅次于李清照、李煜、柳永、韦庄、辛弃疾。① 下表为英语世界苏轼词译介简况：

表8-1 苏轼词译介情况表

年份	编者	文集名	收录篇目
1933	Clara M. Candlin（克拉拉·M.甘霖）	The Herald Wind: Translations of Sung Dynasty Poems Lyrics and Songs（《风信集：宋代诗词歌选译》）	《水调歌头》（明月几时有）
1937	Ch'u Ta-Kao（初大告）	Chinese Lyrics（《中华隽词》）	《临江仙》（夜饮东坡醒复醉）、《江城子》（十年生死两茫茫）、《水调歌头》（明月几时有）、《念奴娇》（大江东去）、《行香子》（清夜无尘）、《卜算子》（水是眼波横、缺月挂疏桐）、《哨遍》（为米折腰）
1947	林语堂（Lin Yutang）	The Gay Genius（《苏东坡传》）	《江城子》（十年生死两茫茫）、《水调歌头》（明月几时有）、《沁园春》（孤馆灯青）、《黄泥坂词》、《临江仙》（夜饮东坡醒复醉）
1956	Kenneth Rexroth（王红公）	One Hundred Poems from the Chinese（《中国诗百首》）	《念奴娇·赤壁怀古》（大江东去）、《少年游》（去年相送）、《少年游·咏红梅》（好睡慵开莫厌迟）
1965	Burton Watson（华兹生）	Su Tung-p'o: Selections from a Sung Dynasty Poet（《苏东坡选集》）	《江城子》（十年生死两茫茫）、《浣溪沙》（旋抹红妆看使君、麻叶层层苘叶光、簌簌衣巾落枣花、软草平莎过雨新）、《临江仙》（夜饮东坡醒复醉）、《鹧鸪天》（林断山明竹隐墙）

---

① 涂慧. 如何译介，怎样研究：中国古典词的英语世界［M］. 北京：中国社会科学出版社，2014：56.

续表 8-1

年份	编者	文集名	收录篇目
1965	Cyril Birch（白芝）	Anthology of Chinese Literature: From Early Times to the Fourteenth Century（《中国文学选集：十四世纪之前》）	《江城子》（十年生死两茫茫）、《水调歌头》（明月几时有）、《念奴娇》（大江东去）
1965	Dungan Mackintosh & Alan Ayling（邓根·麦金托什、艾伦·艾林）	A Collection of Chinese lyrics（《中国历代词选》）	《卜算子》（水是眼波横、缺月挂疏桐）、《洞仙歌》（冰肌玉骨）、《水调歌头》（明月几时有）、《念奴娇·赤壁怀古》（大江东去）、《水龙吟》（似花还似飞花）
1966	Liu Wu-chi（柳无忌）	An Introduction to Chinese Literature（《中国文学概论》）	《念奴娇·赤壁怀古》（大江东去）、《水调歌头》（明月几时有）、《蝶恋花》（灯火钱塘三五夜）、《临江仙》（夜饮东坡醒复醉）、《江城子》（十年生死两茫茫）、《卜算子》（缺月挂疏桐）
1970	Dungan Mackintosh & Alan Ayling（邓根·麦金托什、艾伦·艾林）	A Further Collection of Chinese Lyrics and Other Poems（《中国历代词选续集》）	《少年游》（去年相送）、《瑞鹧鸪》（城头月落尚啼乌）、《沁园春》（孤馆灯青）、《江城子》（十年生死两茫茫、老夫聊发少年狂）、《浣溪沙》（照日深红暖见鱼、旋抹红妆看使君、麻叶层层苘叶光、软草平莎过雨新）、《浣溪沙》（惭愧今年二麦丰）、《浣溪沙》（山下兰芽短浸溪）、《定风波》（莫听穿林打叶声）、《临江仙》（夜饮东坡醒复醉）、《蝶恋花》（花退残红青杏小）
1974	Liu Wu-chi & Irving Yucheng Lo（柳无忌、罗郁正）	Sun flower Splendor: Three Thousand Years of Chinese Poetry（《葵晔集：三千年中国诗歌》）	《水龙吟》（似花还似非花）、《水调歌头》（明月几时有）、《卜算子》（缺月挂疏桐）、《临江仙》（夜饮东坡醒复醉）、《如梦令》（自净方能净彼）、《永遇乐》（一叶舟轻）
1976	John S. J. Turner（唐安石）	A Golden Treasury of Chinese Poetry（《中诗金库》）	《水调歌头》（明月几时有）
1980	Kang-I Sung Chang（孙康宜）	The Evolution of Chinese Tz'u Poetry: From Late T'ang to Northern Sung（《晚唐迄北宋词体演进与词人风格》）	《八声甘州》（有情风万里卷潮来）、《江城子》（梦中了了醉中醒）、《定风波》（好睡慵开莫厌迟）、《木兰花》（梧桐叶上三更雨）、《念奴娇》（大江东去）、《永遇乐》（燕子楼空）、《水龙吟》（似花还似非花）

续表 8-1

年代	编者	文集名	收录篇目
1981	Rewi Alley（路易·艾黎）	Selected Poems of the Tang and Song Dynasties（《唐宋诗选》）	《水调歌头》（明月几时有）
1984	Burton Watson（华兹生）	The Columbia Book of Chinese Poetry: From Early Times to the Thirteenth Century（《哥伦比亚中国诗集》）	《江城子》（十年生死两茫茫）、《水调歌头》（明月几时有）、《浣溪沙》（旋抹红妆看使君、麻叶层层苘叶光、簌簌衣巾落枣花、软草平莎过雨新）、《临江仙》（夜饮东坡醒复醉）、《鹧鸪天》（林断山明竹隐墙）
1989	Yang Vincent（杨立宇）	Nature and Self: A Study of the Poetry of Su Dong po with Comparisons to the Poetry of William Wordsworth（《自然与自我：苏东坡与华兹华斯诗歌的比较研究》）	《行香子》（过七里濑）、《醉落魄》（分携如昨）、《沁园春》（孤馆灯青）、《水调歌头》（明月几时有）、《永遇乐》（明月如霜）、《定风波》（莫听穿林打叶声）、《念奴娇》（大江东去）、《临江仙》（夜饮东坡醒复醉）、《卜算子》（缺月挂疏桐）、《虞美人》（波声拍枕长淮晓）、《渔父》（渔父饮）、《减字木兰花》（莺初解语）
1994	Victor Mair（梅维恒）	The Columbia Anthology of Traditional Chinese Literature（《哥伦比亚中国古典文学选》）	《定风波》（莫听穿林打叶声）、《江城子》（老夫聊发少年狂、十年生死两茫茫）、《鹧鸪天》（林断山明竹隐墙）、《蝶恋花》（花褪残红青杏小）、《水调歌头》（明月几时有）、《满庭芳》（蜗角虚名）、《临江仙》（夜饮东坡醒复醉）、《永遇乐》（明月如霜）
1994	Julie Landau（朱莉叶·兰道）	Beyond Spring Tz'u Poems of the Sung Dynasty（《春之外：宋词选集》）	《水龙吟》（似花还似飞花）、《水调歌头》（明月几时有）、《念奴娇》（凭高眺远）（大江东去）、《西江月》（照野弥弥浅浪）、《临江仙》（夜饮东坡醒复醉）、《少年游》（去年相送）、《定风波》（莫听穿林打叶声）（好睡慵开莫厌迟）、《望江南》（春未老）、《卜算子》（缺月挂疏桐）、《贺新郎》（乳燕飞华屋），《江城子》（黄昏犹是雨纤纤、老夫聊发少年狂、十年生死两茫茫），《蝶恋花》（花褪残红青杏小）、《永遇乐》（明月如霜），《阳关曲》（暮云收尽溢清寒）、《浣溪沙》（山下兰芽短浸溪、照日深红暖见鱼、旋抹红妆看使君、麻叶层层苘叶光、簌簌衣巾落枣花、软草平莎过雨新、细雨斜风作晓寒）、《青玉案》（三年枕上吴中路）

续表8-1

年代	编者	文集名	收录篇目
1996	Stephen Owen（宇文所安）	An Anthology of Chinese Literature：Beginnings to 1911（《中国文学选集》）	《水调歌头》（明月几时有）、《临江仙》（夜饮东坡醒复醉）、《定风波》（莫听穿林打叶声）、《念奴娇》（大江东去）
1997	Wai-Lim Yip（叶维廉）	Chinese Poetry：An Anthology of Major Modes and Genres（《汉诗选集主要形式与体裁》）	《念奴娇》（大江东去）、《临江仙》（夜饮东坡醒复醉）
1998	Yeh Chia-ying（叶嘉莹）	Studies in Chinese Poetry（《中国诗歌论集》）	《浪淘沙》（昨日出东城）、《行香子》（一夜舟轻）、《沁园春》（孤馆灯青）、《江城子》（老夫聊发少年狂）（天涯流落思无穷）、《水龙吟》（楚山修竹如云）、《定风波》（常羡人间琢玉郎）、《醉落魄》（苍颜华发）、《阮郎归》（一年三度过苏台）、《鹊桥仙》（缑山仙子）、《水调歌头》（明月几时有）、《念奴娇》（大江东去）、《定风波》（莫听穿林打叶声）、《八声甘州》（有情风万里卷潮来）
2005	Benjamin B. Ridgway（白睿伟）	Imagined travel：Displacement，landscape and literati identity in thesong lyrics of Su Shi（1037－1101）（《想象的旅行：苏轼词的位移、风景和文人身份》）	《沁园春》（孤馆灯青）、《木兰花令》（霜余已失长淮阔）、《江城子》（老夫聊发少年狂、十年生死两茫茫、梦中了了醉中醒）、《永遇乐》（明月如霜）、《满江红》（江汉西来）、《满庭芳》（三十三年）、《归朝欢》（我梦扁舟浮震泽）、《浣溪沙》（照日深红暖见鱼、旋抹红妆看使君、麻叶层层苘叶光、簌簌衣巾落枣花、软草平莎过雨新）、《南歌子》（日出西山雨、雨暗初疑夜）、《西江月》（照野弥弥浅浪）、《定风波》（莫听穿林打叶声）、《浣溪沙·渔父》（西塞山边白鹭飞）、《临江仙》（夜饮东坡醒复醉）、《满庭芳》（归去来兮，清溪无底）
2006	J. P. Seaton（西顿）	The Shambhala Anthology of Chinese Poetry（《香巴拉中国诗选》）	《渔父》（渔父饮、渔父醉、渔父醒、渔父笑）、《临江仙》（夜饮东坡醒复醉）、《南歌子》（带酒冲山雨）

从译者身份来看，译介苏轼词的学者主要由海外汉学家和华裔学者构成。前者以克拉拉·M. 甘霖、王红公、华兹生、白芝、邓根·麦金托什、艾伦·艾林、唐安石、路易·艾黎、梅维恒、宇文所安、朱莉叶·兰道、白睿伟、西顿等为代表，后者以初大告、柳无忌、罗郁正、孙康宜、杨立宇、叶维廉、叶

嘉莹等为代表。中外大多数译者并没有在译名上明显地体现出"诗"与"词"的区别。在"诗"和"词"这一对既相关又不同的中国传统文学体裁中，中外许多学者往往都直接用"poems"或者"poetry"来笼统指代二者。从上表来看，只有克拉拉·M. 甘霖用了"Poems Lyrics and Songs"，邓根·麦金托什、艾伦·艾林和初大告用了"lyrics"，孙康宜和朱莉叶·兰道用了"Tz'u Poetry"，白睿伟用了"song lyrics"来特别标出"词"与"诗"的区别。赵毅衡认为："有意把异项标出，是每个文化的主流必有的结构性排他要求：一个文化的大多数人认可的符号形态，就是非标出，就是正常。文化这个范畴（以及任何要成为正项的范畴）要想自我正常化，就必须存在于非标出性中，为此，就必须用标出性划出边界外的异项。"① 从他的论述来看，"异项"或者"标出项"存在的意义是为了体现"非标出项"的正态存在。从这个角度来看，将"词"以"lyrics""song"或者"Tz'u Poetry"来表达，突显了"诗"（poems/poetry）在中国文学中的正统地位。胡易容在一篇论文中对赵毅衡的观点进行了扩展，他提出："在文化领域，对异项是通过某种无形的文化压力，来进行身份的归类以使之'标出'。"② 按照他对"标出项"的理解，克拉拉·M. 甘霖、邓根·麦金托什、艾伦·艾林、初大告、孙康宜、朱莉叶·兰道和白睿伟将"词"作为中国古典韵文文学中的异项，是因为感受到了某种"文化压力"，需要彰显"词"的特殊身份，令之不至于被"诗"的"文化压力"湮没或消解。

就翻译选篇来看，《水调歌头·明月几时有》《念奴娇·大江东去》《江城子·十年生死两茫茫》是译者最青睐的篇目。尤其是《水调歌头·明月几时有》既是西方译者最早关注到的，也是被译介次数最多的苏轼词作。"情感的普遍性是中国古典词作实现世界性地位、得以成为世界文学经典的关键因素。"③ 苏轼的《水调歌头·明月几时有》之所以会成为西方译者最青睐的词作，主要是因为其中抒发的关于人世悲欢离合的感悟与感慨可以引发西方译者的共情。而《念奴娇·大江东去》作为典型的豪放派词的代表性作品，在风格上与西方译者惯见的李清照、李煜、柳永、韦庄风格迥异，加上词作内容与

---

① 赵毅衡. 文化符号学中的"标出性"[J]. 文艺理论研究，2008（3）：2-12.
② 胡易容. 论文化标出性翻转的成因与机制——对赵毅衡一个观点的扩展[J]. 江苏社会科学，2011（10）：138-142.
③ 涂慧. 如何译介，怎样研究：中国古典词的英语世界[M]. 北京：中国社会科学出版社，2014：63.

《三国演义》中的著名人物相关，因此，这篇作品也引发了许多译者的兴趣。最后，《江城子·十年生死两茫茫》作为苏轼悼念亡妻的作品，不仅情感真挚，能引发译者共情，而且与西方文学的"哀歌"和"挽歌"传统相和，所以西方译者在发现人类"共同的诗心"之际，不遗余力地将之译介出来与西方读者共享。

宇文所安说："苏轼在宋代文化世界君临般的存在感是怎样夸大都不为过的。这在他自己的时代如此，后面数十年亦是如此。"[1] 正是由于苏轼在中国古代文学中的重要地位，尤其是对宋代词坛的冲击，越来越多的西方汉学家对苏轼的词作产生了浓厚的兴趣。在海外汉学家研究苏轼词作的过程中，翻译与中国语言文学研究成为不可分割的"一体两面"。艾朗诺在一次采访中就坦率承认道："我们这边的汉学研究和中国的汉语言文学研究不同。在中国，研究者拿起原文就可以开始讨论，而这边许多著作都是英文版，因此只能边翻译边研究，如果不翻译就没法去讨论……美国的汉学研究与中国的汉语文学研究及翻译研究密不可分，只是各有其侧重点与特点。"[2] 总的来说，苏轼词作的译介起源于20世纪30年代，距今已有百年。中外学者以不同的翻译策略译介了苏轼词作，对于推动苏轼词作的跨文明传播做出了巨大贡献。但是，就现状来看，苏轼词作的跨文明传播还有很大的提升空间。首先，苏轼词作译介篇目的重复性较高，而且，由于译者常常根据已有译本进行重译，故译文风格也多有雷同；其次，目前还没有苏轼词作的全译本，这在一定程度上阻碍了苏轼词作在世界范围的经典化进程。

二、苏轼诗词的跨文明阐释

在海外汉学家中，对于苏轼词风的跨文明阐释做出最大贡献的是美国汉学家艾朗诺。艾朗诺在哈佛大学获得博士学位，执教于斯坦福大学东亚语言及文化研究系，担任该校孔子学院汉学讲座教授与系主任。艾朗诺主要研究中国唐宋两代的文学和文化史，代表性著作有《欧阳修的文学作品》（*The Literary Works of Ou-yang Hsiu 1007 – 1072*）、《苏轼的文字、意象和功业》（*Word, Image, and Deed in the Life of Su Shi*）、《美的焦虑：北宋士大夫的审美思想与

---

[1] 宇文所安. 只是一首诗：中国11世纪至12世纪初的词 [M]. 麦惠君，杜斐然，刘晨译，北京：生活·读书·新知三联书店，2022：205.
[2] 杨慧玲. 文明互鉴——世界著名汉学家访谈录 [M]. 北京：大象出版社，2021：346.

追求》（*The Problem of Beauty: Aesthetic Thought and Pursuits in Northern Song Dynasty China*）和《才女之累：李清照及其接受史》（*The Burden of Female Talent: the Poet Li Qingzhao and her History in China*）等。

（一）他者眼中苏轼诗词中的"奇喻"

对于苏轼的诗词，艾朗诺非常称颂其中运用到的丰富而出其不意的比喻。比如，在《和子由渑池怀旧》中，艾朗诺发现在"人生到处知何似"的提问之后，苏轼在回答中用到了"鸟"的比喻。"应似飞鸿踏雪泥。泥上偶然留指爪，鸿飞那复计东西。"这几句含有"鸟"的比喻的诗行占了全诗篇幅的一半。正是由于有了这一新奇的比喻，整首诗歌俏皮、幽默、灵动。除此之外，艾朗诺发现苏轼作品中还有很多新奇甚至怪诞的比喻。比如，他发现苏轼在《守岁》中写道："欲知垂尽岁，有似赴壑蛇。修鳞半已没，去意谁能遮。况欲系其尾，虽勤知奈何。"这说明苏轼将辞岁比作出洞之蛇。他还发现苏轼在《孙莘老求墨妙亭诗》中写道："短长肥瘦各有态，玉环飞燕谁敢憎。"这说明苏轼将各种不同风格的书法作品比喻成中国历史上"短""长""肥""瘠"等各种体态的美女。再如，苏轼《读孟郊诗》："初如食小鱼，所得不偿劳；又似煮彭蜞，竟日持空螯。"艾朗诺发现苏轼将初读孟郊诗歌比作吃小鱼儿，小心翼翼吃下去，最后却发现所获甚少，不值得如此费力。最后，艾朗诺还以苏轼《迁居临皋亭》之"我生天地间，一蚁寄大磨。区区欲右行，不救风轮左"为例，指出"苏轼热衷于这类奇特的比喻"。[①] 为什么艾朗诺会尤其注意到苏轼在诗词中运用的这些奇特的比喻呢？笔者认为这是因为他受到英美诗歌中推崇"奇喻"（conceit）的传统的影响。

所谓"conceit"，也就是"far-fetched metaphor"，中文译为"奇喻"或"奇想"。之所以"奇"，主要是因为本体（tenor）和喻体（vehicle）之间既贴切合理又出奇制胜、不落俗套。17 世纪英国玄学派诗人以擅用"奇喻"著称。其中最负盛名的是约翰·多恩（John Donne）。英美新批评派的布鲁克斯（Cleanth Brooks）、兰塞姆（J. C. Ransom）、爱伦·泰特（Allen Tate）以及托·斯·艾略特（Thomas Stearns Eliot）都极为推崇玄学诗派的"奇喻"。艾略特曾说："看来，可能处在当前文明之中的诗人们是很犯难的⋯⋯为了强迫

[①] 孙康宜，宇文所安. 剑桥中国文学史（上卷）[M]. 北京：生活·读书·新知三联书店，2013：468.

(必要时甚至打乱)语言以表达自己的意思,诗人必须具有更广泛的理解力更加善于引喻,更加含蓄……因此我们就获得了一种看起来很象是奇想的东西。——事实上,我们得出了一种与'玄学派诗人'的方法奇怪地相同的方法。"① 由于兼具诗人、剧作家和文学批评家多重身份的艾略特对"奇喻"的推崇,英语世界学者在研究诗歌时非常看重"奇喻"的价值。艾朗诺成长在欧风美雨的学术环境中,虽然其研究对象是中国的古典诗歌,但在治学过程中他潜移默化地将英语诗歌的关注点迁移到对苏轼诗词的阐释上去。

(二)他者眼中苏轼对"词"的批评

艾朗诺向西方世界介绍了苏轼在不同时期对"词"这一文体的不同看法。他指出:"年轻时的苏轼,与词保持了一定距离。尽管二十多岁的他已经是一位高产的、公认的著名诗人,但直到1070年代中期,年近不惑的他才填写了少量词作。"② 艾朗诺推测苏轼之所以抗拒"词"这一文体主要有两个原因:一是因为当时很多词作是无病呻吟、多愁善感;二是因为当时很多词作太过强调温柔的、"女性化的"情感,几乎排斥了其他情感。

为了证明苏轼对"词"的批判态度,艾朗诺比较了苏轼在《题张子野诗集后》中对张先的诗作和词作的不同态度。"张子野诗笔老妙,歌词乃其余技耳。《湖州西溪》云:'浮萍破处见山影,小艇归时闻草声。'与余和诗云:'愁似鳏鱼知夜永,懒同蝴蝶为春忙。'若此之类,皆可以追配古人。而世俗但称其歌词。昔周昉画人物,皆入神品,而世俗但知有周昉士女,皆所谓未见好德如好色者欤?"在引用了以上文字之后,艾朗诺分析了苏轼扬诗抑词的原因。他认为张先本来是以词闻名于世,但苏轼要为他的诗集撰写跋文,因此肯定需要抑其词、扬其诗来肯定他在诗歌创作方面的成就。但是,除此之外,艾朗诺还特别提醒读者注意文中的最后一句话。他认为苏轼之所以引述论语中"未见好德如好色者"之语是要以"好德"比喻喜好诗歌,"好色"比喻喜好词作。易言之,读者欣赏张先的词作而没发现其诗歌之美,乃是人类"好色"的天性使然。通过分析,艾朗诺得出结论:"苏轼或许不像吕惠卿和法云秀那

---

① 戴维·洛奇. 二十世纪文学评论[M]. 葛林等,译. 上海:上海译文出版社,1987:127-128.

② 孙康宜,宇文所安. 剑桥中国文学史(上卷)[M]. 北京:生活·读书·新知三联书店,2013:496.

样认为词是彻底的不伦,但至少也觉得词是不检点的、撩拨人心的。"①

因为词的文体地位低微,被视为"小道",苏轼曾和当时的其他士大夫一样,刻意与之保持距离。但苏轼后来改变对词的态度则有可能是因为以下两个原因。一是词的感染力和魅力在 11 世纪的中国与日俱增,艾朗诺以宋代文人"因词得号"的现象证明了他的推测:贺铸写了"梅子黄时雨"而被称为"贺梅子",张先因写了三句关于"影"的名句而被称为"张三影",秦观写了"山抹微云,天连衰草"而被称为"山抹微云君"……这些都说明"人们对这种勃兴的新诗体产生了跃跃欲试的兴奋"②。在这种文学大潮之中,天性豁达、乐于尝新的苏轼自然很快就投身于词的创作了。二是哪怕是最无害的诗句都会被政敌冠以莫须有的罪名,却没有一首词作在乌台诗案中被当作罪证,因为"词"这种文体并没有政治讽喻的传统,这让苏轼在写词时不必胆战心惊。简言之,经历了宦海沉浮甚至牢狱之灾的苏轼在后期愈发珍视"词"的随意性。借这种文体,他可以恣意出入、酣畅表达。

(三) 他者眼中苏轼对"词"的革正

艾朗诺认为苏轼不仅仅是投身于"词"的创作,更重要的是他对宋词有着公认的革正之功③。他所说的"革正"主要指苏轼对"词"的两大改造:一是增加了词作的表现内容,使词作具有自传性质;二是以男性化的主题和音乐扭转词的女性化偏向。

艾朗诺列举了苏轼抒写中秋节思念弟弟的《水调歌头·明月几时有》,抒写走访徐州城外燕子楼梦见曾居住此处的女主人的《永遇乐·彭城夜宿燕子楼梦盼盼因作此词》,抒写在原配夫人十周年忌日怀念她的《江城子·乙卯正月二十日夜记梦》,抒写路过扬州城外欧阳修修建的平山堂、回忆晚年欧阳修的《西江月·平山堂》等,向西方读者介绍了苏轼通过在词作中增加序言以及在词作中记录人生机遇而拓展了词的表现内容,提高了词的文学品格。艾朗诺认为,在中国文学传统中,这些具有强烈个人性的事件原本都应该以诗来表

---

① 艾朗诺. 美的焦虑:北宋士大夫的审美思想与追求[M]. 杜斐然,刘鹏,潘玉涛,译. 上海:上海古籍出版社,2013:184-185.
② 艾朗诺. 美的焦虑:北宋士大夫的审美思想与追求[M]. 杜斐然,刘鹏,潘玉涛,译. 上海:上海古籍出版社,2013:187.
③ Egan, Ronald C. Word, Image, and Deed in the Life of Su Shi [M]. Harvard University Asia Center, 1994:310-351.

达和记载，但苏轼却将它们都写进词中，甚至在词作的序中交代了写作时间和所寄对象。这种写作方法和内容对于传统的词作而言是一种全新的尝试。

苏东坡首倡壮词，提倡"无事无物不可入词"。为了让西方读者认识到苏轼为改变"词风"而做出的努力，艾朗诺引用了苏轼在《与鲜于子骏书》中表达自喜的文字。"近却颇作小词，虽无柳七郎风味，亦自是一家，数日前猎于郊外，所获颇多。作得一阕，令东州壮士抵掌顿足而歌之，吹笛击鼓以为节，颇壮观也。"这封书信是苏轼在创作《江城子·密州出猎》后写给鲜于子骏的。艾朗诺从文中看出，"苏轼以'壮'（'男性化'）字形容自己的密州出猎之词……在词中培育这一特性的需要，总的说来已经是让词成为一种更易为人所接受的文学形式的一个重要方面"①。除此之外，他还认为《江城子·密州出猎》算得上是苏轼的一次宣言：他以此表明在词风上坚决不与柳永为伍。《江城子·密州出猎》的创作意图是"打破传统词旨、词风的拘囿，让词适应于更新更广的表达需要"②。最后，艾朗诺还引用南宋初年批评家胡寅在《酒边词序》"一洗绮罗香泽之态"的评语来证明苏轼革正词风的成果。他认为在苏轼笔下，宋词第一次革除了"一味言情"的趣味，不再仅仅关注男欢女爱的思慕与沮丧，大大弱化了宋词的阴柔气质，为下一代词人更彻底地改革词风开辟了坦途。

从艾朗诺对苏轼诗词的跨文明阐释来看，他因为受到西方文学批评传统的影响而格外看重苏轼诗歌中的"奇喻"；他也运用新历史主义的方法，在唐宋时期中国诗词发展的大潮中分析苏轼对词的态度转变；另外，他还以文本细读的方法找到了苏轼革正词风的作品和评论。总体而言，艾朗诺对苏轼诗词的跨文明阐释是"弥纶群言，而研精一理"③。通过阅读他关于苏轼的论述，西方读者可以很好地了解苏轼的人生遭际、学术思想、政治实践以及文艺成就。

---

① 孙康宜，宇文所安. 剑桥中国文学史（上卷）[M]. 北京：生活·读书·新知三联书店，2013：497.
② 艾朗诺. 美的焦虑：北宋士大夫的审美思想与追求[M]. 杜斐然，刘鹏，潘玉涛，译. 上海：上海古籍出版社，2013：213.
③ 万燚. 弥纶群言，而研精一理——论艾朗诺的苏轼研究[J]. 中外文化与文论，2013（3）：13.

中国学者林语堂和美国学者贺巧治都为苏轼撰写过传记。尽管两位传记作者都以西方人为目标读者,用英语为苏轼立传,但他们所处的时代和文化背景,以及身份认同和价值取向对其笔下的苏轼形象产生了重要的影响。在林语堂笔下,苏轼是中国传统知识精英和西方现代思想的中国代言人;在贺巧治笔下,苏轼是一个自成一派的诗人,更是一个不当家庭教育的受害者和阻碍社会变革的守旧派。中国当代文化工作者在挖掘、汲取、传播、弘扬三苏文脉和东坡文化时,有必要关注这两部英语苏轼传中的传主形象差异,探索以跨文明传记为载体坚定中华文化自信和实现中西文明交流互鉴的可行路径。

第二节
跨文明传记中的苏轼形象

随着交通和技术的发展,中西两个文明圈的文化和精神交流活动日益密切。在传记书写领域,越来越多的传记作者不再将书写语言局限于自己的母语,不再将书写对象和目标读者局限于自己本民族、本国和自我文明圈之内,而是选择以"他者"的语言,或者以"他者"为书写对象或目标读者,用传记搭建中西文明交流互鉴的桥梁。随着传记作者视野的开拓,写作对象和目标读者的变化,中外传记的类型也从本土传记、跨文化传记发展到跨文明传记。所谓的跨文明传记,就是指传记作者、传主、读者之间不仅具有跨国、跨民族和跨语言的特点,而且还分属东西不同文明圈。比起三者均属于同一语言、同一文化背景的本土传记和在三者之间虽具有一定的跨国、跨民族、跨语言特性,但并不具有中西文明圈的跨越性(如英、美、德、意、法之间的跨越性没有超出西方文明圈内,中、日、韩、印之间的跨越性没有超出东方文明圈）的跨文化传记而言，跨文明传记在审美价值与人文思想内涵方面明显地带有中西文明相互碰撞、交融的痕迹。因此，它们"不仅仅具有文学和历史学上的研究意义，更具备跨异域文化研究的意义，它所承载的文化含量与文化碰撞往往超过普通传记所承载的内涵"①。

苏轼因为在诗、词、文、书、画等多个领域的杰出成就，率性放达的性格和跌宕起伏的人生际遇，成为承载和传播中华文化和道德精神的绝佳载体。中国学者林语堂和美国学者贺巧治（George Cecil Hatch, Jr.）以西方人为目标读者，以英语为写作语言，分别于1947年和1976年为苏轼书写了跨文明传记。前者名为《快乐的天才：苏东坡生平与时代》（*The Gay Genius：The Life and Times of Su Tungpo*），后者是被收录在傅海波（Herbert Franke）主编的《宋代名人传记》（*Sung Biographies*）中篇幅最长的一篇小传，名为《苏轼》（"Su Shih"）。杨正润在《比较传记：历史与模式》一文中总结了传记研究学界现有的四种比较传记研究模式：比较写作、平行研究、影响研究和传主比较。在论及传主比较时，他指出："具有不同文化背景、使用不同语言的传记家在写作同一位传主时，因为文化的差异，致使观察的重点和兴趣不同，选择的材料不同，对材料的理解和处理不同，对事件和人物的评价的标准不同，结果是同一位传主以不同的形象出现。这样在比较传记研究中出现了又一种模式：传主的比较研究，即对同一位传主在不同文化或不同时代作品中的形象进行比较研究。"② 在倡导中西文明交流互鉴的时代语境中，通过比较林语堂和贺巧治对同一传主苏轼的不同形象塑造，可以折射出传记作者所处时代和文化背景，以及身份认同和价值取向等问题，从而加深和丰富对"各美其美，美人之美，美美与共，天下大同"③ 十六字文明交流互鉴原则的理解。

一、林语堂笔下的苏轼形象

为了使苏轼形象更加容易被西方读者理解，林语堂在用英文创作的《苏东坡传》中频繁地把苏轼与西方的知名人物进行类比。他认为李白与雪莱、拜伦相近，杜甫酷似弥尔顿，而苏轼则因为始终富有青春活力而像英国小说家萨克雷（William Makepeace Thackeray），因在政坛上的活动和诗名而像法国的

---

① 李红梅. 西方作家在中国的域外传记书写研究 [J]. 吉首大学学报, 2014 (5)：86 - 94.
② 杨正润. 比较传记：历史与模式 [J]. 现代传记研究, 2014 (1)：51 - 68.
③ 费孝通. 反思·对话·文化自觉 [J]. 北京大学学报, 1997 (3)：15 - 22.

雨果（Victor Hugo），因具有动人的特点而像英国的约翰逊（Samuel Johnson）。总的来说，苏轼的气质是复杂而难以捉摸的。他虽饱经忧患，性格却温和厚道。如果真要找一个像他的英国人，则需要满足以下条件："倘若弥尔顿同时是像英国画家庚斯博罗，也同时像以诗歌批评时政的蒲柏，而且也像英国饱受折磨的讽刺文学家斯威夫特，而且没有他日渐增强的尖酸。"① 在这部跨文明传记中，林语堂既赋予了苏轼中国传统知识分子的美德，也赋予了他西方人所珍视的民主与科学思想。林语堂笔下的苏轼既是中国传统知识精英，也是西方先进思想的中国代言人。有人指出林语堂在创作中使用了"杂合"策略，"这消除了两种语言之间的理解障碍，使英语读者理解并乐于接受作品，并直观地向对方进行文化传播，为中国文化走出去增添出彩一笔"②。有人认为，林语堂把苏轼塑造成"深厚、广博、诙谐，有高度的智力，有天真烂漫的赤子之心"的人，"表面上看是'于美国赶忙人对症下药'，真正意图显然为了重新确立汉族人的自信心，传播中华之优秀文明，在东西方之间进行文化综合"。③无论是"杂合"还是"综合"，他们都注意到了林语堂在塑造苏轼形象时对中西两种文化的兼顾。

（一）中国传统知识精英代言人

孙良好和张璐认为："林语堂用他的笔在西方社会构筑起一座令人敬仰的中国文化庙宇，在这座庙宇中就供奉着苏东坡这位中国文化的集大成者。"④林语堂从多方面向西方读者呈现出苏轼作为中国传统知识精英的形象。在他笔下，一方面，苏轼是一个完美的儒家学者的典型代表，始终不移地坚守着自己的信念，胸怀修身、齐家、治国、平天下的远大抱负。另一方面，他还对道家思想兼收并蓄，这既丰富了其文学作品的内涵，提高了其审美价值，又养成了他旷达乐观的性格。

林语堂首先从家庭教育方面剖析了苏轼儒家信念的形成原因。他介绍了《宋史·苏东坡传》以及苏辙为母亲写的长篇碑文中记载的一件关于苏轼童年的趣闻。在苏轼八到十岁时，父亲赴京赶考以及外出游历，母亲程氏在家管教

---

① 林语堂. 苏东坡传 [M]. 张振玉，译. 长沙：湖南文艺出版社，2017：5.
② 黄春梅，黄倩倩. 林语堂《苏东坡传》中的杂合现象 [J]. 文教资料，2018 (30)：9-10.
③ 潘建伟. 自我说服的旷达：对话理论视野中的苏轼"旷达"形象问题——兼谈林语堂《苏东坡传》的中西文化观 [J]. 杭州师范大学学报，2015 (5)：42-48.
④ 孙良好，张璐. 林语堂笔下的苏东坡形象 [J]. 闽台文化研究，2015 (3)：82-90.

孩子。母亲教孩子们学习了《后汉书·范滂传》。以范滂为首的书生儒士不畏迫害，敢于弹劾奸党，伸张正义，虽死而无悔。年幼的苏轼问母亲："我长大后若做范滂这样的人，你愿不愿意？"母亲回答道："你若能做范滂，难道我就不能做范滂的母亲吗？"① 林语堂将《后汉书·范滂传》摘译为英语，以方便西方读者了解范滂的事迹和精神对苏轼的巨大影响。

在接下来的叙述中，林语堂着重介绍了几件苏轼在日后从政的生涯里坚定不移地为苍生请命的例子。从这些例子来看，苏轼的确是以范滂为道德楷模，奉行了儒家的政治理念。比如，在目睹了王安石新政对百姓生活造成的巨大干扰和迫害后，他数度上书，向皇帝谏言，直陈新政的弊端，甚至力言皇帝因推行新政而失去民心，皇帝本人和当权者已不为清议所容。又如，在因太后恩宠而被召还京后，他首先尝试通过改革科举而整顿国家的吏治，建议废除科举中的免试办法，严格限制高官巨卿之子女亲戚以及皇家所推荐之人。除此之外，林语堂还以专章介绍了苏轼的"抗暴诗"。他认为苏轼的一些诗，单独看的话，有些句子只是偶一置评，但合起来看的话，这些诗歌则是一些动人的"抗暴诗"。

总的来说，无论是在苏轼的政治生涯还是文学创作中，林语堂都试图为西方读者呈现出一个坚守儒家信念的忠臣形象。《论语·八佾》记载，定公问："君使臣，臣事君，如之何？"孔子对曰："君使臣以礼，臣事君以忠。"由此可见，孔子认为臣子如果只是盲目服从君主意愿，根本不算忠臣。真正的忠臣需要不断规劝君主遵从道义。《论语·子路》记载："子曰：'其身正，不令而行；其身不正，虽令不从。'"这也证明儒家的忠臣观不是顺从君王，而是修正君王。苏轼的一生都在践行儒家的忠臣观，是一名典型的中国古代士大夫。

苏轼出生和成长于四川眉山，当地的慕道、学道之风甚浓。林语堂特别介绍了苏轼在私塾求学时的老师和一名叫陈太初的同学：苏轼求学的私塾有学童一百多人，但是"只有一个老师，是个道士"，而苏轼与陈太初是"最受老师夸奖的"。后来，陈太初虽考了科举，却出家做了道士，一心求道成仙，最后终于白昼飞升了。从林语堂的介绍来看，他向西方读者暗示了这样一个可能：苏轼与那个白昼飞升的陈太初一样都极具道教的慧根，苏轼只不过是选择了仕途，但是，终其一生，道家思想都深沉而静默地影响着他。在有了这样的铺垫之后，林语堂译介了苏轼的《仙都山鹿》，他认为这首诗可以证明苏东坡精神

---

① 林语堂. 苏东坡传[M]. 张振玉, 译. 长沙: 湖南文艺出版社, 2017: 51.

的高洁（the elevation of his spirit）①。

表8-2　《仙都山鹿》林语堂译文

中文	译文
日月何促促， 尘世苦局束。 仙子去无踪， 故山遗白鹿。 仙人已去鹿无家， 孤栖怅望层城霞。 至今闻有游洞客， 夜来江市叫平沙。 长松千树风萧瑟， 仙宫去人无咫尺。 夜鸣白鹿安在哉， 满山秋草无行迹。	The unremitting wheels of time turn round, And we to this terrestrial life are bound. The fairy went to his celestial home And left his deer upon the sainted mound. The homeless deer now sadly gazed afar At where, cloud-capped, the Elysian City lay. I hear at night this creature of the forest Come wandering and cry on river's bay, While myriad pines are sighing in the wind, So near the ancient Master's hallowed place! Oh, where are you, night-crying deer? Alas! Among the woods I cannot find a trace.

除此之外，林语堂还介绍了苏轼在游览巫山时的趣闻。一位老人向他讲述了自己年轻时攀登上最高峰，在山顶池塘中洗浴时所感到的神灵之存在。苏轼听后颇为心动，写下了"神仙固有之，难在忘势利"的诗句。林语堂认为，在苏轼的一生中，"他也和当代其他人一样，很相信会遇到神仙，相信自己也许会成仙"②。因此，他以专章介绍了苏轼如何修炼道教的成仙之术。不过，为了减少西方读者对道教的陌生感，林语堂以"Yoga and Alchemy"（瑜伽与炼金术）为题来介绍苏轼的两种修炼方法。当然，熟悉中国道教的读者会发现，苏轼既没有修炼印度的瑜伽，也没有像西方早期化学家那样尝试从金属中提炼出黄金。事实上，林语堂在跨文明传记中是以"瑜伽"来类比道教的"内丹"修炼法，以"炼金术"来指道教的"外丹"修炼法。在林语堂看来，尽管苏轼并没有因为修行道教的内丹和外丹而羽化成仙或者白昼飞升，但是道教思想却对他的生活、思想和文艺创作产生了很大的影响。正是因为有道教思想的浸染，即便是在被贬谪的生活里，苏轼也是乐观而自在的，其作品充满一种光辉温暖、亲切宽厚的诙谐，醇甜而成熟，透彻而深入。

美国汉学家史国兴（Curtis Dean Smith）认为："苏轼作为中国最重要的学者之一，其一生大半是在两个相互矛盾的志向中度过的：他一心想在政治上有

---

① 林语堂. 苏东坡传 [M]. 张振玉, 译. 长沙：湖南文艺出版社, 2017：107.
② 林语堂. 苏东坡传 [M]. 张振玉, 译. 长沙：湖南文艺出版社, 2017：100.

所贡献，而另一方面又欲与其弟苏辙共退隐，一起过归耕田园、恬淡适意的日子。这两个志向的相互矛盾，成为其许多伟大文学作品的产生机制。"① 他对苏轼思想之矛盾性的总结是非常准确的。而林语堂在跨文明传记中，从儒家和道家两个方向掘进，洞悉到了导致苏轼矛盾性的根源，即中国文人心中根深蒂固的两种信仰：儒家与道家。

（二）西方现代思想的中国代言人

由于此传记的目标读者为广大的英语世界的读者，林语堂对苏轼的形象进行了一些必要的改造：他在苏轼身上赋予了西方现代社会所推崇的科学精神和民主思想。"赛先生"（science）与"德先生"（democracy）是西方现代文化的高度浓缩。陈独秀认为它们"可以救治中国政治上、道德上、学术上、思想上一切黑暗"②。中国新青年在五四时期引进它们以反抗专制和启迪蒙昧。林语堂的跨文明传记将苏轼塑造成为"德先生"和"赛先生"的东方代言人，既兼顾了西方读者的文化背景，又顺应了中国的时代之需，可谓是一举两得。

尽管林语堂承认苏轼在中国主要是以诗人和作家的身份而闻名，但他在跨文明传记中特别强调了苏轼的民主思想。他说："倘若不嫌'民主'一词今日用得太俗滥的话，我们可以说苏东坡是个极讲民主精神的人。"③ 在确定了这一基调之后，林语堂尤其介绍了一些能充分彰显苏轼民主思想的事件。

苏轼从不脱离人民群众，他与各行各业的人都有来往。正如苏轼自云："吾上可陪玉皇大帝，下可以陪卑田院乞儿。"他的交往对象包括帝王、诗人、公卿、隐士、药师、酒馆主人、不识字的农妇、诗僧、无名的道士，以及比他更贫穷的人。林语堂认为，苏轼虽也喜爱官宦的荣耀，但每当他混迹人群中而无人认识他时，他却最为快乐。正是因为苏轼将自己作为人民的一分子，所以他的一生都在为人民的切身利益着想，哪怕得罪权贵，仕途受挫。

林语堂用很大的篇幅介绍了王安石新政以及苏轼对新政的看法，向西方读者介绍了苏轼在宋哲宗元祐五年向皇帝递上的奏折《应诏论四事状》。奏折的内容是设法挽救乡间的经济破产，请求政府归还没收的财产，宽免贫民的欠款等。林语堂将奏折的原文摘译如表8-3所示：

---

① Curtis Dean Smith. The Dream of Chou-chih: Su Shih's Awakening [J]. Chinese Studies, 2000 (1): 255-259.
② 陈独秀. 敬告青年 [N]. 新青年, 1915-09-15.
③ 林语堂. 苏东坡传 [M]. 张振玉, 译. 长沙: 湖南文艺出版社, 2017: 14.

表 8-3 《应诏论四事状》译文

原文	译文
……籍纳拘收产业……除已有人承买交业外,并特给还;未足者,许贴纳收赎,仍不限年。四方闻之,莫不鼓舞歌咏……以谓某等自失业以来,父母妻子离散,转在沟壑,久无所归……臣即看详,元初立法,本为兴置,市易以来,凡异时民间生财自养之道,一切收之公上。小民既无他业,不免与官中首尾胶固,以至供通物产,召保立限,增价出息,赊贷转变,以苟趋目前之急。及至限满,不能填偿,又理一重息罚。岁月益久,逋欠愈多。科决监锢,以逮妻孥。	Since the order to return the confiscated properties, the people are overjoyed. They have said to me that since they were driven out from their homes and business, parents have been separated from their children and wives from their husbands, living the life of homeless, wandering refugees. Since the establishment of the trade bureaus and government stores, all means of livelihood of the people have been taken over by the government. The small traders, deprived of their normal trade, were forced to join up with the government trade bureaus and compelled to mortgage their goods and properties to obtain immediate cash at a high interest. When the loans matured and they were not able to repay, they were fined double interest. Gradually their debts piled higher and higher, and more and more people were put in jail together with their families.

近来有学者批评林语堂这部跨文明传记中呈现的"硬伤",其中陈歆耕更是怒批道:"林语堂先生何以为了凸现苏东坡的'完美',总要时时扭曲王安石的人格形象,把二人描述成耿耿于往事恩怨的'敌人'?在征引史料时,林语堂先生对真伪不加甄别,凡诋毁王安石的记载,不惜笔墨采录并加以发挥,使得这部传记在史实与史识方面,皆充满谬误与偏见。也可见,林语堂先生的人格思想境界,与他笔下的传主相比,不知要相差多少个量级!"[①] 笔者窃以为,林语堂当然不是不知苏轼与王安石虽政见不同,但都是中国士人中罕有的君子和圣人,而他之所以如此刻画二者,很大程度上是为了向西方读者展示苏轼作为中国古代"德先生"代言人这一形象。

除了这份奏折中体现的以民为本的思想,林语堂还向西方读者介绍了苏轼向神宗皇帝呈上的万言书,其言语之中表达的"君权民授"之意与西方启蒙思想家卢梭所提出的"社会契约论"颇为相似。卢梭认为,在社会契约制国家中,最高权力属于全体人民,人民是国家主权的主体、拥有者和行使者。而苏轼在上书中表达的劝诫之意为:君之为君非乃神授,乃得自人民之拥护。他的思想在很大程度上超越了孟子提倡"仁政"所秉持的"民贵君轻"思想,具备了西方启

---

① 陈歆耕. 林语堂《苏东坡传》的偏见与硬伤 [J]. 文学自由谈, 2019 (3): 47-55.

蒙思想家所推崇的"人民主权"意识。为了向西方读者展现出苏轼的这一思想，林语堂将《上神宗皇帝书》摘译如表 8-4 所示：

表 8-4 《上神宗皇帝书》译文

原文	译文
书曰："予临兆民，凛乎若朽索之驭六马。"言天下莫危于人主也。聚则为君民，散则为仇雠。聚散之间，不容毫厘。故天下归往谓之王，人各有心谓之独夫。由此观之，人主之所恃者，人心而已。人心之于人主也，如木之有根，如灯之有膏，如鱼之有水，如农夫之有田，如商贾之有财。木无根则槁，灯无膏则灭，鱼无水则死，农无田则饥，商贾无财则贫，人主失人心则亡。此必然之理，不可逭之灾也。其为可畏，从古以然。	It is said in the *Book of History*, "In ruling over the people, I feel as if I were holding six horses with worn-out reins." This means that no one in the nation is in a more precarious position than the emperor himself. When the emperor and the people come together, they are ruler and subjects; when they detest each other, they become foes. But the line of division, determining whether the people go with the ruler or against him, is extremely tenuous. He who is able to command the support of the millions becomes a king, while he who alienates their support becomes a solitary private individual. The basis of the ruler's power lies, therefore entirely in the support of the people in their hearts. The relation of the people's support to the ruler may be likened to that of the roots to a tree, oil to the lamp, water to the fish, rice fields to the farmer, and capital to the businessman. A tree dries up when Its roots are cut; the lamp goes out when the oil is gone; fish die when they leave the water; farmers starve when deprived of their rice fields, and merchants go bankrupt when they have no more capital. And when an emperor loses the support of the people, it spells his ruin. This is an inexorable law from whose consequences no ruler can hope to escape. From ancient times such has been, always, the danger confronting a ruler.

林语堂在跨文明传记中时常插叙一些有关苏轼"为官一方，造福一方"的事件。比如，在密州时，蝗灾大盛，他救济饥馑，收养弃婴；在徐州时，他不仅治理水患，受人敬仰，还十分关心囚徒的健康和福利，亲自视察监狱，指定医生为囚犯治病；在杭州时，他不仅疏浚河道，修建苏堤，解决全城百姓的供水问题，还设立了中国最早的公立医院"安乐坊"；在黄州时，他成立了救儿会，请心肠慈悲为人正直的邻居读书人担任会长，通过向富人募捐来买米粮衣物以及书籍；在送别一位太守时，他还嘱咐对方道："为太守成功之道在于'使民不畏吏'。"[①] 事实上，由于有朴素的民主精神作指引，苏轼为官的准绳不仅是"使民不畏吏"，还真正做到了亚伯拉罕·林肯（Abraham Lincoln）在

---

① 林语堂. 苏东坡传 [M]. 张振玉，译. 长沙：湖南文艺出版社，2017：288.

盖茨堡演说中提出的"民有、民治、民享"。从这点出发，林语堂总结道，苏轼是一个"具有现代精神的古人"。① 施萍也注意到了林语堂笔下的苏轼所具有的"现代精神"。她认为林语堂"作为一个汲取'五四'新文化滋养又有着世界文化视野的作家。他在这个生活在北宋的诗人哲人身上，看到了现代精神，或者说看到了用他的人格理想来'塑造'传主的可能性"②。笔者认为，无论是林语堂还是施萍，此处所言之"现代精神"，在很大程度上都是指西方推崇的民主精神。

"文学的他国化是指一国文学在传播到他国后，经过文化过滤、译介、接受之后发生的一种更为深层次的变异，这种变异主要体现在传播国文学本身的文化规则和文学话语已经在根本上被他国——接受国所同化，从而成为他国文学和文化的一部分，这种现象我们称之为文学的他国化。"③ 文学的他国化不仅仅是一个传播的问题，它还需要在接受国中生发新枝，成为接受国文学的有机组成部分。为了让苏轼更好地融入西方文化，林语堂还向西方读者介绍了苏轼的科学精神。

在林语堂笔下，苏轼不仅是一个刚正不阿的政治家和吟诗作画的文人，还是一个非常敢于质疑陈见，大胆猜想和进行科学实践的科学达人。林语堂介绍了以下几件苏轼生活中的小事：他曾猜测月亮上的黑斑是山的阴影；他曾开凿湖泊河道，治水筑堤；他还自己酿造桂酒、橘子酒和松酒；他建议用竹管将山泉引入广州城，由官吏按时检查和更新竹管；他尝试自己用松脂和牛皮胶制墨；他还自己寻找草药，记下了许多医学笔记，是中国医学上公认的权威。尽管林语堂对于苏轼的科学思想着墨不多，但这些散见于传记中的吉光片羽还是拉近了崇尚科学精神的西方读者与苏轼的距离。

林语堂于1945年开始创作苏轼的跨文明传记，于1947年完稿。就在他动笔之前不久，他于1944年12月27日在重庆中央大学发表了一篇题为《论东西文化与心理建设》的演讲。他深感"每思今人，思想庞杂，流于片段零碎，对于我国文化，信心未固，见诸行事，便失大国风度"，还言："妄自夸大或妄自菲薄，都不是大国之风度。最要于与外人接触时，有自尊心，不必悖慢无

---

① 林语堂. 苏东坡传 [M]. 张振玉, 译. 长沙：湖南文艺出版社，2017：14.
② 施萍. 快乐天才：林语堂对苏东坡人格的现代演绎 [J]. 文艺理论研究，2005 (6)：111 - 118.
③ 曹顺庆. 比较文学教程 [M]. 北京：高等教育出版社，2010：147.

礼，也不必卑恭逢迎，不卑不亢，是为大国风度。"① 林语堂笔下的苏轼既是中国传统知识精英，也是西方现代思想的中国代言人，可以说是"中西合璧"的绝佳典范。或许有人会诟病林语堂将苏轼刻画得过于完美而失真，其实他是以苏轼为载体，向西方世界展示中国的大国形象和大国气度。正如《华盛顿邮报》的一篇评论文章就指出，"有兴趣了解奇闻异事的读者会发现，书中对中国古代风俗的介绍十分引人入胜"②。由于这部传记在沟通中西文明上取得的成绩，1970年，洪业在《半部论语治天下辨》的注释中会忽然题外起兴，写道："业案，苏东坡真聪明可爱。"而曾祥波则认为，洪业在做此评价时，"心目中必然有林语堂《苏东坡传》在"③。2006年，艾朗诺在《美的焦虑：北宋士大夫的审美思想与追求》中论述了苏轼对美好事物的品位与追求。与林语堂笔下的苏轼如出一辙，艾朗诺也认为苏轼是一个天性乐观，会享受生活的人④。因为，首先，苏轼主张摈弃那种认为正直人物不适合写花卉种植类书籍的观念，而认为感官享受与品德并不相悖。其次，苏轼对待艺术品总是乐于欣赏，而非汲汲于占有。他"终其一生都在积极地收集、珍藏、借出和获赠书画作品。无论是数百年前的古迹还是朋友熟人的新创，他都一视同仁，加以珍存。他一天都离不开书与画，这不但是生命必需，也是快乐之源泉"⑤。在艾朗诺的分析之下，苏轼既将收藏看作"矜炫之需"，也把艺术品看作"身外之物"。艾朗诺还在《剑桥中国文学史》中概论道："关于苏轼承受物质匮乏、政治迫害的能力，还有他不沉湎于顾影自怜，已经说过很多。数百年来，这为他赢得了无数读者的敬重。事实上，苏轼偶尔也写过悲伤的诗篇……但是，他不会陷入这类情绪而不能自拔。无论动荡不宁的一生中所处的环境如何严苛，他超然面对自己境遇的能力，成为后世诗人痛苦悲伤的解毒剂。"⑥ 在艾朗诺的论述中，苏轼的乐观和可爱让人倍感亲近。事实上，海外学者在论述苏轼其

---

① 林太乙. 林语堂传 [C] // 林语堂名著全集：第二十九卷. 长春：东北师范大学出版社，1997：84.

② L. G. "Lin Yutang Does Labor of Love In 'Gay Genius'：The Gay Genius, The Life and Times of Su Tungpo", The Washington Post, 1947 (9)：7.

③ 洪业. 杜甫：中国最伟大的诗人 [M]. 曾祥波，译. 上海：上海古籍出版社，2020：411.

④ 林语堂的英语苏轼传名为 "The Gay Genius"，意为 "乐观的天才"。

⑤ 艾朗诺. 美的焦虑：北宋士大夫的审美思想与追求 [M]. 杜斐然，刘鹏，潘玉涛，译. 上海：上海古籍出版社，2013：173.

⑥ 孙康宜，宇文所安. 剑桥中国文学史（上卷）[M]. 北京：生活·读书·新知三联书店，2013：468.

人时，都或多或少地受到了林语堂在传记中所塑造的"乐观的天才"形象的影响。21世纪后，越来越多的学者注意到了林语堂跨文明传记对于中西文明交流起到的重要作用。万平近在《林语堂评传》中更是赞扬这部传记"在古代人物传记作品中是不可多得的，为弘扬中华民族优秀的文化作了新的贡献"①。由此可见，尽管林语堂撰写《苏东坡传》已经距今数十载，但他的跨文明书写至今还值得从事中华文化海外传播的相关人士借鉴。

二、贺巧治笔下的苏轼形象

1976年，傅海波主编了《宋代名人传记》。这部传记辞典按照传主姓氏的威妥玛拼音首字母排序，收录了宋代政治、军事、哲学、宗教、文学、绘画等领域的名人的传记400余篇。其中，贺巧治撰写的苏轼小传长达69页，是该传记辞典中篇幅最长的一篇。贺巧治认为，说到对生平的详细记录，宋代无人能出苏轼之右。后人把年谱、诗集、散文、政论、笔记等记录都利用起来，维护苏轼的诗人形象。在指出林语堂把苏轼塑造成了一只"文化泰迪熊"（cultural teddy bear）之后，贺巧治提出了自己的主要观点："除了文学艺术上非凡的天赋，苏轼的'成就'并不多。他的人生以另一种方式实现其价值：他对当时最广泛的制度、思想和事件做出了批判性和敏锐的回应，以其他人很少愿意展现出来的清晰程度阐明了宋代文人意识问题。"② 为了阐明苏轼的人生经历以及他在不同时期对政治思想、文学艺术和宗教情感的表达，贺巧治将苏轼生平划分为三个时期：1037—1071年为早期，1071—1085年为文学和精神成熟时期，1085—1101年为跌宕起伏的晚期。

（一）不当家庭教育的受害者

在第一个时期，贺巧治花费大量笔墨分析了苏轼的成长背景。他在评价苏轼受到的家庭教育时含沙射影地矮化了苏轼的形象。比如，他认为"将这种资产阶级环境（bourgeois environment）对苏轼自身成长的影响浪漫化是没有意义的，因为这种影响大多是负面的"③。他指出苏轼父母都痴迷于追求社会地

---

① 万平近. 林语堂评传［M］. 上海：上海远东出版社，2008：229.
② George Cecil Hatch. Su Shih［C］. ed. Herbert Franke, Sung Biographies Vol. 2, Wiesbaden: Franz Steiber, 1976：901.
③ George Cecil Hatch. Su Shih［C］. ed. Herbert Franke, Sung Biographies Vol. 2, Wiesbaden: Franz Steiber, 1976：905.

位，苏洵在近二十年的时间里沉迷于自己的事业，程夫人则早早地让儿子到道观求学，并给儿子介绍历史英雄以激发他的政治抱负。在贺巧治看来，这些类似于西方资产阶级对地位和权力的追求导致苏轼不仅早年就表达了才华决定地位、地位决定报酬的观点，而且还使得他虽然后来能通过诗歌超越人生中的不幸，但却经常在书信中抱怨生活贫困，完全不是林语堂所呈现的那般快乐。除了批判苏轼父母过于追求世俗意义的成功，为苏轼的成长带来负面影响之外，贺巧治还尤其不满程夫人疏于对苏轼宗教信仰的引导。他认为尽管程夫人在一个宗教氛围浓厚的环境下抚养苏轼，但她却没有对他进行引导。这使得苏轼直到被流放的晚年才找到自己的宗教信仰，而在此之前的几十年中，他常因为僧侣宣扬世事虚幻、提倡简朴生活而讽刺僧侣。

如前文所述，在林语堂笔下，程夫人用范滂不惧权贵、直言进谏的事迹来培养苏轼正直无私的品格，这无疑是良好家庭教育的例证。除此之外，1984年，台湾联经出版社出版了李一冰的《苏东坡新传》。张辉诚认为由于作者李一冰本人曾帮贪官顶罪入狱，后来又被友人陷害入狱，半生坎坷，因而借他人的酒杯浇自己的块垒。如果说林语堂看到的是横空出世、天才洋溢的苏东坡，那么李一冰看到的则是狱中狼狈至极、接二连三接受打击的苏东坡。简言之，李一冰塑造的苏轼形象是一个在政治漩涡与小人诬陷中秉持初心，终其一生葆有真性情、率直和乐观精神的中国古代文人形象。李一冰将苏轼始终怀有赤子之心的原因追溯至其童年所接受的教育。他在传记中写到了程夫人对苏轼的品格教育："苏洵离家后，苏轼便从张道士那里退了学，改由母亲教读。计从道士张易简读书者已经三年。程夫人特别重视历史教育，因为历史事迹，不但启迪一个人的知识，更是培养品德、使能明辨是非的人格训练。"[①] 2013 年王水照和崔铭合著出版了《苏轼传》。他们对苏轼的定位是"不世之才"和"旷代伟人"。在谈及苏轼的家庭教育方面，他们是这样分析其父母的影响的：父亲苏洵不仅施教严格，令苏轼不敢以天资自喜，而且还喜欢艺术鉴藏，令苏轼耳濡目染，养成了对艺术的浓厚兴趣。而母亲的影响则更加润物细无声。"程夫人仁慈、果决，并且具有良好的文化素养。她非常注重对孩子的人格培养，常常挑选古往今来人事成败的关键问题进行讲述……程夫人天性善良，又信奉佛教，对世间一切有情生命皆心存爱惜……从细小事情入手，培养儿子的仁心慈

---

① 李一冰. 苏东坡新传［M］. 成都：四川人民出版社，2020：15.

念，对于苏轼一生有着非常重大的影响。"① 2023 年，曾枣庄出版了《苏轼评传》。作者认为苏轼不仅在诗词、散文、书画等各文艺领域堪称一代典范，在哲学、美学、史学、政治以及人生修养诸方面也曾发表许多精辟之见，而且其间条理贯通，自成一家之学。苏轼之所以能取得如此多的成就，离不开其良好的家庭教育。作者以苏轼诗文"我昔家居断往还，著书不复窥园葵"为据，证明"苏轼兄弟从小受着良好的家庭教育，熟读经史，纵论古今，文如泉涌，胸怀壮志，准备为国建立功业"②。同年，洪亮出版了《苏轼全传》。作者认为苏轼一生三起三落，却集儒、释、道于一身，成了天文、地理、医学、饮食皆通，诗、词、文、书、画全能的冠军式人物。作者论及父母对苏轼的教育，苏洵亲自辑校家中藏书，在《藏书室记》中留有教育孩子之言："读是，内以治身，外以治人，足矣。"由此可见，苏洵"日益把希望寄托在二子博取功名上，以使自己受伤的心灵不药而治"③。"苏洵出外游学，程夫人'罄出服玩鬻之以治生'，并承担课子的任务。"④

通过对比贺巧治的苏轼小传与林语堂及其他几位中国本土作者撰写的苏轼传可知，在中国本土学者的传记中，苏轼的父亲格局远大，母亲秉性坚毅，他们的言传身教造就了苏轼这位中国人心中非凡的文化偶像。然而，在贺巧治笔下，苏轼所受的家庭教育却是功利性的、扭曲的、失败的。究其根源，在贺巧治的心目中，尽管苏轼在文学领域颇有令名，然而在其他方面却是一败涂地。对苏轼形象的"成"与"败"的定位，直接影响了贺巧治对其父母教育方式"当"与"不当"的评价。

（二）阻碍社会变革的守旧派

在介绍苏轼在第二个时期的政治思想时，贺巧治将苏轼对王安石变法的态度作为重中之重。在节译了苏轼上宋哲宗的《朝辞赴定州论事状》之后，他分析了苏轼对变法的比喻："臣又闻为政如用药方。今天下虽未大治，实无大病。古人云：'有病不治，常得中医。'虽未能尽除小疾，然贤于误服恶药、觊万一之利而得不救之祸者远矣。"贺巧治批评苏轼在该文中表达的守旧的政治主张："我们终于认识到苏轼从一开始便在向年轻的皇帝布道他充满陈词滥

---

① 王水照，崔铭. 苏轼传 [M]. 天津：天津人民出版社，2013：5-6.
② 曾枣庄. 苏轼评传 [M]. 成都：巴蜀书社，2023：10-11.
③ 洪亮. 苏轼全传 [M]. 北京：北京联合出版公司，2023：45.
④ 洪亮. 苏轼全传 [M]. 北京：北京联合出版公司，2023：36.

调的政治主张。他在 1071 年放弃了政治理论，希望国家能接受习惯性的约束。当时，他正用朴素的隐喻摸索政治社会的有机概念，不会区分部分的完整性和整体的权威。他认可国家通过回应来进行监管的权力，但拒不承认其可以创造社会形式的权威。"① 由于认为苏轼在政治思想上过于保守，贺巧治认为他的实用主义是一种可用于地方行政的方法，但是否适用于国家层面却有待商榷，因此，他断言苏轼只能是一位"有效的地方性活动家"（effective provincial activist）②。

在介绍苏轼在第三个时期的思想转变时，贺乔治将之归因于连番被贬的打击和宗教的影响。他写道："苏轼在情感上和智力上都不适合生活在这样的世界里。一直附在他身上的立场不坚定的叛徒形象必定加剧了党争的恶性发展。因此，在到达河北的定州后，他被降职并调往广东的英州，然后，在他刚到安徽就又被下令流放位于广东沿海更南边的惠州。1094 年秋天，当他到达那里时，发现了一座佛教寺庙，在点着的梵香面前，他孤独地陷入对自己多年来的错误行为的反思。"③ 简言之，在贺巧治看来，尽管苏轼在文学上获得大众的认可，但他在官场上却一败再败，他对王安石变法的反对则被简单归结为是一种"错误行为"（wrongdoing）。这与林语堂在传记中对苏轼的态度截然不同。宾板桥（Woodbridge Bingham）总结道："在评论当时的政治时，林语堂将王安石的计划描述为完全不合理，方法也肆无忌惮。因此，他钦佩反对王安石的保守派领袖。此外，他利用自己对 11 世纪政治的分析来诋毁理想主义者和社会改革者。而作为当时的杰出学者官员，苏东坡在批评变法时毫无畏惧，在施政时也尽职尽责。"④ 总体而言，在林语堂笔下，无论是作为文人还是官员，苏轼的言行都令人钦佩，然而，在贺巧治笔下的苏轼只是一个受中国人喜爱的失意文人，在政治和宗教思想方面思虑不周，建树不多。这就不难理解他为何在传记伊始就评价林语堂所塑造的苏轼形象是一只"文化泰迪熊"了。作为一种在西方广受喜爱的毛绒玩具，泰迪熊给人的感觉是温暖和爱，但却没有实

---

① George Cecil Hatch. Su Shih [C]. ed. Herbert Franke, Sung Biographies Vol. 2, Wiesbaden: Franz Steiber, 1976: 964.
② George Cecil Hatch. Su Shih [C]. ed. Herbert Franke, Sung Biographies Vol. 2, Wiesbaden: Franz Steiber, 1976: 964.
③ George Cecil Hatch. Su Shih [C]. ed. Herbert Franke, Sung Biographies Vol. 2, Wiesbaden: Franz Steiber, 1976: 965.
④ Woodbridge Bingham. The Gay Genius: The Life and Times of Su Tungpo by Lin Yutang [J]. Far Eastern Survey, 1948 (9): 111-112.

质上的用处。贺巧治对林语堂在传记中塑造的苏轼形象的评价当然并不准确，但这一评价却揭示出了他自己对苏轼形象的定位，他为何会把中国人心中的千年英雄、千古文人、千古风流的苏轼矮化为"文化泰迪熊"呢？贺巧治于1959年在耶鲁大学获得亚洲研究学士学位，后于1972年在华盛顿大学获得历史学博士学位。他从1969年开始在华盛顿大学执教和治学中国古代史，因此，他更关注的是苏轼的一些政论文章而不是诗、词、赋、散文等文学作品。通过分析苏轼的政论文章，他指出："苏轼的实用主义是高度保守的，以一些推崇严格限制政治行动的固有参考对象为基础。他的理念来源于战国时期的战略家，他也和他们一样，所提出的解决方案是基于历史相似性而不是政治经验，远不能解决灾难性问题。"① 从这一番评价来看，贺乔治重点关注的是苏轼政论文章中的政治理念和实用性。

  英国传记作家凯瑟琳·休斯（Kathryn Hughes）说："传记作品，远非对某一特定人物生平的一目了然的摹写，它总是深深根植于写作它的那个时刻知识界所关注的问题。"② 贺巧治对苏轼政治才能的负面评价与当时西方对王安石的高度认可有密切关系。在贺巧治撰写苏轼传之前，1935年英国传教士魏礼模（Henry Raymond Williamson）出版了《王安石：中国宋代政治家及教育家》（*Wang An Shih: A Chinese statesman and educationalist of the Sung dynasty*），他深入分析王安石诸项政策的合理性，认为王安石的青苗法不但可以把农民从沉重的高利贷中解放出来，而且还能帮助他们偶遇资金短缺时也不必中断农作。另外，林语堂曾在他用英语写成的苏轼传记中批判王安石，认为王安石和希特勒一样是"妄想狂"人格，把他的变法称作对国家进行资本主义改革，其结果是虽然国家消除了私人垄断，但却建立了自己的独占制度。但是，他对王安石的批判遭到了美国汉学家的反驳。斯坦福大学亚洲语言系的执行主任陈受荣（Shau Wing Chan）在1948年的书评中说道："作者对王安石的彻底和无情的谴责似乎表明他缺乏客观性……毕竟，任何像王安石这样全面而激进的改革计划，在很大程度上都依赖于一大群无私、诚实和能干的官员来执行。此外，王安石的计划是激进和全面的，这一事实自然会引起那些出于某种原因想要维持现状并抵制任何形式和程度的变革的人的强烈反对。可以肯定的是，虽

---

① George Cecil Hatch. Su Shih [C]. ed. Herbert Franke, Sung Biographies Vol. 2, Wiesbaden: Franz Steiber, 1976: 916.

② Kathryn Hughes. Review of Literary Biography: An Introduction [J]. Biography, 2010 (3): 555.

然王安石的改革计划失败了,但那是因为他未能聚集足够多的正直的人来使改革有效。把所有责任都归咎于他似乎过于夸张。"① 英国驻中国使馆的文化参赞白英(Robert Payne)在论及林语堂对王安石与苏轼的政见不合的书写时也评判道:"他讲故事,其中一些故事的真实性非常令人怀疑。有时你会觉得他更关心的是表明王安石的失败在于滥用国家资金,而不是去发现苏东坡性格的源泉。"② 另外,著名的美国宋史研究者刘子健(James T. C. Liu)在1959年出版了《宋代中国的改革——王安石及其新政》(Reform in Sung China, Wang An-shih (1021—1086) and His New Policies)一书。他在书中的观点是虽然"新政对国家财政的促进远远大于带给人民的利益",但在中国官僚制国家的背景下,王安石是一位非常杰出的政治家。③ 除了美国学术界的认可,王安石还得到了美国政治名人的肯定。李超民认为在20世纪30年代美国农业面临大危机的时候,时任农业部部长亨利·阿加德·华莱士(Henry Agard Wallace)所推行的农业政策几乎都是源自王安石变法。他在美国建立常平仓制度,设立商品信贷公司,为农民提供农业贷款,缓解农民的生存困境等措施都是从王安石的青苗法中获得的启示,因此,"华莱士就是当代美国的王安石"④。在华莱士任美国副总统后,他在1944年访华时说:"他(王安石)在1068年的重大困难之下所遭遇的问题,与罗斯福总统在1933年所遭遇的问题,虽然时代悬殊,几乎完全相同,而其所采取办法,也非常相似。"⑤ 由此可见,当贺巧治在20世纪70年代撰写苏轼小传时,他对王安石变法的看法已经很大程度上受到当时的美国学术和政治风气的影响。作为王安石变法的主要反对者,苏轼在社会变革方面的保守态度自然成为他要揭露和批判的缺点,因而,他眼中的苏轼只不过是一位受人喜爱的"文化泰迪熊",缺乏真正的政治智慧和治国才干。

---

① Shau Wing Chan. Lin Yutang, The gay genius, the life and times of Su Tungpo Edited by Meribeth E. Cameron [J]. *Far Eastern Quarterly*, 1948 (3): 330-332.

② Robert Payne. Poet and Philosopher: THE GAY GENIUS: THE LIFE AND TIMES OF SU TUNG-PO. By Lin Yu-tang [N]. New York Times, 23 Nov. 1947: 226.

③ James T. C. Liu. Reform in Sung China, Wang An-shih (1021-1086) and His New Policies [M]. Cambridge: Harvard University Press, 1959: 114.

④ 李超民. 常平仓——美国制度中的中国思想 [M]. 上海: 上海远东出版社, 2002: 59.

⑤ 唯明. 华莱士在华言论集 Wallace in China [M]. 重庆: 世界出版社, 1944: 34.

（三）自成一派的代表性诗人

对于宋代的大文豪苏轼，贺巧治不能只从政治方面来论其成败，因此，他在传记中单列了一个小节"文学世界"（A Literary World）来介绍苏轼的文学成就。值得注意的是，贺巧治通过阅读苏轼的文学作品发现苏轼文学创作的涉猎范围很广，想象力也很丰富，因此他认为苏轼是一位具有自己一套观念体系的作家（a poet of self-conceptions）。这一观点在他于1993年评价钟来因的专著《苏轼与道教道教》时被重申。他在书评中说："苏轼是宋代的一位代表性诗人、敏感的官员和兼收并蓄的思想家。他将儒家、道教和佛教的元素融为一体，形成了一个统一的思想体系。"① 由于认识到苏轼的思想体系是儒释道合一而自成一格，他在书评中并不赞成钟来因否认苏轼的佛教信仰而武断地认为苏轼是一位道教徒的观点。他在书评中指出："追问苏轼本质上是道教徒还是佛教徒很重要吗？根据'海纳百川'的逻辑，答案是否定的。当三教合一时，我们最好花时间尝试找出三者共通的观念，而不是专注于判断哪个分支优先于其他分支。"② 正是因为他认为苏轼的思想是自成体系，并不是一位宗教诗人，所以尽管他在传记中重点关注了佛教与苏轼文学作品的关系，但通过对苏轼在不同时期创作的诗歌进行比较分析，他得出的结论是："随着苏轼文学中自我意识水平的提高，其佛教内容也随之增长。但是，人们很难断言其中存在因果关系，因为，看上去似乎是他的佛教信仰从根本上证实了一些他已经相信的东西。无论是在过去还是现在，苏轼的诗歌都并没有得到中国人的普遍赞赏。"③ 这一结论揭示了贺巧治对苏轼文学成就的两方面认识：一是他认为尽管苏轼并不是佛教徒，但其作品中有明显的佛教因素；二是尽管苏轼在中国文学史的名气很大，但他的诗歌艺术成就并不算高。从以上结论来看，贺巧治对苏轼文学与佛教关系的挖掘并不深入。管佩达（Beata Grant）就批评贺巧治提出的关于苏轼文学思想中更广泛、更全面地接受的泛神论消解了其对佛教中"轮回"与"涅槃"的含混性的说法。她在《重游庐山：苏轼生活与写作中的佛学》

---

① George Cecil Hatch. Su Shih [C]. ed. Herbert Franke, Sung Biographies Vol. 2, Wiesbaden: Franz Steiber, 1976: 224-228.

② George Cecil Hatch. Su Shih [C]. ed. Herbert Franke, Sung Biographies Vol. 2, Wiesbaden: Franz Steiber, 1976: 224-228.

③ George Cecil Hatch. Su Shih [C]. ed. Herbert Franke, Sung Biographies Vol. 2, Wiesbaden: Franz Steiber, 1976:. 936.

(*Mountain Lu Revisited: Buddhism in the Life and Writing of Su Shih*)一书中指出:"贺巧治对苏轼佛教思想做出的这种描述过于简单(simplistic)和简化(reductive)。事实上,我认为苏轼创作生涯的核心是努力寻找一个中间立场,它不仅可以容纳(而不是简单地消解)不确定性和含混性,还可以使个人体验到特殊中的抽象、相对中的绝对、轮回中的涅槃。如果苏轼确实倾向于在'人与自然的世界'中理解佛教的意义,那是因为他相信人类真正认识和实现超越(无论是儒家的道还是佛教的涅槃)的唯一途径是通过内在,超验的体悟会通过事物和事件自我呈现。"① 除了认为贺巧治对苏轼文学与佛教关系的挖掘不深之外,管佩达还认为贺巧治刻意矮化苏轼作为宋代大文豪的形象。忽略苏轼在词、赋、散文等方面的成就,仅从诗歌来论其文学成就只能是管中窥豹。贺巧治的治学领域是前现代中国历史,他对中国古代政治、经济和思想的历史沿革远比对中国古代各种文学体裁及其演变更为熟稔,术业专攻有别,学力学养难逮,所以他在传记中对苏轼的文学成就的分析只是蜻蜓点水,其结论就难免有失公允。伊维德(Wilt L. Idema)在《诗人VS大臣和僧侣:1250—1450年间戏剧中的苏轼》(Poet versus Minister and Monk: Su Shi on Stage in the Period 1250—1450)一文中对比了林语堂和贺巧治对苏轼的传记书写,认为"林语堂的苏轼传记仍然是以西方语言写成的最博大的(extensive)的传记"②。易言之,尽管贺巧治对苏轼的传记书写也非常细致,但与林语堂相比,他的视角相对狭隘,对传主的理解也不够全面。

乐黛云在《文化差异与文化误读》一文中指出,"由于文化的差异性,当两种文化接触时,就不可避免地产生误读。所谓误读就是按照自身的文化传统,思维方式,自己所熟悉的一切去解读另一种文化"③。贺巧治以西方的价值观、社会观、宗教观、文学观来评判苏轼的言行得失、成就大小和文章优劣,他所塑造的苏轼形象自然与中国读者的期待不符。我们一方面要怀着"文化宽容"的心态,客观和辩证地分析贺巧治对苏轼的文化误读,探寻以苏轼跨文明传记为桥梁,实现文化创新和升华的途径,另一方面也要警惕贺巧治出于"文化利用"的目的而对苏轼形象的刻意矮化、丑化和歪曲。

---

① Beata Grant. Mountain Lu Revisited: Buddhism in the Life and Writing of Su Shih [M]. Honolulu: University of Hawaii Press, 1994: 182.

② Wilt L. Idema. Poet versus Minister and Monk: Su Shi on Stage in the Period 1250 – 1450 [J]. T'oung Pao, 1987 (2): 190 – 216.

③ 乐黛云. 文化差异与文化误读 [J]. 中国文化研究, 1994 (2): 17 – 19.

结　语

2022年6月8日，习近平总书记在考察三苏祠时指出："一滴水可以见太阳，一个三苏祠可以看出我们中华文化的博大精深。我们说要坚定文化自信，中国有'三苏'，这就是一个重要例证。"① 充分挖掘和阐发三苏文化的道德精髓和思想精华，采取大众喜闻乐见的方式讲好三苏的故事，是当前中国文化工作者的重要使命之一。从林语堂和贺巧治创作的苏轼传记在中西文明圈引起的反响来看，跨文明传记书写可以是挖掘、汲取、传播、弘扬三苏文脉和东坡文化的有效路径。但是，由于传记作者所处的时代和文化背景、文化身份、价值取向等问题，跨文明传记中的传主形象会与本土传记中的传主形象有明显差异。相较于其他中国作者，林语堂塑造的苏轼形象在一定程度上实现了"中西合璧"。他笔下的苏轼不仅是文学家、书法家、画家、学者、政治家、美食家、中国传统知识精英的代言人，还是西方现代思想的中国代言人。他在传记中注重中西观念和文化交融的写作方法，这是其作品经久不衰的重要原因。就贺巧治的苏轼传来看，中西文明的"间性"和作者的"他者"视野是一把双刃剑，既成就了其传记的独特性，也引发了他对苏轼形象的矮化和简化。当前文化工作者在参考借鉴这些跨文明传记时，需要理性评估其传主形象变异、学术新见、误读、盲视、意识形态偏狭和强制阐释等因素，坚持以"各美其美，美人之美，美美与共，天下大同"的原则推进中西文明的交流互鉴。

---

① 王天雨. 殷殷嘱托记心间 三苏文化放光彩——习近平总书记在眉山市三苏祠考察回访记[N]. 四川政协报，2022-06-17（001）.

余 论

2017年1月，中共中央办公厅、国务院办公厅印发了《关于实施中华优秀传统文化传承发展工程的意见》。在该意见指导之下，四川省人民政府于当年启动了"四川历史名人文化传承创新工程"，旨在把巴蜀优秀文化挖掘出来，传承下去，传播出去。2017年7月，四川历史名人文化传承创新工程领导小组确定大禹、李冰、落下闳、扬雄、诸葛亮、武则天、李白、杜甫、苏轼、杨慎为首批四川历史名人。2020年6月，文翁、司马相如、陈寿、常璩、陈子昂、薛涛、格萨尔王、张栻、秦九韶、李调元入选第二批四川历史名人。在目前入选的四川历史名人中，扬雄和司马相如以汉赋闻名遐迩；陈子昂革新诗风，被称为"诗骨"，为一代雄才；"诗仙"李白和"诗圣"杜甫双峰并峙，如日月高悬，光耀万世；武则天和薛涛是中国古代女性文学家的翘楚；苏轼开创了宋代豪放派词风，被誉为"词圣"，彪炳千秋。通过考察一个多世纪以来中外学者对巴蜀古代文学名人的跨文明传播可知，要使巴蜀古代文学名人传播出去，走向世界，中外学者需要综合利用译介、跨文明阐释和跨文明书写这三条路径。

译介：走出去

巴蜀古代文学名人要实现跨文明传播，首先要解决的就是"语言差"的问题。中国译介学创始人谢天振指出，所谓的"语言差"指的就是"操汉语的中国人在学习、掌握英语等现代西方语言并理解与之相关的文化方面，比操英语等西方语言的人学习、掌握汉语要容易"[1]。正是由于中外读者之间存在着这样的"语言差"，中国人了解西方文学比起西方人了解中国文学要容易一些。由于精通汉语并深谙中国文化的西方专家学者数量有限，大部分普通西方读者更是根本不可能直接阅读中文、轻松理解中国文学的。在这样的情况之下，巴蜀古代文学名人在"走出去"时，就必定要进行语言的转换，也就是译介。易言之，译介应该是巴蜀古代文学名人"走出去"的起点站，是其文学旅行需要迈出的第一步。但是，通过研究巴蜀古代文学名人作品的译介可知，文本，尤其是文学文本在经历跨语际转换的过程后是必然会出现变异的。不仅译者的语言能力、学识修养、审美偏好、翻译动机将影响译文对原文的"忠实"程度，审查制度、赞助人、出版商的经济利益考虑以及目的语的文化背景也会左右译者的翻译行为，从而使译文与原文出现偏差。在解构主义、新

---

[1] 谢天振. 中国文学"走出去"不只是一个翻译问题 [N]. 中国社会科学报，2014-01-24.

阐释学与接受美学等理论的冲击下，原本被翻译界奉为圭臬的"信、达、雅"标准受到"创造性叛逆"的挑战与威胁，人们越来越清晰地感受到译介中的变异是不可避免的。通过研究巴蜀古代文学名人的译介可知，译介中变异现象产生的根源主要在于译者的能动性、语言的差异性和文化差异性三方面。

其一，译者的能动性。在过去，翻译研究的重心大多是围绕着译文展开，而译文的生产者——译者，却备受质疑和贬低。一些译者为了破除人们对译者和译者劳动价值的错误认识，往往刻意地"现身"，试图砸断束缚自己的镣铐而自由舞蹈。当代的翻译理论趋向于认为："翻译不仅是传达原文内容的手段，更主要的是，翻译是使原文存活下去的手段。……翻译不是文学的附庸，翻译是一个文本的'来世'（after-life）。文本因经过翻译而被赋予了新的意义，并获得了新的生命。……译者是创作的主体，翻译文本是创作的新生语言"①。在这样的新观点鼓舞之下，各种创译和改编更是层出不穷。肯尼迪和艾米·洛威尔对薛涛诗和苏轼词的译介就是创译的典型例子。在以往，译者个体的语言能力、学识修养、审美偏好在很大程度上会影响其译文的内容和风格。而在后现代语境中，译者的主观能动性和翻译动机更是造成译介变异的最显而易见的因素。

其二，语言的差异性。索绪尔（Ferdinand de Saussure）认为语言各项要素的价值由围绕着它的要素决定，要素之间对立与差别关系网络构成了一个系统，离开了这个系统，任何要素都没有价值可言。② 中西语言本身具有极大的差别。中文是意合的语言，更适合诗意的表达，具有形式灵活、以少总多、意在言外等特点。而印欧语言是形合的语言，重逻辑关联，更易于理性思辨。语言的差异性决定了巴蜀古代文学名人的作品在跨语际转换时所必然发生的变异。巴蜀古代文学名人的诗词歌赋重格律、重平仄、讲究炼字和用典，但是，在译为英文时，大部分译者都将之译为"自由诗"，以舍弃形式美感的代价保留其意义。但是，福柯（Michel Faucault）认为一个时期的话语创造了个人，语言呈现了一个时期新的存在方式，语言也就不再是哲学真理的形而上的中介了，而是越来越自我指涉，仅仅表现了自身的存在。不是人作为主体把语言当作自己的工具，而是语言的存在揭示了人的存在意义。③ 从这一层面来看，不

---

① 郭建中. 当代美国翻译理论 [M]. 武汉：湖北教育出版社，2000：176-177.
② 费尔迪南·德·索绪尔. 普通语言学教程 [M]. 高名凯，译. 北京：商务印书馆，1985：153-161.
③ L. Alcoff. Foucault as Epistemologist [J]. *The Philosophical Forum*, 1993（25）：95-124.

同的语言所揭示的必然是不同的存在意义,因此,无论在主观上译者是多么强烈地希望保证译文在意义上对原文的忠实,但其在客观上而言,译介中意义的变异是根本不可避免的。

其三,文化的差异性。文化主要是指族群的历史地理、风土人情、传统习俗、生活方式、宗教信仰、文学艺术、律法制度、思维方式、价值观念、审美情趣、精神图腾等内容。文化差异是导致译介变异的重要因素。《文心雕龙》有言:"根干丽土而同性,臭味晞阳而异品。"对这句话可做两种理解:一是从创作论层面来看,不同的文化土壤会生发出不同内容和风格的文学作品;二是从文学的传播来看,一部文学作品在被移植到异域土壤之后往往会发生"南橘北枳"的变化。如果说一部在流传中的文学作品本身就像变色龙一样具有变异的性质,那么它所要融入的新的文化环境就如同变色龙身处的背景色,背景色往往会令其改变皮肤的色素细胞以便使它更好地融入环境之中。康达维对扬雄和司马相如汉赋的译介、宇文所安对李白和杜甫的酒诗的译介都充分证明了目的语文化模子对巴蜀古代文学名人的作品译文产生的巨大影响。

涂慧在《如何译介 怎样研究》一书中论述了中国古典诗词译介的变异性与如何看待译介变异这一现象:"中国文学要走向世界,迈向世界经典文学之列,被翻译与被研究是其不可避免的宿命。虽然有学人大呼中国诗词被译介为英文后,意境与内蕴流失,但我们不可故步自封,反对中国古典诗词的翻译。"[①] 由于译者的能动性、语言和文化的差异性,译介后的巴蜀古代文学名人的赋、诗、词文学作品的确呈现出在语言、文化和审美等层面的变异。但是,正如涂慧所言,尽管变异在译介中不可避免,在目前语境下,我们却不能因噎废食,将文学译介之于文明交流与互鉴的作用和意义全盘否定。在推动巴蜀古代文学名人的跨文明传播时,本土译者要积极承担起历史使命,兼具国际胸怀和文化本位主义思想,既承认文学变异能促进旧文学在新的语境生发新枝,也要积极探索对于文化过滤和文化误读的补偿策略。

跨文明阐释: 走进去

译介是巴蜀古代文学名人实现跨文明传播的起点,是其"走出去"的第一步,但是,巴蜀古代文学名人要"走进去"不能只依赖译介,而是还需要

[①] 涂慧. 如何译介,怎样研究:中国古典词在英语世界 [M]. 北京:中国社会科学出版社,2014:5.

借助"跨文明阐释"来实现。2014 年，谢天振指出，就目前的状况来看，影响中国文学、文化有效"走出去"的，主要有以下三个实质性问题：首先是对翻译的认识失之偏颇，以为只要翻译成外文，中国文学、文化就"走出去"了；其次是未能认清"译入"（in-coming translation）与"译出"（out-going translation）两种翻译行为之间的差别；最后是对文学、文化跨语言传播的译介规律缺乏应有的认识。① 通过分析巴蜀古代文学名人跨文明传播的情况，笔者认为，助推巴蜀古代文学名人"走进"西方文化，固然可以采纳谢天振的建议，通过廓清对译者对"译介"的认识，选择恰当的"译入"或"译出"策略，找出文学和文化跨语言的译介规律来实现，但是，跳出"译介"的局隅，以其他的手段或许还能有更好的收效。在这些"其他的手段"中，跨文明阐释就是能够弥补译介之不足的有效传播手段。因为，"比较文学阐释学回应了当下文明交流、文明互鉴的时代要求；而阐释中出现的变异现象也成为文明创新的路径"②。

尽管伽达默尔（Hans-Georg Gadamer）早就提出"所有翻译者都是解释者"的观点③。王宁也认为"翻译与跨文化阐释有着密切的关系，在某种程度上，文学和文化的翻译就是一种（跨）文化阐释的形式，通过这种'跨文化阐释式'的翻译，一些文化含量较高的文学作品才能在另一种语言和文化语境下获得持续的生命或'来世生命'……在推进中国文化和文学走向世界的进程中，这两种手段都是必不可少的，它们可以在不同的方面起到不同的作用"④。换言之，从广义来讲，译者的译介活动其实是一种跨文明阐释活动，因为译者对原作者和原作品的理解、态度、价值取向都会不经意地体现在译文之中。更何况在大量的译本中，译者更是在前言、后记、注释中屡屡现身，充当了跨文明阐释者的身份。但是，笔者认为，更严格意义上的跨文明阐释是一种文学批评活动。用李庆本的话来讲，"就是从一种文化向另一种文化、从一种语言向另一种语言、从一种文向另一种文本、从一种能指向另一种能指的转换；就是用另一种文化、另一种语言、另一种文本、另一种能指来解释、补充

---

① 谢天振. 中国文学"走出去"不只是一个翻译问题 [N]. 中国社会科学报，2014 - 01 - 24.
② 曹顺庆，张帅东. 比较文学学科重要话语：比较文学阐释学 [J]. 清华大学学报，2022 (1)：87 - 94.
③ 伽达默尔. 真理与方法哲学诠释学的基本特征（下卷）[M]. 上海：上海译文出版社，1999：494.
④ 王宁. 翻译与跨文化阐释 [J]. 中国翻译，2014 (2)：5 - 13.

或替换原来的文化、语言、文本和能指"①。通过研究巴蜀古代文学名人从中国本土传播到西方世界的过程可知，由于受到西方学术思潮和文化模子的影响，西方学者尤其长于理论分析和逻辑推演，有自觉的方法论意识，既有喜好考证中国古典文学的语言文字的，也有尝试学科交融以得出新见的。不同的阐释者采用不同的视角、理论工具、研究方法对阐释对象进行学理上的"解剖"，他们的结论也千差万别。有的阐释别具一格，能发中国学者之未见，但也有一些阐释是属于机械套用的"强制阐释"，充满偏见与误解。但是，正如我们应该理性地看待文学译介中的变异现象一样，我们也应该宽容地看待跨文明阐释中的"误读"和"文化过滤"。因为，不管阐释者采用什么样的理论视角和分析工具对阐释对象进行跨文明阐释，其阐释行为都无疑会使得巴蜀古代文学名人在跨文明传播的旅程中向目的地迈近。

西方学者的跨文明阐释可能有"以他山之石而攻玉"的功效，也可能有"削足适履、方凿圆枘"的危险，无论其得出的结论是否与中国本土学者达成一致，在客观上，他们的阐释行为都为中西文明的交流与互鉴制造了交流的契机。在"和而不同"的理念指导之下，中国本土学者需要理性地看待海外学者在跨文明阐释中的"同"与"不同"。对于客观公允、别有见地的阐释可以拿来为我所用；对于有失公允、显见谬误的阐释则要及时论辩，以学术交流的方式促进海外汉学的发展。

跨文明书写：融进去

通常而言，异国的文学或文学家要被他国接受，首先需要借助译者实现最初步的传播，然后借助多元的阐释，使之进入西方学者的视野，最后仰仗作者创造性的加工，真正进入异国的文化，成为其中一部分。在经历了译介和跨文明阐释之后，巴蜀古代文学名人是否就已经完成了海外传播的使命了呢？答案是否定的。如果说译介让巴蜀古代文学名人迈出了"走出"国门的第一步，跨文明阐释让他们"走进"海外不同研究领域的专家的视野，那么跨文明书写才是让他们能够飞入寻常百姓家，"融入"他国生活和他国传统的第三步。简言之，如果说"融进去"是中华文化跨文明传播的终极目标，那么跨文明书写就是实现这一终极目标的有效方式。

霍米·巴巴（Homi K. Bhabha）指出，"国际文化的基础并不是倡导文化

---

① 李庆本. 跨文化美学：超越中西二元论模式［M］. 长春：长春出版社，2011：196.

多样性的崇洋求异思想，而是对文化的交杂性的刻写和表达"①。在当今世界"全球化"和"本土化"的撕扯和融合过程中，"跨文明书写"就是对多元文化交杂性的反映。所谓"跨文明书写"，是指书写者主体的文化身份与其所描写的对象或者书写对象与目标读者之间存在文明差异性的文学创作活动。进入21世纪，随着国际交流活动的日益密切，文学创作愈发彰显出"跨越性"。西方作者如何书写中国和中国作家如何书写西方都成为非常受关注的研究课题。比如，张喜华和姚君伟分别研究了英国作家贾斯汀·希尔（Justin Hill）②和美国作家赛珍珠③所创作的中国题材作品。梁昭探讨了中国彝族诗人阿库乌雾在跨文明书写中表现的对美洲印第安文明的认同④。邹琰则是以维克多·谢阁兰（Victor Segalen）与程抱一为例，将西方作者对中国的跨文明书写与中国作家对西方的跨文明书写进行了比较研究。前者借用中国题材书写法语篇章，后者用他者语言叙说中国故事。作者认为二者的创作证明了"在当今多元文化的语境下，跨文化书写不仅是文化间融合、交流、对话的方式，也是对话的成果"⑤。值得注意的是，在目前的中国比较文学学界，学者们多采用了"跨文化书写"来定义作者身份与书写对象或者书写对象与目标读者之间具有跨越性的文学创作。笔者倾向于采用"跨文明书写"来定义此现象。"'文明'指具有相同文化传承（包括信仰体系、价值观念、思维方式等）的共同体。与'文化'相比较而言，'文明'更简略明晰，更有便利于比较研究的明晰性。"⑥由于当今比较文学视野下的"跨文化"往往指跨越中西方或者东西方文化，因此，笔者认为"跨文明书写"与"跨文化书写"应该分别指涉不同的内容。身处同一文明圈内的跨国、跨民族和跨语言的书写不能被称为"跨文明书写"，只有诸如赛珍珠在《大地》中对中国农民的书写、埃德加·斯诺（Edgar Snow）在《红星照耀中国》（*Red Star over China*）中对中国红军的书

---

① Homi K. Bhabha. The Commitment to Theory [J]. The 20th Century Western Aesthetic Classics. Vol. 4. Trans. Ma Hailiang. Ed. Zhu Liyuan. Shanghai: Fudan UP, 2000: 345—66.

② 张喜华. 跨文化书写中的中国情结——英国当代作家希尔的中国题材创作 [J]. 外国文学，2007（3）：69-72+127.

③ 姚君伟, 姚望. 论赛珍珠跨文化书写、阐释和传播中的前瞻性与开拓性 [J]. 南京师范大学文学院学报，2018（1）：97-104.

④ 梁昭. 彝人诗中的印第安——阿库乌雾《凯欧蒂神迹》的跨文化书写 [J]. 民族艺术，2016（1）：127-133.

⑤ 邹琰. 从独语到对话：维克多·谢阁兰与程抱一跨文化书写之异同 [J]. 当代外国文学，2006（1）：147-152.

⑥ 曹顺庆. 比较文学教程 [M]. 北京：高等教育出版社，2010：18.

写、彝族诗人阿库乌雾在《凯欧蒂神迹》(*Coyote Traces*)中对美国印第安人的书写才是"跨文明书写"。在国际比较文学研究中,海外学者主要关注西方文明圈内部的"跨文化书写",然而,在21世纪的中国,学者们普遍将"跨文明书写"作为中国比较文学尤其是形象学研究的重要领域,通过综合运用形象学、后殖民主义、叙述学等理论,剖析西方作者跨文明书写中隐藏着的西方中心主义,并对西方作者笔下的中国形象予以理性的思考。

通过研究洪业、吉纳维芙·魏莎、伊芙琳·伊顿、比尔·波特、费子智、考索恩、罗汉、林语堂对陈子昂、杜甫、薛涛、武则天、苏轼的跨文明书写可知,在跨文明书写中,作者的叙述策略和观察视角在很大程度上决定着作为书写对象的异质文明能否被目的语读者理解和接受,亦即异质文明能否成功"他国化"。

从叙述策略来看,首先,西方作者大都采取了文化异妆叙事策略来讲述巴蜀古代文学名人的故事。玛德雷恩·卡恩(Madeleine Kahn)将文学和心理学的术语结合起来,用"异妆叙事"(narrative Transvestism)来界定18世纪英国小说在性别想象和性别建构上的形式要求和局限。性别上的"异妆"赋予作者跨越两性性别的界限,达到巩固男性话语霸权的目的。而文化上的"异妆"作为一种叙述策略,则主要是指作者披上异质文明的外衣,穿越于不同文明之间,自由而隐秘地植入作者的价值观。西方作者在讲述巴蜀古代文学名人的故事时,时常采用"异妆叙事"的策略,隐藏自己作为西方人的文化身份,以避免中国读者关于作者具有"东方主义"色彩的批评,同时提高西方读者对其作品真实性的认可。其次,中外作者都偏向于在对巴蜀古代文学名人的跨文明书写中掺入大量的叙述干预。这些议论型和阐释型的叙述干预虽然有可能会损害作品的真实性、艺术性和伦理性,以便让读者与自己达成道德评判的呼应或者以外围资料"盘活"人物形象,但是,对文明的交流和互鉴却极有意义。因此,不少的跨文明书写作者都试图以叙事干预的手段让读者与自己达成道德评判的呼应或者以外围资料"盘活"人物形象。最后,中外作者还偏好以"文化杂合"的方式赋予巴蜀古代文学名人中西两种文化品格。通过保有巴蜀古代文学名人的中国文化特质,作者成功塑造出具有"文化间性""异质性"或"陌生化"的文学形象;通过赋予巴蜀古代文学名人一些西方思维特质和文化品格,作者成功地拉进了西方读者和巴蜀古代文学文化名人的心理距离。"文化杂合"叙述策略很好地让人物形象在"异质性"和"同质性"之间达成平衡。

从观察视角来看，除了林语堂对武则天的跨文明书写，其他的跨文明书写作者都采用了"仰视"或"平视"的视角来观察书写对象。巴柔认为一切形象都源于自我与他者、本土与异域关系的自觉意识之中，即使这种意识是十分微弱的。因此，形象即对两种类型文化现实之间的差距所做的文学或非文学的、能说明符指关系的表述。① 按照巴柔的分析，形象一定存在于自我对他者的观察和想象之中。不过，作为主体的自我在观察或想象作为他者的客体时往往有仰视、俯视、平视三种视角，不同的视角产生不同的心态和结果。就"跨文明书写"而言，一些作者从仰视的角度注视他者文明，虚构出一个异域乌托邦，但这样的异国形象实质上是缘于作者对本土现实的不满和批判。比如，德国启蒙时期的歌德以仰视的视角看待东方，他口中的中国是一幅典型的"王道乐土"的画卷。我国著名的歌德研究专家杨武能指出："这样一幅图看起来似乎是很美和很明朗的，但是却并没有反映出现实的中国；它只存在于孔孟的说教中，存在于'名教中人'之类的孔孟之徒独撰的才子佳人小说里。如果歌德有机会读到《金瓶梅》、《红楼梦》或者《牡丹亭》，他就绝不会再说什么中国一切都'更合乎道德'，'没有强烈的情欲'……"② 对中国的了解不充分是导致歌德将中国理想化的原因之一，但更重要的原因在于当时的德国四分五裂、民不聊生，歌德是通过对东方古国的乌托邦想象来实现自我批判。另外一些进行跨文明书写的作家却习惯高高在上地以自我为中心俯视他者文化，展示自身骨子中的盲目自大和优越。比如，英国作家克里斯多夫·纽在《上海》中描绘的混乱肮脏、贫穷野蛮、愚昧落后的中国形象，其根本目的是"构成殖民英雄主人公的险恶处境，同时也为殖民行为提供了合理合法的根据，原始落后贫穷的上海需要白人来开发、拯救，并使之文明化、现代化"③。不难看出，克里斯多夫·纽是通过对他者形象的诋毁和扭曲而达到巩固本土的意识形态的目的。赛珍珠在其代表作《大地》中所塑造的真实的中国形象从根本上对西方人心目中的不实中国形象进行了矫正。因此，王守仁教授认为她"客观地描写了中国人民的生活图景，字里行间表达出对这块土地上普通百姓的同情和谦卑之心"④。姚君伟认为"赛珍珠最大的贡献在于她平等地看待不

---

① 孟华. 比较文学形象学 [M]. 北京：北京大学出版社，2001：155.
② 杨武能. 歌德与中国 [M]. 北京：生活·读书·新知三联书店，1991：45-46.
③ 陈晓兰. 性别 城市 异邦——文学主题的跨文化阐释 [M]. 上海：复旦大学出版社，2014：162.
④ 王守仁. 赛珍珠，一生都在讲述中国故事 [N]. 新华日报，2017-06-30.

同文化、平视地展现不同文化，是一位世界级的沟通展现东西方文化的名人"①。通过分析以上例子可知，不同的观察视角对于传播作为"他者"的异域文化会起到不同的作用。从中外作者对巴蜀古代文学名人的跨文明书写来看，仰视和平视的视角居多，这说明在海外作者眼中，巴蜀古代文学名人身上具有许多值得西方世界了解和发掘的精神特质。

学界普遍认为中国文学能否"走出去"是衡量中国文化国际影响力的重要指标。然而，在中国文学通过译介和跨文明阐释的方式"走出"国门之后，更为艰难的工作则是推动中国文学"融进"他国文化。习近平总书记在党的十九大报告中指出，我们需要"推进国际传播能力建设，讲好中国故事，展现真实、立体、全面的中国，提高国家文化软实力"。在"讲好中国故事"的文化交流工作中，大部分参与者是中国的文艺工作者。他们熟悉中国本土文化，怀有提升中国国际形象的崇高理想，但是，他们的本土书写有着一个不能忽视的问题——由于中西文化的巨大差异，他们所讲述的中国故事在进入异域文化时经常遇到"水土不服"的问题。唐珊指出："由于不同国家在历史文化上的差异，在文化交流与互鉴的过程中对于形式与载体的认知与要求并不完全相同，这就要求广大的文化学者在创作文艺作品的过程中更具针对性和操作性，针对不同的文化历史背景，在中华优秀传统文化'走出去'的过程中不断创新载体形式，不断提高文化传播能力，从而推动中华优秀传统文化实现'走进去'的质的飞跃，真正赢得不同国家受众的认同。"② 唐珊对中国本土文艺工作者提出的要求和期望固然能够在一定程度上促进中国文学实现从"走出去""走进去"到"融进去"的飞跃，但是我们还应该看到海外文艺工作者对于中国文化"融进去"做出的巨大贡献。调动和激励海外文艺工作者"讲好中国故事"的积极性，纠正他们的错误认识，帮助他们以公正客观的文化立场、多元深入的观察视角和恰当有效的叙述策略来助推中国文学的正向传播，是中国当代学者应该承担的学术使命和历史担当。正是由于有了中外作者对巴蜀古代文学名人的跨文明书写，巴蜀古代文学名人才得以成为西方读者了解中国古代巴蜀生活和思想文化的窗口。也正是由于有了他们的跨文明书写，巴蜀古代文学名人真正融入世界文化大潮，成为全世界人民珍视的精神财富。

---

① 姚君伟. 赛珍珠，这样向世界讲"中国故事"[N]. 新华日报，2014-01-15.
② 唐珊. 中华文化要"走出去"更要"走进去"[J]. 人民论坛，2020（5）：136-137.

参考文献

一、中文文献

艾朗诺. 美的焦虑：北宋士大夫的审美思想与追求［M］. 杜斐然，刘鹏，潘玉涛，译. 上海：上海古籍出版社，2013.

班固. 汉书［M］. 北京：中华书局，1962.

比尔·波特. 寻人不遇［M］. 曾少立，赵晓芳，译. 成都：四川文艺出版社，2018.

博尔赫斯. 博尔赫斯全集·散文卷（上）［M］. 王永年，林之木，译. 杭州：浙江文艺出版社，2006.

蔡颖. "樽""尊"辨异［J］. 文物鉴定与鉴赏，2018（2）.

曹顺庆. 跨越第三堵墙创建比较文学中国学派理论体系［J］. 中外文化与文论，1996（1）.

曹顺庆，徐行言. 跨文明对话：视界融合与文化互动［M］. 成都：巴蜀书社，2009.

曹顺庆. 比较文学教程（第二版）［M］. 北京：高等教育出版社，2010.

曹顺庆. 中西比较诗学（修订版）［M］. 北京：中国人民大学出版社，2010.

曹顺庆，刘诗诗. 变异学：中国本土话语的世界性意义［J］. 济南大学学报（社会科学版），2020（1）.

曹顺庆，张帅东. 比较文学学科重要话语：比较文学阐释学［M］. 清华大学学报，2022（1）.

查尔斯·本. 中国的黄金时代：唐朝的日常生活［M］. 姚文静，译. 北京：经济科学出版社，2012.

陈独秀. 敬告青年［N］. 新青年，1卷，1号，1915-9-15.

陈倩倩，黄勇军. 域外视阈下的他者观照与文化传承下的自我镜鉴——BBC与CCTV《杜甫》纪录片的比较分析［J］. 东南传播，2021（4）.

陈帅. 唐代酒具器型初探［J］. 美与时代：创意（上），2014（3）.

陈晓兰. 性别 城市 异邦——文学主题的跨文化阐释［M］. 上海：复旦大学出版社，2014.

陈歆耕. 林语堂《苏东坡传》的偏见与硬伤［J］. 文学自由谈，2019（3）.

褚雅芸. 也谈典故翻译中的欠额补偿——兼与乐金声先生商榷［J］. 中国翻译，2000（4）.

戴维·洛奇. 二十世纪文学评论［M］. 葛林等，译. 上海：上海译文出版社，1987.

党争胜. 中国古典诗歌国外的译介与影响［J］. 外语教育，2012（3）.

董洪川. 文化语境与文化接受——试论当代美国诗歌对中国传统文化的接受［J］. 外国文学研究，2001（4）.

方葆珍，张万民，张楣楣. 由此及彼：寻找早期中国诗学中的主体［C］//古代文学理论研究（第三十五辑）——中国文论的思想与主体. 2013（4）.

费尔迪南·德·索绪尔. 普通语言学教程［M］. 高名凯，译. 北京：商务印书馆，1985.

冯良方. 汉赋与经学［M］. 北京：中国社会科学出版社，2004.

弗莱彻. 英译唐诗精选［M］. 北京：中国画报出版社，2019.

弗雷泽. 金枝［M］. 耿丽，编译. 重庆：重庆出版社，2017.

葛兆光. 道教与唐代诗歌语言［J］. 清华大学学报，1995（4）.

龚克昌. 中国辞赋研究［M］. 山东：山东大学出版社，2010.

辜鸿铭. 西播《论语》回译［M］. 北京：东方出版社，2013.

郭建中. 当代美国翻译理论［M］. 武汉：湖北教育出版社，2000.

郭沫若. 李白与杜甫［M］. 北京：中国长安出版社，2010.

哈金. 通天之路：李白传［M］. 汤秋妍，译. 北京：北京十月文艺出版社，2020.

韩林. 武则天形象的嬗变及其性别文化意蕴［J］. 东北师大学报，2014（5）.

韩林. 武则天形象的文化建构及阐释［J］. 博览群书，2019（8）.

何清谷. 三辅黄图校释［M］. 北京：中华书局，2005.

何嵩昱. 中国古代女诗人在英语世界的传播与研究［M］. 北京：中国社会科学出版社，2019.

洪业. 杜甫：中国最伟大的诗人［M］. 曾祥波，译. 上海：上海古籍出版社，2020.

侯立兵. 汉魏六朝赋多维研究［M］. 北京：人民出版社，2007.

胡适. 四十自述［M］. 上海：亚东图书馆，1933.

胡易容. 论文化标出性翻转的成因与机制——对赵毅衡一个观点的扩展［J］. 江苏社会科学，2011（10）.

胡泽刚. 谈谈典故的翻译［J］. 中国翻译，1988（5）.

黄春梅，黄倩倩. 林语堂《苏东坡传》中的杂合现象［J］. 文教资料，2018（30）.

霍恩比. 牛津高阶英汉双解词典［M］. 北京：商务印书馆，2018.

季羡林. 季羡林谈翻译［M］北京：当代中国出版社，2007.

伽达默尔. 真理与方法哲学诠释学的基本特征（下卷）［M］. 上海：上海译文出版社，1999.

姜秋霞，郭来福，金萍. 社会意识形态与外国文学译介转换策略——以狄更斯的《大卫·考坡菲》的三个译本为例［J］. 外国文学研究，2006（4）.

蒋勋. 蒋勋说唐诗［M］. 北京：中信出版社，2012.

康达维. 龚克昌教授《汉赋讲稿》英译本序［J］. 文史哲，1998（6）.

康达维. 康达维自选集：汉代宫廷文学与文化之探微［M］. 苏瑞隆，译. 上海：上海译文出版社，2013.

康达维. 欧美赋学研究概观［M］. 文史哲，2014（6）.

康达维，龚克昌.《汉赋讲稿》英译本序［J］. 苏瑞隆，龚航，译. 文史哲，1998（6）.

柯睿. 李白与中古宗教文学研究［M］. 白照杰，译. 济南：齐鲁书社，2017.

寇研. 大唐孔雀［M］. 北京：北京大学出版社，2012.

李爱云. "雌雄同体"的文化阐释及现代性［C］//中国女性文化，北京：中国文联出版社，2001.

李达三，罗钢. 中外比较文学的里程碑［M］. 北京：人民文学出版社，1997.

李昉. 太平御览［M］. 北京：中华书局，1960.

黎虎. 唐代的酒肆及其经营方式［J］. 浙江学刊，1998（3）.

李凯. 司马相如与巴蜀文学范式［J］. 四川师范大学学报，2005（3）.

李赓序. 中国历史（第 2 册）［M］. 北京：人民教育出版社，1953.

李庆本. 跨文化美学：超越中西二元论模式［M］. 长春：长春出版社，2011.

梁启超. 中国历史研究法补编［M］. 上海：商务印书馆，1933.

廖七一. 当代西方翻译理论探索［M］. 南京：译林出版社，2002.

梁昭. 彝人诗中的印第安——阿库乌雾《凯欧蒂神迹》的跨文化书写［J］. 民族艺术，2016（1）.

林太乙. 林语堂传［M］. 长春：东北师范大学出版社，1997.

林雪玲. 唐诗中的女冠［M］. 北京：文津出版社，2002.

李琰，陈洪.《璇玑图叙》"武则天作"考论［J］. 南开学报（哲学社会科学版），2020（2）.

林语堂. 武则天正传［M］. 张振玉，译. 长沙：湖南文艺出版社，2016.

林语堂. 苏东坡传［M］. 张振玉，译. 长沙：湖南文艺出版社，2017.

刘熙载. 艺概［M］. 上海：上海古籍出版社，1978.

刘勰. 文心雕龙［M］. 黑龙江：黑龙江人民出版社，2004.

刘义庆. 世说新语［M］. 青岛：青岛出版社，2010.

卢婕. 本土文学的海外传播——薛涛诗作的英语译介研究［J］. 中外文化与文论，2016（4）.

陆威仪. 世界性的帝国：唐朝［M］. 张晓东，冯世明，译. 北京：中信出版社，2016.

陆威仪. 早期中华帝国：秦与汉［M］. 王兴亮，译. 北京：中信出版社，2016.

鲁迅. 汉文学史纲要［M］. 北京：人民文学出版社，1973.

罗汉. 武曌：中国唯一的女皇帝［M］. 冯立君，葛玉梅，译. 北京：社会科学文献出版社，2018.

吕叔湘. 中诗英译比录［M］. 北京：商务印书馆，2002.

马银琴. 博学审问、取精用弘——美国汉学家康达维教授的辞赋翻译与研究［J］. 福建师范大学学报（哲学社会科学版），2014（3）.

孟华. 比较文学形象学［M］. 北京：北京大学出版社，2001.

孟宪强. 马克思恩格斯著作中的文学典故［M］. 长春：吉林人民出版社，1986.

蒙曼. 武则天［M］. 桂林：广西师范大学出版社，2015.

莫借"翻译"行"篡改"［N］. 人民日报，2015－12－24.

莫言. 生死疲劳［M］. 北京：作家出版社. 2009.

奈吉尔·考索恩. 外国人眼中的武则天［M］. 王纪卿, 译. 长沙: 湖南人民出版社, 2012.

尼采. 偶像的黄昏［M］. 周国平, 译. 北京: 光明日报出版社, 1996.

潘建伟. 自我说服的旷达: 对话理论视野中的苏轼"旷达"形象问题——兼谈林语堂《苏东坡传》的中西文化观［J］. 杭州师范大学学报, 2015 (5).

彭靖.《明代名人传》续写中美史学家合作佳话［N］. 中华读书报, 2015-11-04.

彭芸荪. 望江楼志［M］. 成都: 四川人民出版社, 1980.

乔纳森·克莱门茨. 朕乃女人［M］. 龙彦, 译. 武汉: 华中科技大学出版社, 2016.

钱锺书. 管锥编 (第一册)［M］. 北京: 中华书局, 1986.

任增强. 美国汉学界的汉赋批评思想研究［J］. 东吴学术, 2011 (4).

荣格. 人类及其象征［M］. 沈阳: 辽宁教育出版社, 1988.

邵斌. 从发明到发现——中诗韵译与文化存真［J］. 天津外国语大学学报, 2006 (4).

商拓. 试论杜甫与司马相如［J］杜甫研究学刊, 2015 (4).

申丹, 王丽亚. 西方叙事学: 经典与后经典［M］. 北京: 北京大学出版社, 2010.

施萍. 快乐天才: 林语堂对苏东坡人格的现代演绎［J］. 文艺理论研究, 2005 (6).

宋永毅. 老舍与中国文化观念［M］. 上海: 学林出版社, 1988.

孙康宜, 宇文所安. 剑桥中国文学史［M］. 北京: 生活·读书·新知三联书店, 2013.

孙良好, 张璐. 林语堂笔下的苏东坡形象［J］. 闽台文化研究, 2015 (3).

唐珊. 中华文化要"走出去"更要"走进去"［J］. 人民论坛, 2020 (5).

唐晏. 两汉三国学案［M］. 北京: 中华书局, 1986.

陶道恕. 唐代民间习俗的艺术再现——薛涛诗《咏八十一颗》试解［C］//薛涛研究论文集, 成都: 四川人民出版社, 2000.

田晓膺. 隋唐五代道教诗歌的审美管窥［M］. 成都: 巴蜀书社, 2008.

涂慧. 如何译介 怎样研究［M］. 北京: 中国社会科学出版社, 2014.

W. J. B. 弗莱彻. 英译唐诗精选［M］. 北京: 中国画报出版社, 2019.

万平近. 林语堂评传［M］. 上海: 上海远东出版社, 2008.

万燚. 弥纶群言, 而研精一理——论艾朗诺的苏轼研究［J］. 中外文化与文论, 2013 (3).

王承文. 中古道教"步虚"仪的起源与古灵宝经分类论考——以《洞玄灵宝玉京山步虚经》为中心的考察［J］. 中山大学学报, 2014 (4).

王明. 抱朴子内篇校释［M］. 北京: 中华书局, 1996.

汪辉秀. 薛涛诗解析［M］. 成都: 四川师范大学电子出版社, 2013.

王宁. 翻译与跨文化阐释［J］. 中国翻译, 2014 (2).

王赛时. 唐代酒品考说［J］. 中国烹饪研究, 1996 (2).

王守仁. 赛珍珠, 一生都在讲述中国故事［N］. 新华日报, 2017-06-30.

王青. 扬雄传［M］. 成都：天地出版社，2020.

王永波. 从时空维度看巴蜀文学［N］. 光明日报，2019-03-11.

吴伏生. 汉诗英译研究：理雅各、翟里斯、韦利、庞德［M］. 北京：学苑出版社，2012.

吴梦琳，余如波. 首批四川历史名人 为何这10位入选［N］. 四川日报，2017-07-12.

吴梦琳，吴晓玲. 第二批四川历史名人出炉 他们开创多个"第一"［N］. 四川日报，2020-06-08.

吴文治. 宋诗话全编（第一册）［M］. 南京：江苏古籍出版社，1998.

解丽霞. 扬雄与汉代经学［M］. 广州：广东人民出版社，2011.

谢天振. 译介学导论［M］. 北京：北京大学出版社，2007.

谢天振. 隐身与现身——从传统译论到现代译论［M］. 北京：北京大学出版社，2014.

谢天振. 译介学：理念创新与学术前景［J］. 外语学刊，2019（4）.

谢天振. 中国文学"走出去"不只是一个翻译问题［N］. 中国社会科学报，2014-01-24.

徐定辉. 形、神、韵——汉魏唐宋山水诗画艺术自然审美走向［J］. 湖北民族学院学报（哲学社会科学版），2002（1）：78.

杨武能. 歌德与中国［M］. 北京：生活·读书·新知三联书店，1991.

扬雄. 法言［M］. 韩敬，译注. 北京：中华书局，2012.

杨正润. 中国传记的文化考察［J］. 广东社会科学，2007（3）.

姚君伟，姚望. 论赛珍珠跨文化书写、阐释和传播中的前瞻性与开拓性［J］. 南京师范大学文学院学报，2018（1）.

姚君伟. 赛珍珠，这样向世界讲"中国故事"［N］. 新华日报，2014-01-15.

叶维廉. 寻求跨中西文化的共同文学规律［M］. 北京：北京大学出版社，1986.

伊沛霞. 剑桥插图中国史［M］. 赵世瑜，等，译. 长沙：湖南人民出版社，2018.

殷晓燕. 经典变异：文化过滤下的文本细读——以宇文所安对经典诗人杜甫的解读为例［J］. 当代文坛，2014（6）.

雨果. 悲惨世界［M］. 李玉民，译. 北京：中央编译出版社，2011.

宇文所安. 盛唐诗［M］. 贾晋华，译. 北京：生活·读书·新知三联书店，2014.

宇文所安. 诗的引诱［M］. 南京：译林出版社，2019.

宇文所安. 神女之探寻——英美学者论中国古典诗歌·序一［M］. 上海：上海古籍出版社，1994.

乐黛云，勒·比松. 独角兽与龙——在寻找中西文化普遍性中的误读［M］. 北京：北京大学出版社，1995.

乐黛云. 文化相对主义与跨文化文学研究［J］. 文学评论，1997（04）.

曾江，赵徐州，王方. 将扬雄研究推向新高度：纪念扬雄诞辰2070周年暨四川省扬雄研究会第一届学术会议在成都市郫都区举行［N］. 中国社会科学报, 2017 - 11 - 14.

曾江, 廖苏予. 弘扬巴蜀历史名人精神——访四川杜甫研究中心首席专家徐希平［N］. 中国社会科学报, 2020 - 12 - 25.

张德让. "不忠的美人"——论翻译中的文化过滤现象［J］. 山东外语教学, 2001 (3).

张宏生. "对传统加以再创造, 同时又不让它失真"——访哈佛大学东亚语言与文明系斯蒂芬·欧文教授［J］. 文学遗产, 1998 (1).

张健. 中国文学海外传播研究书系·总序［M］//涂慧. 如何译介, 怎样研究: 中国古典词在英语世界. 北京: 中国社会科学出版社, 2014.

张蓬舟. 薛涛诗笺［M］. 北京: 人民文学出版社, 1983.

张喜华. 跨文化书写中的中国情结——英国当代作家希尔的中国题材创作［J］. 外国文学, 2007 (3).

张正则, 季国平. 女诗人薛涛与望江楼公园［M］. 成都: 四川人民出版社, 1995.

张正则, 季国平. 洪度芳名传海表 花旗才女仿涛笺［J］. 文史杂志, 2010 (5).

赵白生. 传记文学理论［M］. 北京: 北京大学出版社, 2003.

赵卫东. 中国文化海外传播视阈中"酒"的英译［J］. 西安外国语大学学报, 2019 (3).

赵彦春. 李白诗歌全集英译［M］. 上海: 上海大学出版社, 2021.

赵毅衡. 诗神远游——中国如何改变了美国现代诗［M］. 上海: 上海译文出版社, 2003.

赵毅衡. 文化符号学中的"标出性"［J］. 文艺理论研究, 2008 (3).

赵毅衡. 符号学［M］. 南京: 南京大学出版社, 2012.

赵毅衡. 认知差: 解释的方向性［J］. 南京社会科学, 2015 (5).

赵毅衡. 认知差: 意义活动的基本动力［J］. 文学评论, 2017 (1).

郑万耕. 太玄校释［M］. 北京: 中华书局, 2014.

郑毓瑜. 性别与家国——汉晋辞赋的楚骚论述［M］. 上海: 上海三联书店, 2006.

中共泸州市委对外宣传办. 传承创新中华酒文化 讲好民族品牌故事——泸州老窖的对外文化传播之旅［J］. 对外传播, 2019 (10).

周启来, 孙良好. 林语堂笔下的武则天形象［J］. 温州大学学报 (社会科学版), 2010 (1).

周彦. 美国女诗人对薛涛的译介及译诗探析［J］. 中国翻译, 2014 (6).

周彦. 红笺小字走天涯——薛涛诗英译的文化意义［J］. 广西民族大学学报, 2004 (7).

周振甫. 文心雕龙今译［M］. 北京: 中华书局, 2015.

朱熹. 楚辞集注［M］. 上海: 上海古籍出版社, 1979.

邹琰. 从独语到对话: 维克多·谢阁兰与程抱一跨文化书写之异同［J］. 当代外国文学, 2006 (1).

左思. 三都赋［C］//文选. 上海: 上海古籍出版社, 1986.

二、外文文献

Andre Lefevere. Translation/History/Culture a Sourcebook [C]. Shanghai: Shanghai Foreign Language Education Press, 2004 (b).

Andrew Colvin. Yang Xiong (53B. C. E. —18C. E.). [EB/OL]. http://www.iep.utm.edu/yangxion, 2017-3-2.

Anne Birrell. New Songs from a Jade Terrace: An Anthology of Chinese Love Poetry [M]. Harmondsworth: Penguin, 1986.

Amy Lowell, Florence Aysxough. Fir-Flower Tablets [M]. Boston and New York: Honghton Mifflin Company, 1921.

Arthur Waley. Chinese Poems [M]. London and New York: Routledge, 1946.

Barnet Michael. Han Philosopher Yang Xiong: An Appeal for Unity in an Age of Discord [D]. Georgetown University, 1983.

Bill Porter. Finding them Gone: Visiting China's Poets of the Past [M]. Copper Canyon Press, 2016.

Burton Watson. Early Chinese Literature [M]. New York: Columbia University Press, 1962.

Burton Watson. The Columbia Book of Chinese Poetry: From Early Times to the Thirteen Century [M]. New York: Columbia University Press, 1984.

C. P. Fitzgerald. Why China? Recollections of China 1923—1950 [M]. Melbourne University Press, 1985.

Cao Shunqing. The Variation Theory of Comparative Literature [M]. Heidelberg: Springer, 2013.

Charles Benn, China's Golden Age: Everyday Life in the Tang Dynasty [M]. New York and Oxford: Oxford University Press, 2002.

Charles Patrick Fitzgerald. The Empress Wu [M]. Melbourne: Cheshire, 1955.

Curtis Dean Smith. The Dream of Chou-chih: Su Shih's Awakening [J]. Chinese Studies, 2000 (1).

D. Carr. Time, Narrative, and History [M]. Bloomington: Indiana University, 1986.

David Richard Knechtges. Yang Shyong, The Fhu, and Han Rhetoric [D]. University of Washington, 1968.

David Richard Knechtges. Wen Xuan or Selections of Refined Literature, Volume II [M]. Princeton University Press, 1996.

Dien Dora Shu-fang. Empress Wu Zetian in Fiction and in History: Female Defiance in Confucian China [M]. New York: Nova Science Publishers, Inc. 2003.

Edward Schafer. Pacing the Void: T'ang Approaches to the Stars [M]. Berkeley: The University of Chicago Press, 1977.

Egan, Ronald C. Word, Image, and Deed in the Life of Su Shi [M]. Harvard University Asia Center, 1994.

Ezra Pound. Renaissance [J]. Northern Anthology of American Literature (11).

Friederich Nietzsche, Daybreak: Thoughts on the Prejudices of Morality [M]. ed. Maudmarie Clark and Brian Leiter, trans. R. J. Hollingdale, Cambridge: Cambridge University Press, 1997.

Genevieve Wimsatt. Selling Wilted Peonies [M]. New York: Columbia University Press, 1936.

Genevieve Wimsatt, A Well of Fragrant Waters [M]. Boston: John W. Luce Company Publishers, 1945.

Henry Fairlie. Pub Talk and the King's English [N]. The Washington Post, May 6, 1979.

Homi K. Bhabha. The Commitment to Theory [J]. The 20th Century Western Aesthetic Classics. Vol. 4. Trans. Ma Hailiang. Ed. Zhu Liyuan. Shanghai: Fudan UP, 2000.

Ira B. Nadel. Rejoinder [J]. Biography, 1986 (9).

J. A. Cuddon. A Dictionary of Literary Terms (Revised Edition) [M]. Harmondsworth: Penguin Books, 1979.

Jeanne Larson. Brocade River Poems [M]. New Jersey: Princeton University Press, 1987.

Jeanne Larson. Willow, Wine, Mirror, Moon: Women's Poems from Tang China [M]. Rochester: BOA Editions, 2005.

John Francis Davis. The Chinese: A General Description of the Empire of China and its Inhabitants, Volume II [M]. London: Charles Knight &Co., 1836.

John King Fairbank. The United States and China [M]. Cambridge: Harvard University Press, 1971.

Kang-I Sun Chang & Haun Saussy, Women Writers of Traditional China [M]. Stanford University Press, 1999.

Kang-I Sun Chang & Stephen Owen. The Cambridge History of Chinese Literature [M]. Cambridge University Press, 2010.

Kenneth Rexroth & Chung Ling. Women Poets of China [M]. New York: New Directions Publishing Coroperation, 1972.

Kenneth Rexroth. The poet as translator [J]. Assays, ed. Kenneth Rexroth. New York: New Directions, 1961.

Kristofer Schipper. A Study of Buxu: Taoist Liturgical Hymn and Dance [J]. Tsao Pen-Yeh & Daniel P. L. Law ed. Studies of Taoist Rituals and Music of Today, Hong Kong: Chinese University of Hong Kong Press, 1989.

L. Alcoff. Foucault as Epistemologist [J]. The Philosophical Forum, 1993 (25).

Lawrence Venuti. The Translator's Invisibility: A History of Translation (2nd ed.) [M].

London and New York: Routledge, 2008.

Lin Yutang. Lady Wu [M]. Beijing: Foreign Language Teaching and Research Press, 2009: 148.

M. Gibson. Revolutionary Rexroth [M]. Hamdon: Archon Books, 1986.

Manfred Porkert. Untersuchungen einiger philosophisch-wissenschaftlicher Grundbegriffe und Beziehungen imm Chinesischen [J]. Zeitschfift der Deutschen Morgenlandischen Gesellschaft, 1961 (2).

Mark Edward Lewis. China's Cosmopolitan Empire: The Tang Dynasty [M]. Cambridge, London : Harvard University Press, 2009.

Mary Kennedy. I Am a Thought of You [M]. New York: Gotham Book Mart, 1968.

Mary Peterson Cheadle. Ezra Pound's Confucian Translations [M]. Ann Arbor: The University of Michigan Press, 1997.

Martin Kern, Western Han Aesthetics and the Genesis of the Fu [J]. Harvard Journal of Asiatic Studies, 2003 (11).

Mo Yan. Life and Death are Wearing Me Out [M]. tans. Howard Goldblatt. New York: Arcade Publishing, 2011.

N. Harry Rothschild. Wu Zhao: China's Only Woman Emperor [M]. Peason Education, Inc, 2008.

Nigel Cawthorne. Daughter of the Heaven: The True Story of the Only Woman to Become Emperor of China [M]. Oxford: Oneworld Publications, 2007.

PaulW. Kroll. Li Po's Transcendent Diction [J] Journal of the American Oriental Society, 1986 (106).

Paul W. Kroll. Review of The Poetry of the Early Tang by Stephen Owen [J]. Chinese Literature: Essays, Articles, Reviews, 1979 (1).

Paul W. Kroll. The Road to Shu, from Zhang Zai to Li Bai [J]. Early Medieval China, 2004 (10 - 11).

Paul W. Kroll. Li Po's Purple Haze [J]. Taoist Recourses 1997 (2).

Paula M. Versano. Tracking the Banished Immortal: The Poetry of Li Bo and Its Critical Reception [M]. Honolulu: University of Hawaii Press, 2003.

Peter Mathias. The Brewing Industry in England [M]. Cambridge University Press, 1959.

Ralph Waldo Emerson. Essays [M]. Boston, 2012.

Robert Morrison. A View of China for Philological Purposes, Containing a Sketch of Chinese Chronology, Geography, Government [J]. Religion & Custom, Maco: P. P. Thomas, 1817.

Stephen Owen. The Poetry Of the Early T'ang [M]. New Haven and London: Yale

University, 1977.

Stephen Owen. The Great Age of Chinese Poetry: the High T'ang [M]. New Haven and London: Yale University Press, 1981.

Stephen Owen. The Poetry of Du Fu [M]. Boston/Berlin: Walter de Gruyter Inc., 2016.

Susan Bassnett &Andre Lefevere. Constructing Cultures [M]. Shanghai: Shanghai Foreign Language Education Press, 2001.

Terry Eagleton. Literary Theory: An Introduction [M]. Beijing: Foreign Language Teaching and Research Press, 2004.

Thomas Carlyle. Critical and Miscellaneous Essays [M]. London: Centenary Edition, 1895.

Tim W. Chan. The "Ganyu" of Cheng Ziang: Questions on the Formation of Poetic Genre [J]. T'oung Pao, 2001 (87).

Vincent Yu-chung Shih. The Literary Mind and the Carving of Dragons: A Study of Thought and Pattern in Chinese Literature [M]. Hong Kong: Chinese University Press, 1983.

W. S. Atwell. Dictionary of Ming Biography, 1368—1644 by L. Carrington Goodrich; Chaoying Fang [J]. Bulletin of the School of Oriental and African Studies, 1977, 4 (2).

William Dean. The Chinese Mission. Embracing a History of the Various Missions of all Denominations among the Chinese. With Biographical Deceased Missionaries [M]. New York: Sheldon&Co., 1859.

William Hung. Tu Fu—China's Greatest Poet [M]. Cambridge: Harvard University Press, 1952.

Williams, Nicholas Morrow. The Brocade of Words: Imitation Poetry and Poetics in the Six Dynasties [D]. University of Washington, 2010.

Wu Fusheng. Han Epideictic Rhapsody: A Product and Critique of Imperial Patronage [M]. Monumentu Serica, 2007 (55).

后记：译介、阐释、书写的综合体
——跨文明传记

在作者文化身份-书写对象-目标读者三个环节中呈现了东西异质文明的交汇或碰撞的传记可以被称为"跨文明传记"。在进行巴蜀古代文学名人的跨文明传播研究之时，笔者发现自19世纪中期以来，中国古代文学家杰出的文学成就、高洁的人品和丰富的思想吸引了越来越多的中外学者用英语创作中国古代文学家传记。由于以中国古代文学家为传主的跨文明传记往往兼具传播知识、表达态度和想象他者等多重功能，这类传记多由偏客观的作品译介、主客交融的思想阐释和偏主观的生平书写三部分内容构成，成为一个集译介、阐释、书写"三位一体"的综合体。鉴于这种文类在中西文明互鉴和中国文学海外传播中发挥着巨大的作用，笔者借此后记专门总结这种文类的发展历程和特点以飨读者。

英语世界中国古代文学家传记之发展概貌

英语世界中国古代文学家传记书写发轫于19世纪中后期。在1864年和1865年，美国圣公会教士费理雅（Lydia Mary Fay）女士在英文月刊《中日丛报》（*The Chinese and Japanese Repository*，1863—1865）上分别发表了《大姑：一位公元2世纪的中国女子》（Ta‐koo, a Chinese Lady of the 2nd Century）和《屈原传》（Memoir of Kiuh‐Yuen）。这两篇"回忆录"（memoir）式的传记向西方介绍了班昭（曹大姑）和屈原光辉的一生和杰出的文学造诣，掀开了以英语创作中国古代文学家传记的序幕。除此之外，1897年，英国著名汉学家翟里斯还出版了《古今姓氏族谱》（*A Chinese Biographical Dictionary*）。这部名人辞典收录了中国杰出政治家、军事家、历史学家、文学家的传记总计2579条。其中，文学家以杜甫、贺知章、苏轼、陆游等为杰出代表。尽管比起费理雅的"回忆录",翟里斯以词条撰写中国古代文学家小传的方式显得生硬和充满学究气,但由于他本人在海外汉学界的崇高威望,这部辞典广为流传,成为西方了解中国古代文学家生平、思想和作品的重要参考。发轫期的英语中国古代文学家传记篇幅较短,主要是以"回忆录"和"词条"的形式存在于报刊或辞典中,并非独立出版的专著,还不具备文学和史学意义上的自足性和独立性。

20 世纪初期的英语中国古代文学家传记不仅在篇幅上有了长足的扩展,成为可以独立出版的单行本传记作品,还在写作内容上进行了大胆的拓展。传记中不仅包括了对中国古代文学家生平事件和心路历程的介绍,还夹杂了大量对其重要作品的译介和思想阐释。以 1929 年和 1934 年美国汉学家弗劳伦斯·艾斯库(Florence Ayscough)出版的《杜甫,一个中国诗人的自传》(*Tu Fu, the Autobiography of a Chinese Poet*)和《一个中国诗人的旅行:江湖客杜甫》(*The Travels of a Chines Poet:Tu Fu, Guest of Rivers and Lakes*)为例,她的杜甫传记单独成册,内容丰富,影响深远。在 20 世纪上半叶英语世界还涌现了书写白居易、李白、王维和关汉卿的传记作品。比如,阿瑟·韦利在 1949 年和 1950 年连续出版了《白居易的生平与时代》(*The Life and Times of Po Chu - I*)和《李白的诗歌和经历》(*The Poetry and Career of Li Po 701—762 A. D.*)。二者几乎是当时西方读者了解白居易和李白的必读之物。1968 年,路易斯·加尔文(Lewis Calvin)出版了《画家诗人王维》(*Wang Wei the Painter - Poet*),以通俗故事的方式向西方介绍了王维在田园诗和绘画领域的天赋。同年,威廉·多尔比(William Dolby)出版的《关汉卿及其作品面面观》(*Kuan Han - ch'ing and Some Aspects of His Works*)首次向西方读者介绍了中国的古代戏剧家。另外,在这段时期的作品中,吉纳维芙·魏莎于 1936 年和 1945 年出版的《卖残牡丹:鱼玄机生平及诗选》和《芳水井:洪度生活与写作概略》尤其特别。作者意识到,在汉学领域,西方的传记大师们更关注的是男性文学家,而她则希望将目光投向那些"孤独地放射着自己微弱但迷人的光芒"的女性诗人。[①] 除此之外,在这一时期还涌现了中国侨民作者用英语书写中国古代文学家的传记。其中最著名的莫过于 1947 年林语堂的《苏轼传》和 1952 年洪业的《杜甫:中国最伟大的诗人》。总的来说,在 20 世纪上半叶,以中国

[①] Wimsatt, Genevieve. *Selling Wilted Peonies Biography and Songs of Yu Hsuan - chi* [M]. New York:Columbia University Press, 1936, p. vii.

古代文学家为传主的英语传记写作呈现出了以下几大发展势头：一、传记篇幅增加，从报刊和辞典的组成部分发展为单行本专著；二、传主范围扩大，除了李白、杜甫、王维、白居易、关汉卿，海外作家还书写了薛涛和鱼玄机等女诗人的英语传记；三、传记作家群体加入新成分，除了英美本土学者，中国侨民作者也加入异语传记写作行列。

英语世界中国古代文学家传记在 20 世纪中后期，尤其是七八十年代迎来高峰和全盛时期。在这 20 年间，更多的中国古代文学家进入英语世界传记书写的视野。首先，美国特怀恩出版社（Twayne Publishers）在这一时期邀请了众多中外著名学者为中国古代文学家立传，结集为"中国作家专辑"，集中向西方介绍中国古代文学家在诗、词、曲、赋和散文等领域的成就和独特美学。其中，Franklin Doeringer（窦瑞格）著扬雄传，Robert Henricks（韩禄伯）著嵇康传，John Marney（马约翰）著江淹传，Richard Ho（何文汇）著陈子昂传，Marsha Wagner（魏玛莎）著王维传、A. R. Davis（戴维斯）著杜甫传、Paul Kroll（柯睿）著孟浩然传，Marie Chan（玛丽詹）著高适传，William Nienhauser（倪豪士）著皮日休传，Kuo-ching Tu（杜国清）著李贺传，Joseph Lee（李珍华）著王昌龄传，Angela Palandri（荣之颖）著元稹传，Michael Duke（杜迈可）著王安石传和陆游传，William Nienhauser（倪豪士）、Charles Hartman（蔡涵墨）、Jan Walls（王健）和 Lloyd Neighbors（李柏思）合著柳宗元传，Jerry Schmidt（施吉瑞）著杨万里传、Irving Yucheng Lo（罗郁正）著辛弃疾传，Hu Pin-ching（胡品清）著李清照传；Richard Jhon Lynn（林理彰）著贯云石传，Ming-shui Hung（洪铭水）著袁宏道传，Shirleen Wong（黄秀魂）著龚自珍传。这一系列丛书以"新历史主义"视角，在具体历史语境中考察了中国诗、词、曲、赋、散文等文体的代表性作家的生平经历、创作动机和作品意义。除了系列丛书之外，这一时期还出现了许多值得关注的单行本传记。比如，1970 年阿瑟·韦利的《袁枚：18 世纪中国诗人》（*Yuan Mei: Eighteenth Century Chinese Poet*）、1972 年尼尔森（Thomas Nielson）的《唐代诗僧皎然》（*The T'ang Poet-Monk Chiao-jan*）、1982 年梅仪慈（Feuerwerker Mei）的《中世纪早期的中国诗：王粲生平和诗歌》（*Early Medieval Chinese Poetry: The Life and Verse of Wang Ts'an*）、1982 年白润德（Daniel Bryant）的《南唐词人：冯延巳、李煜》（*Lyric Poets of the Southern T'ang: Feng Yen-ssu, 903—930, and Li Yu 937—978*）、1983 年巴巴拉·杰克逊（Barbara Jackson）的《元代剧作家马致远和他的剧作》（*The Yuan

Dynasty Playwright Ma Chih-yuan and His Dramatic Works）、1984 年华莉莉（Lily Hwa）的《元稹：诗人兼政治家，其政治与文学生涯》（Yuan Chen, A. D. 779—831: The Poet-Stateman, His Political and Literary Career）、1988 年叶山（Robin Yates）的《浣纱集：韦庄生平及诗词》（Washing Silk: The Life and Selected Poetry of Wei Chuang）等。这些学术型传记都以呈现传主生平、介绍传主作品及文论主张，展现中国古代社会文化风貌为鹄的，深化了西方学界对中国古代文学和社会的认识。20 世纪下半叶发展迅猛的英语世界中国古代文学家传记有以下两个特点：首先，从传主身份来看，突破了前一时期主要将写作对象局限在"诗人"的范畴内，更多地书写了中国不同文类的代表性作家。其次，从传记的形式来看，不仅有单行本传记专著，更是涌现了高水准的系列传记丛书。

从 20 世纪 90 年代开始，英语世界中国古代文学家传记书写发展放缓，进入一个多方探索、寻求突破的瓶颈期。但是，尽管这一时期出版的传记数量减少，一些佳作仍然值得学界关注。比如，2002 年施吉瑞（Jerry Schmidt）的《随园：袁枚的生平、文学批评和诗歌 1716—1798》（Harmony Garden: The Life, Literary Criticism, and Poetry of Yuan Mei 1716—1798）、2007 年史景迁（Jonathan Spence）的张岱传《前朝梦忆：张岱的浮华与苍凉》（Return to Dragon Mountain: Memories of a Late Ming Man）、2014 年艾朗诺（Ronald Egan）的《才女之累：李清照及其接受史》（The Burden of Female Talent: The Poet Li Qingzhao and Her History in China）、2019 年哈金的《通天之路：李白传》（The Banished Immortal: A Life of Li Bai）等在中外学界都产生了较大的影响。在瓶颈期，由于中外学界研究兴趣由文学向更广泛的领域以及由古代向现代的转向，文学创作实践和理论向虚构类文学的倾斜，以中国古代文学家为传主的英语传记试图在传主身份、作传策略和创作理念上求新求变，再现生机。

英语世界中国古代文学家传记之书写特点

由于在大多数情况下，无论英语世界中国古代文学家传记是由中国国内作者、中国侨民作者、外国华裔作者，还是外国非华裔作者创作，其目标读者都是以英语为母语的读者，因此，在作者、读者和书写对象之间存在着中西异质文明的藩篱。在这种异质性前提下，传记作者，尤其是外国非华裔作者，在书写中国古代文学家传记时不得不采用一些特殊的策略。这使得英语世界中国古代文学家传记呈现出与中国本土古代文学家传记明显的差异。

在弗吉尼亚·伍尔夫（Virginia Woolf）看来，传记作家面临着使紊乱的素材秩序化的任务。所谓"素材秩序化"就是依据一定的标准合理地组织材料。但是，由于中外作者作传目的的不同，他们往往会采用不同的方式来组织材料。冯至书写《杜甫传》的目的是"要把我们祖国第八世纪一个伟大的诗人介绍给读者，让他和我们接近，让我们认识他在他的时代里是怎样生活、怎样奋斗、怎样发展、怎样创作，并且在他的作品里反映了些什么事物"①。钱志熙评价这本传记："冯先生并没有将艺术分析作为他写作的重心。也就是说，他明确这样一个写作规范，他所传的是人，是诗人，而不是诗。"② 正因为冯至的写作目的是"以传传人"，因此在"素材秩序化"的过程中，他是按照杜甫生平的经历从"家世与出身""童年"到"成都草堂""再度流亡"，一直写到"悲剧的结局"。作者在十三个章节的写作中，几乎将每一个章节都对应了杜甫人生的重要阶段，最后形成一个完整的杜甫生平介绍。在素材的选择上，他并不是以杜甫诗歌的知名度为取舍标准，而是从立传的需求出发，将最能显示杜甫形象、最能反映杜甫生活经历的诗歌作为史料保留下来，对于那些与之关系不大的诗歌，无论传诵度多高都一律舍弃。简言之，他的作传方法是"以事作传"，按照传主生平中的事件发生顺序和重要程度抉择材料。但是，艾斯库在《杜甫，一个中国诗人的自传》的前言中说她作传的初衷是为西方读者译介更多的杜甫诗歌。易言之，她认为对西方读者而言，杜甫的价值更多地体现在其诗歌作品上而不是生平经历上。为了达成"以传传文"而不是"以传传人"的目标，她确立了自己实现"素材秩序化"的方法，那就是以杜甫的诗歌来呈现他一生的经历和思想的发展，也就是"以文作传"。作者精心选译了两百余首她认为具有代表性和转折性的诗歌，用诗歌本身来展示杜甫的生平和思想。总的来说，冯至采用"以事作传"的方式达到"以传传人"的目的，而艾斯库则采用"以文作传"的方式达到"以传传文"的目的。

除了作传目的和方法的不同，冯至和艾斯库的杜甫传在叙述视角上也有很大的差异。冯至是以"我们"的口吻来叙述杜甫的故事，比如，"从不充足的史料里我们寻索出一些杜甫父系和母系在社会中的地位和关系"③，"在这情形下，我们已经难以设想杜甫是一个病弱的儿童，我们只觉得他的精神和他的身

---

① 冯至. 杜甫传 [M]. 北京：人民文学出版社，1980：1.
② 钱志熙. 均衡地作用——读冯至先生《杜甫传》的一些体会 [J]. 北京大学学报，1994 (4)：34 - 35.
③ 冯至. 杜甫传 [M]. 北京：人民文学出版社，1980：7.

体随着他所处的时代健康起来了"①。通过采用第一人称叙述,作者在传记写作的过程中仿佛在和读者进行交谈,给人一种亲切自然之感。由于传主杜甫是传记作者和读者所共同认可的本民族文化偶像,在冯至的《杜甫传》中,作者-传主-读者之间的情感纽带在作者第一人称叙述中自然而然地建立起来。但是,艾斯库在为西方读者书写杜甫传时,由于没有这一自然生发的情感纽带作为基础,她的传记的"真实性"和"伦理价值"将很可能受到读者的质疑。为了打消读者的疑虑,艾斯库在《杜甫,一个中国诗人的自传》中隐藏了自己作为评述者的第三人称叙述特征。正如传记的标题所暗示,作者想要给读者这是"自传"而非"他传"的错觉。阅读这本传记时,读者感到这本传记是杜甫用自己的诗歌在讲述自己的生平,读者面对的就是传主杜甫本人,而不是由作者所塑造的杜甫。作者作为叙述者身份的隐身巧妙地回避了读者对其以"局外人"的身份为他国人物立传的可靠性和动机的怀疑。

事实上,艾斯库组织材料的方法以及隐藏叙述者身份的策略被不少外国非华裔作者借鉴。戴维斯的杜甫传、魏莎的薛涛传和鱼玄机传以及其他多部英语中国古代文学家传记都是这一传统的延续。对戴维斯而言,杜甫现存诗歌中有很多就连中国人读起来都感到艰深,不得不需要大量的注释,所以他在刻画杜甫形象时,"主要选择了那些更简单更通俗的诗歌"②。然后根据这些诗歌构建起杜甫的形象和生平。然而,正是由于他只是选择了部分简单的诗歌,他笔下的杜甫形象便变得不那么准确了。在结论部分,戴维斯总结道:"从好的意义上讲,杜甫无疑是一个爱国者,因为他热爱他的国家和人民。同时,他又隐约怀有一种中华文明优越感,有厌恶那些在安史之乱的岁月里参与了权力角逐的蛮族的思想倾向。"③ 但是,如果了解杜甫诗歌的全貌,戴维斯应该可以知道尽管杜甫在一些诗歌中反对蛮族入侵,但他还有很多诗歌表达了吸收和融合异民族文化"协和万邦"的愿望,因此,杜甫的民族观不应该是本族至上,而应该是民族平等的。对魏莎而言,由于文献对薛涛和鱼玄机生平的记载十分有限,她只能以诗歌的"内部证据"为线索推测出两位女诗人作品的创作时期,然后根据诗歌内容想象出二者的形象和生平:"薛涛就像一位技术娴熟、装备精良的航海家,她驾驭着生活的洪流,充分利用每一个有利的潮流和旋涡。她

---

① 冯至. 杜甫传 [M]. 北京:人民文学出版社,1980:14.
② Davis, A. R. *Tu Fu* [M]. New York:Twayne Publishers, Inc., 1971:preface.
③ Davis, A. R. *Tu Fu* [M]. New York:Twayne Publishers, Inc., 1971:150.

不仅在世时受人称赞，就连逝世后在人们想象中也永远绽放着不尽的光彩。而鱼玄机则像一个被抛弃在布满礁石的海滩的可怜人。她以苦涩的草药为食，饮用的水也苦咸无比。她迷失在这个被她的同胞们宣称的如同'九曲羊肠'的世界。她受到无数次的背叛后仍对男人心怀信念，最后不体面地结束了生命，留下肮脏的骂名。"[1] 由此可见，由艾斯库所开创的"以文作传"的英语世界中国古代文学家传记有其优点，但也有其显见的缺点，那就是容易出现断章取义和强制阐释。比如，戴维斯将杜甫的民族观理解为本族至上的狭隘民族主义，正是断章取义、只见树木不见森林的结果。而魏莎为了将薛涛塑造成中国唐代女性知识分子先锋以鼓舞美国的女权运动，便将薛涛《柳絮》中的诗句"二月杨花轻复微，春风摇荡惹人衣。他家本是无情物，一向南飞又北飞"强制阐释为"她采用了柳絮那样如同男人一样的英勇策略，不会像桃花花瓣那样只是娇弱地依附于路人，她要随风飘舞，不为任何人逗留"[2]。为了减少这样谬误，施吉瑞在 1976 年的《杨万里传》第一章中以"诗人与官员"为题将杨万里的文学追求与活跃的政治生涯结合起来，尝试了一种新的"素材秩序化"模式：以"人物身份"分门别类来组织材料，用不同的材料彰显传主不同身份特点。随后，魏玛莎在 1981 年的《王维传》中更加彻底地实验了这种写作模式。她除了在第一章中总结了王维生平，从第二章到第五章依次介绍了王维作为"宫廷诗人""自然诗人""佛教诗人"和"画家"的多重身份。[3] 魏玛莎打破了"以文作传"历时书写的传统，采用"以人作传"的共时结构呈现多维的传主形象，取得了较大的成功。John Kwan-Terry 在书评中写道："魏玛莎考虑将王维不同甚至相反的生活模式和理念整合在一个复杂而多才多艺的人的意识之中……她的著作提出了一些令人信服并富有启发的观点。"[4]

总的来说，由于西方传记文学鼻祖普鲁塔克（Plutarch）在《希腊罗马名人传》中说过："我写的不是历史而是传记。最显赫的业绩不一定总能表示人们的美德或恶行，而往往一桩小事，一句话或一个笑谈，却比成千上万人阵亡的战役，更大规模的两军对垒，或著名的围城攻防战，更能清楚地显示人物的

---

[1] Wimsatt, Genevieve. *Selling Wilted Peonies Biography and Songs of Yu Hsuan-chi* [M]. New York: Columbia University Press, 1936: 8.

[2] Wimsatt, Genevieve. *A Well of Fragrant Waters* [M]. Boston: John W. Luce Company Publishers, 1945: 31.

[3] Wagner, Marsha. *Wang wei* [M]. New York: Twayne Publishers, 1981: 1.

[4] Kwan-Terry, John. Wang Wei [J]. *World Literature Today*, 1982, 56 (4): 751.

性格和趋向。"① 受到他所确立的西方传记"史传分离"原则的影响，加之由于文化异质性和时空的阻隔加大了西方传记作者了解中国历史事件来龙去脉的难度，多数英语世界中国古代文学家传记作者放弃采用"以事作传"的方式，而是更多地采用"以文作传"的方式来组织材料、书写传主生平，另外还有像施吉瑞和魏玛莎那样的少数作者尝试"以人作传"的方式展现传主的多重形象。作者们选择以何种方式结构自己的传记素材，一方面取决于西方传记传统和自己的作传目的，另一方面也受到自己对中国文化与历史了解程度的影响。

英语世界中国古代文学家传主形象之变异

周宁认为跨文化形象学可以"从西方的中国形象入手，在西方现代性自我确认与自我怀疑、自我合法化与自我批判的动态结构中，解析中国形象；在跨文化公共空间中，分析中国形象参与构建西方现代性经验的过程与方式"②。他的论述暗含了一个前提：西方人眼中作为"他者"的中国形象其实与西方现代性"自我"形象息息相关。因此，从跨文化形象学的视野来分析英语世界的中国古代文学家传记可以发现，西方作者在传记中所呈现的中国古代文学家形象是为了建构西方现代性服务的。以西方文化为本位的作者在对传主进行文化利用时，必然对中国古代文学家形象加以改造，由他们所塑造的中国古代文学家形象必然会有别于其在中国本土的形象。总的说来，在西方作者笔下的中国古代文学家，要么被负面地利用，以一种泥古不化的、封建的、落后的形象来反衬西方现代文化的正确性和先进性；要么被正面地利用，被赋予民主意识和科学精神等备受推崇的西方现代文化特质，以遥远东方古国文化偶像的形象作为充分而可靠的"脚注"，证明西方现代文明的精神和信仰具有超越时空的价值。

郭沫若在《李白与杜甫》中通过书写李白和杜甫在诗歌上的交往，最后得出结论："人民的喜爱和士大夫阶层或知识分子不同，人民是有人民自己的选择的。"③ 李长之在《李白传》中通过分析李白诗歌中反对侵略和歌颂劳动人民的主题，善于吸取民间语言和民间艺术形式等特点，总结得出"李白是

---

① 普鲁塔克. 希腊罗马名人传 [M]. 陆永庭等, 译. 北京：商务印书馆, 1990：13.
② 周宁, 周云龙. 他乡是一面负向的镜子：跨文化形象学的访谈 [M]. 北京：北京大学出版社, 2014：14.
③ 郭沫若. 李白与杜甫 [M]. 北京：中国长安出版社, 2019：132.

中国人民热爱的诗人"①。两位中国现当代学者型作家所突出强调的都是李白的"人民性"。因为乐于亲近普通劳动人民，从人民的立场出发，热爱和拥抱平民的生活，故而在他们看来，李白在生活和写作中体现的一些"瑕疵"就显得微不足道，甚而可亲可爱起来。比如，郭沫若批判了李白的道教信仰，在他看来，道教就是彻底的迷信，而促使李白与神仙迷信诀别的则是"农民脚踏实地的生活"。在《下途归石门旧居》中，郭沫若发现李白在生命"向暮"之际，终于认识到"鸡豕"和"桑麻"充足的农民生活远比"装鸾驾鹤"的仙人生活更实际。"从农民脚踏实地的生活中看出了人生的正路。"② 从这一结论可以看出，在郭沫若心中，李白的道教迷信只是一时的糊涂，而他对农民阶级的友爱与认可足以抵消这一"瑕疵"，成为人民热爱的文学家。再如，李长之笔下的李白性格复杂，有诸如夸大、自居优越、凭恃才气、耽于享乐等小毛病，但总体来说，"李白是在中国历来诗人中受到人民普遍热爱的一位"③。他的评论也说明，无论是从诗歌成就还是道德层面来讲，李白都是中国古代文学史上一位值得推崇的大文豪。

早在1919年，英国著名汉学家阿瑟·韦利就在专著《诗人李白》（*The Poet Li Po*）中附上了由他撰写的李白小传。他写道："尽管李白的诗歌表现出了举世无双的才华和原创性，但他的诗歌中十首里没有一首包含了任何道德思想和深层意义。"④ 他甚至在文末总结道："如果有一打的英国著名诗人能够读懂中文诗歌，他们谁也不会把李白排在中国诗人数一数二的位置。"⑤ 在"西方中心主义"影响下，韦利是基于西方的诗学传统来评价中国诗歌的，因而他并不认可李白诗歌的艺术价值和思想价值。在1950年，韦利又出版了《李白的诗歌和经历》。从写作风格来看，这是一本典型的具有现实主义色彩的传记。作者抛弃了很多中国民间关于李白的传说和浪漫想象，以求真求实的笔调勾勒了李白的生平和他所处的中国唐代社会。用伦敦大学亚非学院院刊的一则书评来说，这本传记"在伦理和宗教经典的框范中塑造了一个令人印象深刻

---

① 李长之. 李白传 [M]. 杭州：浙江文艺出版社，2019：88.
② 郭沫若. 李白与杜甫 [M]. 北京：中国长安出版社，2019：108.
③ 李长之. 李白传 [M]. 杭州：浙江文艺出版社，2019：6.
④ Arthur Waley. The Poet Li Po 701–762 A.D. [M]. London：East and West, Ltd. 1919：2-25.
⑤ Arthur Waley. The Poet Li Po 701–762 A.D. [M]. London：East and West, Ltd. 1919：2-25.

的李白形象"①。但文中所选的"印象深刻"（striking）一词却颇令人玩味，因为，尽管韦利在序言中声明其作传的目的是满足第二次世界大战之后，西方男女"对其他民族的人民和文化的深入理解和欣赏，尤其是他们在道德和精神上的成就"②的需求。但是，在传记的正文中，他却很大程度上矮化了李白形象。与1919年的小传相比，在这本传记中，作者不仅怀疑了李白的诗歌才华，甚至还质疑了其道德和精神。就李白的诗歌才华而言，韦利认为其诗歌有两个明显的缺点：一是长诗缺乏严整的结构；二是诗歌主题单一。就李白的道德和精神而言，韦利的批判更是显得犀利和偏执。"从李白的诗歌中可以看到，他是一个喜爱自吹自擂的、老于世故的、沉迷于酒色、没有责任感和满口胡言乱语的人，而且，他自始至终都是一个酒鬼。尽管他是一个道教信徒，但他似乎对于道家这种神秘的哲学思想知之甚少，而仅仅只是在道教和佛教中寻找能够帮助他逃离尘世烦恼的东西……一个具有如此盛名的作家，从道德的角度来看却是如此的令人失望。也许，当我们仰视一座山峰时，它到底有多高，只能与山底的对比才能知道。"③ 种种迹象表明，韦利笔下的李白，与郭沫若、李长之笔下的李白形象相去甚远。如果说郭沫若和李长之笔下的李白形象是大醇小疵，瑕不掩瑜，值得爱戴，那么韦利笔下的李白形象则是小醇大疵，瑜不掩瑕，名不副实。笔者认为韦利歪曲和矮化李白形象的原因有三。首先，韦利的两部李白传分别创作于第一次世界大战和第二次世界大战之后，由战乱引起的信仰分崩离析和精神空虚无助导致了西方现代化进程中前所未有的危机。在这一时代背景下，韦利在对李白进行文化利用时，更注重挖掘其负面形象，以李白在信仰和道德上的瑕疵警醒英国乃至整个西方社会进行自省，达到托古喻今、以中讽西的效果。其次，韦利对李白形象的文化利用还受到当时的时代思潮影响。与前几个世纪盛行"中国风"，崇尚中国文化和制度不同的是，随着工业文明的大发展，英国对中国的态度在19至20世纪初发生了大逆转。这一时期里的很多英国作家都倾向于以殖民者的眼光、拯救者的心态来看待中国。

---

① "Arthur Waley：The Poetry and Career of Li Po, 701 - 762 A. D. （Ethical and Religious Classics of East and West. No. 3.）xi, 123 pp. London：Allen and Unwin, Ltd. （New York：The Macmillan Co.），1950, 8s. 6d". *Bulletin of the School of Oriental and African Studies*, 1955, 17 (3), p. 621.

② Arthur Waley. The Poetry and Career of Li Po, 701 - 7662 A. D. [M]. London：G. Allen & Unwin, 1950, p. ⅶ.

③ Arthur Waley. The Poetry and Career of Li Po, 701 - 7662 A. D. [M]. London：G. Allen & Unwin, 1950, p. 121.

正如姜智芹所言，"这一时期大部分英国人心目中的中国形象是丑陋的、邪恶的、堕落的，他们带着傲慢与偏见丑化中国人，扭曲中国形象。英国对中国形象的利用倾向于负面的对衬"①。在这样的时代风潮影响下，韦利选择塑造一个负面的李白形象以迎合当时英国读者对中国古代文学和社会的想象，并用负面的李白形象反衬英国现代化进程及工业文明的进步性。正如英国传记理论家艾伦·谢尔斯顿（Alan Shelston）所言："任何传记都与产生它的时代的急务和重任有着撕掳不开的联系"②。对于20世纪上半叶的韦利来说，他的急务是帮助英国读者找回道德和精神的信仰，而他的重任则是恢复英国读者对国家和民族的自豪感。最后，1918年，英国传记文学家里顿·斯特拉奇（Lytton Strachey）在《维多利亚名人传》（*Eminent Victorians*）中一改以往歌功颂德型的传记写法，以讽刺挖苦的漫画式笔法塑造了红衣主教曼宁、弗罗伦丝·南丁格尔、阿诺德博士和戈登将军四位名人形象，顺应了第一次世界大战结束后西方人理想幻灭、偶像崩塌的社会潮流，开创了一代传记新风，被伍尔夫称为"新传记"。韦利在创作李白传时，恰是"新传记"日渐深入人心之际，1927年，伍尔夫在《新传记》中提出20世纪传记写作的最大长处就是"少了些许装腔作势、噱头花招和一本正经"③。由此可见，韦利之所以会以辛辣的语言"速写"出一副离奇的李白像，还在一定程度上受到了西方传记理论发展趋势的影响。

值得注意的是，尽管传记被普遍认为是非虚构性叙事作品，但中外传记作者对传记中的文学想象却看法不一。冯至在《杜甫传》的前言中强调："作者写这部传记，力求每句话都有它的根据，不违背历史。由于史料的缺乏，空白的地方只好任由它空白，不敢用个人的想象加以渲染。"④ 冯至的观点在中国非常有代表性："阙如"不是缺憾，反倒是美德。而西方传记作家却并不排斥文学想象。伍尔夫认为"传记作家的想象力一直受到激发，去借用小说家的谋篇布局、联想暗示、戏剧效果等艺术手法，扩展个人的生活"。她把"真实"形容成某种花岗岩般坚硬的东西，"个性"则是某种彩虹般变幻不定的东

---

① 姜智芹：《文学想象与文化利用：英国文学中的中国形象》，北京：中国社会科学出版社，2005年，第4页。
② 艾伦·谢尔斯顿. 传记[M]. 李文辉，尚伟，译. 北京：昆仑出版社，1993：23.
③ Virginia Woolf. *Collected Essays*, 4 vols, New York: Harcourt, Brace & World, Inc., 1967, p. 153.
④ 冯至. 杜甫传[M]. 北京：人民文学出版社，1952：1.

西，成功的传记就是"花岗岩与彩虹的永恒姻缘"。① 除此之外，谢尔斯顿还指出，"传记作家并不仅仅是叙述，他也解释，而且，传记中总有一种为了解释而去选择（史料）的倾向——去选择，更甚或去捏造"②。无论是冯至，还是伍尔夫和谢尔斯顿，他们都触及了传记写作中的一个敏感而核心的问题——事实的真实与虚构的真实，或者历史的真实与艺术的真实之间的关系。如前文所示，韦利对李白的史料选择及阐释导致了英语世界李白形象相对中国母国本土形象的"矮化"，但是，文学想象的发挥或史料的"捏造"也会导致传主形象相对其母国本土形象的"增殖"。形象的增殖容易出现在西方作者对中国古代文学家进行正面文化利用的例子中。爱德华·赛义德（Edward Said）曾指出，东方世界在西方文本中经常被野蛮化、丑化、弱化、女性化。他关于"东方主义"的论述早已深入人心，但是，当西方作者作传的目的旨在质疑西方现存秩序时，他们则经常赋予其笔下的异国人物形象以乌托邦色彩。以魏莎于1936年和1945年出版的鱼玄机和薛涛传为例，这两本传记创作于美国第一次女权主义运动（19世纪40年代末至20世纪20年代）和第二次女权主义运动（20世纪60—80年代末）之间。当时的美国女权运动因为在1920年争取到了妇女选举权而感到满足，转入低潮。随之而来的经济大萧条和第二次世界大战又在不同程度上弱化了女性参政的意愿。为了鼓舞美国女性继续为更广泛意义上的男女平权而战斗，魏莎以中国唐代女诗人薛涛和鱼玄机为楷模，激发美国女性的斗争意识。在传记中，她以不同于中国本土传记作家的视角，赋予薛涛和鱼玄机"知识女性""都市女郎""女权卫士"等多重身份，实现了形象的"增殖"。

另外，当中国国内作者、中国侨民作者或外国华裔作者书写中国古代文学家传记时，出于民族自豪感和传播民族文化的使命感，他们有时也会塑造一些"增殖"的传主形象。孙良好和张璐认为："林语堂用他的笔在西方社会构筑起一座令人敬仰的中国文化庙宇，在这座庙宇中就供奉着苏东坡这位中国文化的集大成者。"③ 林语堂在苏轼传中从多方面向西方读者呈现出了苏轼作为中国传统知识精英的形象。在他笔下，一方面，苏轼是一个完美的儒家学者的典型代表，始终不移地坚守着自己的信念，胸怀修身齐家治国平天下的远大抱

---

① Virginia Woolf. *Collected Essays*, 4 vols, New York: Harcourt, Brace & World, Inc., 1967, p. 155.
② 艾伦·谢尔斯顿. 传记 [M]. 李文辉，尚伟，译. 北京：昆仑出版社，1993：20.
③ 孙良好，张璐. 林语堂笔下的苏东坡形象 [J]. 闽台文化研究，2015（3）：82-90.

负。另一方面，他还对道家思想兼收并蓄，这既丰富了其文学作品的内涵，提高了其审美价值，又养成了他旷达乐观的性格。但是，由于此传记是以英语写成，其目标读者是以英语为母语的读者，因此，相对于中国本土的其他苏轼传而言，林语堂对苏轼的形象进行了一些必要的塑造。他突显了苏轼身上具备的民主思想和科学精神。比如，他说："倘若不嫌'民主'一词今日用得太俗滥的话，我们可以说苏东坡是个极讲民主精神的人。"① 在他笔下的苏轼从不脱离人民群众，交往对象包括了帝王、诗人、公卿、隐士、药师、酒馆主人、不识字的农妇、诗僧、无名的道士，以及比他更贫穷的人。林语堂认为，苏轼虽也喜爱官宦的荣耀，但每当他混迹人群中无人认识他时，他却最为快乐。正是因为苏轼将自己作为人民的一分子，他的一生都在为人民的切身利益着想，哪怕得罪权贵，仕途受挫，也在所不惜。除此之外，林语堂还向西方读者介绍了苏轼《上神宗皇帝书》。书中表达的劝诫之意为：君之为君非乃神授，乃得自人民之拥护。苏轼的思想在很大程度上超越了孟子提倡"仁政"所秉持的"民贵君轻"思想，具备了现代启蒙思想家所推崇的"人民主权"意识。由于有朴素的"民主"精神作指引，苏轼为官的准绳远远不仅是"使民不畏吏"，而是真正做到了亚伯拉罕·林肯在盖茨堡演说中提出的"民有、民治、民享"。从这点来看，林语堂总结到，苏轼是一个"具有现代精神的古人"。② 最后，为了让苏轼更好地融入西方文化，林语堂还向西方读者介绍了苏轼的科学精神。在他笔下，苏轼不仅仅只是一个刚正不阿的政治家和吟诗作画的文人，还是一个非常敢于质疑陈见，喜欢大胆猜想和进行科学实践的科学达人。林语堂介绍了以下几件苏轼生活中的小事：他曾猜测月亮上的黑斑是山的阴影；他曾开凿湖泊河道，治水筑堤；他还自己酿造桂酒、橘子酒和松酒；他建议用竹管将山泉引入广州城，由官吏按时检查和更新竹管；他尝试自己用松脂和牛皮胶制墨；他还自己寻找草药，记下了许多医学笔记，是中国医学上公认的权威。尽管，林语堂对于苏轼的科学思想着墨不多，但这些散见于传记中的吉光片羽拉近了追求科学精神的西方读者与苏轼的距离。

　　林语堂于1945年开始创作苏轼的跨文明传记，于1947年完稿。就在他动笔之前不久，他于1944年12月27日在重庆中央大学发表了一篇题为《论东西文化与心理建设》的演讲。他深感"每思今人，思想复杂，流于片段零碎，

---

① 林语堂. 苏东坡传 [M]. 张振玉，译. 长沙：湖南文艺出版社，2017：14.
② 林语堂. 苏东坡传 [M]. 张振玉，译. 长沙：湖南文艺出版社，2017：14.

对于我国文化，信心未固，见诸行事，便失大国风度"，还言："妄自夸大或妄自菲薄，都不是大国之风度。最要于与外人接触时，有自尊心，不必悖慢无礼，也不必卑恭逢迎，不卑不亢，是为大国风度。"① 林语堂笔下的苏轼既是中国传统知识精英，也是西方现代思想的中国代言人，是典型的形象增殖的案例。或许有人会诟病林语堂的英语苏轼传将传主塑造得过于完美而失真。但是，他以"中西合璧""形象增殖"的方式来塑造苏轼的方式的确成功地向西方世界展示了中国的大国形象和大国气度。

周宁认为"西方的中国观，真正的意义不是认识或再现中国的现实，而是构筑一种西方文化必要的，关于中国的形象"②。英语世界的中国古代文学家形象是传记作者受到西方传记传统、创作时代的急务和重任影响，基于自身的文化背景、意识形态、经历甚至偏见所建构出来的中国古代文学家形象。无论是韦利对李白形象的矮化，还是魏莎和林语堂为薛涛、鱼玄机、苏轼形象的增殖，作者对中国古代文学家的传记书写都是一种"文化利用"，其目的主要是用于反思或促进西方社会的现代性。作为中国学者，当我们反观传记作者对中国古代文学家的文化利用时，有必要看清他们在塑造这些或高尚或卑鄙，或杰出或普通，或完美或残缺的人物形象时的心理动机、现实需求和深层文化结构，同时在跨文化精神交往中认识到中国古代文学家的传记在西方现代化进程中起到的作用。

经过一个半世纪的发展，英语世界的中国古代文学家传记书写已经蔚为大观。通过在整体概括的基础上选择典型文本进行个案研究，探讨英语世界中国古代文学家传记的文化特征、文化功能以及形象差异等问题，笔者发现：从书写特点来看，与中国本土作家用"以事作传"的方法以达到"以传传人"的目的明显不同的是，英语世界中国古代文学家传记主要采用"以文作传"或"以人作传"的方法以达到"以传传文"的目的。从传主形象来看，由于受到传记作者自身的文化背景、意识形态、经历甚至偏见，以及西方传记传统和作传时代的急务和重任等因素的影响，英语世界中国古代文学家传记所塑造的中国古代文学家形象呈现出"形象矮化"或"形象增殖"等变异性。笔者认为，

---

① 林语堂. 论东西文化与心理建设 [M]. 长春：东北师范大学出版社，1994：406.
② 周宁，周云龙. 他乡是一面负向的镜子：跨文化形象学的访谈 [M]. 北京：北京大学出版社，2014：16.

无论这些传记在真实性、伦理性和艺术性上如何参差不齐，在文学价值、心理效用和教育功能上如何千差万别，在跨文化传播理论视域下，这一文学类型对促进文明交流与互鉴已经起到了不容忽视的作用。在中国特色社会主义建设进入新时代，中国政府提出坚定"文化自信"、推动中华优秀文化"走出去"、促进"文明交流与互鉴"等战略思想的新的文化语境之中，英语世界中国古代文学家传记之于文明互鉴的价值应该得到更多的关注和发掘。

致 谢

本书的撰写得到 2023 年四川省社科联后期资助项目"译介·阐释·书写：巴蜀古代文学名人的跨文明传播"（SCJJ23HQ47）和成都大学文明互鉴与"一带一路"研究分中心、天府文化研究院科研项目重点课题"跨文明视野下的古代巴蜀文学家之传播及影响研究"（WMHJTF2022B12）的支持，笔者在此表示衷心的感谢！